全国电力行业"十四五"规划教材

大学生节能减排竞赛
经典案例

赵 军 郑爱东 邓 娜 郭春生

许媛欣 康利改 李 扬

编著

中国电力出版社

CHINA ELECTRIC POWER PRESS

内 容 提 要

本书分为 3 章，第 1 章介绍了大学生节能减排竞赛的缘起与发展，第 2 章用 17 篇访谈回顾了大学生节能减排竞赛的历程，第 3 章从历届大学生节能减排竞赛获奖作品中精选了 67 件有代表性的经典案例，按照科技制作篇、社会调查篇、组织管理篇和交流协作篇分类，每个案例通过作品综述、可交付成果、技术规范、科技共同体、后续研发方向等模块，展示了优秀作品的成果。

本书可作为高校大学生参加各类科技创新创业竞赛的参考读物，也可供节能减排相关行业技术人员参考使用。

图书在版编目（CIP）数据

大学生节能减排竞赛经典案例 / 赵军等编著. 北京：中国电力出版社，2024. 8. -- ISBN 978-7-5198-9030-8

I. ① F424.1

中国国家版本馆 CIP 数据核字第 20245Q2Y19 号

出版发行：中国电力出版社
地　　址：北京市东城区北京站西街 19 号（邮政编码 100005）
网　　址：http://www.cepp.sgcc.com.cn
责任编辑：李　莉（010-63412538）
责任校对：黄　蓓　郝军燕　李　楠
装帧设计：赵姗姗
责任印制：吴　迪

印　　刷：廊坊市文峰档案印务有限公司
版　　次：2024 年 8 月第一版
印　　次：2024 年 8 月北京第一次印刷
开　　本：787 毫米 × 1092 毫米　16 开本
印　　张：22.25
字　　数：497 千字
定　　价：68.00 元

自 序

"双碳"行动的"小橘灯"

2008 年 12 月，浙江大学承办了第一届全国大学生节能减排社会实践与科技竞赛（书中亦简称为"节能减排竞赛"）。迄今该赛事已经持续走过了十六载。在教育部高等教育司的直接指导下，在教育部高等学校能源动力类专业教学指导委员会（即原"能源动力学科"，2013 年后改为"能源动力类专业"，书中亦简称为"教指委"）的组织和指导下，在历届承办单位所属地相关部门和企业的鼎力支持下，已经当仁不让地成为中国高等教育界影响最深远的大学生创新活动之一，并且为中国"双碳"战略目标的确立和实施提供了一个坚实的支点。

十六年来，全国大学生节能减排社会实践与科技竞赛不仅从最初的近百所高校、500 余件作品增长为今天的 600 余所高校、6800 余件作品，即使面临各种艰难的环境，秉承"节能减排·绿色能源"信念的大学生节能减排竞赛也未曾中断，反而激励了能源动力类及相关学科高等教育工作者的能动性，创造性地丰富了"云"属性的节能减排竞赛的内容和形式，堪称大学生节能减排竞赛活动的云蒸霞蔚，在学校行动的层面，已经形成了风起云涌的"绿色浪潮"。

"双碳"时代呼唤"双碳"智慧

超过一百位的专家、学者、指导教师和参赛学生接受了编著团队的访谈。这场始于 2022 年凛冬的调查，最初的设想只是试图了解一些关于节能减排学校行动中的有关故事，但是当武汉理工大学呈现的受访阵容——十个具有专业特色的"梦工场"第一次跃入编著团队视野的时候，感受到的是空前的震撼：这是弥补传统教育模式弊端的最好示范，能令人非常清晰地看到学校行动与全民行动之间"共生"的良好循环机制。与其说是一次基于实事求是的调查研究，莫若说是一次受教育的课堂。武汉理工大学以"种子基金"为核心的生产力培植模式，最后归于了服务中国特色社会主义市场经济体制建立的教育新范式。

浙江大学青年教师郑梦莲当年作为本科生参赛的社会实践项目（参阅本书案例《一次促成技改项目的热平衡诊断》）促进了浙江大学紫金校区热源及热力管网的技术改造升级项目实施，完美地体现了大学生节能减排竞赛设立的初心。我们很欣慰地表达了能源动力学科人的生命激情——让热力学为人民服务——这种生命的激情也成为本书的人文内核。

上海交通大学王如竹教授殚精竭虑寻求社会资源支持节能减排学校行动，以他为代表的能源动力学科人用两种人文关怀回馈社会，一是以科技素养服务社会，二是以人文关怀反哺社会。2022年，在编著《我们的视角不在地平线上：全国大学生节能减排社会实践与科技竞赛纪实》时，王老师的故事成为当时的经典之一。在本书的编著过程中，我们重温了这个关乎点亮生命之光的故事，更见科技工作者、高等教育者与社会之间关系的深刻隽永。令人联想起冰心笔下"小橘灯"——小橘灯以微光照亮了暗夜的路，既平实又引人深思，还具有非凡的人文价值，温暖而笃定——于是我们重新整理了这个故事，温故而知新，仿若一盏引领青年"从熵道到商道"的"小橘灯"，带着道法自然的熹微之光，却又足可以穿透重重雾霾……

百年前，蔡元培先生撰文向全世界介绍中国的"五卅运动"，当时的他发出了惊世骇俗的、以反殖民主义为标志的"中国在行动"之高亢呼喊；今天，另一种意义的"中国在行动"——"双碳"行动正在校园方兴未艾，然本书笔力不逮，挂一漏万，所述难免片面和偏颇。

所幸，透过一群能源动力学科人正引领青年积极投身于服务"双碳"目标的行动之中。相信读者能从中看见中华民族的传统美德正在焕发新的光彩，他们共同践行的实事求是的作风和新时代为人民服务的使命，远比任何语言文字的呈现更加沁人心脾，二十一世纪中华民族的民族魂与科学魂再次散发出"小橘灯"般的温暖和芬芳。

"节能减排，主动作为，实践创新，交融育人。"天津大学承办第十五届全国大学生节能减排社会实践与科技竞赛时提出的竞赛精髓，精准地传递出了十六年来能源动力学科人的孜孜以求，也是大学生节能减排竞赛的精辟回顾与历程凝练。

工业革命之后，能源动力学科人也是这个星球上最具能动性的人群之一，每代人都有自己的独创和贡献。在以浙江大学岑可法院士为首发起全国大学生节能减排社会实践与科技竞赛十年之后，也就是2018年，又是浙江大学"敢为人先，主动作为"，在国内高校首创了"智慧能源创新班"，这是具有非凡意义的实践，为中国的工科教育改革注入了新鲜的活力。这同2008年首次承办大学生节能减排竞赛一样，都是具有划时代意义的重大举措，值得我们深入思考，值得更多的有识之士进行探索。

大学生节能减排竞赛的第一个十年，教指委在摸索实践范式；第二个十年，势必建树"集群"范式。希望在这一代人的手中，对"节能减排·绿色能源"的理念有实质性的更新，用一代人的集体智慧赋能"智慧能源"，面向未来，系统地运用众多现代科学知识体系，实现人类的宏愿。

同济大学经济与管理学院在读博士生辛旭应天津大学赵军教授之邀提供的组织管理案例《涵养绿色科技文化生态》令人眼前一亮。这个案例是一个绿色科技项目"集群"管理范式，对于能源动力学科主导的大学生节能减排竞赛来说，这个研究范式的引入，极大地更新和丰富了节能减排竞赛的方法论。

百年前，教育泰斗蔡元培先生担任北京大学校长时，结合当时的新文化运动的革命性新思潮，创造性地提出了"兼容并蓄"和"以美育代宗教"的大学教育精粹和高等教育的现代化方向，今天我们倡导的"学科交融"与之一脉相承。不止于此，对比百年前新文化运动对于高等教育的影响，当下更杂糅了后现代的时代内涵，特别是更为丰富的现代科学和后工业化、后现代化的种种人文新思想、科技新范式，还有"双碳"的新格局、新指引、新探究。

回顾古希腊时期柏拉图学院的"不懂几何者不得入内"的教育箴言，有一种茅塞顿开之感：柏拉图所谓的"不懂几何者"，也可以指今天我们所说的学科偏废。要知道，在柏拉图的时代，知识没有今天的繁多分类，都属于哲学。为什么柏拉图学院独独强调几何？后来的伽利略给出了答案——自然之书是用数学写就的。

本书选编的两个"组织管理类"案例对于大学生节能减排竞赛的组织管理具有重要的启迪作用，所遴选的案例分别从外部、内部两个视角提供了"潜望镜"，借助他们提供的方法论，广大的读者可以进行自己的价值判断，摆脱人云亦云，克服思维定式和学科局限。

大学生节能减排竞赛的蝶变

以岑可法院士为代表的老一辈"节能减排·绿色能源"学校行动发起人以国家和民族复兴大计为己任，创设大学生节能减排竞赛。当时发起大学生节能减排学校行动的初衷至少包含以下两个方面：

其一，在工科教育领域消弭中西方的教育理念和实践差距；

其二，在中国高等教育界移除学校与社会的边界，更好地贯彻"科学技术是第一生产力"的真谛。

今天，全国大学生节能减排社会实践与科技竞赛这一持续发展、不断保持创造热情的活动影响力已经覆盖了除南极洲以外的蓝色星球，不仅高度契合时代的需求和国家"双碳"发展战略，还为人类命运共同体面向未来的文明奠基贡献着建设性的作用，令人备感欣慰和鼓舞。

回顾十六年来大学生节能减排竞赛历程，不仅在规模上始终呈现递增的趋势，从人才培养的机制来看，也有可圈可点、与时俱进之处。目前，全国能源动力类工科高等教育都在进行"新工科"的改革，有的创建了以绿色能源创新为靶向的"绿色能源创新班"；有的在培养机制上打破了本、硕、博之间的界限；有的引进了工艺美术、项目管理、工程伦理、系统观等知识体系……这些精彩的创新，被呈现在第2章的内容里。这些举措说明，要想初心无悔、义无反顾地推进"节能减排·绿色能源"学校行动，还得从循序渐进的教育改革上入手。十六年来，每一届的承办者都为此付出了巨大的心血，也在历史的书签里留下了自己的独特印记。文后也附上了历届大数据统计表，包括参赛高校数、作品数、奖项数等，充分体现了竞赛的起点高、规模大、精品多，覆盖面广的特点。

浙江大学（第一届的承办者，2008年），是大学生节能减排竞赛的发起单位和秘书长单位，岑可法院士是主要发起人，定义和制度化了这项已经实践了十六年的活动。并且在时光荏苒之中，演绎出21世纪20年代的前瞻思考——以胡亚才教授为代表的能源动力学科人向环境问题中的人类中心主义发出了第一次警示与质疑。不止于此，浙江大学还于2018年在国内首创了"智慧能源创新班"，这种将现代科学与科学技术更进一步融合、深化"节能减排·绿色能源"学校行动的教育改革尝试，具有重大建设性意义。

华中科技大学（第二届的承办者，2009年），以"5211育人计划"为平台，破除学生创造力的"细胞壁"，消融科学思维的逻辑坚冰，在学科融合方面，在宝贵的创造力营谋与创新教育心理学研究方面，他们将"节能减排·绿色能源"不只作为信念，而且作为基因植入自己的能源动力学科人灵魂。

北京科技大学（第三届的承办者，2010年），这一届是大学生节能减排竞赛的重要里程碑和历史转折点：其一，第一次在首都北京举办，走进全国人民的政治、经济和文化生活中心；其二，第一次由以面向耗能大户冶金产业为培养特色的高校承办；其三，第一个向全社会宣传大学生节能减排竞赛的组织实施者，因此，北京科技大学在节能减排学校行动事业中的承上启下，和他们利用地缘特色、产业辐射特色进行绿色能源的文化锻造独树一帜，他们开拓的科学与文化双璧，熠熠生辉。

哈尔滨工业大学（第四届的承办者，2011年），在人文关怀和美育方面，独树一帜，通过对美术鉴赏的教学，塑造学生对于科学技术内蕴美感的探索和兴趣，从而促进选题的伦理价值提升。这一届竞赛处在转折点上，此前的三届，都是教育部发布红头文件，第四届首次转为"主动作为"。哈尔滨工业大学"立足航天，服务大国建设"，默默地为祖国的天空挥洒汗水与智慧，他们将中华传统文化中独特的"宠溺"美德输入现代化的高等教育中，不同的是，他们的"宠溺"对象不唯亲，而是大国脊梁。

西安交通大学（第五届的承办者，2012年），在"西迁"时代，他们是家国情怀忠实憨厚的担纲者；在"节能减排·绿色能源"时代，他们是"科学技术是第一生产力"的社会责任的扛鼎者，在国民科普教育上竭尽所能，铸造没有篱笆的校园。本位上的创新成绩固然可喜，但是全社会的共同进步，才是"西迁精神"的现实写照，独一无二，无可替代：西安交通大学是唯一一个向社会开放科技创造展览的校园。

上海交通大学（第六届的承办者，2013年），一个在大赛中小露锋芒的"海上农田"项目，令人遐想。或许大赛本身就是海上农田，播种下梦想的种子，不问前程与光阴，韬光养晦，但是一定会收获这样的真谛——凡是科学的梦想，便不会枯萎，值得不断地以人文滋养浇灌，定能参天，福荫人道。上海交通大学与山东太阳能企业力诺瑞特的"产、学、研、赛"结合，可能给所有的高校提供了一个极佳的"学校即社会，社会即学校"范例，他们从"熵道"出发，经由人道主义的栈桥，步入了"商道"的自由胜境，这是科学技术与生产力紧紧拥抱的温馨故事，一个大学生节能减排竞赛领域最为独特的从"熵道"到"商道"的故事。

昆明理工大学（第七届的承办者，2014年），是祖国大西南建设的"舞龙人"。在建校70余年的历史里，他们紧扣云南冶金和电力产业特色发展。当云南省将绿色能源作为新时代的发展战略时，他们是"一带一路"倡议的践行者；在大西南的建设中，他们是最为靓丽的一抹祥云：通过"绿色能源创新班"施行教育改革探索，并将绿色种子播种到彩云之南的高天厚土。

哈尔滨工程大学（第八届的承办者，2015 年），隶属工业和信息化部，服务中国船舶产业，心中装的是祖国辽阔的海疆。这是座管理十分精细的校园，有军校组织作风。在教育方面，有以中国特色社会主义精神文明为内核的"五大工程"伦理学教学内容，作为教育和"双创"的星际导航，没有迷雾，只有笃定的信念和众志成城，因为这样的一群人，祖国的海疆辽阔且安宁。

江苏大学（第九届的承办者，2016 年），建立了包含工程伦理在内的工程训练课程。并且，这是一所专注于农业科技发展和节能减排的大学，他们触碰到了流体力学的律动，嗅到了科学的芬芳，并且在大国民生中散溢出科技与时代协奏的烟火气，动人而温馨。

华北电力大学（第十届的承办者，2017 年），社会学等人文学科在一所专门的工科院校活色生香，令人称奇。科技，倘失却了人文的灵魂，将变得不可理喻，也会变得失控。但是华北电力大学所传递的却是一个完整的人类与自然关系的范本式故事。或者，这才是现代社会工科教育的正确方式之一。他们关于"人类伟大创造始于心灵滋养"的教育观令人印象深刻，不仅于此，他们是将红色基因和绿色梦想结合得最为紧密的一群人。

武汉理工大学（第十一届的承办者，2018 年），拥有第一个将"种子基金"与大学生科学创意对接的地方——梦工场，不仅有"双创"，还有创业"种子基金"的融资功能。这里为梦想提供了第一次展翼的地方，未来无可限量，适合让人倾注上所有青春的激情。

华北理工大学（第十二届的承办者，2019 年），华北理工大学的能源动力学科人以一种与众不同的姿态，倾力诠释"节能减排·绿色能源"的历史意义和现实意义。承办第十二届竞赛的他们赋予绿色能源全新的高度和密度：当时的主要组织策划人赵斌博士正作为"援藏博士服务团"的成员在西藏工作，他以绝对的海拔高度指挥和协调了一场独一无二的节能减排盛会；他的伙伴们则在大地震的遗址上倾注高密度的生命热情，宣讲和实践"节能减排的'智''惠'生活"——让智慧不再停留在象牙塔内，而是贴近泥土，贴近民生。

重庆大学（第十三届的承办者，2020 年），在这里第一次听到了"系统"这个关键词，令人惊艳。为什么？曾经的"能动学人""单引擎"主导，现在看到了系统化的结果，能动学科不再是单一的内置驱动，重庆大学的两个组织机构（弘深学院、绿色人居）似乎在讲述不一样的"系统"故事——他们的"集成"教育给人以未来生命的质感：宏大且深邃！重庆大学在教育改革上有一种了不起的创新，在其他高校忙于建设各种创新班，或者引进交叉学科的时候，重庆大学首创了"弘深学院"，绿色能源思想是其中一个重要的文化和教育维度。这种培养机制的创新，也是极富建设性的。

山东大学（第十四届的承办者，2021 年），融汇项目管理知识，"为新工科赋能"最为出彩。机械与信息工程学院以项目思维推进学科融合的新工科建设，使得山东大学在科技成果的可交付性上变得具有市场的可接受度与亲密度，其创新成果不仅能在赛事中斩获佳绩，而且能与市场进行"智慧"且"柔美"的衔接。山东大学将优秀的传统文化融进人文气息，兼容并蓄。作为文化底蕴和传统美德的守望者，他们的学科发展最具辐射后劲，自然也是大学生"双创"事业星空中最夺目的星辰之一。

天津大学（第十五届的承办者，2022 年），在能动学科的带领下，校赛的组织也越来越规范、完善，并且与其他院校不同，这里没有资金上的"保险箱"和"降落伞"。但是，持续的、贯穿始终的学生自治管理，使学生的科技思维习惯成为一种基本素养。他们也因此成为站在时代转折点上的人群——他们以"点亮生命之光，绽放生命之魂"为志趣，书写了大学生节能减排竞赛的崭新篇章。

东南大学（第十六届的承办者，2023 年），以一枚无穷符号，有机地将人文追求与节能减排的学校行动结合起来。作为承上启下的代表，东南大学的新教育模式已经在受教育者的谈吐之间得到了具象的显化：东南大学的本科生讲述了自己在竞赛中从"不理想"到"较为理想"的蜕变历程：在竞赛中，评委老师给出的建议是要为自己的创新设计引入市场因素考量……他们听取了，也做到了，所以他们进步了！不止于竞赛成绩，而是他们先于别人蹒跚地走出了窠臼，走向了具有中国特色的社会主义大市场。相信在未来，具有这种感悟的青年将更具备服务社会的优秀素养。

兰州理工大学不是作为大赛的承办者出现在调研者的视野中的，但是他们的创新课程设计和通识课教育独具学科融合的特色，故在软科学与硬核科技的融合方面，兰州理工大学堪称一匹黑马。在新生阶段，全员通过经管课程的学习，为接下来的创新实践，为工科学生糅合进商科素养，培养中国特色社会主义市场经济体制下的莘莘学子，而不是不闻窗外事的旧式书生，他们将拥有为人民服务的抱负和风貌。

能源动力学科人继往开来，任重道远，昔日节能减排路上的"小橘灯"，当仁不让，也必将是复兴之路上的"火车头"。

让视野超越地平线

为了青年学生的想象力和创造力不被竞赛的成果所左右和局限，通过本书末的"后记"，粗略分析了高等教育能源动力类学科的未来观瞻和发展趋势，也使得本书的结构有了较为完整的安排：钩沉过往，审视当下，展望未来，从而在大学生节能减排社会实践与科技竞赛的平台上再次敲响"双碳"时代的校园钟声，本书的内容也因此更具张力。

我们有足够的理由相信，未来必然会注入更多的学科，尤其是数学学科和社会学学科的加入——目前很多学校已经、正在或即将进行各种尝试，也乐见未来更好地消弭学科壁垒带给学生在思维方式上的钳制和局限，在学科交叉、学科融合的深度和广度上有更加令人惊艳的效果，不是仅仅满足于项目组员的多种专业角色的加入，而是要在意识形态和文化上体现出足够的兼容并蓄、深度融合和头脑风暴带来的创新耦合机制，让大学生的科技创新活动变得犹如活源之水，涵养成流水不腐、户枢不蠹的绿色科技文化生态。

总之，《大学生节能减排竞赛经典案例》一书在全国能源动力类及相关学科众多专家、学者、组织者的指导之下，基于实事求是的作风，在广泛的社会调查研究基础上实现了一定程度的兼容并蓄，具有了以下特质：

一，为节能减排学校行动融汇了项目管理知识和理念，竭尽所能地宣讲和建立学校与

社会之间的"绿色通道",进而影响、塑造和培育全社会的绿色意识形态;

二,帮助能源动力学科建立系统观,竭尽所能地介绍多学科交融的人文故事,不止于科技魂与民族魂的塑造,而是具有蓝色星球视野的宇宙观,人类命运共同体的使命感;

三,引导看向未来的能源供应和消费文化、生态,呼吁青年学生投身智慧型能源系统,乃至未来的新能源思维的建设和更新,为"双碳"目标的实现赋予富有启迪性的智慧路径。

综上所述,《大学生节能减排竞赛经典案例》是能源动力学科一部进行学科融合、历史融合、世界观与方法论融合,指导性、凝练性、科技性、进步性乃至文学性俱佳的读物,具有多种参考价值,从历史到人文,从教育到科技,从创新到扬弃……都不乏独到与新颖之处。更值得一提的是,这部书的形成过程是自2008年以来,第一部将全国大学生节能减排竞赛系统化、范式化的尝试,并且是通过调查研究和潜心观察而得到的真知灼见,具有历史的、社会的、人文的多重视角。较之《我们的视角不在地平线上:全国大学生节能减排社会实践与科技竞赛纪实》一书,这次的工作更像是一双人类的"复眼"仿生之作。

具体来说,以科技制作类为例,其重要的结构式呈现必有"可交付成果"。这是项目管理领域的基本要素之一,也是"学校即社会"的一种具体表现形式。引导青年学生定义自己的创造,明晰自己的创造和创新动机,在服务社会的同时体现自我价值的实现,二者辩证统一,"大我"和"小我"双修。

同样,每个作品都具有"科技共同体"的表达,这是管理学科中"利益相关者"的延伸。每个作品,虽然不能都达到系统学知识体系的系统性要求,但都要有系统观的雏形和朴素追求。当然,除了评审专家委员会一直坚持的"不得违反热力学定律"底线,还有个人英雄主义的作品和诉求也不被鼓励,而与大工业、大时代相呼应的大格局在字里行间得到尊崇与赞赏。

作为"利益相关者"理念的延伸,科技作品还要强调可持续性,所以"后续研发方向"作为一个指标被引入,这看似有空泛的嫌疑,但其实是高等教育的一个重要功能。"可持续性"通常与"科学性"是不可割裂的,这样的设计有助于大学生科技精神的塑造,体现文明薪火相传的要求。这也是民族魂、科技魂的重要塑造方式,还是中国特色社会主义核心价值观的重要承载。

鉴于此,强烈建议《大学生节能减排竞赛经典案例》作为全国大学生节能减排社会实践与科技竞赛的重要参考读物,激励全国大学生从校园到社会,将"双碳"作为自己的人生信仰,服务社会,报效祖国,投身人类命运共同体的伟业。这份建议的信心和动机,是所有受访者传递而来的。

内蒙古工业大学的汪建文教授在得知赵军教授正在组织本书的编著工作时非常激动,他用"金翅擘海"一词表达了对这一工作的赞赏。激动之余他毛遂自荐了一个作品,即本书第3章中的《草原哈尔的'移动城堡'》,编著者对于这个案例编辑没有进行过多地修饰,因为本身非常精彩,传神地体现了科技为人民服务的精髓。

何雅玲院士自2013年接过岑可法院士传递的接力棒，继任教指委主任以来，为大学生节能减排竞赛注入了新时代的清新内容，特别是"双碳"战略确立以来，她深入浅出地融汇党和国家的大政方略，不仅确保了大学生节能减排竞赛在正确的轨道上有效运行，还产生了空前的影响力和公信力，使得这项赛事的积极和进步能量得以辐射全球。

应该特别说明的是，教指委主任委员何雅玲院士在指导本书的调研和编著时，画龙点睛地点明了教指委的领导机制和杰出专家的中流砥柱作用，帮助编著团队获得了非同寻常的视野。

除了正文中专门介绍的教育部关于竞赛体制创设和突出贡献的专家群体以外，还应特别感谢的是浙江大学骆仲泱教授。骆仲泱教授自2008年至今，一直担任教指委的副主任委员，发挥了承上启下的灵魂人物作用，确保了大学生节能减排竞赛的效率、公正和连续性，使这项活动的影响力呈现指数级上升。

骆仲泱教授对于本书的调研和编著工作也给予了极大的关注和指导，他循循善诱——节能减排教材应具备科技、人文和艺术并重的属性——这个要求，也正是编著者和出版者团队心目中的"小橘灯"。

节能减排大赛历届大数据

届数	参赛高校数	参赛作品数（主赛道）					获奖数					
		按作品类型		按团队类型		合计	按奖项					合计
		科技作品类	社会实践调查类	本科生团队	研究生团队		特等奖	一等奖	二等奖	三等奖		
1	88					505	5	25	60	89		179
2	159	1206	413			1619	6	21	73	108		208
3	232	1422	446			1868	8	32	95	294		429
4	178	1391	282			1673	10	30	90	338		468
5	203	1704	355			2059	9	37	90	345		481
6	205	1653	398			2051	10	40	99	371		520
7	252	2007	388	2083	312	2395	8	54	98	430		590
8	281	2139	395	2234	300	2534	9	44	108	449		610
9	296	2469	370	2443	396	2839	10	53	116	547		726
10	343	2748	442	2766	424	3190	10	63	116	600		789
11	411	3396	474	3353	517	3870		71	119	599		799
12	393	3673	429	3527	575	4102	10	72	117	669		868
13	405	3695	443	3503	635	4138		91	118	672		891
14	514	4589	612	4422	779	5201	10	112	121	1035		1278
15	589	5373	845	5168	1050	6218	10	138	227	1164		1539
16	615	5819	1033	5747	1105	6852	11	157	248	1267		1683
17	629	6048	996	5892	1152	7044	16	174	257	1337		1784

注 1. 灰色空格为时间原因，未统计到具体数目；

2. 截止付印时，已举办第十七届竞赛，特更新第十七届数据。

前　言

　　全国大学生节能减排社会实践与科技竞赛是由教育部高等学校能源动力类专业教学指导委员会指导，全国大学生节能减排社会实践与科技竞赛委员会主办的学科竞赛。该竞赛充分体现了"节能减排·绿色能源"的主题，紧密围绕国家能源与环境政策，紧密结合国家重大需求，在教育部的直接领导和广大高校的积极协作下，起点高、规模大、精品多、覆盖面广，是一项具有导向性、示范性和群众性的全国大学生竞赛，得到了各省教育厅、各高校的高度重视。

　　竞赛活动每年举办一次。2022年，天津大学以"点亮生命之光，绽放生命之魂"为主线，承办了第十五届全国大学生节能减排社会实践与科技竞赛。以天津大学赵军教授为核心的编著团队自然而然地联想到了将大学生节能减排竞赛十六载历程中出彩的科技生命故事汇编成《大学生节能减排竞赛经典案例》一书，并寄望带动更多的青年学生凭借科学精神和系统的方法论投身到为人民服务和具象的"双碳"战略中去。

　　编著团队在调研的基础上，对组织文化和优秀作品进行了分类、遴选和加工，辅之以对历史的回顾和对未来的展望，形成了完整的、多层次的内容。较之其他的主题参考读物，本书在大学生节能减排竞赛动机的响应上是最为全面和充分的：不仅仅关注赛道上的成绩，而将更多功夫花在相关领域的素材整理、加工和提炼上。因此，我们认为此调查研究的最终成果对于整个中国高等教育的现代化改革和与时俱进具有重要的参考价值。

　　本书的第1章，讲述的是大学生节能减排竞赛的极简史，属于文史资料辑录篇，资讯主要来自各位受访专家的口口相传，部分资讯的来源渠道和途径已经在文中注明。

　　第2章的内容是各校的组织文化故事，以报告文学的形式呈现，所有的内容是在采访的基础上加以整理、凝练而成，由郑爱东执笔撰稿。

　　第3章的内容为案例，是借鉴管理学科的常规教学方法。竞赛作品强调应用，即鼓励学生尝试进行科技转化，故大学生节能减排竞赛经典案例本质上是讲述科技转化的生命故事，让学生从前人的故事中发散思考。案例与学术论文有所不同，后者是基于前人的认知推导新的认知，故文献综述是基础；案例则更接近专利文献、项目建议、可行性研究报告等技术应用文体，不像学术论文强调追本溯源、传承有序，而是更重视市场属性和要求，体现科技的可转化性和对社会潜在的、预期的贡献。比如：应用项目的基本工作方法是对所有利益相关者强调技术经济分析，对投资者强调市场预期，对公共事务管理者强调社会效益和环境的亲和性，等等。

编著团队的成员之一郑爱东，1989 年毕业于天津大学工程热物理专业，在冶金行业由一名热能工程专业的技术员成长为在工业化程度最高的国家进行 EPC 项目管理的项目经理。她称自己之所以能在海外的交钥匙工程总承包中进行跨文化的管理，是因为中国整个制造行业为她支付了"学费"。她以自己与国际接轨的从业经历为基调，重新设计了优秀作品案例的呈现范式。所以读者看到的作品，不管是科技制作类，还是社会调查类，或者组织管理类，呈现的方式并非与竞赛评审中的完全一致。但这种不一致，是新知被注入的结果，是将社会对学校行动的诉求融汇其中的结果。

天津大学邓娜老师，在天津大学李扬老师、河北科技大学康利改老师的配合下，从大学生节能减排竞赛数据库大量的优秀作品中，遴选出了六十余个精彩作品编入本书，并与素材提供者单位进行沟通，为其提供编写指导，按照既定的格式完成了全部案例的收集、整理和再加工，以及知识产权的许可确认工作。

山东大学郭春生老师，承担了模板案例的制作和全部交流协作案例的沟通交流与整理编辑，以及知识产权的许可确认工作。

天津大学许媛欣老师与赵军教授、李扬老师一道，策划、组织实施了天津大学的"节能减排·实践创新"课程。

李扬老师不仅作为本书编著团队成员，还会同天津大学管理学院的老师，带领学生对7000 件左右的作品按照"分类学"的原理和方法，进行了数据分析，形成了斩获特等奖的社会调查类作品。限于篇幅，本书仅节选了该项成果的冰山一角，辑录在本书第 3 章《对大学生节能减排竞赛的"云分析"》中。其研究成果对于未来大学生节能减排竞赛具有显著的参考价值。

在为编著和二次创作《大学生节能减排竞赛经典案例》优秀作品征集和调研座谈过程中，得到了海内外 60 余所高等院校及机构热忱响应和不吝赐教，在此一并表示最诚挚的谢意！限于篇幅和选题方向的布局考虑，在二次创作和遴选的过程中，很多优质素材在本版次的编著过程中被忍痛割爱，但编著团队同样珍视这些宝藏，不排除在第二版的遴选和修改时采用。所有学校行动的冠名和赞助企业，本书没有提及，但是他们对节能减排学校行动居功厥伟。

持续地跟进大学生节能减排竞赛，不断地调查研究、总结凝练已经是赵军教授日程表上的工作，未来，更多的宝藏将会被揭示和发现……总而言之，持之以恒十六载的大学生节能减排竞赛，已经点亮了节能减排的生命之光，也必将照亮中华民族的伟大复兴之路。

编著者

2024 年 6 月

目 录

第3章　大学生节能减排竞赛作品选编 …………… 105

科技制作篇

第 1 章

节能减排
学校行动的滥觞

惊蛰之声

21 世纪初，东方大国的经济体制改革进入了深化阶段：一方面是加入了 WTO，另一方面是确立了工业化、城镇化的国策。随着中国现代化步伐的加快和工业化、城镇化被确立为国家发展战略，文化、教育、产业结构的调整与变革也如火如荼地行动起来。

2007 年 4 月，国务院总理温家宝在全国节能减排工作电视电话会议上强调要"统一认识，明确任务，加强领导，狠抓落实"。

2007 年 5 月，国务院颁布《国务院关于印发节能减排综合性工作方案的通知》。

2007 年 8 月，国家发改委联合中宣部等 17 个中央和国家部委发布了《节能减排全民行动实施方案》，"学校行动"包含在该实施方案之内。

2007 年 9 月，教育部发布《教育部关于开展节能减排学校行动的通知》，明确"节能减排学校行动"是"节能减排全民行动"的重要组成部分。

为了积极响应国家节能减排全民行动的号召，丰富节能减排学校行动的内涵，不断提高广大青年学生参加节能减排活动的积极性和自觉性，通过科技创新和社会实践来推动全社会节能减排活动的开展，同时积极培养大学生科技创新意识、团队协作精神，扩大大学生科学视野，提高大学生创新设计能力、工程实践能力和综合科技素质，教育部"高等学校能源动力类专业教学指导委员会"经过多次讨论后，向教育部提出了组织实施"全国大学生节能减排社会实践与科技竞赛"的意见。

2008 年 3 月，教育部下文委托高等学校能源动力类专业教学指导委员会举办"全国大学生节能减排社会实践与科技竞赛"，作为教育部"节能减排学校行动"的重要组成部分。

教指委经研讨决定：筹办一个"旨在提高学生创新能力和动手实践能力、促进学科交叉的竞赛"，并由时任教育部高教司办公室主任康凯同志亲自主抓（故前三届大赛的各项文件、任命及获奖通知均由高教司亲自发文）。

大学生节能减排竞赛创设的目的：应能指导学生完成社会实践，大赛评审关注作品可行性和完整度，希望作品能真正满足国家节能减排重大需求，后来越来越多的作品可以直接转化，实现了无缝衔接。

2008 年，时任教指委主任委员的岑可法院士受命带领教指委成员组织了全国大学生节能减排社会实践与科技竞赛。目前，不仅有每年都举办的国赛，还有江苏、云南、河北、天津、甘肃、山东、湖南、上海、北京、四川、安徽等十多个省、自治区、直辖市举办了一年一度的省赛。

目前，在谈到教指委和杰出专家的贡献时，担任教指委主任委员的何雅玲院士特别强调指出：浙江大学的骆仲泱教授从 2008 年开始，就一直担任教指委副主任委员，以骆仲泱教授为代表的中流砥柱为全国大学生节能减排社会实践与科技竞赛作出了杰出贡献。

"昆明会议"的奠基

为贯彻教育部 2008 年 3 月的指示精神，当时的教育部高等学校能源动力学科教学指导委员会联合热能与动力工程专业教学指导分委员会、热工基础课程教学指导分委员会、中国机械工业教育协会热能与动力工程学科教学委员会、中国电力教育协会能源动力工程学科教学委员会，决定召开 2008 年全国大学生节能减排社会实践与科技竞赛动员大会。

这次在春城昆明召开的全国大学生节能减排社会实践与科技竞赛动员大会，还有一个充满了祝福意味的小插曲：在中国广袤的土地上，教指委选择在昆明理工大学召开动员大会，与昆明理工大学的"孺子牛"奖获得者何屏教授颇有关系（参见《彩云之南的绿色"摇篮"》一文）。

昆明理工大学地处祖国西南边陲，专业设置定位于服务地方社会经济发展。因此，能源类专业发展具有依托于炉窑热工、水电、高原动力等地域和资源优势的特点，但整体水平与全国先进水平相比，存在一定差距。然而昆工人始终秉承"根植红土、情系有色、坚韧不拔、赤诚报国"的精神，积极关注、参与和申请承办能源类专业和学科的各类会议和活动，积极发出"昆工声音"。昆工能源人的积极努力也得到了各兄弟院校的高度认可，因此，学校在第一时间提出承办 2008 年全国大学生节能减排社会实践与科技竞赛动员大会（以下简称启动会）的申请，就得到了时任教指委主任委员岑可法院士和其他委员的一致支持。

经过昆明理工大学各部门和相关工作人员的积极努力、协调和推进，启动会于 2008 年 5 月 17 日在昆明顺利召开。

令人感佩的是，5 月 17 日这个日子，时间上距离"5·12"汶川大地震如此之近，地理位置上也是紧临，真的没有影响吗？事实上，当时的昆明仍存在余震，部分交通也受阻，但是专家们还是克服重重困难，参加了这次注定要载入节能减排竞赛史册的重要启动会议。

这次会议举办地"春城"的四季常春，恰如其分地寓意了全国大学生节能减排社会实践与科技竞赛将如"春城"一样常春。

参加昆明启动会的专家超过 110 人，除各教指委委员以外，还有来自教育部高教司、云南省政府、中国电力出版社等单位的相关领导，浙江大学、华中科技大学、华北电力大学、东北电力大学、北京科技大学、哈尔滨工程大学、昆明理工大学、上海工程技术大学等高校的校领导也出席了本次大会。

岑可法院士做了关于开展节能减排科技竞赛活动创新思路的报告，时任北京科技大学副校长张欣欣教授做了关于教育部开展节能减排学校行动计划的汇报，第一届赛事承办单位浙江大学常务副校长倪明江教授做了关于全国大学生"节能减排"竞赛事项说明的报告。随后，全体教指委委员对全国大学生节能减排竞赛相关文件进行了讨论，并最终形成了"竞赛章程""组织实施计划""竞赛细则""竞赛评审规则"。这些工作的布局落实和相关文件的制定，为本项赛事的顺利开展奠定了良好的基础。

"昆明会议"确立了节能减排学校行动的目标：

加强本科生创新教育；

提高大学生理论联系实际能力；

增强"节能减排"意识，提高大学生参与"节能减排全民行动"的积极性和自觉性。

岑可法院士的洞见

从 2001 年开始，岑可法院士组织浙江大学等高校专门调研，研究国内大学生动手实践能力有什么样的不足，以及和国外知名高校相比国内的实践环节究竟差在哪些地方：是实践环节少，还是实践种类不够丰富，还是实践的创新度不够？

基于这些调研，岑院士于 2007 年 8 月在东北电力大学做了一场精彩报告，全体专家开会讨论，很多方案都是基于这份可靠的调研报告经过深思熟虑制定的。

为了确定节能减排竞赛的方式，教指委曾委派专家对"挑战杯"进行调研。回来后，很多专家建议节能减排竞赛还是给一个题目，便于评判。但之后经多轮讨论，还是确认要鼓励学生奇思妙想，鼓励所有学科都参与，不设具体题目。

全国大学生节能减排社会实践与科技竞赛现任秘书长俞自涛教授在回顾这段历史时说："前三届大赛获得了教育部质量工程的经费支持。教育部始终对学生培养质量特别关注，目前的工程专业认证、双一流建设等都是围绕如何提高我国大学生的培养质量。因此感受到无论是从国家、教育部教指委的官方层面，还是从各个高校及广大参赛师生与专家层面，都时刻围绕着如何提升学生的培养质量、如何能发现人才。与培育出优秀作品相比，更重要的是培养人才。与此同时，承办高校也培养了一大批能打能拼、素质过硬的后备干部。这些作为大赛的特色，很适合作为课程思政环节融入教材。"

在这个历史的拐点上，回溯最初的发轫，岑可法院士的声音依旧在很多"能源动力人"的耳边萦回。

岑院士总是苦口婆心地对大家说："少空谈，多干实事！"

岑院士经常说要满足国家重大需求，急国家之所急，想国家之所想，要把个人的成长荣辱放到国家大局当中。

现任秘书长俞自涛教授还讲述了岑院士经常教诲大家的一句话：创新就是不告诉你你就是想不到，一点破人人皆会。

青春擎举的会旗

2001 年，教指委召开高等教育研讨会，先后两次针对大学生创造力进行专题研讨。经过长期摸索和酝酿，教指委全体委员达成共识，于 2006 年向教育部提出举办节能减排竞赛的倡议；2007 年，教育部批准教指委筹备竞赛。

2007 年，以岑可法院士为代表的教指委成员在研讨会上指出了当时中国高等教育的"软肋"，即教育的四个不足，归纳起来就是："多学科交叉弱，自觉精神与主动精神、理论结合实际与实践能力、原始创新意识与能力均显不足。"

当时总结出来的这四项高教"短板"，成为后来全国大学生节能减排社会实践与科技竞赛的宗旨的四支火炬，也直接成为大赛的徽标与会旗设计的素材，即四条渐变而曲折的光束。

全国大学生节能减排社会实践与科技竞赛的标志，由四条不同颜色的弧形光线组成，简洁、明快，象征着大学生的活力与灵感，寓意大学生锐意进取、科技创新的时代精神。

四条光线分别代表构建人类生存环境的四大"元素"：蓝色的天空、橙色的大地、绿色的生命和黄色的阳光。

当天空、大地、生命和阳光交织在一起，形成一个谐振的整体，就寓意能源和环境之间的辩证关系，只有二者和谐共生，才能守护好地球母亲。

这是关于天空、大地、生命和阳光的乐章，星球的絮语，也是我们的信念序章，就像四条光带构建的星球信道——成就人类与星球的交通：星球的呐喊，人类的心有灵犀，都在这种既抽象又形象的简洁表述里。

"孺子牛"的踔厉

在第十五届全国大学生节能减排社会实践与科技竞赛上，有五位担任大赛评委十届以上且已退休的老师荣膺"孺子牛奖"，他们分别是：

顾昌，武汉大学动力与机械学院教授，曾任武汉大学动机学院实验教学中心主任，教指委委员，湖北省土建学会热能动力专业委员会副主任，湖北省工程热物理学会常务理事、湖北省制冷学会常务理事等职。从教 30 余年来，顾昌教授一直深耕于教学一线，主讲传热学、工程热力学、热工理论和能源科学概论等课程，受到师生一致好评。自 2010 年起，担任武汉大学节能减排社会实践与科技竞赛专家评委，累计指导学生获得全国奖 20 余项。

胡亚才，浙江大学教授、博士生导师，曾任教指委秘书长（2008—2012 年），全国大学生节能减排社会实践与科技竞赛委员会秘书长（2008—2012 年），中国高等教育学会工程热物理专业委员会理事，杭州市能源学会常务理事和副秘书长。

何屏，昆明理工大学教授、博士生导师，先后毕业于清华大学、昆明理工大学。曾任昆明理工大学电力工程学院副院长、冶金与能源工程学院副院长，本科教学督导室主任。曾经担任第七届全国大学生节能减排社会实践与科技竞赛专家委员会副秘书长，中国电力教育协会能源动力工程学科教学委员会委员，中国机械工业教育协会热能与动力工程学科教学委员会委员，云南省电机工程学会副秘书长。

徐志明，东北电力大学能源与动力工程学院教授、博士生导师。担任中国工程热物理学会理事，全国高等学校工程热物理研究会理事。获得荣誉：吉林省"有突出贡献的中青年专业技术人才"，吉林省"拔尖创新人才第一层次人选"，吉林省"高等学校中青年骨干教授"，吉林省"师德先进个人"、优秀教师、教学名师，担任吉林省传热学精品课程负责人，吉林省优秀教学团队"热能与动力工程专业课"负责人。

龚金科，湖南大学教授，博士生导师，2009 年获"湖南省教学名师"称号。1995—2012 年担任教指委委员，2008—2022 年担任节能减排竞赛社会实践与科技竞赛评委。担任国家精品课程"发动机排放污染及控制"及国家精品共享课"发动机排放污染控制"负责人，国家"十一五"规划教材《汽车排放及控制技术》和《热动力设备排放污染及控制》主编，国家教学成果二等奖获得者，中国内燃机学会理事。

世界屋脊的绿色"画匠"

曾在华北理工大学任教、现供职于长沙理工大学的赵斌教授是中组部、共青团中央组织派遣派往西藏的第十七、十八批援藏博士服务团成员，他是全国大学生节能减排社会实践与科技竞赛史上最独特的一位。

一方面，他作为两批博士服务团成员，为西藏的科技基础建设奉献了自己火热的青春；另一方面，他带领华北理工大学的伙伴在中国钢铁、煤炭工业之都唐山承办了第十二届全国大学生节能减排社会实践与科技竞赛。他是真正意义上凭借生命的热情，通过"学校行动"辐射"全民行动"的第一人。

赵斌博士的"格桑花情结"是"节能减排·绿色能源"学校行动最动人的故事之一（参见《绿色能源的高度与密度》一文），堪称世界屋脊的绿色"画匠"。

光阴的迭代

2022年天津大学承办的第十五届全国大学生节能减排社会实践与科技竞赛成为历史的新起点，这届比赛在若干方面刷新历史纪录，但最值得一提的是"十五项创新"（参见《我们的视角不在地平线上：全国大学生节能减排社会实践与科技竞赛纪实》），坚实地支撑起本届竞赛"新起点"的历史地位。

在2023年第十六届全国大学生节能减排社会实践与科技竞赛如期举办之时，再次回望过往十六年的"节能减排·绿色能源"学校行动，这种对转型阶段的总结，会同对21世纪中国高等教育改革的态势管窥一起，变得意义隽永。

本书不是一部简单的"编年史"，而是重温那些内蕴在社会活动中的意义和价值，是经典的"迭代的光阴"篇。这种内涵远比"编年史"丰富的"光阴的迭代"篇章，具有越来越高阶的特质。作为人类灵魂的工程师，正在对人类命运共同体的未来，擘画一幅辉煌蓝图。他们不会满足于在纸上、在口头上、在浮躁中追随"双碳"战略。他们追求"点亮生命之光，绽放生命之魂"，为什么？

因为，他们深深地知道——

一、以生命——而不是自我——的视角审视整个星空；

二、文明是以符号为建材的建筑物，这座建筑物不该只庇护受益群体，而是要福荫所有的生命与生命的生存环境，乃至回馈整个星空；

三、古希腊神话中有盗火的普罗米修斯，中国传奇中有燧人氏的钻木取火故事……火种对于人类福祉毋庸置疑地重要！未来世界"点亮生命之光，绽放生命之魂"的"火花塞"是什么？或许就是我们在热力学中与之缠斗不清的"熵"。

"绿色能源"过去不是，现在不是，将来也不是……从来都不是人类钻研和生活的真正目的，人类社会进化的真正目的在于获取"绿色能源"概念下的意识形态，并据此教育一代又一代。

生命的觉醒："智慧能源"的崛起和天启

未来是属于"智慧能源"的……

浙江大学早在2018年，就敏锐地捕捉到了"智慧能源"的新动态，在全国首创了"智慧能源创新班"的特色教育模式。

"智慧能源"系统，是绿色能源、可再生能源问题的系统性解决方案，但不是终极方案。它需要更多的青年学生倾注生命热情和创造力，共赴未来的人类命运共同体事业。

这也是本书承上启下的价值追求。

第 2 章

大学生节能减排
竞赛的演化

让热力学为人民服务

——记浙江大学的教育求实精神

引子　最荣耀的"孺子牛奖"

2022年底，全国大学生节能减排社会实践与科技竞赛委员会秘书长、浙江大学的俞自涛教授深有感触地说："能够见证节能减排竞赛的成长及同学们的成长，个人是深感荣幸的。特别值得一提的是：2022年天津大学承办的'六百光年杯'第十五届全国大学生节能减排社会实践与科技竞赛，实现了超600所高校、超6000件作品的'双超'，增长幅度令人惊叹，工作量巨大，给所有参赛师生留下了深刻的印象。"

"第十五届全国大学生节能减排社会实践与科技竞赛给能动学科的五位资深专家顾昌教授、胡亚才教授、何屏教授、徐志明教授、龚金科教授颁发了'孺子牛奖'……获奖的专家们比获得国家奖还要激动，很让人触动。"

"抚今追昔，节能减排竞赛为能动学科的发展、为推动节能减排全民行动，作出了不可磨灭的贡献。"

意识形态的引领超然于繁芜

在大学生节能减排竞赛诞生之初，中华大地正处在中国特色社会主义制度经济体制改革的深化阶段，浙江大学以岑可法院士为首的能动学科的老师们，率先感受到时代的惊蛰之声，积极响应党和国家的号召，睿智地提出——把全国的大学生组织进来，进行节能减排的社会调查与科技竞赛，促进节能减排的全民行动！

关于节能减排竞赛的发祥，首任秘书长、在2022年荣膺"孺子牛奖"的胡亚才教授如数家珍般地介绍道：

首先，关于大赛起源。大赛的思路和理念来源于岑可法院士，他曾提出"多做实事、少争论"的理念。当时，岑院士所在的教指委做了几件比较大的事，首要的大事，即为今天我们要讨论的全国大学生节能减排社会实践与科技竞赛。

节能减排竞赛的理念主要来自三个方面：

其一，节能减排已经成为我国的基本国策，作为能动学科的教育工作者，理应当仁不让地把学生组织起来，响应并服务于国家的重大需求；

其二，以岑院士为首的教指委当时认为，我国学生和发达国家的学生相比，在动手能力方面差距较大，而竞赛是一个很好的提高动手能力的方法，可以将理论联系实践，从而提升学生的动手能力；

其三，国家发展改革委等于2007年8月28日发布了《节能减排全民行动实施方案》，因此这项主题鲜明的节能减排竞赛也得到了教育部的大力支持，并以教育部高教司的名义发文组织，这也激发了参赛师生的积极性，确保了这项赛事的高起点。

关于大赛名称的确定，同期的竞赛多为主题类或制作类。考虑到"节能减排"是全社会的基础性问题，不仅仅是能动学科的问题，还应将文科、医科等各个学科都团结和融入大赛中，因此确立了"全国大学生节能减排社会实践与科技竞赛"这个名称，为其赋予了社会调查与科技制作并重的理念。总之，一切围绕国家治理和为人民服务的需求而进行。

其次，"节能减排"理念对于学科发展及学生培养起到了必要的支撑作用，更好地宣传了能动学科相关的科学知识和基本科学思想，并使其深入人心。

再者，节能减排竞赛必须非常重视对青年大学生的培养，始终坚持以学生成长为中心。比如除了大学生作为参赛的主体以外，大赛的部分会务工作也吸引了大学生，他们以志愿者的身份积极参加和热心奉献。引导大学生以不同的参与方式接受科学与创造激情的洗礼，激励大学生以饱满的青春热情投身节能减排事业、报效祖国。

浙江大学骆仲泱教授自 2008 年浙江大学承办首届大学生节能减排竞赛至今，一直主持竞赛评审专家委员会的工作。作为竞赛专家委员会的资深专家，他始终坚持和强调底线和原则：一是获奖作品不能违背科学原理；二是认定为抄袭的作品不能获奖（编者注：现在的竞赛中，"查重"已经成为常规操作）；三是专家遵守回避制度，秉承公正公平公开原则进行评审。这些基本原则，可最大限度地避免本位主义、功利主义的侵扰，极大地保证了节能减排竞赛成果远离功利浮嚣，保持纯正和公平性。

十六年来，每次的竞赛开幕式中都有一个环节是各个承办学校的校旗展示和会旗交接，就是源于时任团委书记潘贤林老师的创意。这种很符合青年学生生命激情抒发的方式，充满了仪式感，还有一种责任担当的荣誉感，恰恰是节能减排全民行动所需要的重要支点。

全国大学生节能减排社会实践与科技竞赛的创新旗帜，就这样在中华大地上迎着时代的召唤铺展开来，凝聚着老中青三代能源动力学科人的殷切期盼和雄心壮志，中国大地上的节能减排先进思想和先进生产力交叉融合最大规模的"逐鹿"盛会拉开大幕。

节能减排竞赛带来福祉

年轻的钱锦远老师是节能减排竞赛带来福祉的故事主人翁。节能减排竞赛伴随了他的成长。2008 年的第一届全国大学生节能减排社会实践与科技竞赛举办时，他是以志愿者的身份参加的；2009 年的第二届举办时，他作为队长参赛并进入国赛决赛阶段；2010 年的第三届举办时，他辅助其他伙伴参赛；2011 年的第四届举办时，他和一群曾参加节能减排竞赛的志愿者一起成立了"节能减排协会"。这个时候，浙江大学也成立了"节能减排实践基地"，充分发挥学生的主观能动性共同参与办赛。钱锦远老师的夫人，是第四届节能减排竞赛的一等奖获得者，他们正是通过这个活动平台，在收获事业硕果的同时，还缔结了美好的姻缘。

钱锦远老师从第六届之后，就一直协助胡亚才老师、骆仲泱老师、俞自涛老师完成竞赛网站系统等工作。他发挥资源优势，将一些经典案例组织起来，包括岑可法院士曾多次做过的"关于大学生创新能力提升"的报告，进行资源整合，分享给更多的参赛学生。2019 年 12 月，在俞自涛老师的主持之下，他终于得偿所愿，经由中国电力出版社出版了关于全国大学生节能减排社会实践与科技竞赛的第一本教材《节能减排·创新实践》，在节能减排竞赛历史上具有特别的意义。

节能减排竞赛的一大特色是对实物作品的看重。俞老师也曾召集过很多有参赛经历的学生，讨论如何将创新和热情加上奇思妙想转化为实物发明，基于这个考量完成的《节能减排·创新实践》一书，尝试为学生读者解答这方面的问题，比如大学生为什么要创新创业、有想法有热情后如何去实施、如何组建竞赛团队等，同时也涵盖了一些优秀作品案例。

浙江大学另一位在节能减排竞赛中涌现的代表性人物是现在已经走上指导教师岗位的郑梦莲老师。在求学期间，她在胡亚才教授的指导下，参加了第一届大赛，同时担当了志愿者；第二届依然是在胡老师的指导下，完成的是社会实践类题目（已经选编在本书的"社会调查类"案例作品中）；第三届的指导教师是骆仲泱老师和倪明江老师。可以说一、二、三届节能减排竞赛几乎覆盖了她的整个本科生涯，令她有了很多课堂以外甚至比赛以外的收获，很多队友也成为她人生的挚友。

郑梦莲老师透过节能减排竞赛，获得的第一个真知灼见是：常规的专业课程只能将经典理论知识教授给学生，即使加入讨论课等也不足以让学生很好地在实践中运用知识，二者之间尚存在着难以度量的距离。而"节能减排·创新实践"这门课程，可以不断推动学生将工程热力学、流体力学、传热学等知识用于解决生活实践中的问题。

比如，郑梦莲老师做的第一个项目隔热真空板，即是用经典的传热学知识进行的设计。现在课堂讲授"传热学"时还会将这个例子分享给大家。这样，知识就具有了非同寻常的鲜活性，这种教学方式是任何一门传统课程甚至是毕业设计也无法替代的。

郑梦莲老师透过节能减排竞赛，获得的第二个重要见解是：目前存在强科技作品类、弱社会实践类的现象。但社会实践类是有很多内容可以做的，比如在胡老师指导下做的《紫金港蒸汽管网调研》，对解决实际问题是很重要的，虽然因作品呈现方式上的欠缺仅获得了三等奖，但过程和结果都很有意义。在后来的教学活动中，郑梦莲老师也会有意识地在专业课程中加入社会实践类的题目，真正实现从课堂上到课堂外、从理论到社会实践的融会贯通，真正做到让热力学为人民服务。

郑梦莲老师所在的小组完成的《紫金港蒸汽管网调研》社会实践作品，实际上后来变成了促进浙江大学绿色校园建设的一个重大举措。浙江大学之前的蒸汽管道能源浪费很严重，团队利用暑期前后两个多月的时间调研，并对数据进行了全面的分析，促进了浙江大学对蒸汽管道的改造。《浙江大学十三万方的空气源热泵》项目论证就是基于郑梦莲老师所在团队当年的调研结果。

今天，作为节能减排竞赛的指导老师，郑梦莲老师惊喜地发现：越来越多电气、环境等非能动专业的学生参赛，因此应从学科交叉融合的角度寻找创新切入点，更加有意识地引导和鼓励不同专业的学生一同参赛，碰撞出更美的火花。

管中窥豹，可见一斑，浙江大学奉行的教育理念可用"求实"以蔽之。当年创设全国大学生节能减排社会实践与科技竞赛是一种求实精神的体现；青年们的作品无不具有求实的精神意蕴和追求；学生被赋予一种崇尚创新的价值观，凭借所学知识能力完成一个作品，提升自信，为社会作贡献。

让节能减排的火炬长明

在求实之余，首任秘书长胡亚才教授总是强调："应从大处着眼"。

一次，胡老师在听取学生讨论时，学生提到一个创意：将下雨的重力势能收集利用起来。胡老师当即指出：这个眼光太小了，应当关注国家建设中的大问题，考虑如何为国家或大多数人服务，产生更加可观的效益。

浙江大学有个《空气洗手》的优秀作品，这个作品单独看起来虽然每次使用时节约的水不多，但如果广泛使用该技术，其效益是非常可观的。

后来，日本 NHK 电视台还曾专门针对此作品进行了访问。该作品在宁波高铁站落地，斩获国际金奖，该团队的队长李启章同学后来还注册了公司，进行专营。

在回忆浙江大学对于节能减排竞赛的历史作用时，现任秘书长俞自涛教授情不自禁地回忆起另一个细节："岑院士曾说，伟大的发明就是我若不告诉你，你不知道；我一告诉你，谁都会做！"

骆仲泱教授补充道：目前的大赛评奖采用了一种开放式思维的方案，而起初曾设计了一种较为收敛的命题式的赛制方案，像力学、汽车的一些比赛，在一定范围规则内竞赛，如设计一个建筑实现特定的保温或节能目标。这样的目标可能更加明确、更容易量化，但岑院士并没有认同这类方案。而现在看来，选用开放式思维的方案是很明智的，通过思维发散的方式培养学生创新能力，这是很重要的。

现任秘书长俞自涛教授对近年来节能减排竞赛中涌现出来的新创意和人文关怀如数家珍，他说学科交叉确实很关键，参会时发现节能减排竞赛是为数不多的所有学科都能参加的竞赛，从学科交叉的角度看和"互联网+""挑战杯"竞赛是异曲同工的。

目前，能源领域的科技革命已经进入了深水区，一定是需要学科交叉而进行创新的。节能减排竞赛激发了各个学科领域对节能减排的贡献和认知，比如第十届的南京信息工程大学的社会实践作品，就是极好的例子。

此外，能体现各个学科贡献的人文关怀也很重要，如第十三届竞赛中的《聋哑人耳蜗充电》作品。

科学、人文、艺术以及人类精神是无法分开的，而目前只传递科学知识的教材是有很大短板的。只传递知识、锻炼能力是远远不够的，如果止步于此可能会打开潘多拉的盒子，缺少了艺术人文精神关怀，学生们没有用武之地、没有着力点，就会出现只为获奖、拿学分、保研的功利性参赛。

俞自涛教授还认为：应让学生思考创新过程中最根本的东西，思考到底该如何解决什么问题。他说："岑院士有句教诲讲得很好，他说：'怎么把学生心里的这把火点燃？'之前我们曾肤浅地以为竞赛举办三届之后就很难再出什么创新作品了，但实际上每年都会有令人意想不到的节能减排作品，创新想法层出不穷……因此我们坚信创新的火炬不仅不会熄灭，而是会越烧越旺，因为每年有数以万计的青春力量，源源不竭地忘我投入！……"

说到对于本书的寄望，俞自涛教授特别强调：

"作品遴选的地域覆盖性、学校覆盖性等应充分考虑。作为教材的主编，期望能起到示范引领作用，能够帮助青年学生获得自信，不要遇到一些复杂案例就知难而退，而应该是看到后认真分析和思考，发现自己能做什么。《节能减排·创新实践》就是以讲不断发现问题、不断战胜困难的创新历程为主，讲哪里遇到了什么问题，是如何解决的，而非讲哪个地方成功了，这种方式更能引发学生们探究的兴趣和共鸣。

再者，要引领青年急国家之所急，想国家之所想，教材应能引导学生感受人文精神，树立责任担当意识，通过完成一件科技创新作品体验科学与人文的统一融合，获得从技术到艺术的升华……"

结　束　语

岑可法院士、"孺子牛"胡亚才教授、资深专家骆仲泱教授……于 2008 年点燃的大学生节能减排学校行动的火炬，至今已经燃烧了十六年，还将一直熊熊；由当时的学院团委书记潘贤林老师创设的会旗，作为中华民族文化薪火相传的缩影，也将一直猎猎！

在"节能减排·绿色能源"的全民意识形态塑造方面，浙江大学一马当先，展示了工业化国策时代的能动学科的底色，主导了自 2008 年起的十六年赛事组织和文化导向，与各个发展阶段的主旋律之间产生了深度的链接和强劲的作用力。

2023 年年初，"孺子牛奖"获得者之一胡亚才教授借用风能的发展思路问题，提出了一个值得所有人思考的"巨人问题"——

曾经，我们会理所当然地认为风能产业本身是零碳排放。但是现在，人们开始意识到风力转子阻断了无数飞鸟的自由之路，扰动了雾霾……那么，人类还应该继续在这个产业领域寻求单一的规模效益吗？这个问题涉及人类中心主义与生命中心主义的博弈。

这是个"巨人问题"，也是追求"双碳"目标时绕不开的伦理题，有很多的人正在进行更深层次思考……

破除创造力的"细胞壁"

——记华中科技大学的"5211 育人计划"

引子 "节能减排意识已深入人心"

2023 年春节前夕，远在德国的李泽华老师动情地谈道："节能减排的意识，通过全国大学生节能减排竞赛已经深深植根于我的内心，塑造了我的人生……"他代表了一个经典的从学生记者视角，到参赛者视角，再到成长为指导老师故事主角的心路历程。

2009 年，在华中科技大学承办的第二届全国大学生节能减排社会实践与科技竞赛会场上，正在学校学习，还从未如此近距离接触过院士以及诸多大专家的李泽华难掩激动，作为学生记者，敏锐地"抓"住了在决赛闭幕式主席台上的竞赛的主要发起人岑可法院士。李泽华清楚地记得：古稀之年的岑可法院士意气风发地说——

一是参加第二届的学生数较之第一届激增，第一届 500 多件作品到第二届 1600 多件……能够看到这么多的大学生参与进来，说明这个比赛的影响正在扩大。还有很多主流媒体加入了采访大军，也说明比赛设立得非常成功。二是针对比赛主题节能减排，着力从本科生抓起，是一个很好的平台，能够提出更多的节约能源、降低污染方面的创意和点子，以推动全国能源结构的升级。

当时的李泽华并不知道，已经 75 岁高龄的岑院士当时在会场扭伤了脚踝，可这小小的插曲并没有影响到岑老当时的兴高采烈。

曾荣获"荆楚好老师"称号的孙伟老师追忆起这个细节，听者无不感慨。这种感慨，是那种灵魂经历过共同洗礼的人才会有的心有灵犀一点通，于无声处听惊雷。

来自超然芸芸心灵的"5211 育人计划"

2009 年，华中科技大学接过承办第二届大学生节能减排竞赛的接力棒，出于一种偶然的机缘，其实又是一种深层次的必然担当。时间本身就是一架缜密的机器，光阴导演的任何故事，都是宿命和必然，而第二届节能减排竞赛的组织过程，就是这样一个名为"不二"的故事。

为了扩大大学生节能减排竞赛的社会辐射面，2009 年的第二届节能减排竞赛原定在北京科技大学举行，并拟邀请国务委员参加活动，以期通过高规格的参与，提升和扩大节能减排竞赛的影响力，更好地服务和撬动全民行动。然而，第一届（2008 年 12 月）的寒假举办到第二届的暑假举办时间已经非常紧张，在大会的组织方面会出现调度和安保难题。在这种艰难的情形之下，华中科技大学主动请缨承办第二届节能减排竞赛，为第三届的承办者北京科技大学争取到了宝贵的策划和组织时间，铺垫了第三届在首都举行时呈现出来的"步步高"和欣欣向荣态势。

能动学院的姚洪书记回忆起与前任院长黄树红教授的一段往事：2016 年的第九届大学生节能减排竞赛在位于长江之滨镇江的江苏大学举行，黄树红院长是带着将接力棒交接给姚洪教授的使命而奔赴江苏大学的。然而，谁也没有想到，黄院长在当年的教师节当日因病与世长辞。可以说，黄树红院长为了大学生节能减排竞赛，做到了鞠躬尽瘁，死而后已。

驾鹤西去的黄树红院长，也因此成为大学生节能减排竞赛历史上最具精神感染力的人物之一，他是战斗到生命最后一刻的出色组织者。

2016 年，姚洪书记接过了黄树红院长交接的事业火炬。继任院长后，随即发起了"5211 育人计划"。

姚洪院长注意到，在传统的高等教育体系中，一、二年级的大学生很少有机会见到本专业的资深教授；与此同时，那些德艺双馨的教授仿佛被搁置在阁楼上的祖传珍宝。一方面，本科生必须等到获得研究生资历才能上一个台阶，离资深教授更近一步；另一方面，其实资深的教授们也需要来自青春力量的激励。

鉴于此，姚院长果断地提出两个改革举措：推行"5211 育人计划"、引进"学科基础引论"课。

什么是"5211 育人计划"？即本科生进校后，由学院组织 5 个本科生、2 个研究生、1 个博士生、1 位老师作为一个"育人小组"，开展专业认知、学业辅导及学科竞赛等工作。

什么是引进"学科基础引论"课？即新生在参加完入学的军训后，就进入"学科基础引论"课。"学科基础引论"课不设主题，发散而趋近人文。新生刚开始大多以为这是"混学分"的课……经过课堂一步步地学习、诱发思考、互动提问、PPT 总结汇报……最后惊奇地发现自己正在接近科学思维，并且还深得多学科的营养滋补，润物细无声地完成了从应试教育到高等教育的转型。

"5211 育人计划"不仅帮助新生完成成长轨道的转换，更重要的是，原来架设在本科与深造之间的一道"屏风"被消弭了。所谓的学科交叉、融合之道，原来是发生在心灵层面的，绝不仅仅是做简单、机械的拼图游戏。"5211 育人计划"帮助学生团队多次斩获特等奖，这种独特培养方式的效果非常显著。

2019 级的本科生胡博勋对于"5211 育人计划"来了个"现身说法"：他所属的团队参加了第十五届节能减排竞赛，题目是《环保新锐——高含水有机固废直接阴燃处置工艺与装备系统》，核心是利用阴燃法处理高含水有机固废，传统处理方式为填埋、堆肥和掺烧。填埋污染高，堆肥周期长，掺烧干净但能耗高，阴燃兼具低能耗清洁特性，在处理固废时有很大优势。

受到"5211 育人计划"和"学科基础引论"两大教育改革举措滋养的胡博勋同学谈起了他的参赛经历和感受：前期跟导师交流，确定方向，明确时间规划，组队分工，大二加入课题组，即开启项目准备。得益于"5211 育人计划"及学校特优生计划，作为特优生之一，很早就能接触到科研竞赛，并选择特优生导师作为指导教师。前期阶段开始之前，已熟悉部分基础实验及安全培训，跟导师交流也很顺畅，半个月内就能完成前期准备工作，包括确定方向和项目规划。选题的时候，切实地感受到以自己的学生视角看问题打不开局面，跟导师交流之后思路打开，老师看问题的视角更加高远和深邃。中期任务主要是反复实验、实验验证及数据获取，难免枯燥，通过与师兄师姐吃饭聊天排解。在后期准备考试、准备项目中不再抱怨，心境得到很大提升。他提到，在后期备赛阶段，得益于学院同学间良好的科创氛围，大一就接触很多关于比赛的宣讲，师兄的答疑解惑，以及不断的交流，很大程度上缓解了赛前焦虑……

掘进教育心理学的"能动学人"

在华中科技大学的校园，大学生节能减排竞赛被看作是一个非常好的科研平台，为青年教师和本科生提供了很好的科研"合作"机会。

青年教师刘欢博士将这种"合作"变成了量化的内容，使得"合作"不再空泛和虚妄，不再让成见渗透，不给先入为主机会。她通过辅导员、班主任、班干部等对青年学生对于节能减排竞赛的认识和参与意识展开问卷调查。

调查结果显示：在参加节能减排竞赛的动机性方面，超过60%的同学表示自己参加全国大学生节能减排社会实践与科技竞赛以提高自己的综合能力为主；30%的同学是对科研充满兴趣，具有原发性的动力；也有不足10%的学生，是因为屈从于学院或责任导师的要求，在投入之前具有被动性和无所谓的消极态度，但是这一群体在后续的参与中也是会有所转变的。

在参加节能减排竞赛的效用方面，对参与活动的人群统计表明，学生非常热衷于竞赛，认为竞赛对于提高自己的团队协作能力、科研能力与综合能力帮助很大；还有其他一些收获，如拓展社交关系等，不一而足。

调查结果还显示：并不是所有同学在参与科创比赛过程中持续葆有强烈意愿和适应能力，学生们普遍会经历兴奋期—困难期—调整期。尤其是在比赛初期，他们普遍存在不知道怎么行动、没有特别明确的目标、软件应用及实验操作技能不足、对于老师的指导一知半解等问题。这些学生通常又可以通过阅读文献、向研究生请教、与老师讨论等方式调整状态。正因如此，学生们更倾向于以徒弟身份进行科研，节能减排竞赛的队伍组织更倾向于选择多个年级学生组合参加，替代传统的高年级学生为主的形式。关于投入产出，普遍认为，时间越长，竞赛获奖越多，相比于发文章、出专利，获奖的满足感更强烈，对于自己的人生塑造更有价值。

另外，参加比赛不仅对考试成绩的不良影响非常小，而且对后续研究生生涯反而帮助很大。一些毕业生认为，本科科创经历对认清自己的强弱项及后续择业都有非常大的帮助，对综合能力的提高作用也是非常明显的。

在把握了青年学生的心理之后，刘欢老师就能做到胸有成竹，有的放矢，直抵关键。

正是基于这种教育心理学研究，华中科技大学的指导老师们，才能一步步将指导工作进行得越来越精细和准确：对于具有热情但却感觉不得其门的学生，老师的课题组开放日是一个极佳的感观认识机会；对于没有清晰把握节能减排竞赛标准的学生，学长向新同学路演；对于方法论有短板的同学，提供一些基础性导引内容，如文献阅读方式、数据库查找。而这些，又可以通过"5211 育人计划"被很好地、系统性地组织起来，充分利用了人力资源的梯级"势能效应"。

民生即节能减排的人文情怀

分析华中科技大学的节能减排竞赛作品，可以看到一种心灵的超然和"5211 育人计划"结构融合式教育手段结合产生的奇异效果。为了让学生更有兴趣参加，老师们总是引导学生从现实生活中寻找选题的契合点。

当年频频播报"大雨后山上橙子卖不出去，只能在树上腐烂"的新闻。听闻此讯的老师和同学们一起头脑风暴，采用固废处理的干燥技术将水果制作成果干，解决农民卖水果难的问题。这个作品从根本上克服了甚至经济学人都备感头痛的"谷贱伤农"民生现象。

一个地方民俗也成为"双创"的灵感：盛夏的武汉大街小巷风靡吃虾，但残留的虾壳如何处理是个令人头痛的难题。以往的做法是将虾壳当作厨余垃圾，节能减排竞赛小组发现了虾壳热解组分与橡胶原料组分的共同点，据此开发了一个节能减排项目，成就了非常有启发性的"虾壳制手套"课题。

2020 年初，新冠疫情在武汉肆虐。华中科技大学附属同济、协和等十多家医院在一线与病毒展开殊死搏斗。与此同时，医疗垃圾大量产生，转运消毒能力不足，使传染风险剧增，疫区中心的华科学子们逆行回到学校，运用自己的能动知识，设计制作了医疗废弃物原位消毒提质的新型移动式设备，演绎了一段最美的"节能减排"励志故事。

项目核心成员罗茂亮介绍："我们给这个项目起了一个有意义的名字，叫'战疫先锋'。"

那么，《战疫先锋》到底是个怎样的项目呢？

2020 年新冠疫情席卷全球，随着病毒不断扩散，病例不断增多，各地医疗废弃物爆发式增长，医院对于医疗废弃物的处理不堪重负，雪上加霜的是，没有被及时有效处置的医疗废弃物会导致感染风险增加。节能减排小组成员通过与医护人员深入交流，了解到：旧有的医疗废弃物处理模式是将分散在医疗点的废弃物集中拖运到危险废物处理厂；但在疫情严峻的情况下，数量剧增的医疗废弃物只能消毒后运往生活垃圾焚烧厂，这种模式面临着废弃物过量，医疗点过于分散以及运输过程中产生再污染等一系列问题，正严重冲击着防疫系统的努力。于是，项目小组成员提出了自己的大胆构想：将临床医疗废弃物及时进行预处理，在源头降低病毒扩散风险。

有了构想，同学们在家开始查资料、找文献。他们设想通过微波加热的方法，配置新型涂层防止含氯气体腐蚀，通过尾气处理模块和安全保障模块的处理工艺来实现科室内医疗垃圾的预处理目标。

在工艺方案设计完成以后，小组成员逆向前行，在学院和老师们帮助下成功提前返校，动手实验，验证了装置的可行性，并亲手制作出模型和实物。该处理装置可通过车载运输方式送往各疫情点迅速响应"战疫"需要。用微波辅以蒸汽，将废弃物热解并通过尾气处理，从而在医院内部将医疗废弃物快速消毒减量。

这个装置的设计，是在疫情之下，符合社会进步的需要，结合了能动专业背景，老师宏观到微观的指导，最终使得医疗废弃物及时处理，节约能源。团队成员在此过程中领略了科研的魅力，学会了各种科研技巧，在生活当中寻求灵感，团队分工中各司其职，为遏制疫情献出了自己的勇气与智慧。该作品参加了第十三届节能减排竞赛，取得了令人欣慰的好成绩。

杨镇维同学团队《微波辅助点火技术应用》作品，研发灵感来源于当时的燃油价格节节攀升，微波辅助点火技术可使内燃机更加高效清洁。但限于当时他才读二年级，自我感觉专业知识欠缺，参赛时内心非常忐忑，之后他不断学习积累，提前学习了内燃机原理的知识。他由衷地感叹：通过比赛对专业形成认知，专业认识也更加深入。

与上述两个作品相似，作品《森林小车》研发灵感来自森林火灾的新闻。参加比赛的学生除了在科技素养方面进行了拓展，更培养了了解国家真正需求、贴近民生的志趣，他们深切地感受到：热能专业技术可以解决很多社会和经济技术发展问题，让人民的生活更美好。

结 束 语

纵观华中科技大学节能减排竞赛的实践创新历程，最大的感受就是一个"心"字，用心贯穿教育的始终，打破创造力的壁垒。

在第十五届全国大学生节能减排社会实践与科技竞赛上，承办者天津大学遵姚洪书记的建言，特别设置了"六百光年企业奖"，这也是华中科技大学用心之处的另一个乐章，代表他们将自己滚烫的赤子之心传递给了后来者。

"绿源"浇灌的心田

——记北京科技大学的信息"光纤"

引子　一枚"时间胶囊"

在 2023 年 8 月的东南大学，前来参加"建行杯"第十六届全国大学生节能减排社会实践与科技竞赛的北京科技大学原校长张欣欣教授谈起了他对于十六年来大学生节能减排竞赛的感受。他高度凝练、精辟的话语，就像一枚浓缩的"时间胶囊"，极简且又极精地进行了回顾、囊括和索引。他说：

尽管最初设想的大学生节能减排竞赛，起源于国家发展改革委与教育部的"不谋而合"，但是作为全民行动中学校行动的践行者，曾有过深刻的担忧：担心这一活动会虎头蛇尾，难以为继，以至于在当时，教育部只组织了为期三年的规划……但今天看来，高等教育界在"节能减排·绿色能源"事业上的热情，超出了人们最初的想象，令人感叹！今天的节能减排竞赛，无论广度、深度还是精度，都有显而易见的上升，且难度也同步加大。

今后，要持续培植特等奖的作品，不仅提高其"含金量"，更重要的是树立其辐射效应……

模 糊 的 红 色 印 痕

2010 年盛夏，北京科技大学的夏德宏教授正带领组委会工作人员在教育部高等教育司为决赛的优胜者们准备荣誉证书，他们一整天的工作就是像机械手臂一样，往事先准备好的证书上加盖教育部的红色印章。众所周知，在中国，红色印章是公信力和荣誉的象征。这代表了当时中国政府对于"节能减排·绿色能源"事业的高度重视，还代表了绿色将会成为二十一世纪上半叶的核心价值观之一。

这劳累而充满希望感的一天令他们无比充实，但一个意外的发现却"清零"了他们一天的劳动喜悦。由于预先采购的荣誉证书是光面的，红色印章的印油无法被纸张吸收，以至于都晕染成了赤红的一团，这个结果导致证书的准备工作不得不重新进行一遍。

若不是夏德宏教授在十余年之后百感交集地再次讲述起来，这件小事就湮灭在历史的长河里，谁会在意这样的一件看似无关痛痒的小事呢？

但这件小事就像是中华文明历史长河里的一朵小小的浪花，谁也不知道这朵浪花中的水分子是来自昆仑山脉，还是来自久旱后的甘霖。

北京科技大学 2010 年承办的第三届大学生节能减排竞赛是最后一次由教育部颁布红头文件组织的赛事节点，自第四届开始，节能减排竞赛全面转向了自主组织形式。

十多年之后的夏德宏教授记忆犹新，不仅仅是那团晕染得模糊的红色印痕，还有开幕式的那一刻，他累到近乎虚脱……几乎没有人还记得那个既"霸得蛮"又挚爱教育事业、来自湖南的"钢铁汉子"夏德宏，在那个竞赛历史的转折点上，有堪比铁人王进喜一样的奉献。

值得欣慰的是，在节能减排竞赛领域，有一群像夏德宏教授一样的"老骥伏枥"者。他们的年纪并不老，但是他们的初心或许已经蹚过了 2000 年，甚至 5000 年。在"节能减排·绿色能源"的时代，他们终于将自己珍视的生命"投名状"交给了国家和民族，交给了人类命运共同体。他们以自己的生命服务于祖国的建设，尤其是钢铁事业，他们的意志如钢似铁；他们的情怀绵长炽热；他们的胸襟像沸腾的炼钢炉；他们的手指似乎在战栗，像新绿的树叶在初春的熏风中激动；他们不擅长弹奏高山流水，但那是些令人敬佩的"绿手指"，指向了生命之源……

是为"绿源"——一个既清新，又炽热的符号。

清 新 如 白 鸽 的 生 命

2010 年，第三届全国大学生节能减排竞赛在北京科技大学的校园隆重举行。

历经了 2008 年浙江大学承办的首届，华中科技大学承办的第二届，北京科技大学作为第三届的组织者，将前两届的科技成果进行了汇总性的展览，并向首都各界、全社会开放。

为了扩大这项赛事的影响，深化全社会对这项赛事的理解，赢得全社会对于"节能减排·绿色能源"主题更加广泛的关注，组委会精心策划和出版了纸媒《绿源》，日出两期，即上午、下午各一期，回溯过往，分享当下。

时隔十四年之后的今天，重新阅读当年的《绿源》，一种历史的柔暖和醇香感从纸背中不经意地流淌，氤氲过略显躁动的心境，一种幸福感也就油然而生。因为《绿源》就像一只清新的白鸽，优雅地扇动美丽的翅膀，从人头攒动的广场徐徐升空，令读者领略到了一种对自由、真谛、科学、美好品格向往的独特幸福感。

在《绿源》上发现了《高效节能开水壶》这样一篇介绍本届大赛优秀作品的文章，文章详细描述了学生将遨游万里的奇思妙想一步步变成现实的过程，具象了大学生节能减排竞赛的生命故事，读者可以感同身受地体会一个科技灵感如何在青年的手中变成美好生活的现实。科技是不乏浪漫的，生活自身也不乏美好的契机，只要用青春的想象力将二者"焊接"起来，所产生的效果是令人动容的。获奖固然可喜，但是来自文明的馥郁感、历史车轮的前驱性才是大学生节能减排竞赛所要传播的。

本书遴选的北京科技大学一个优秀作品案例——《勤于"思考"的水龙头》，和《高效节能开水壶》一样，是一个适用于所有人群日常生活的问题解决方案。看起来似乎有"雕虫小技"之嫌，但其实又满载了"节能减排·绿色能源"的大道：不以善小而不为，不以恶小而为之。"绿色能源"固然是大道，"节能减排"却在每个人的手中产生，这也是国家倡导"全民行动"的意义和基础所在。

在编著《我们的视角不在地平线上》时，编辑满怀感动地编选了苗竹同学在第三届全国大学生节能减排竞赛中阅读《绿源》杂志的图片，一种清新、淡泊的气息，像山林春雨之后的氤氲，透过纸背，直抵读者心灵。

当年手捧《绿源》杂志的参赛学生苗竹，已经成长为国家电力规划设计总院新能源领域的一名工程师，让"绿源"精神琼浆汩汩流淌进很多很多人的心田，使曾经贫瘠的土壤现出智慧的绿茵。在北京科技大学求学时的经历对于他的职业生涯具有启明星的意义，毋庸置疑，作为国家电力行业的一名工程师，他对于"绿色能源"的理解和践行，是镌刻在基因中的，还像战鼓一样，擂响在他的生命脉搏中。

当年接受节能减排竞赛洗礼的蒋滨繁同学，今天已成为北京科技大学热科学与能源工程系的一名老师。节能减排竞赛为她打开了科技创新的大门，她在老师的指导下完成了《节能型家用真空干衣机》科技作品，获得了 2014 年第七届节能减排竞赛一等奖。这是她第一次尝试将理论与实践相结合，也是第一次组织团队创新协作解决实际问题。在历时半年的备赛过程中，她所在的团队经历了无数次试错和争辩，才终于获得了成功。也正是在不断尝试后的成功让她找到了做科研的自信，令她感悟了教育的真谛和方向。节能减排竞赛的经历成为她后来攻读博士学位的重要动因，节能减排竞赛的指导老师也成了她的研究生导师，成了她科研路上的引路人。

当年的参赛学生汤隆威，与同学一道将节能减排的精神理念和动手能力相结合，在实践中丰富了专业知识。在"节能减排·绿色能源"教育理念的感召下，现在他已经成长为北京科技大学"大学生节能减排竞赛"组织负责人，辅导与帮助一批又一批的学生继续在节能减排的领域中探索向前。对于他来说，大学生节能减排竞赛就像一根拉动历史巨轮的纤绳，他把自己的生命热情和职业抱负，化作了一缕蒲苇，编织进了那根致密且坚韧的巨缆，个人的生命因为伟大的事业而焕发无穷的魅力，伟大的事业因为个体的专注而更加恢宏。

他们的故事，无一不在向我们诠释：《绿源》浇灌过的心田，有着另类的思维机理和致密的逻辑质地，引人遐想，令人敬佩，催人奋进。而这一切，正是觉醒的东方雄狮所散发出的幽玄气息。

从模糊的红色印痕到清新的生命之源，主要致力于服务钢铁产业的北京科技大学，大概是"节能减排·绿色能源"全民行动中最擅长光谱频率变换的"魔术师"。

从白鸽"进化"到鹰眼

热力学熵是能源动力工程的教育者和学生都熟悉的状态参数，而信息熵是信息学知识体系的中心，这两者在大众的世俗生活中，很难联袂显化，也通常被认为是两个不搭界的学科"地标"。但是，这仅仅关联着以下两点：

其一，它们之间的幽玄被我们熟视无睹，并不意味着它们之间没有可圈可点的史诗和哲理。

其二，在人本主义者的意识形态里，学科壁垒并不存在，也不应该存在。

倘若是诗人和散文家谈论"大学生节能减排竞赛"，他们可能会觉得自己丰富和活泼得爆棚的词素无处安放，寄居在热力循环之间的幽灵一定是个无趣的家伙，不值得与之同理和共鸣，仿佛是科学家轶裂的灵魂里冒出来的稻草；倘若是科学家讨论"大学生节能减排竞赛"，又难免觉得需要一些新的价值判断圭臬，却又因闪烁其词于唇齿之间而呼之不出，词不达意。

信息熵是基于语言平台的，而语言纵然是人类进化史上最为重要的发明，但也是最被刚性化、最为"刚愎自用"的逻辑产物。从伽利略开始的科学家们，都遇到了一个共同的瓶颈，那就是科学语言匮乏。于是，伽利略振聋发聩地呼喊——自然之书是数学写就的。继而，牛顿站上了巨人的肩膀，写就了科学巨著《自然哲学的数学原理》，在体现其科学价值的主旨之余，对于信息熵同样具有奠基作用。

西方科学家呼吁移除科学和人文之间的疆界，与此同时，西方的教育家还在呼吁移除学校和社会的藩篱，大批的西方科学家在各学科共享门廊之间，端着咖啡杯，信步游走，形成了一种"越是交通，越是精英"的后现代科学家思维养成范式。

有时候，"信息就是一切"的口号已经毫无保留地抨击着保守者的门禁。这里所涉的能指代一切的"信息"，并不等效于一切处于布朗运动中的意识活动信息，而是久经锻炼的灵魂才有的"训练有素"，能获得"人文认证"的那部分信息熵，是人类文明的精粹，有别于世俗交流中的鱼目混珠和滥竽充数的"信息"。

北京科技大学创办的《绿源》，从对大学生节能减排竞赛的意义上讲，就像百年前新文化运动时期的《新青年》杂志，其"热力学熵与信息熵演义"的历史价值应被珍视。它叩响了信息熵与热力学熵之间原本成为阻断的屏风。当这一屏风完全被移走的时候，人们会因此获得视野，获得学科融合的灵感，获得人本主义最仰仗和最器重的"权柄"。

本书接过的就是《绿源》交出的接力棒。

抚今追昔，夏德宏教授尤为感慨。这位北京科技大学满腔炽热教育情怀的学科带头人，回顾自己在策划实施第三届大赛时的往事，结合组织工作中的自觉不够完美的细节，殷殷数语，谆谆寄怀，建言本书至少要追求以下三个基本功能：

其一，为学生参加大赛提供切实帮助，引领未来发展，启发学生选题；

其二，传播大赛历来的宗旨，扩大能动学科的影响；

其三，总结大赛的流程，为学生提供实践的具体模式示范。

透过这一寄望，可管窥到高等教育界能源动力学科人的共性，没有豪言壮语，没有华丽的辞藻，但是那种不能承受其轻的个人荣辱观，那种不能承受其重的民族大义使命感，那种轰轰烈烈、无处悬停的人类命运的道义感，却构成了中华民族魂的硬质合金内核。

结 束 语

绿源，绿色能源。唯有"绿源"，是以夏德宏教授为代表的一群中国能源动力学科人的白鸽,是他们的中国梦,是他们的孜孜以求,是他们的星空和道德空间,是他们的生命形式和意义,是属于他们的二十一世纪"道德经"。

在重温了这段关于《绿源》的"生平故事"以后,难抑地感恩于高等教育界"能动学人"的情怀,借此涤清内心横流的物欲。

每当看向他们,就像看见了清新的白鸽正飞越绿色的原野,葳蕤繁花从二者之间擎起彩虹,带来人间春色,匡正世俗浮躁。那只从 2010 年北京科技大学校园起飞的"绿源号"白鸽,当它的视线不再停留在地平线上时,便进化出了一双鹰眼,进而是十四年之后凤凰涅槃的生命之歌!

"心灵暖廊"呵护大国脊梁

——记哈尔滨工业大学的"心灵暖廊"和"假期学校"

引子 一大批默默奉献的大国脊梁

2020年6月7日，中共中央总书记习近平同志向"国防七子"之一的哈尔滨工业大学发来了百年华诞贺信——

"哈尔滨工业大学历史悠久。新中国成立以来，在党的领导下，学校扎根东北、爱国奉献、艰苦创业，打造了一大批国之重器，培养了一大批杰出人才，为党和人民作出了重要贡献。希望哈尔滨工业大学在新的起点上，坚持社会主义办学方向，紧扣立德树人根本任务，在教书育人、科研攻关等工作中，不断改革创新、奋发作为、追求卓越，努力为实现'两个一百年'奋斗目标和中华民族伟大复兴的中国梦作出新的更大贡献。"

哈尔滨工业大学立足祖国的航天事业，特殊的使命，令他们默默无闻，但是祖国母亲从没有忘记他们的贡献。

以祖国的需要为导向

"休谟问题"，是十八世纪的英国哲学家大卫·休谟在其著作《人性论》中提到的一个问题，即"从'是'能否推出'应该'"，也即"事实"命题能否推导出"价值"命题。

这个问题在西方近代哲学史上占据重要位置，许多著名哲学家纷纷介入，但终未有令人信服的答案。休谟问题实际上集中反映了事实与价值的关系问题，集中反映了自然规律与社会规律的关系问题，也集中反映了自然科学与社会科学之间的关系问题。因此，彻底解决休谟问题势必对自然科学和社会科学的发展影响巨大。

在对哈尔滨工业大学赵广播教授、张昊春教授、何玉荣教授和高继慧教授进行访谈之后，惊异地发现哈尔滨工业大学能动学科领域的教育工作者们，对这个问题早已给出了自己的探索与答案，深以为值得能动学科领域全员思考。

大学生节能减排竞赛活动举办十六年以来，目前已经逾万件作品获得各种类型的嘉奖，这是一项不折不扣的事实判断。但是作为高等教育界发起的、最终必将成为全民行动先锋和以原动力为价值诉求的社会实践，一项基于绿色能源时代意识形态塑造的社会实践，如何在活动的全流程中内置价值判断的触发器，关键在于能动学科高等教育和科技研发的"导航"＋"巡航"机制，其中哈尔滨工业大学贡献卓越。

时间回到2010年，大学生节能减排竞赛的会旗从第三届承办者的北京科技大学传递到了北国冰城哈尔滨。2011年8月8日到10日，由享有"国防七子"之一声誉的哈尔滨工业大学来承办第四届竞赛，也是第一次不再由教育部高教司签发红头文件的自主组织活动。值得一提的是，大学生节能减排竞赛不仅没有因此出现发起者最初极为担忧的"下滑"态势，反而出现了强劲的上扬趋势，后来的十多年实践也证实了这一点……

赵广播院长介绍道：在第四届竞赛的筹办过程中，对第三届办赛单位调研获取了一部分联系方式，发现青海、西藏及南方一些地区未能覆盖，随即通过官方渠道及私人关系等发布通知，并在评审过程中给予关注，多方保障，使得本届比赛成为覆盖地域最广的一次竞赛。

统计结果显示：这次活动共有 182 所高校报名参加，共评出特等奖 10 项，一等奖 30 项，二等奖 90 项，三等奖 338 项，42 所高校获优秀组织奖，本届大赛获奖高校覆盖面很广，获奖高校包含 985 院校、211 院校、普通高校、专科院校及高职院校。参加竞赛的高校代表、指导教师、评审专家和参赛学生近 15000 人，参赛作品覆盖了各个行业和日常生活的多个领域。决赛期间有院士、全国各高校领导、国内知名专家学者近百人亲临现场予以点评和指导。每一个代表队都由多名相关领域专家进行密切指导，使参赛作品能够紧跟"节能减排"领域的学术研究前沿。

哈尔滨工业大学圆满地实现了这次特别"转型"，开创了全国大学生节能减排社会实践与科技竞赛的新的历史阶段。若问他们为何能突破历史、开创历史，他们的答案还是这么一句话——以祖国的需要为需要。

哈尔滨工业大学的办学特色与宗旨素来是"立足航天，服务国防，面向国民经济主战场"，在提高学生专业素养与专业技能的同时，注重学生家国情怀与使命担当的培养。培养了富有青春朝气与宏大理想的青年学子，前仆后继地投身于国家节能减排事业之中。

当再次走进哈尔滨工业大学，重新审视校内的大学生"双创"事业时，再一次感到了一种震撼。他们将科学技术的发展与国家需要熔冶为一炉，形成了一种非常独特的工科教学风格和大学生"双创"事业组织的时代新格局、大格局。

其中，能动学科张昊春老师殚精竭虑，为了将第一、第二课堂衔接起来，结合他自己教授的"工程热力学"课程，线上线下教学，有意识组织学生开展项目学习，按节能减排要求开展大学生创新创业。

真正的学习型组织修炼

能动学科的高继慧教授创造性地创设了"假期教室"的实践园地，高老师后来也因此成为教育部创新创业教指委委员及学校创新创业工作的灵魂人物。

什么是"假期教室"？就是在学生自愿参加的前提下，在老师的带领下，利用假期，集训两周，以达到重构学习能力和素养的目的，更好地促进学生突破思维定式，开发性、开放性地进行学习，为创新竞赛集蕴方法论，为价值观还在形成中的青年学生完善创新志趣。

如果故事仅仅发展到这里，很可能被人质疑：所谓"假期教室"，和那时候社会上大范围兴起的"兴趣班""素质教育班"没有什么不同嘛！在"假期教室"引导方式上，高老师将"假期教室"打造成为一个真正意义上的学习型组织。大学生在其中感受到的不是囫囵吞枣式的收获，而是一种思维模式的洗礼、再造、重构，乃至思维方式上的脱胎换骨。

曾经，打造学习型组织是一个高频热词，全社会都在盲目跟风，但是真正的学习型组织不在于学习了什么内容，不在于"授业"上的精湛和前瞻、全面和立体，而在于"传道"与"解惑"维度上的"授人以鱼不如授人以渔"。

所谓"学习型组织"，不是资讯的粉碎机和过滤筛，而是依赖能动性的"反现象"组织行为学。换句话说，人不能满足于像光纤那样传输数据化的信息，而应赋予生命以更高阶的意义。人类之所以凭借文明而成为万物之灵，是因为人类能够赋予和理解自己所属的族群在历史长河中的意义，拥有这种最高级别意识的智慧物种，视人云亦云、理所当然为劣迹，视能进行独立的价值判断为美德。

所以，进入"假期教室"，为期两周的思维马拉松号令吹响，每天都有头脑风暴式的思辨和演讲训练，为一个命题而绞尽脑汁地思辨，大学生们乐在其中，青春的激情在"假期教室"中不仅收获尊重，而且找到了爆破成见的"爆破点"，成为一种人性的解放，进而变成解放创造力的"孵化器"和"蝶变期"。

这种训练乍看起来不实用，没有功利主义者看重的可圈可点式成果。但是这种苏格拉底式的训练，能最大限度地发散青年学生的想象力，使他们摆脱成见和窠臼的钳制，为他们准备好项目化运作的基本素养。苏格拉底说自己唯一知道的就是自己的一无所知。从很大程度上讲，科技创新的本质就是摆脱老生常谈与司空见惯。如此，"假期教室"出现和存在的意义就有了思想启蒙的况味。

在高老师的影响下，哈尔滨工业大学全面推广了这种模式。现在，全校拥有 400 个这样的"假期教室"。这种机制的形成，使得大学生的创新可以像"流水线"一样运营，极大地刺激和褒奖了青年学生的创新热情。

近年来，哈尔滨工业大学在赛事中取得的成绩斐然。以本书遴选的《"双超"磁流体发电储能装置》案例为例，这个作品具有不可限量的应用前景：以聚焦国家能源战略为原点，创新零碳发电方式；同时还能便捷用户日常生活，显而易见地提升了科学技术的人文价值。不仅作品本身成为可圈可点、极具发展空间的成果，项目团队的组织文化也被凝练成宝贵的精神财富。

本书所遴选的哈尔滨工业大学的案例，是在何玉荣老师和唐天琪老师的指导下完成的，这两位指导老师的工作同样富有特色：在指导学生参与竞赛的过程中，特别聚焦学生的科技创新能力、学科交叉能力和团队协作精神，让学生以学习促进创新能力的提升，以创新的实践经验反哺专业知识的增长。以本科生创新竞赛为起点，激发和培养学生的创新意识，为学生后续的深造奠定了扎实的科研基础。

从前文考察的几位老师和他们指导的学生来看，哈尔滨工业大学的教育实践已经成为鲜活多彩的故事，所谓格局，所谓情怀，所谓使命，所谓科技创新……都不再是"两张皮"的陈词滥调，而是总能诱发遐想，鞭策人深思的清新生命故事。

理性感召下的直觉选题

学生参与竞赛活动，部分初衷源于功利的吸引；但是一旦他们加入其中，他们最初的懵懂、新奇和功利心就会荡然无存，因为这是一个格局养成的"营地"。这个营地不同于应试制度下的教育，不完成价值观的再造，便不足以问鼎科学桂冠，不足以分享文明真谛之馥郁。

现在的哈尔滨工业大学，大一就开设了项目管理课程。如果说"假期教室"解决了思维框架的架构问题，那么，项目管理学习阶段则是工科生的方法论养成期。

项目是唯一的，项目是系统的，项目的组织机制是正交的，项目是利益相关者的共赢，项目不是个人英雄主义、功利主义和自负的理性主义者的角逐场，项目的价值在于人文价值的社会回归，一个成本会计的报表永远也装不下一个成功的项目，这也是青年学生们第一次小心翼翼触碰"天下兴亡匹夫有责"滚烫字眼的机会，也成为哈尔滨工业大学作为"国防七子"的教育特色之一。

一旦被鼓励进入竞赛甬道，青年学生都有前方很辉煌、后方很苍凉的彷徨期。

面对这样的情形，高老师这样开导他们：如果你只想拿一个奖项，那么我们可以组织研究生来进行越俎代庖式的辅导和提携，可以轻而易举地搀扶你走过这段诚惶诚恐的旅程……但是，这样做的意义何在？虚荣的满足不会带给你人生的真谛，这是属于你自己的成长机会，你必须自己享受这段从暗夜到黎明的成长快乐！

世俗的物质追求是每个人在未经历教化之前的"原生态"，但是到了高老师这里，他帮助青年学生第一次直面精神财富的妙趣。听过这番话的学生，怎会感受不到科学精神与人生意义之间美轮美奂的逻辑，并流连忘返？

高老师自豪地说，始于功利，终于创造，不就是人类灵魂工程师的职责所在吗？

参与科技创新活动，指导老师和青年学生都有一个共同的难题——如何确定选题。

说到这个老大难问题，高老师给出了自己的"独门秘籍"："学生不动我不动！"

他解释道：所谓"学生不动我不动"，不是消极与懈怠，而是规避越俎代庖。就是鼓励学生提出自己的选题设想，自主选题，老师基于理性知识给予批判性的、开放性的建设意见；学生在得到初次启发之后，继续精进……如此头脑风暴乃至情怀激荡多次，直至学生完美地瞄准了精准的爆破点，是为"学生不动我不动"。

高老师的话语令人联想到大船的螺旋桨与尾舵之间的关系。这就是理性关切与直觉选题，理性提供洞察地平线的鹰眼，直觉依赖个人的知识，更依赖人格魅力。

欣慰之余，他提到了他指导的学生，如今是国家优秀青年科学基金获得者的哈尔滨工业大学孙飞教授。

2007年，哈尔滨工业大学激励大学生"双创"的"大创"项目全面启动。当时的大二学生孙飞了解到传统活性焦脱硫技术路线中烟气中的 SO_2、O_2、H_2O 等目标分子在吸附材料内发生吸附、催化等作用使 SO_2 转化为硫酸，生成的硫酸在现有工艺中需要通过热再生

还原为 SO_2，然后再通过复杂工艺再次制成硫酸。

善于发现问题的孙飞和指导教师高老师讨论：能不能使吸附、转化环节中产生的硫酸直接进入再生流程，从而简化工艺，大幅度降低成本？第一个创新想法就这样产生了：通过高温水蒸气让硫酸直接再生。经历了近三年的努力，该项目参加了 2010 年第三届节能减排竞赛，斩获了一等奖。

孙飞的硕士课题就是要低成本制备一种先进吸附材料，可以让 SO_2 分子更好地"聚会"和"睡觉"，然后被回收成有用的资源。然而当时同类材料一吨要 5000 到 8000 元，一台 600MW 机组初装一次就要上亿元，高昂的成本限制了这项技术的推广应用。

考虑到燃煤电厂的煤炭既是燃料，也是制备吸附材料的原料，如果用现场的燃料制备出合格的吸附材料，使用后再送回去燃烧发电，就无需外购昂贵的吸附材料，从而使运营成本大幅度降低。随着对问题关注的深入，孙飞发现碳材料物理化学活性耦合一起，很难搞清楚具体的影响因素或作用机制，从而难以实现吸附材料的颠覆性创新。剥离因素、定向构筑，是解决这一问题的关键。

2017 年 7 月博士毕业后，孙飞通过母校"青年拔尖人才选聘计划"留校，开启了执教生涯。2018 年 8 月，他指导的王桦、陈孟石、王士璋同学获第十一届节能减排竞赛二等奖；2019 年 7 月，他指导的张秋怡、于凡迪、晁雨鑫、哈尼别提、樊栩宏完成项目《助力穿戴佩戴柔性储能器件》，获第十二届节能减排竞赛一等奖；2019 年 8 月，他指导的杨潮伟、韩艺等同学完成项目《永远吸不饱的家居污染控制神器》，获第二届全国大学生可再生能源大赛二等奖。目前，孙飞教授正在带领科研团队进行煤基储能碳项目的科学研究，这意味着他最初经由节能减排竞赛迈出的脚步从未停止。

孙老师的成长，代表和凝聚了哈尔滨工业大学的创新培养结果。回顾当年与高继慧老师之间的探讨，创造的萌芽方式令人感喟，教育的神奇也令人遐思，知识的理性与人类抱负的激情总在其中闪烁，却又难以一言以蔽之。但是，高老师创设的"假期教育"，却是后续蝴蝶效应的第一次展示。

始于美育，终于爱国主义情怀

高继慧老师指出：学生参加节能减排竞赛最基本的驱动力是保研加分；但作为老师，懂得学生的初衷是为了竞赛而来的，却万万不能抱持竞赛优胜的目的去施教，必须让学生有"功夫在诗外"的收获……因此，高老师从这个角度提出"竞赛课程化""课赛融合"，把竞赛转化为一个完整的育人环节，创造性地提出了举办"假期学校"。

在高继慧老师精心设计的"假期学校"课程中，让学生从溯源探微、项目进展、人文日新、每周美图、生活视角几方面进行汇报、答辩，学生从相互培训、社会调研、文献综述撰写中提升自我；学校层面设置集训式"双创"课程，以教学改革立项方式，促使每一个专业学科都要设置项目管理知识的学习，等等。

超越高等教育的最高等级的教育是锤炼审美的眼光，高老师透过自己创设的"假期教室"，有意识地培养学生的审美情趣。他要求学生进行"每周一图"演讲活动，学生选用媒体上或者自拍的图片，解析视觉元素内蕴的逻辑。这种审美活动能够全方位激活学生的直觉力量，主动消弭学科壁垒，工科学生因此会克服容易染上的极度自负的理性主义，而变得尊重自己的直觉，而直觉是科学精神最内核的部分。

大卫·休谟还有一个著名的命题——理性是激情的奴隶！

人的能动性，原动力来自生命的激情。理性主义无一不自负，无一不功利，而激情作为生命的底色，以直觉的形式劝诱人类在任何时刻都不要忘却自己的审美志趣，以及价值判断的"天赋异禀"。

一旦在教育中得到了审美的熏陶和锤炼，青年的人格就会丰满起来，不再现传统教育中的"工具人"之养成。

工学教育，较之其他类别的教育，最难点就在于理性与直觉的关系处理上；而解决的不二法门在于审美力的培育。

值得欣慰的是，哈尔滨工业大学的能动学科在青年学生的科技创造力引导方面，走出了极富建设性的一步。不止于此，当科技青年用科技守护祖国的蓝天之时所展露的特殊精神气质折射出中华民族最柔软最坚毅的灵魂气息……再次回顾意义深远的第四届全国大学生节能减排社会实践与科技竞赛，难忘几个细节：

2011 年 8 月 8 日上午，决赛开幕式隆重举行。当时的周玉副校长在致辞中对各参赛代表队表示欢迎，并结合我国当前能源问题的现状、能源的利用等问题，阐述了节能减排和举办本届竞赛的重要意义。他希望各参赛同学在此次大赛中学会踏实的作风和互帮互助的团队精神。

在参赛作品中，无论是社会实践成果还是科技创新成果，都充分彰显了当代大学生对绿色生活的高度关注和对节能环保理念的充分认识。每一件作品都是思维、创造与实践的凝聚，是同学们辛勤汗水的结晶，对于评审专家而言，真的是难以取舍。

大赛期间，还举办了 2011 年教育部高等学校能源动力学科教学指导委员会热工基础课程分委会会议，共同探讨教育改革和能源动力学科教育教学改革进展、工程教育专业认证、学科竞赛、教育部本科专业目录修订等深化教学改革与提高教学质量的关键问题，并全体参加闭幕式，盛况空前。

结　束　语

掩卷之时，历史的厚重感再次沁人肺腑：每一届全国大学生节能减排社会实践与科技竞赛的传承，不仅紧密围绕着国家的能源与环保政策，结合和充分呼应国家的重大需求，还激发大学生勇于开拓、敢于创新、积极投身实践的卓越潜能。今天，节能减排竞赛已经成为能源环境领域的一面鲜艳的旗帜，同学们参加竞赛经历是短暂的，而投身节能减排的事业是持久的、永恒的。众多当年参赛同学今天已经成长为国家能源发展、环境保护等领域的技术骨干和领军人物，怎不令人感怀与触动？

在"立足航天"的哈尔滨工业大学,你将看到的不只是在祖国蓝天上翱翔,穿越大气层、克服地心引力的科技,还有更多。身为中华儿女,因为他们的工作——他们将激情与理性平衡得很好——不由得挺直了脊梁。这也许就是人们津津乐道于"国防七子"称谓的缘由吧,也是作为21世纪中华儿女的特殊荣誉感。

在"打造了一大批国之重器,培养了一大批杰出人才"的背后,哈尔滨工业大学到底做了啥?哈尔滨工业大学副校长帅永教授用"宠溺学生"四个字回答了这个问题。他满怀深情地说:哈尔滨工业大学为了"宠溺"青年才俊,为学生建设了暖廊系统和地下体育馆等,让学生不必忍受哈尔滨冬季严苛的寒冷气候。即使在最严寒的冬季,在校内学生连羽绒服都用不上……

这令人想到,与其说它是避寒的暖廊系统,倒不如说是"心灵的暖廊"。原来,大国的脊梁是这样被"宠溺"出来的!

"西迁"传人的民族魂与科技魂

——记西安交通大学没有篱笆的校园

引子"节能减排是一份良心活"

在整理第十五届全国大学生节能减排社会实践与科技竞赛的会议资料《我们的视角不在地平线上》时，组委会的成员被西安交通大学承办第五届竞赛纪实中的"西迁精神"深深触动。

"西迁"，那是 20 世纪的一段历史故事，是以西安交通大学为代表的一群"西迁人"，为了祖国安全和建设的需要而进行的创举；21 世纪初叶，同样的牺牲奉献精神重现并交织在"节能减排·绿色能源"的全民行动中，他们以朴实的语言再次攫取了听众的心灵！

到底什么是"西迁精神"？这个问题看似没有答案，其实有着斩钉截铁的答案！没有答案是因为那是一个开放性的答案，很多人在持续地注入自己的牺牲和奉献；有答案是因为它真的具有触感，并非不可碰触，并非扑朔迷离。

自己曾经参赛，后又指导学生参赛，均获得优异成绩的敬登伟老师，在吐露参加大学生节能减排竞赛的感受时，不断地表达自己的愿望，希望他的学生、现任复旦大学教授李龙博士得到更多的宣传聚焦。这令人真切地看到了一种精神：他自己退避，却努力成全学生的做法，毋庸置疑是"西迁精神"的一个侧面。

另一位大学生节能减排竞赛的指导教师周屈兰老师则说了一句话："节能减排是一份良心活！"这让人感受到了"西迁精神"崭新的时代风貌！

节能减排竞赛将成为最好的教育"出品商"

2012 年 8 月 8 日，时任西安交通大学能源与动力工程学院院长、第五届大学生节能减排竞赛专家委员会主任的丰镇平教授主持开幕式。丰镇平院长提到第五届竞赛规模大、参与人数多、社会影响广，有力推动了"节能减排全民行动计划"。

老院长丰镇平教授开门见山，他用"一""两""三""四""五"言简意赅地总结了西安交通大学承办的第五届大学生节能减排竞赛的盛况，即"一大主题""两项结合""三大特色""四样精彩""五届之最"。

已经 66 岁的丰镇平教授本是浙江人，1977 年考入西安交通大学学习，1984 年 12 月在西安交通大学研究生毕业即留校工作。丰教授在西安交大奉献了全部精力用于科研与教育事业。他谦逊地说自己作为普通老师为了学校能够扎根西部、奉献全国，不过是做了一丁点儿力所能及的工作。他认为做好自己的科研、教学工作以及通过大赛培养学生也是对"西迁精神"的实践。他认为指导学生参加大赛更深层次的意义，不仅是学到专业知识，更要贯彻节能减排基本国策，把它落实到实际工作中，运用自己所学为祖国的发展服务。

丰院长所说的"一大主题"，不言而喻，已经是他职业生命的一部分，他对大赛充满了深厚的情感（在为编创本书进行调研的时候，丰院长正在承受病痛折磨，但是他勉力支撑着完成了座谈，翌日，他不得已住进了医院）。自大赛从 2008 年首届至今，只有两届没参与，足见丰院长对竞赛的赤子般的热爱。丰院长反复表示：节能减排已经是我国的基本国策，作为能源动力类学生，在大学四年期间有机会参与，对于同学们在校期间对基本国策的认识和理解很有意义。

所谓"两项结合"，是指通过这样的大赛，学生动手展示作品和同行交流、汇报与答辩，沉浸在浓郁的学术氛围和科技创新氛围中，学生自己认识到亲自动手实践做出作品，到现场交流答辩，对个人提升和成长非常有意义。有特等奖代表同学发表感言说，大赛是融会贯通知识的平台，在参加比赛的过程当中，能够将平时所学的理论知识与实践相结合，克服各种困难，学以致用，深切感受到自己综合水平和能力的明显提升。

何为"三大特色"？ 2012 年 8 月 8 日，第五届节能减排竞赛拉开帷幕，当年有来自全国的 73 所高校参加。同时，还举办了主题为"新能源高效利用前沿问题探讨"的暑期学校和"大学生暑期夏令营"。三个活动一起，影响范围、作品数量和参与人数创前五届之最，反映了节能减排竞赛的主题深入人心，为此学院学校做了大量工作予以支持，凸显了第五届节能减排竞赛的三大特色，而这"三大特色"又使得第五届竞赛变得更加有张力，更加有内涵。

"四样精彩"：2012 年第五届节能减排竞赛举办的同时，还举办了两个夏令营、能源学院院长论坛、国际研讨会等多个会议，精彩纷呈。并邀请幼儿园、中小学学生参观作品，既通过大赛促进学生水平提高，同时体现大学的社会责任，面向社会中小学生科普，展示科技创造的影响。这"四样精彩"具有将"节能减排·绿色能源"学校行动延伸到全民行动的初衷，也可以说是将第五届竞赛的影响力最大化了。

"五届之最"：第五届大赛规模大，参赛作品质量好、层次高，确保了大赛的增量，进一步提高了大赛影响力，有 1 万多人参与，作品超过 1000 件，参赛学校 100 所以上，中央电视台也对这场竞赛进行了报道。

丰院长高瞻远瞩，重申了第五届节能减排竞赛的意义：节能减排是实现我国"十二五"规划的重要战略目标，党中央、国务院非常重视此项工作的推进和进展，节能减排竞赛的举办是要将"节能环保"的理念辐射开来，让更多的人认识节能环保的重要性。

丰院长依旧保留有 44 年前的热血青年的生命激情，却比青春年少时多了成熟的睿智与十分和蔼可亲的人格魅力。他在用"一""两""三""四""五"高度凝练第五届全国节能减排竞赛的特色之余，用十分温和却掷地有声的语调点题："节能减排已然成为基本国策！"末了，他将"西迁精神""节能减排"和高等教育糅合在一起，像一个亲和的大哲学家，寄语谆谆——节能减排竞赛将成为最好的教育"出品商"！

没有篱笆的校园

2012 年，作为能动学院副院长、协助丰镇平院长组织第五届节能减排竞赛，担任大赛秘书长的王秋旺老师，现担任教务处处长、招办主任、创新创业学院院长等多个职务。作为指导教师他多次参赛并获奖。王老师指导的两个优秀作品入选本书。他说：毛主席讲过世界上最怕认真二字。透过他的工作，你一定会认同：他的确是对"认真"二字最为恪守的人。

王老师参与了第三届到第十六届节能减排大赛。结合他在学校的管理职责，更具有推动大学生节能减排竞赛的原动力。在他的努力下，西安交通大学设置了"格兰富"冠名的校内赛，制定配套加分政策，为吸引学生的加入提供了原动力。近年来，校内每年近 100 支队伍竞争国赛的 15 个参赛资格，校赛三等奖及以上就有资格参与国赛。

随着节能减排竞赛越来越受到各高校和省市的重视，王老师正在筹划由西安交通大学发起陕西省的省赛。王老师认为陕西省内高校众多，但是参与节能减排的热情稍显不足，所以非常希望通过联动省内高校，提升作品质量。他坚定地认为在这个方向上，西安交通大学需要责无旁贷地扛起大旗！

王老师还兼任创新创业学院院长，联合教务处、实践教学中心、团委、科研院、学生处的共同努力，将学生大量融入进来，节能减排竞赛作为最具影响力的赛事之一，提供了最有效的平台。2022 年，西安交通大学荣膺"国家级创新创业学院"称号，学生双创能力在全国排名前几位。延续二十几年的"腾飞杯""双院育人""本科生导师制"等多项举措，同时得益于氛围建设，有一半学生在校期间都能参与竞赛，获得成长。也可以说，王老师是最能代表西安交通大学在节能减排学校行动中担当使命的人物之一。

自 2021 年开始，西安交通大学发起了"校园开放日"活动，面向从幼儿园到高中的学生、学生家长以及社会人士开放。共有五六十项科技作品参与了展览，其中相当多的作品是从节能减排竞赛中脱颖而出的。这种打破藩篱的宣传和热爱科学的教育，没有任何说教，没有任何先入为主，没有任何揠苗助长，反而令很多参观者兴趣盎然，一些小朋友直到太阳落山都不愿离去。在他们稚嫩的心灵中，或许已经悄然种下了科技兴邦的种子，为他们未来报效祖国的宏大志向埋下了伏笔。

2022 年，尽管疫情还在肆虐，西安交通大学冒着很大的风险依然举办了第二次展览，有四五千人参观了展览。这样做的目的有两个：一是大类招生背景下大家对专业不了解，展览能增加学生兴趣；二是起到招生宣传的作用，让学生从小培养对科学的兴趣和对专业的了解。

王老师朴实的解说非常令人动容——从履行大学社会责任方面来说，开放办学的概念也是对"西迁精神"的一种实践方式；让民众对大学不再陌生，让学生对专业进行更理性的选择；增加大众对于科学技术，尤其是对于节能减排的参与意识。

王老师表示：西安交通大学和天津大学相似，都获批了"储能国家平台"，这和"节能减排·绿色能源"及"双碳"目标的主题密切相关；两所学校的前身分别是北洋大学和南洋公学，都是清末的盛宣怀先生创办，两校一脉相承。每每在历史的重要关头，这样的学府会主动承担更多的社会责任，这种优秀传统不止于"西迁精神"的传承，他们在任何时代里都是先天下之忧而忧、敢为人先的群体。

西安交通大学团委李利波副书记认为：传统意义上把一个活动当成活动办很容易，但把一个活动当成品牌、文化和平台去办，则是趋势，也相当不容易，更加考验组织者的科学精神和奉献精神。

李利波老师在读本科期间也是大学生节能减排竞赛的参赛者，也曾指导学生获得2015年第八届及2017年第十届节能减排竞赛特等奖。他说："怎么把学生的目光引领到有意义、有价值、出真知的事情上，是团委工作的一部分，需要多方的融入。现在，他更多的时间则是作为组织者，需要思考组织者能够做什么，如何让参赛者和指导教师有获得感和成就感，让整个赛事变得更有效能，产出更有建设性的成果。"

李老师还给出了他对于节能减排竞赛组织的看法，也概括了西安交大的具体组织框架和激励手段。他说："节能减排竞赛作为创新创业赛事之一，是学院工作的重要抓手，在丰院长的组织下打下了良好基础，西安交大在节能减排学校行动方面具有三个特点：

一是育人成效：一般学生参赛需要指导老师，学生和老师充分进行联动，比赛也将变成后续研究的起点，大赛成为学生和导师提前接触、谋划、相互适应的载体，指导教师很大概率将参赛学生纳入门下、进行下一步孵化。同时将知识转化为实践，让学生了解专业在干什么，搭建学生后续科学研究的载体。

二是政策支持：从组织者角度，赛事组织需要多个元素的参与，不仅有老师学生，还需要政策。通过对全国985高校调研发现，对竞赛有加分政策的学校不多。在西安交大，特等奖作品第一作者加权平均分加6分，在保研推免时有极大的竞争力，政策成为重要的指挥棒。目前的政策只针对学生，老师的心血和投入都是无偿的，并没有实质性的奖励。希望给予老师一定的支持，表示重视和认可，以后也会加大对指导教师的政策激励。

三是氛围营造：氛围营造很重要，是一种文化，更是一种意识形态的塑造过程。在这种氛围的熏陶之下，学生会觉得没有参加过节能减排竞赛的求学生涯是不完整的。院级和校级的比赛形式和国赛很像，学生进行路演展示，有校领导、老师现场观摩，这种全真体验是教育不可或缺的一部分。虽然不是所有学生都有机会参加国赛，但在学校内就能体验大赛的过程和真谛，润物细无声的氛围营造，能令更多的学生真切地感受节能减排全民行动的时代要求。"

"西迁"传人的"良心活"

周屈兰老师是一位经验丰富、十分优秀的节能减排指导老师，他讲话的时候，就像一位饱经沧桑的游吟诗人，既充满了感染力，又富有打击乐的节奏，铿锵有力。他说，作为一名在基层工作的普通教育工作者，对自己学生的作品作为优秀案例入选本书感到光荣。

周老师 2011 年第一次带学生参与节能减排竞赛获得二等奖，2012 年拿到特等奖，之后基本每隔一两年带队参赛，各个级别奖项都获得过，是早中期参加大赛的积极分子。

周老师的一句话令人肃然起敬，他说："节能减排是个良心活，作为老师来讲虽然没有直接的奖励，但是对于教学来说，意义重大。尤其对于理工科学生，打破传统教学的局限，对学生能力的锻炼和人才培养具有重要作用。"

周老师娓娓道来：节能减排竞赛面向社会、面向未来市场和技术发展，实实在在地抓到人才培养精髓，符合深层次人才培养规律。学生通过开阔思路、知识整合、团队合作，在竞争中相互学习和成长。老师指导学生参赛，架设了师生之间沟通的桥梁，很多指导过的学生都会延续节能减排作品的思路，加入团队开展进一步研究，参赛过程实现师生之间相互了解和情感链接，形成优良师生关系和教学关系……而这是其他任何教学环节都很难达到的。同时，老师也在学生身上学到很多新知识，青年学生接触新事物更多、掌握更快，老师也能从中得到反哺。指导过的学生中一部分最后进入自己课题组，另一部分分布在五洲四海，在国内外高校、研究机构、企业从事相关研究工作，老师也间接受益，得到行业最新动态，进而和比赛一起站到学科前沿和人才培养的前列。如 2011 年带队的队长后来到美国密歇根大学进修，去过奔驰，现在在加州一家高科技公司任职。也有学生在密歇根大学，有两三名学生到该校攻读博士，自己也两次作为访问学者到访。老师走出学校参赛，和优秀学生、高校老师充分交流，在行业内获得更多资源。

周屈兰老师还讲述了另外一个小故事。2015 年带队参加哈尔滨工程大学承办的第八届节能减排竞赛，一位企业老总看到学校信息后便在自己的展台前驻足，向学生表明校友身份，一问方知指导老师竟是自己的同班同学。和这个同学毕业后很少联系，这次却因为大赛不期而遇，非常暖心和感动。

敬登伟老师 2008 年留校工作，指导的学生在 2010 年获得第三届节能减排竞赛一等奖。大赛对学生有很大帮助，学生优秀了老师就感到自豪。第三届参赛的李龙，在做完课题之后到美国读博，然后回国到火箭发射中心的钱学森实验室工作，去年到复旦大学任职建设航天学院。

敬登伟老师还分享了自己作为指导老师从节能减排竞赛中获得的成长。他说，节能减排竞赛不仅给了本科生科研的机会，让学生较早得到科研训练，对自己是否适合做科研有一个认识，同时对老师也是机会。敬登伟老师的一个参赛课题申报了国家生态环境部项目，拿到一等奖，获资助 30 万元，是任职生涯"第一桶金"。第一个横向项目促成了应用研究的起步，因此敬登伟老师内心对节能减排竞赛充满了感激。

敬登伟老师几乎不谈自己，他总是在谈他指导过的学生。他说大赛是指导老师跟优秀学生的联结纽带，学生主动联系老师并提出创意和想法，依靠学生主观能动性，教师只起到指导作用，获得优秀的成绩是因为优秀的学生，是优秀学生成就了优秀的指导教师……你可能已经发现：敬登伟老师总是站在学生的影子里，"喋喋不休"地讲述他的希望——希望将宝贵的展示时间留给优秀学生李龙，多多聚焦优秀人才李龙博士的成长……

周老师和敬老师的表现，具有一个很强大的共性：他们都是西安交通大学自己培养出来的精英，从学生到老师……"西迁"精神在他们年轻的教育生涯中变得坚韧，并没有因为不同的时代主题而变得淡薄。如果说像丰镇平院长、王秋旺处长他们所代表的牺牲精神通常被看作理所当然，是他们那一代或者几代人的特质，那么像周老师和敬老师这样年富力强的中坚身上就更体现出"西迁精神"的生生不息了。

无独有偶，能动学院的陈雪江老师自 2015 年开始负责本科生教学工作，主抓节能减排竞赛工作，要想在国赛取得好成绩离不开校赛的精心组织和打造。他也谈到了自己的经验与认知，总结了以下三条：

一是与产业直接对接。2015 年，西安交通大学找到格兰富水泵集团公司的企业资助，获得了活动经费的支持；通过"格兰富日"，通过企业的高级管理人员为学生作报告等形式，把企业节能减排理念渗透给学生；评审的过程中也有企业的参与，从工程应用角度给作品提意见，不仅提升校内赛水平，更重要的是拓宽学生的视野，缩小实际应用与校园科研之间的差距。

二是以赛促学。将竞赛和培养方案中的科研训练和"双创"项目相结合，在小学期安排系列讲座，特邀主讲教师，从科研题目的选题、文献综述、科创竞赛的理念、科研报告和总结方法，通过系统的讲座提升科研能力。结合学业导师，形成一对一、一对多的关系，推进校赛。每年校赛作品都有 100 项左右（2022 年校内赛作品近 120 项）。由此可见：节能减排竞赛活动已深入人心，成为教指委和学校的品牌活动，参赛学生不仅限于能动专业，还有电气、机械、材料、化工等，近些年还有管理、人文学院学生参与到节能减排竞赛中来，令人欣慰。

三是建立"节能减排俱乐部"。收集历年获奖作品样机和模型放到展厅进行介绍，实验教学中心的实验台供后续使用，为创新实验搭建平台。

陈雪江老师作为指导教师指导大赛多年，自 2016 年至今他指导的学生已经斩获了 6 个一等奖。从优秀指导教师角度来看，他反复强调：一定要注重学生自主的创新想法，不用自己的科研课题束缚自主创新，形成自主学习模式。一定要注重传帮带，也是"西迁精神"的体现。一定要提早谋划，现在参赛都是以大三学生为主力，让大二学生参与辅助性工作得到锻炼，来年可以很快地进入角色。

"西迁精神"哺育的传人

让我们一起来看看老一代"西迁"人培养的青年——也许他们的词典里面没有"西迁"这个词，但是"西迁精神"并没有在他们的灵魂中湮灭——他们怎么说？

李龙现为复旦大学教授，于 2010 年参加第三届节能减排竞赛获得一等奖。由敬老师指导，作品是关于金属氢化物汽车引擎空调的，基于金属氢化物研究了固态储氢的方案，发现金属氢化物在吸氢和放氢的过程中，伴随着热量的输入与输出，因此想到可以在储氢过程中利用能量的循环流动，利用汽车引擎废热，设计热力系统进行制冷。参赛作品设计了小型系统，在研究生师兄帮助下，进行了循环的可行性验证。借助多媒体技术，呈现了作品设计，动画呈现了车载的应用。作品的理论和技术可行性、整体方案都比较完备，在评选与答辩环节，得到了专家的认可。他对于节能减排竞赛的体会是，首先关注创新性，尽可能把好的创意变为现实，通过可行的方式把作品直观地呈现出来。

接受采访时，李龙感喟地回顾这段经历："学生成就老师，老师助力学生成才，节能减排竞赛提供展现自己的舞台，只有拥有足够强烈的热爱才能持续做下去……之前曾在航天五院任职，专注于管道密封防止阀门泄漏，发现买来的通用成品 90% 不合格，通过自己和同事动手改造才能应用于航天领域。这些经历塑造了我们的精神，需要在实践中摸索。节能减排竞赛也是，从简单的理念，到实验验证，到落实成实物，需要做很多工作、倾注很多精力……未来走到工作岗位，也需要持之以恒的对于事业的热爱。"

朱建军同学则说："参加 2020 年第十三届节能减排竞赛，在周老师指导下做了一个二氧化碳捕集与封存的装置，获得加分保研，目前正在交大读研，自己的科研能力得到锻炼，收获很大……从做人到做事，作为西安交通大学的学子，有一种别样的充实。"

丁艺同学目前是王秋旺老师指导的研究生，2021 年曾获得第十四届节能减排竞赛特等奖，参赛作品是《将相变储能和可控辐射制冷相结合的一个新型节能建筑墙体》（编者注：选编入本书时，题目已做修改）。

丁艺同学说："在本科阶段参加了全国大学生节能减排社会实践与科技竞赛，这段宝贵的经历令我对学习与科学研究之间的关系有了不一样的认识……本科阶段是汲取知识，研究生阶段是输入输出并行，再后来可能就是输出大于输入了……竞赛是本科到研究生的桥梁，帮助我提前接触研究生生活，进行科研预热。参加比赛的时候还是小白，通过大赛这一平台学习科研技能，为研究生阶段的科研工作提前奠定基础，实现了科研从'0'到'1'的进步，对于人生的影响是不可估量的。"

钱琛怿是王秋旺老师指导的学生，参加第十三届节能减排竞赛获得特等奖，作品主要研究了利用超声波强化多孔金属中相变材料的传热传质过程，小组的一位组员目前在王老师课题组继续攻读硕士，对课题进行后续研究……

能动学院团委书记雷驰同样感喟：学生都很优秀，指导教师都充满热情、十分敬业，自己也会将工作做得更好。雷驰书记的话也同样可以用来表达编者对于西安交通大学节能减排学校行动事业的仰慕。

结　束　语

了解完西安交通大学的任何故事——不仅仅是节能减排竞赛——你很容易发现一个共通性，那就是很难找到本位主义、个人英雄主义藏匿的空间。

时代在变迁，可透过西安交大人，却可以发现有些东西如中流砥柱，在斗转星移中屹立坚守。

事实上，对西安交通大学与"节能减排·绿色能源"之间的关系有很多意义隽永的片段可升华，值得继续思考，这里有极为丰富的人文宝藏：

其一，知识是创造力量的"永动机"，节能减排竞赛是最好的教育"出品商"。

其二，从王秋旺老师和陈雪江老师的工作中看到西安交通大学的特色：让科学与少年儿童变得零距离，让科学变得与少年儿童亲近起来；在科学游历中体会科学妙趣，与终端用户无缝衔接，建立了一个没有篱笆的校园。

其三，周屈兰老师满怀激情地演讲了教育与人性的关系——"西迁精神"就是一种良知与良心。

其四，陈雪江老师分享了"节能减排俱乐部"的故事，就是"双碳"时代"西迁精神"的沙龙；企业管理正交作用于节能减排竞赛，这是真正意义上建构学校行动为全民行动服务的措施。

其五，透过丁艺同学的发言——本科输入，研究生输入和输出并存，比赛则激活了输入输出的流量，疏浚了人文与科学精神的河道。

其六，敬老师师德高尚，李龙的故事也很精彩，堪为时代青年的典范。因为本篇文章侧重组织文化，不能浓墨重彩于美好的后现代教育关系，但这故事的确是一道精神大餐。

也许，"西迁精神"就是一种非常深沉的情怀，虽然没有字字绕梁，没有华丽的咏叹调，但是细微之中具有承载和丰富的显化，那就是一颗中国良心，一颗共有的中华魂，一颗共赴文明与进步的科技魂！

总之，在讲述西安交通大学"节能减排·绿色能源"学校行动的故事时，思维总是很容易不受控地"跑偏"。因为这不是一个老生常谈的科普故事，而是一个二十世纪到二十一世纪的伦理故事，一个民族魂与科技魂结合得最具水乳交融况味的故事。

也许，西安交通大学的教育，不是通过古典的"传道授业解惑"方式来实现的，而是通过"德治"实现的。民族魂与科技魂就是这样炼成的！

从"熵道"到"商道"

——记上海交通大学温度与梦想的谐振

引子　两次冠名"力诺瑞特杯"诱发的遐想

检索大学生节能减排竞赛十六年的历史，你会发现"力诺瑞特杯"的名称出现过两次：第一次出现在 2013 年的上海交通大学承办的第六届节能减排竞赛上；第二次出现在 2021 年山东大学承办的第十四届节能减排竞赛上。

两次冠名同一项"节能减排·绿色能源"活动，这背后其实有一个动人的人文关怀故事。故事的缘起，就要从上海交通大学王如竹教授与山东力诺瑞特新能源有限公司建立长期科研合作，成立双边"联合太阳能热泵研究院"的故事说起。

这个故事也是中国特色社会主义建设中，科学技术作为第一生产力的时代背景下，高等教育与企业之间美好人文故事的"代表作"之一，代表了节能减排学校行动与全民行动之间引人深思的关系。

人文关怀缔结的科技平台

2012 年 8 月，王如竹老师代表上海交通大学在承办第五届节能减排竞赛的西安交通大学接过了第六届竞赛的会旗。为此，学校在 2012 年年底前就开始协调会议的安排，上海交通大学校方高度重视，给予场地和政策上的各类支持，机械与动力工程学院作为具体承办部门不仅提前在西安学习第五届大赛的流程，也与竞赛委员会秘书处沟通，形成了具体可行的系统方案。

众所周知，战略制定宏观，战术操作则需步步为营。组委会的核心人物王如竹老师 2012 年年底就开始运筹会议经费事宜，他第一个想到的就是"日出东方"和"格力电器"两家卓越的企业。这两家公司之前都曾经与王老师的科研团队有很好的合作关系，"日出东方"是太阳能产业少有的上市企业，与节能减排主题密切；"格力电器"是空调行业领军企业，"格力"本身的寓意就是科技大力士之间的比赛……如果能由这两家明星企业中的一家冠名，对于跨越学校行动到全民行动之间的旅程，必定大有裨益。但是，一来企业的决策要时间，二来赞助数额并不是小数目，等待是煎熬的，王老师为此焦虑难安。

某日，王老师接到了山东力诺瑞特新能源有限公司申文明总经理的电话，咨询个人骨科手术事宜。原来，申总被山东省一家本地医院诊断需要做腰椎间盘突出手术，手术有较大的风险，因此他希望到医疗发达的上海进行治疗。在取得家人的首肯之后，申总决定前往上海寻找更加先进和安全的治疗方法，并向王老师咨询。了解到申总的难处之后，王老师立即为他推荐了上海市第六人民医院并抽时间帮他提前预约了专家门诊号。申总抵达上海后，王老师亲自开车送他到第六人民医院，陪同他一起就诊。医生分析了他从山东带来的 X 光片，对他的身体做了较为全面的检查。骨科专家拿到检查结果后，叫来了正在就诊的申总和陪同的王老师，讲到这是一个非常典型的容易被误诊的病例，实际上不需要手术就可以解决，定期做些牵引即可。听到这个判断，两人都非常高兴。申总感激地说道："如竹，你是我的大福星！"

从医院出来王老师开车把申总送往上海青浦工业园区，并携手去视察双边合作的太阳能研究院建设情况，中午即留在青浦用午餐。

那天的午餐，大家非常高兴和轻松，生活的幸福感和事业的前景令两位事业伙伴倍感欢欣鼓舞。用餐期间，王老师意外接到了"日出东方"的来电，但是个坏消息，王老师的压力顿时陡增，一扫之前的喜悦。这个细节引起了申总的注意，他关切地问："王老师，你与'日出东方'讨论什么事情？你……有什么困难吗？"王老师扛不住申总那炽热的眼神，于是讲述了筹办第六届节能减排竞赛时碰到的困难。申总爽朗地对王老师说："……上海交通大学与力诺瑞特合作这么好，我们又是兄弟……你不找力诺瑞特就是你的不对了。"王老师则认为力诺瑞特企业与上海交通大学合作太阳能研究院已经投入挺多，确实担忧会增加企业负担……申总感激王老师的同理心，更加坚定了企业与大学生节能减排竞赛以及高等教育研究机构之间同舟共济的决心，当即表示将不遗余力地推进力诺瑞特冠名第六届节能减排竞赛事宜的进程。

一周之后，就从山东济南传来了好消息，在申文明总经理的组织和主导下，力诺瑞特企业决策层决定赞助 80 万元，冠名第六届大学生节能减排竞赛。

在得到了力诺瑞特的冠名确认之后，利好接踵而至，王老师不久又得到来自"格力电器"30 万元赞助费的确认。

正是透过人文关怀缔结合作，才有了开篇的"奇闻逸事"。其实，明白了这则故事背后的人间关爱与温暖付出，这个故事就稀松平常了。所以，在编著《我们的视角不在地平线上》时，"编者按"以"热泵的妙用"为主旋律写道：

"上海交通大学为读者讲述了一个与众不同的生命故事：这个故事不涉及科技和管理的程序，但是令人无比感喟。在'节能减排·绿色能源'全民行动的路上，全社会的各利益相关群体如何组织起来，如何为一个共同的目标凝聚起来，这是一个引人深思的故事。太阳能热泵可以将热能从一个状态'迁徙'到另一个状态，社会资源也是一样。对生命的敬重，会辐射出惊人的能量……"

有了企业积极有力的参与，2013 年的夏季再炎热也不是事儿，上海交通大学也给参赛的学生们提供了更多宝贵的体验和学习机会，给大赛的评委提供了优质的服务。在比赛期间，王如竹老师还邀请了来自中科院的名师、工程热物理研究所的聂超群研究员为参赛的同学们讲解"热力学的历史"，让众多老师和学生第一次知道有四位诺贝尔奖得主的研究是与热力学相关的。原来节能减排的背后也有感人肺腑的生命激情故事！

总之，这是上海交通大学诠释的一个人文关怀与科技事业同舟共济的故事，当属人文的温度与美好未来梦想的一次"握手"。

以人文关怀滋养人间大道

前情扼要讲述了上海交通大学为承办第六届节能减排竞赛的"步步为赢"策略，实则是人文为本，关爱为要。

现在，徐震原老师是校园内"节能减排·绿色能源"行动的关键人物，他和任子文老师、马涛老师、郁中昊老师等一起，接过了王如竹老师递交的接力棒，将上海交通大学的大学生节能减排竞赛推上了另一个巅峰，书写了独特的科技与人文交相辉映新篇章，呈现了另一种人文关怀的嬗继模式。

他们打造了全流程的孵化机制：前期筹备——校内选拔——培训——答辩——国赛，每一个步骤都"训练有素"，研磨得当。

孙佳东、叶展羽为徐震原老师指导获特等奖的学生，目前孙佳东在智能所读博，叶展羽硕士生即将毕业，他们分别以自己的节能减排竞赛经历"素描"勾勒了 21 世纪青年的时代新风貌。

某天，本科在读的孙佳东同学突然接到班主任电话，说去听机动学院王如竹教授讲座，还可免费吃午饭……孙佳东戏谑自己本是为了蹭饭，却被王如竹老师的讲座所触动，由此结识王老师与徐老师，并加入他们课题组。通过在实验室中的工作与学习，产生了《海上农田》作品（第一年参赛）和《辐射制冷》作品（第二年参赛）。赛前经历校内多轮答辩、材料打磨、PPT 准备及一遍遍讲解，胆量、临场素养、应变能力和表达能力有很大提升。大赛给学生带来的改变主要在两个方面：一方面是思考或者关注一个科学问题的角度由纯技术性背景过渡为一种更大的社会背景，如从最开始想做自动洗头机解决洗头问题，到"双碳"概念提出后第一反应不是绿色出行等而是国家科研方向的转变；另一方面是处理问题的方式方法更注重团队合作与交流沟通。由最开始几组学生参赛到多年级多专业学生主动联系获取参赛经验，明显提升了学校的科研氛围。

值得一提的是孙佳东团队 2019 年《海上农田》作品虽然仅获二等奖，但后续的影响却不止于此：《海上农田》创意的核心技术是海水淡化浇灌农作物。比赛的过程中，专家提问"遇到了台风怎么办"，答辩的同学就卡壳了……

但从长远来看，《海上农田》的项目创意具有深远的意义。作为大二的学生团队成员，能被配置的资源与项目的价值无法匹配，但丝毫未减损其创意和梦想的意义。

叶展羽同学 2021 年参加了第十四届节能减排竞赛，并斩获了特等奖。她的创意源于海水淡化方向及空气取水方向的讨论，徐老师敏锐地察觉到这个主题和节能减排非常契合。从组队到校内提交材料只有大半个月时间，基于团队默契配合，作品推荐参加国赛，并惊喜地获得特等奖，但遗憾的是未能线下参会感受现场氛围。她的特等奖感受是：一、踏踏实实去做，最终总是会有一个很好的结果与反馈。科技创意的产生如同"艺术来源于生活，又高于生活"之说，科研、工程的创新来源于实验室、来源于生活，同时也高于实验室、高于生活，创意可以从实验室或者是从日常实验中一些有趣的点延伸，进而讲成一个完整的故事。二、讲清自己的创意，需要非常好的陈述能力或表达能力，通过比赛逻辑梳理能力增强。三、经过比赛的锻炼之后，心态有了很大提升。四、作为一个队长，如何去安排团队，如何去挑选队员？团队搭配不仅要考虑关系好，同时也需考虑每个队员各自的特性；另外，安排团队的工作时做了一个共享 Excel 清单，把每个人的工作按周进度列出来，彼此监督共同推进工作。

作为特等奖的获得者，孙佳东和叶展羽团队的作品已经被选入本书，但是那个当年令孙佳东团队备感失落的《海上农田》创意却无法被淡忘。令人欣慰的是：交大近几年节能减排作品，或多或少都有这个创意的影子，当然也有创新。孙佳东认为个人也没有完全放弃当时的构想，博士阶段的课题方向虽偏向基础物理化学多一点，但在《海上农田》水的冷凝方面找到了与自己研究的一些契合点……

《海上农田》作品虽然在孙佳东的眼里"折戟沉沙"了，但是其深远的价值和意义还将持续发酵和嬗继，那是一个可以向未来挺进很远的创意，满载了人文关怀的梦想！

也因此，《海上农田》作品虽落榜，但在节能减排竞赛历史上却成为一个"虽败犹荣"的代表作品，那蕴藏于其中的人文关怀与青春梦想，将永远绽放荣光。

愿大学生节能减排竞赛，过去、现在还有将来，都不会被看作功利的捷径与跳板，而一直具有温度与梦想的谐振机制。

结　束　语

故事讲到这里，上海交通大学从"熵道"到"商道"的科研与生产力谐振故事其实并没有鲜活起来，直到听到王如竹教授亲自讲述了山东力诺瑞特企业与上海交通大学在浦东联合设立研究机构的渊源，以及合作研究、产业发展前景之后，还有他在 2021 年游说山东力诺瑞特企业再次冠名大学生节能减排竞赛，资助山东大学承办第十四届竞赛的后续故事，这个从"熵道"到"商道"的故事才真的具有了惊世骇俗的感染力。

作为大学教授和实验室里的科研负责人，王如竹教授遵循的是"熵道"；在科学技术转化为生产力的道路上，他与山东力诺瑞特企业联合演绎的是"商道"。从"熵道"到"商道"的穿梭，他以人文关怀为枢纽，以人文精神为纽带，将校园和社会无缝地衔接起来，产生了独特的价值嬗递效应。

如果将王如竹教授对于大学生节能减排竞赛的贡献，归纳为中国高等教育界从"熵道"到"商道"的第一人，依然不够完整。因为，他的贡献不仅在于将国内的产、研之间深度联结，追求产、研深度融合之后的奇特组织效应，他还是全国节能减排竞赛历史上率先打破国际壁垒的组织者。正是在上海交通大学承办的"力诺瑞特杯"第六届节能减排竞赛上，来自海外的队伍与中国学生进行了同台角逐……今天，全国大学生节能减排社会实践与科技竞赛已经成为国际化的品牌，于此，王如竹教授功不可没。

王如竹教授的从"熵道"到"商道"之路，已然是中国特色社会主义科技文化的重要组成部分，这个故事，也是本书极为赞赏的精神财富与范式。这个故事其实光彩夺目。

彩云之南的绿色"摇篮"

——记昆明理工大学的"绿色能源创新班"

引子　开幕式上的泪光

天津大学赵军教授偕本书编著小组，与第七届大学生节能减排竞赛的承办者、"孺子牛奖"获得者、来自昆明理工大学的何屏教授带领的少壮派之间，进行了一场质朴却又如沐春风的对话。

虽光阴倏忽如白驹过隙，然了解过昆明理工大学能源动力学科人和能源动力专业学科建设故事的人，还处在一种深度的精神反刍之中：这场看似云淡风轻的交流，却让人有惊天动地和荡气回肠之感。

有道是，既感滥觞从容志，转首又喜少壮来，云胡不言薪火相继的欣喜与庄重？

回想起 2014 年承办的节能减排竞赛，经费捉襟见肘，组织工作繁杂艰辛……昆明理工大学老少两代能源动力学科人，在开幕式上听到"开幕"二字的时候，难禁热泪在眼眶里闪烁。他们也许是为自己的朴实而难为情。他们也许永远登不上"感动中国人物榜"，却是实实在在感动中国的一群"素人"。而节能减排竞赛却因为这样朴实而又别致的一群人而变得如磐石一般，他们坚韧了"双碳"时代中华儿女滚烫的家国情怀。

"孺子牛奖"的获得者何屏老师深有感触地说——

编创、出版《大学生节能减排竞赛经典案例》一书的想法非常好，这是一项功德无量的工作。全国大学生节能减排社会实践与科技竞赛已经走过了十六年，有很多值得总结和凝练的内容，这本书的出版有助于后期更加规范地开展比赛，对学生今后学习、参与竞赛有很大指导意义。

跨世纪的学科建设与祖国命运休戚与共

昆明理工大学跨世纪的学科建设与新中国建设发展同步，完全忠实地响应了祖国建设的需求：

1954 年建校，鉴于云南冶金大省的发展需求，自然而然地引进了冶金专业，当时的热工教研室主要从事冶金热工方向；

1985 年设立热能工程专业，并经历了和云南工业大学的合并（增设火力发电厂电力设备、水力发电电力设备）；

1999 年组建新的学校，由此能动专业和电力专业进行了合并；

2001 年获批热能工程二级学科硕士点，2005 年获批动力工程及工程热物理一级学科硕士点；

2008 年 5 月，昆明理工大学主动请缨，组织了节能减排竞赛动员会；

2009 年，为服务云南省发展，聚焦冶金和能源两大支柱产业，学科建设与云南省产业需求再次进行重大适配，学科方向进行调整，和冶金工程合并，成立冶金与能源工程学院；

2014 年，昆明理工大学承办了第七届大学生节能减排竞赛，对学科发展和专业建设起到明显促进作用；

2018 年获批一级学科博士学位点。

今天，昆明理工大学围绕云南省世界一流"绿色能源牌"的发展战略，从学科布局到学生培养方面，都形成了自己的特色，从学科建设的成果和结构来看——

现拥有动力工程及工程热物理学科一级学科博士学位授权点、省级及国家级博士后科研流动站、能源动力博士专业学位授权点；

所属能源与动力工程、新能源科学与工程专业分别入选首批和第二批国家"双万计划"一流本科专业建设点，能源与动力工程专业通过工程教育认证；

开设储能科学与工程专业、能源创新班，新能源科学与工程专业、储能科学与工程专业入选云南省首批新兴专业；

建成以"冶金节能减碳、流固耦合、新能源、高原内燃机"为特色的省级重点实验室、科技部重点领域创新团队、国家地方联合工程研究中心、教育部工程研究中心等国家省部级平台团队 14 个；

2022 年，昆明理工大学新获批教育部"能源动力类专业新工科建设改革虚拟教研室"、工信部"绿色能源——校企协同就业创业创新示范实践基地"；2023 年昆明理工大学决定成立绿色能源现代产业学院，强化产教融合，培养适应和引领绿色能源产业发展的高素质应用型、复合型、创新型人才。现已发展成为我国西南地区能源动力领域高层次人才培养和交流的重要基地。

面对"昆明理工大学动力工程与工程热物理学科的成长及发展脉络图"（编者注：资料源自王华校长为第十五届节能减排竞赛所做的纪实性文章，参阅本书"'昆明会议'的奠基"章节），几乎能感受到云南作为冶金能源大省与昆明理工大学之间的息息相关，就像机体中的经络一般地存在着。

从前的云南，是个以传统的第一产业和第二产业为双核的多元文化交融的大省，祖国大西南美丽的后花园，纯美的浪漫之境。称其浪漫，是因为云南有尊重自然和多民族和谐生活的美好传统。今天的云南，确立了绿色能源的新战略，为优秀而古老的传统赋予了新的时代内涵，继往开来，任重道远。

当年经"孺子牛"何屏老师引进云南的一枚绿色能源种子（"昆明会议"的历史地位和奠基作用参阅本书"节能减排学校行动的滥觞"章节），恰到好处地契合了今天云南的新支柱产业经济发展模式，并在彩云之南盎然起来，显露了绿色能源种子"一带一路"的奇迹生命模式。

纵观昆明理工大学的能动学科建设发展之路，其紧扣了新中国成立后各个建设阶段的实际需求，在地方冶金、电力热工建设领域厥功甚伟；展望未来，他们是绿色"中国梦"的造梦者，堪称"节能减排·绿色能源"全民行动的最佳火炬手！

张小辉老师自 2013 年毕业之后即到昆明理工大学工作，当时青年教师并不多，刚到学校，即得知学校要承办第七届大学生节能减排竞赛，由于缺乏经验，感觉压力很大。在李法社老师、何屏老师的带领之下，几个年轻老师和核心学生志愿者，如谭方关等同学，主动作为，挑起了组织实施重担。当然，学校层面和学院层面也齐心协力，支持与倾斜是有目共睹的。

现担任昆明理工大学教务处处长的李法社老师在回忆承办第七届节能减排竞赛的往事时，这样说道——

"在开幕式上，当听到宣布'第七届全国大学生节能减排社会实践与科技竞赛开幕'的时候，泪水在眼眶打转……当时经费非常紧张，组织工作也不知道从何做起……比如说，展板都是从家具工厂低价得到的，竞赛结束以后，这些材料又由家具工厂回收，继续使用……"

昆明理工大学承办的第七届节能减排竞赛，也许是史上最节俭的一次，但却是节能减排竞赛精神的完胜！

绿色能源将呈福荫之势

年轻的昆明理工大学祝星主任，就像春城的一缕清风，他云淡风轻地谈起"绿色能源创新班"的培养机制——

绿色能源创新班，全部配备导师，大一选拔，从大二开始，学生组成：50% 来自能动类专业学生，50% 来自非能动专业学生；实现准研究生培养机制。每两名学生共享一位导师，并由王华校长亲自担任绿色能源创新班的班主任，系主任祝星老师则担任执行班主任。

绿色能源创新班的学生，其共性是基础好，学习能力强，更重要的是都有抱负，有上进心，有格局。

今天的云南是绿色能源大省，所培养的毕业生几乎都在为当地的国家重大工程服务，好比军中的"尖刀排"。创新班培养模式的设置，旨在使服务国家重大需求项目的"尖刀排"再上一个台阶。目前，昆明理工大学已经拥有四个类似的创新班，除了"新能源"，还有"储能""人工智能""生物工程"四个云南发展的"预备役""尖刀排"。

李法社老师特别强调"绿色能源创新班"在创设中的全流程价值引领，以确保"尖刀排"的培养效果——

选拔的时候，教务处牵头全校选拔，在学科宣传下开放式报名。这种"宣传"，首要的是凸显区域经济的需求导向。

今天，绿色能源已经是云南省的第一产业，虽然"绿色能源创新班"的毕业生被授予的学位是能源动力工程专业的，但是较之常规的能源动力专业本科生的培养，更为重视基础课程，专业课相对有意识地进行了弱化。同时，强化前沿学科，通过增加教授和博导讲座，辅之以座谈，引导学生的综合素质发展。较之传统培养，"绿色能源创新班"更重视创新素质的锤炼，为的是让未来的栋梁更好地依托科技创新去建设云南。

目前，从组织管理来讲，教务处正在努力和研究生院打通本硕博通道，激励学生从对文凭的专注转移到贡献和服务区域经济发展的创造中去。

昆明理工大学作为地方高等教育以及地方节能减排全民行动的舞龙人，2022年将校赛发展成了省赛，组织了云南省的大学生节能减排创新大赛，云南全境有22所大学参加。不仅理工类专业踊跃，连艺术类的也加入了进来。目前，有四所学校正在竞相争取下一届的承办权：它们是云南师范大学、云南大学、云南农业大学、普洱学院。这是另一个版本的故事，代表了绿色能源意识在彩云之南已深入人心。

省赛对国赛有很大的促进作用。大赛也对教学提供了很大支持，正在反哺教学和创新：成绩学分化，进入课程考核；教师把获奖案例融入课程中，取得很好的教学成效，能激发学生兴趣、主动参与创新，而创新的意识又可以无缝地与企业衔接。

以教务处李法社老师和科技英才谭方关老师实施的项目为例，可以管窥今日昆明理工大学与地方特色经济发展之间关系的端倪：陶瓷炉窑的生物柴油线性燃烧节能技术、钛冶炼炉窑技术推广项目……

昆明理工大学承办第七届节能减排竞赛的时候，谭方关正好在读研，也是第七届竞赛的核心志愿者之一。当年，他参加的作品获得了二等奖。正是通过节能减排竞赛，他增加了对科研的兴趣和动手能力，还承担了指导师弟师妹的科研工作任务。硕士毕业后，谭方关前往武汉科技大学读博（工业炉窑方面），后又到奥地利继续开展科研工作。去年博士后出站回到母校任教，负责对接多项企业横向课题。毋庸置疑，节能减排竞赛对他的职业成长有着不可小觑的作用。

2020年，年轻的李志山老师入职昆明理工大学，开始接触这项事业。2022年，作为大梁角色，李老师开始准备和筹划第十六届节能减排竞赛的参赛事宜，令人欣喜地看到昆明理工大学不仅有创新，更有后劲。

在了解过第十五届节能减排竞赛之后，昆明理工大学的卿山老师感同身受，从最初的忐忑——类似岑可法院士担忧难以为继的忐忑、类似第七届承办时担心资源不足的忐忑——到步入引人入胜的境界，对本书的调研工作大为赞赏，认为这项工作对于"节能减排·绿色能源"今后的标准化、规范化开展意义重大。为此，卿山老师强烈建议：节能减排的社会实践类案例要强化体现。

天津大学赵军教授在听到这个提议时，立即触发了强烈共鸣。恰好会前，赵军老师联络了西南交通大学的黄涛老师，就大赛举办十六年以来的唯一一件社会实践类特等奖作品安排交流。

闻言，与会者均有同理心爆棚之感：从竞赛的名称来看，最初的诉求是社会实践与科技创新并举。并且，在天津大学承办的第十五届节能减排竞赛上，特别设立了社会实践单独赛道，但是作品与社会实践的深度以及竞赛的初心寄望并没有匹配起来，这个领域相较科技创新、科技制作类还是比较匮乏的。但是西南交大的《雾霾成型机制调研》的案例（编者注：该作品已经编入本书，标题有改动），是较为出色地传递了能源动力学科人初心无悔的一个社会实践案例，弥足珍贵。

当《大学生节能减排竞赛》在"校园绿色行动"辑录中体现该作品的时候，也代表了节能减排竞赛是许许多多"'双碳'战士"的共识。这小小的插曲更是折射了全国能源动力学科人的肝胆相照与众志成城，在面向"双碳"国家战略之时，格局与胸襟是所有人具有的美德！如此，就没有不成功的事业与梦想。

总之，非常令人感喟和敬佩的是，昆明理工大学在学科建设、人才培养方面，积极面对云南省乃至国家建设的重大需求，走在教育、科学技术与生产力紧密结合的前沿，学校对地方发展发挥了卓越的智慧战略高地作用。

昆明理工大学的一群能源动力学科人，不愧是彩云之南绿色"摇篮"的杰出保育员。

结　束　语

在即将付梓之时，本书的编创小组终于与昆明理工大学百忙之中的王华校长面晤。王校长仅用两句话，就再次令闻者泪目。

王校长说：昆明理工大学历史上两次"扛鼎"了大学生节能减排竞赛的组织活动。

王校长说的"第一次"是 2008 年 5 月汶川大地震之后在昆明理工大学举办的"启动会议"，"第二次"是 2014 年昆明理工再次主动请缨，不辞艰难，克服资金上的巨大困难，以"最绿色"的精神、"最节俭"的情怀，承办了"金川杯"第七届大学生节能减排竞赛。

在第七届竞赛举办时，云南昭通发生地震，昆明也在震波之中摇晃，开幕式中特设了为遇难同胞默哀的环节，这就是一个中华民族心连心的动人时刻；学校把部分学生宿舍腾空，供参赛的指导老师和学生居住……这绝对是"穷人"干节能减排事业的风范，但你又不得不承认，昆明理工大学的一群人，是真正意义上的精神富翁，而且是两次力挽狂澜的精神富翁与文化富翁。

2014 年，的确是最为艰难的一年，昆明理工大学发挥了中流砥柱一样的作用。说到"金川杯"的由来，王校长特别介绍："金川"是地处大西北的有色冶金企业——事实上，在第七届竞赛会评会议开始的时候，冠名企业迟迟未敲定——在产业不景气的大环境下，企业几乎都处在巧妇难为无米之炊的尴尬处境之中。昆明理工能在最后一刻打动"金川"，也是因为昆明理工一直在坚定不移地支持企业的持续技术更新和改造。这样建立起来的互信、互惠和共同发展的休戚与共的纽带关系，的确又是一段产、研联姻的佳话。

王校长的另一句话，同样震撼人心：只要是关于节能减排的，何屏老师承诺的都算数！

即便没有语境的交代，相信你也能看懂。王校长的意思是：只要是关于"节能减排·绿色能源"主题的事业，他王华校长代表的昆明理工都愿意不顾一切地干。即便是何屏老师替他"应允"的义务，他也会义不容辞、责无旁贷……

"五大工程"砥柱泱泱海疆

——记哈尔滨工程大学的"学生工作室"

引子　蝶变的荣耀时刻

2015 年 8 月，第八届全国大学生节能减排社会实践与科技竞赛在哈尔滨工程大学举办，这是继第四届节能减排竞赛在哈尔滨工业大学举办之后，节能减排竞赛第二次莅临北国冰城。

当大赛比赛结果揭晓的那一天下午，副院长高峰老师看着手上那份获奖团队名单，顿生了一个充满激情的想法：要在颁奖典礼上，展现获奖队员的合影，体现他们的团结精神，给他们一个惊喜！

高老师记得很清楚：来自全国各地的参赛队伍报到的时候，组委会的工作人员就为每支队伍拍摄了合影留念。不过考虑到要在几百张相片中找到对应的获奖团队的照片，这对于准备时间只有一个晚上的颁奖典礼来说，工作量相当巨大！做还是不做？短暂的思考后，他毅然决然地决定，工作量再大也要做到。他立即组织志愿者分头行动，去寻找获奖团队的照片。当工作人员将所有的获奖团队的照片集齐时，已是午夜 1 点。微风吹来，办公地 9 号公寓外的柳树身姿摇曳，仿佛在为彻夜制作颁奖 PPT 的工作人员送去慰问。

第二天，颁奖典礼举行之前，志愿者团队终于完成了 PPT 的制作！

这个 PPT 里面，包含了所有获奖团队的照片与获奖项目，与获奖者接过嘉奖的荣耀时刻同步呈现。对于获奖队员来说，这是一份特别的回忆与纪念，是对于他们的支持与赞美。获奖者在享受他们荣耀时刻的同时，回顾自己一路走来的经历，仿若见证了自己的"蝶变"过程，那份与节能减排竞赛联系在一起的人生阅历，因此而升华，因此而变得更加珍贵、更加具有激励作用。

哈尔滨工程大学与哈尔滨工业大学一样，隶属工信部，故也被称为"国防七子"之一。不同的是，哈尔滨工业大学立足航天，而哈尔滨工程大学则主要服务于中国海军和中国船舶工业。

似曾相识的是，哈尔滨工程大学与哈尔滨工业大学一样，不愧"国防七子"美誉，为我们展现了一种家国情怀与科技联袂的动人风采。

以"学生工作室"为起点的远航

动力与能源工程学院现任院长李彦军教授在谈到哈尔滨工程大学与节能减排竞赛的关系时，自认为经历过一段"特殊"的转折时期：最初，由于哈尔滨工程大学的服务对象特定为海军与中国船舶制造业，故在讨论节能减排话题时，自然而然地容易受到思维定式的限制,"对号入座"地对应到船舶本体的节能减排。而"节能减排"的倡议在当时和船舶业的关系不如其他产业那样密切,因为船舶的流动性,碳排放很难被统计计算和管理。但随着时间的推移,船舶业遇到了严苛的"卡脖子"问题:海运船舶需要向国际海事组织支付碳税,否则将不能进入运营线路;船若开不出去,总量80%的货物物流将受到影响……

鉴于这种情形,哈尔滨工程大学敏锐地作出了反应,当他们意识到大学生节能减排竞赛契合了国家的发展趋势、代表了人类命运共同体的诉求时,迅速行动起来,主动请缨,"以赛促改"。

2015年,当中船集团听到哈尔滨工程大学这一理念转换的消息时,非常迅捷地给出了回应,以赞助100万元的实际行动,保障了第八届节能减排竞赛的顺利圆满举行。

动力与能源工程学院前任院长郑洪涛教授的话重现了这个认知转变的历史进程:他承认,对节能减排竞赛的认识曾受到服务对象的局限,致使节能减排竞赛在早期受关注度不是太高。早期的节能减排竞赛,也主要由能动专业学生参加。通过2013年和2014年"走出去"式的学习交流,特别是2015年承办第八届节能减排竞赛,校内的参赛队伍明显增多了。不只动力与能源工程学院的学生,其他学院的学生也渐渐地加入了这一洪流。尤其是最近几年,在国家"双碳"战略下,这项赛事的影响力日渐提高,参赛学生和作品越来越多,涉猎的课题范围也越来越广。这次观念上的重大嬗变,不仅对于教育方式的改革影响深远,对学生专业的选择、生源的影响也很显著。如今,在赛事的组织上,学院主要由学工办组织学生参赛,提倡学生全面参与,在学生竞赛需求上各学院也会大力支持。可以这么说,节能减排竞赛在校内的影响是全覆盖的,扭转了从前的那种大部分学生对此赛事"事不关己"的局面。

今天,哈尔滨工程大学不仅仅是对于大学生节能减排竞赛有了截然不同的认知,学校的整个教育、组织体系,都有了相应的转换举措。其中,"学生工作室"的创设,又给人一种十分清新的感受——"学生工作室"是由人文主导的,而不是由纪律钳制的,更加符合创新素质的养成和习得,有助于张扬学生的想象力,有助于青年学生成为祖国的主人翁和建设者,更好地报效国家。

早在郑洪涛教授任院长期间,就倡导成立学生专门的工作室,鼓励指导教师、学工办到校外学习交流,这一举措很有成效。动力与能源工程学院还在年终绩效考评的时候政策向指导学生参赛的教师倾斜。

郑老师以身作则,与参赛团队交流的时候,作为指导教师介绍大环境大需求,学生提想法,老师提问题,把学生循序渐进地引到竞赛中来。

郑老师认为:竞赛应该是学生自主自发的创新活动,老师更主要的是进行引导,让学生迸发创新的思想火花,需要花费很多心血。学生创新的经费来源,学院的教师团队包括学工办,都不遗余力地支持。在指导过程中费用更是有科研团队的支撑。有了经费的保障,学生敢做敢想,打消顾虑,对学生的成长提供了显著的激励。

郑老师还特别提到了一个故事:《微型燃机》的制作。这个制作并非与指导老师的科研有紧密的联系,但指导老师自掏腰包,支持学生完成作品。这体现了老师对创新大赛的责任和担当，对于学生节能减排意识的养成和科学精神的形成，具有莫大的感召作用。这也从另一个侧面诠释了哈尔滨工程大学对于青年学生创新素质锤炼的苦心孤诣和孜孜以求。

相应地，在组织上，学工团队对校内作品筛选也付出了很多努力，邀请校内外经验丰富的老师进行多轮点评，对学生把握大赛宗旨、指导思想，提升作品的成绩水平，作出了巨大贡献。节能减排竞赛对推动"节能减排·绿色能源"学校行动起到了很积极的作用。

"五大工程"助力航运，浇灌"生命树"

在前任院长郑洪涛教授的引领下，解决了组织资源的配置问题后，以"五大工程"为内核的教育内涵就水到渠成地被导入进来了。

所谓"五大工程"，即修身、立德、创优、科创和强体。"五大工程"的内容给人一种近乎军校的严谨管理风范，将品格的养成放在"优"和"创"的优先地位，令人印象深刻。

动力学院的贾九斌书记介绍道：从学生管理角度，科技创新竞赛是提高学生培养质量的重要渠道，发挥学生创新思想和创新能力的重要平台，每年校团委、学院团委、教师、学生是重点做工作的方向，从多届校赛的发展趋势来看，项目一年比一年增多，在硬件方面，注重平台的搭建，大学生的创新思想丰富多彩，引导很重要，借助"项目库""'双碳'工作室"的搭建，学院形成独有的"一所一体"特色。在激励方面，从教师考核和绩效要求上提出要求，晋升和评优需要有指导经验，极大地提高了老师指导的积极性。最后是一些举措，如导师制、学生科技创新大赛，逐渐让学生发挥自身兴趣和能力，学院从侧面辅助，提高参赛作品的质量，每年邀请全国高校的老师、学生进行报告，提高师生参赛水平，形成良好的生态，充盈和丰富了"五大工程"的内容。

动力学院团委贲浩然老师介绍道：自己从2019年开始担任动力学院团委书记，组织了三届校赛，感受就是比赛越来越受到学校和社会的重视，近几年来参赛作品数量也逐年提升，呈现水涨船高之势。到2022年时，参赛作品数量则超越了100件。

贲浩然分享了学院关于节能减排竞赛的一些举措：首先是针对动力学院学生制定全链条全阶段的培养方式，大一到大三全过程参与科技创新工作：针对大一学生，举办"'双碳'未来创新创意大赛"，为了提出想法和创意，鼓励学生敢想敢干，掌握基本查阅文献的能力，选拔出优秀项目，分配创新创业导师，有非常完善的全校的节能减排竞赛教练团队，对优秀作品进行孵化，细分后参加学校低年级比赛，有了雏形后参加针对大一、大二低年级开设的"启航杯"竞赛，进一步对作品进行打磨；大二阶段，有门课程"综合创新试验"，三个年级三个维度的教学安排，大一以科普为主，大二增加一些能源类的实验、编程（循迹小车制作）等基本能力的培养；大三则"强制"要求学生参加校级节能减排竞赛，最终达到每一年级都能100%参与进来，选拔出大三的优秀作品参加国赛。在学生科技创新方面，提供全方位的支持，包括节能减排竞赛教师指导体系、邀请优秀项目团队和指导老师。自 2022 年 9 月起，每 2~3 周举办一次经验交流分享会，已邀请哈尔滨工业大学、浙江大学、西安交通大学等优秀教师给学生培训和分享经验。同时对准备参赛的学生定期培训，尽可能减少科研项目的介入，发挥学生自身的创意，从团委角度面向全校学生开展培训和交流，如大赛的准备流程、评分标准等内容。

前文扼要介绍了哈尔滨工程大学的大学生"'双创'逻辑"，贾九斌书记和贲浩然老师两位执行层面的担纲人则勾勒了一幅具有生动细节的"工笔画"，具象了"五大工程"软件与"学生工作室"硬件关系模式缔结方式。下面的一对导师与学生的作品创作，又特别具有典范的作用。本书遴选了他们的作品——《应用于燃气轮机的高效燃料重整喷嘴》。

王瑞浩同学目前是哈尔滨工程大学博三学生，当时参赛的出发点是对燃气轮机感兴趣，这也是自己的相关专业，他结合大赛的主题从小处入手，设计出了燃料重整的喷嘴。为了对喷嘴性能进行验证，还设计了微型燃气轮机的实验台，但是作品研发的重点仍然为喷嘴。

王瑞浩同学在整个过程中遇到了一些问题，比如实验台的搭建很有挑战性，首先是技术问题，当时作为本科生的他对很多知识不了解，主要依靠老师指导和师兄师姐的帮助，才完成了实验台的搭建；其次是实验安全性的问题，考虑到天然气的安全性难以保障，只进行了煤油的实验。为了实验的安全，王松老师对实验过程进行了全程指导和监督。

王瑞浩同学自己认为由于当时自身知识与实验能力有限，只是从宏观角度分析了效果，对于内部机理性问题研究不足，但为进行后续一系列的研究埋下了伏笔。他参赛后最大的感受是兴趣的重要性，多亏学院和学校的政策支持，如实验室的开放，学院的学生团体实验室给予了非常好的平台支持；同时资金支持也得到了学校的保障；再则学院也很重视，邀请专家指导和完善作品；等等。

选择继续深造的王瑞浩同学回顾从大一开始接触科创，大二、大三参赛的历程，欣慰地谈到这段经历不仅使自己增强了自信心，在科研道路上更有勇气克服困难，对相关专业知识也获得了更深的认知，更加明确了自己的科研方向，并且在博士期间将继续进行相关课题的深入研究。总之，参加全国大学生节能减排竞赛，可以说是他学术之路的第一块奠基石。有了基础和信心，去探究更深层次的问题，成为他人生之路上最重要的经历之一，将受益终身。

指导王瑞浩同学的王松老师很腼腆，他谦虚地站在学生的身后，只是淡淡地说：老师的科研任务比较重，在科技创新竞赛的参与中，要在学生的想法基础上给予一定指导。由于科研经费比较充足，在学校、学院资助基础上，指导老师也被允许和鼓励对学生的创意进行资助……

透过王松老师的淡定，人们反而看到了哈尔滨工程大学的特殊风范，"五大工程"正是透过像王松老师这个群体的这种淡定，强劲地拂过听众的心灵，荡起涟漪，直抵大国的泱泱海疆尽头。

原本以为，哈尔滨工程大学只会产生与航运技术相关的作品，但是一则关于"生命树"的词条，激起了无数的浪漫情怀，那种哈尔滨工程大学不仅有准军事管理风采，还又美又飒的感觉油然而生。

本书遴选了哈尔滨工程大学的另一个节能减排竞赛获奖作品《被动式空气源 CO_2 气肥发生器》。

这个作品也许是属于未来的蓝海科技，从生命的角度推进"节能减排·绿色能源"的"双碳"目标达成。这个问题解决方案具有难以估量的人文前景，尤其契合中国这种幅员辽阔的农业大国之需。既是"生命树"，又是"梦想树"。

被动式空气源 CO_2 气肥发生器的主要研发者谭富升同学说：在参赛的过程中，体会到优异参赛成绩的获得离不开学校科技创新培养体系的完备，大一入学就接触到科技创新，也选了一些科普的基础课程，学校有很好的科创氛围；深切地感受到学校学院的大力扶持，如学校提供"创立方"，包括实验场所、经费支持、联系制作实物等。在这里，能学习和实践科创思维。此外，学生团队的通力合作和教师的殷切指导、人文氛围也是非常令人难忘的。

谭富升同学还说，在参加节能减排竞赛的过程中，收获了很多科研方法。在一次和其他参赛学校学生交流过程中，自己注意到旁边的队伍获得了特等奖，一直对相关内容印象深刻，因此激发了自己的探索兴趣，为后来的科学探索做了铺垫；同时还在竞赛的紧张氛围中提升了意志品质，助力自己今后的科研工作。

谭富升同学的指导老师葛坤老师说，指导学生参加了几次竞赛，深切地感受到：一是对学生的全面培养，现行的学科体系划分太细，很少有交叉融合，在节能减排竞赛这样实践性的活动中为了解决具体问题，势必促进学生之间的交流，促进学科之间的交叉融合；二是对学生很有挑战性，对自信心和整体素质的培养锻炼很重要，能使学生综合素质全面提升；三是拉近了和学生的关系，感觉人生很值得。

同样谦逊的葛坤老师，以朴实的寥寥数语，凝练了他对大学生"双创"事业的奉献与期许，但他的"人生值得"却余音绕梁。也不需要再追问他的心灵究竟如何解锁他的"人生值得"，在他指导的《生命树》作品中可以找到这个答案的引子。

结 束 语

再次赏读《生命树》作品案例，可以触碰哈尔滨工程大学师生群体的心灵温度，不止于了解到葛坤老师、谭富升同学的个人故事。纵然知识被唯识主义哲人认为是一种力量，但是没有诸如哈尔滨工程大学"五大工程"的桥梁，知识和力量之间，终究还是会隔着天堑鸿沟。

这就是属于哈尔滨工程大学"五大工程"不仅助力航运，更浇灌"生命树"的非凡故事，既清新又喷薄，既恢宏又动容。于是，一篇名为"二十一世纪中国梦"的史诗，就真的有了引擎，有了航行的灯塔，有了远航的民族自信心……

再次回味郑洪涛教授、李彦军教授的思路，梳理哈尔滨工程大学的大学生"'双创'逻辑"：

其一，"双创"项目的生命周期模式：

第一阶段，老师介绍"双碳"大环境；

第二阶段，学生发散式地提创意；

第三阶段，老师反诘，诱发头脑风暴，但杜绝将老师的科研植入学生竞赛；

第四阶段，投射"双碳"要求；如此循环，在国家战略和创造力之间反复寻找锚点，使创意得到修正，不会偏离国家与人民的利益；

第五阶段，对人力资源正向激励。

其二，"三位一体"的组织框架和资源配置方式：

指导老师的经年智慧 + 学生工作室的组织平台 + 代表产业伦理诉求的经费，"三位一体"，共同成就大学生"双创"事业的丰富多彩。

透过这个非常清晰地从"木讷"到"敏捷"，从"从动"到"主动"的过程，一旦"主动"和"敏捷"起来，哈尔滨工程大学就像插上了科技赠予的羽翼，可以遨游在祖国更广阔的海空。

他们当然知道，节能减排不是终点，每一段远大的航程，都是从学校的"学生工作室"起步，去谱写"五大工程"砥柱大国泱泱海疆的壮美篇章。

科学技术与大国民生的相濡以沫

——记江苏大学的农业科技挹注

引子 "我们要有信仰"

江苏大学流体中心的朱兴业教授激动地说——

我们要有信心、信念和信仰，而且不能够满足于制订一流的计划，却表现出三流的执行力；我们能做的就是——执行，立即执行，不把命令拖延到下一秒！

朱兴业教授协助袁寿其研究员指导的《智能型轻小型平移式喷灌机组》作品，曾于2021年获第十四届大学生节能减排竞赛特等奖。在说到这个独特的选题时，他情绪激昂，抑扬顿挫、滔滔不绝地介绍他对于农业科技的深切关注：适用于丘陵山区的、节能型的小型农用机械……智能化的农机装备……高标准农田数字技术……农作物培育决策模型……智慧地判断水稻所需的灌溉用水量……

这一系列"吞吐"得非常快捷的关键词他如数家珍，在囫囵吞枣、似懂非懂的听者心目中，一时的不连贯、逻辑迷失也许并不重要，重要的是，一种敬意油然而生。原来在"节能减排·绿色能源"的大道上，还有那么一群敬业且朴实的人，他们让科学技术与大国民生相濡以沫，专注地挹注大国的农业，于是十四亿多人的人口大国，因为这样的一群人而能安居乐业于希望的田野上，并且变得越来越幸福！

一 种 别 致 的 情 怀

江苏大学隶属于农业农村部，其办学特色也是服务于农业科技。

说起大学生节能减排竞赛，江苏大学教务处处长王谦教授非常激动，他满怀憧憬与感怀，娓娓道来。

王谦处长连续参加了第五届到第十五届节能减排竞赛，亲眼见证了这项赛事逐创新高，感受到一种民族觉醒的强大力量和惊世骇俗的时代节奏。

作为历届大赛的承办者之一，王处长认为每个承办者都体现了独特的担当与情怀，这是每届赛事都得以成功，并不断提升的前提；作为第九届节能减排竞赛的承办者，江苏大学也展示了自己的领域特色，深挖了传统产业与时代的关系，引导参与者看向产业深层次结构，这是让"节能减排·绿色能源"学校行动乃至全民行动获得内置引擎的良好机缘与尝试。

从江苏大学校内的大学生节能减排竞赛来看，"节能减排·绿色能源"行动的学科覆盖面也越来越广，由最初仅仅只有能动和环境工程专业参与，到现在已经覆盖超过十个学院，甚至连艺术学院也加入了这个活动的行列。

从深远的影响来看，在实践育人的主旋律之中，增强了青年学生的环境意识和创新意识……

总之，王处长认为江苏大学在经历了 2016 年第九届节能减排竞赛的承办，受到来自跨行业、跨地域、跨学科的学子和专家们的影响，心灵层面受到了极大的震撼，刺激了学科本身的发展，也对创新素质的教育改革起到了非常大的激励和提升作用。

江苏大学教务处实践教学科科长贾志宏老师的工作侧重组织管理。在 2016 年之前，赛事的组织在校团委；自 2017 年起，这项工作由教务处实践教学科承担，这使得校内的赛事组织更加具有制度性的保障，贾老师的工作也变得更加琐细和具体起来。

贾老师自豪地介绍道，曾获得特等奖的《智能型轻小型平移式喷灌机组》作品，不仅仅从技术层面、创新层面在比赛中获得了专家的高度认可，而且从另一个层面来看，也成为江苏大学最为经典的组织和培养范式，也是江苏大学教育改革等多维度努力取得的喜人成果与结晶。

《智能型轻小型平移式喷灌机组》被选编入本书案例，诚如贾老师的推介，这个作品折射了江苏大学的别致情怀，还有一种组织上的精细感。

说到这个作品，指导教师朱兴业老师介绍说：

最初，我们当然是满怀热切地希望参与到竞赛中去，但其实也没有思路，经历过一筹莫展的阶段……经过与贾老师交流，几经反复，确立了智能化喷灌机的创意，目的是要改变过去简单粗放的农田灌溉作业方式和管理。为了实现这一目的，少不了注入智能化的思想……除此之外，农田作业的工作条件是复杂的，这对于设备的机动性、机械性又提出了非常个性化的要求……总之，这样的创意，让机械、流体、控制等专业的学生集萃在一起，发挥出一种集成式的智慧效应。经历创意—设计—制造—测试的全流程，扎扎实实地让学生感受和经历科学技术如何运用于生产实践。相信他们在从业之后，对于科技创新是胸有机杼的……当样机制作出来以后，作业现场测试也非常重要，否则谈不上"智能化"的精准灌溉。为此，又一次与贾老师讨论这个难题，我们团队在实验室再怎么苦思冥想也无法得出结论……又在某天一场前景不够明朗的讨论之后，悻悻地走出实验室，巧遇到迎面而来的袁寿其研究员。袁老师听说了我们的苦恼，当下就确定了校外试验基地以及前往测试的时间。三天后，我们的样机就在试验基地开始现场测试了……实验过程有序且高效，结果也达成了预期效果。

朱兴业老师这个电影画面般的叙述，非常具有组织范式价值，也成为本书案例选编中关于项目进度管理的最佳示范，对于所有的参赛者都具有很高的参考价值。

末了，朱老师特别叮嘱，大学生节能减排竞赛经典案例要尽量选编在未来的生产实践中具有发展性的案例。

朱老师所说的"发展性"，具有三种倾向：其一是技术的适应性、可转化性；其二是技术的可持续发展性；其三是技术的科学性和伦理性统一。

以节能减排为创造的土壤

如果说朱老师指导的《智能型轻小型平移式喷灌机组》代表了江苏大学的农业科技情怀，很接地气，那么本书遴选的另一个作品案例，则带有一种"奇幻"色彩。

这个奇幻的技术创意——《冷热电一体的微电网系统》——可以一句话说清楚：实现单装备（单系统）的"生态平衡"。

从技术和伦理结合起来看，好的科创选题往往就具有这种属性。《冷热电一体的微电网系统》将朗肯循环与热泵技术结合在一起，简直具有非凡的魔力，这就是该作品的"奇幻"之处。

真正奇思妙想的创造，也许从来就不是真的超越造物主的强大制造，而往往是将人们熟悉的知识加以逻辑化的梳理或者重新组织、重置，如同一个"七巧板"式的游戏，略带些艺术性的手法、魔术师的功底。

名义上的"微电网系统"，实质上的"自平衡生命元"。就像人类为社会伦理赋予的基本原则一样：可实现"利我"和"利他"的统一。也就是说，这个"冷热电一体的微电网系统"并没有十分吸睛的技术噱头，但是依然难掩其"奇幻"特质。说其"奇幻"，是因为这是超越"机器人第零定律"（阿西莫夫）的"机械工程第零定律"。机器人第零定律是人治的，主观赋予的，机器人并没有抗辩的可能；但是这个在热能形式上"自平衡生命元"，却具有难以估量的伦理空间、具有成为整个制造业伦理范式的潜质，很可能成为制造业的底层逻辑之一。

故，在《智能型轻小型平移式喷灌机组》作为组织范式的优秀案例被推荐（其科学性同样出色，其性能参数和技术规范参见作品案例部分）的同时，"冷热电一体的微电网系统"也被本书作为人文价值的代表性案例被热烈推荐。

这使得一个令人欣慰的真相渐渐浮现出来，江苏大学的农业科技服务并没有禁锢他们充满生命激情的浪漫想象力，他们在工业文明时代，也许是对于传统文化和现代科技最为苦心孤诣、心无旁骛地进行"深耕"的一群人。

江苏大学能源与动力工程学院副院长王爽老师介绍说：对于大学生的创新素质培养来说，节能减排竞赛的训练，可以看作是其他创造性项目的进阶基础，故节能减排竞赛堪比创造的土壤，其过程无异于高等教育历程中的"春耕"。

第九届竞赛的承办，更是为江苏大学注入了动力。从2017年开始，大学生从大一就开始筹划节能减排竞赛的参赛事宜。王爽老师认为，节能减排竞赛作为"入门"级的双创活动，不仅仅为参赛者提供了参与其他科技创新的素质、思维、价值导向准备，更加重要的是，这个赛事帮助学生打开了视野和格局。由于节能减排竞赛的广泛宣传和影响，学生从进入大学生活开始，就更容易形成坚定和明晰的科技创新引导，这有助于引导学生形成注重科技创造的价值观，在整个教育阶段，这种奠基性的建设非常有意义，所以，已经制度化的节能减排竞赛对于学生的成长实在是大有裨益，对于高等教育事业功不可没。

科技创新是需要跨学科思维的更新迭代的，为了帮助学生获得跨学科思维，克服现有的学科界限带来的罅隙，江苏大学能动学院新能源系主任冯永强老师，主导了工程训练课程，这门两个学分的课程，重在塑造观察能力、实验能力、解决问题能力等五个能力，涵盖职业道德规范、研究报告的写作、管理学、资金的时间价值、管理风险、工程伦理学等，并通过参与到实际项目中去，深化和融汇教学成果……他们的课题也可能就是毕业设计的主题。

反过来，节能减排竞赛反哺了能动学科的教育，因为实践能力训练成为目标之一，教学不再像从前那样，仿若沙滩之筑，而是让学生形成了理论与实践双向印证的良好习惯，规避了曾经的"学"与"用"之间隔着千山万水的难题，为后续的创造和将来宏大的社会实践，提供了非常有价值的素质与能力准备。总之，节能减排竞赛，可以说是重置了江苏大学能动学科的教育实践，使得教育更具时代性，更贴近社会需要。

"上善若水"与"从善如流"

新能源系主任冯永强老师谈到的教育"重置"，其实并不仅仅发生在能动学科之中。

江苏大学成立了流体力学中心，与其他大学不同，这里的大学生节能减排竞赛形成了一根自带驱动的"传动轴"，一个"轴承"是能动学科，另一个"轴承"则是流体力学中心。所以，江苏大学的节能减排竞赛果然"机械效率"更高，两个机构"各司其职"：能动学科主导"绿色"概念和信仰的架构，流体中心主导"上善若水"的审美志趣培养和"从善如流"的价值观念塑造。

2021 年，江苏省力学学会、江苏大学联合主办，河海大学、青岛大学、青岛科技大学协办，江苏大学能源与动力工程学院、镇江市力学学会承办了"2021 诗画流体力学创作大赛"，共收到来自江苏大学、河海大学、海军工程大学、大连理工大学等 21 所高校学生提交的作品 102 件。

2023 年 1 月 20 日，由江苏省力学学会、江苏大学联合主办的诗画流体力学创作大赛在江苏大学圆满落幕。现摘录几段此次大赛中充满诗情画意的文字，管窥当下大学生眼中的"上善若水"与"从善如流"。

他们眼中的科学技术是这样的——

生活中处处都有科学，我们也更应该用敏锐的目光和一种发现美的态度去发现探究生活。

他们眼中的流体力学是这样的——

力学中有带着寂寥不停旋转的星辰，有带着暴躁的龙卷风，还有带着残酷无情摧毁大桥的卡门涡街。我们会去承认星空美妙，挥去淡漠伤痛，也愿意给这些冷冰冰的知识附上温度，使得我们每一次的触摸都带着温度。

…………

这的确是一个令人欣慰的事实：研修工科的青年学生，正在以自己独特的"工学之

57

眼"，审视现实的世界，在这个世界里，事物具有流体的丝滑顺畅，他们以美好的元素重组和再现这种近似"负熵"的"善"，感染更多的人，让美注入更多的心灵，这些心灵不再浮躁、不再皲裂、不再崎岖……从此圆融起来；而他们眼中的科学技术则满溢着诗情画意，吸引了莘莘学子，还有社会人群……这是属于江苏大学的"从善如流"。

原本工程伦理被认为是一个讳莫如深的话题，但在江苏大学，这个令人特别惊喜的"上善若水"和让美走进更多人心灵的"从善如流"故事，似乎展开了一幅清新的画卷，令科技创新、令节能减排、令绿色行动……令整个大学生的创新创业事业，都被赋能了一种别样的超现实况味。而这种超现实况味，就是科技之美的自然散发……

王谦处长所言的连艺术类专业也已进入了节能减排的行列，果然不是虚言。"诗画流体力学"，让人能真真切切地看见学科交融，并且感触于这种学科交融之后的结果与审美情趣精致的雕琢痕迹。于是，江苏大学也找到一柄深耕高等教育与农业科技的"犁铧"，他们的劳作因此变得卓有成效，在莘莘学子中产生奇特的"素质效应"——他们的作品就真的具有了一种非凡的德性和人文气息，一种与社会，与大国民生深切的纽带缔结，依附在华夏古国农业文明的根系，上下求索……

结 束 语

至此，终于可以再度回溯，也能比较清楚地理解朱兴业老师那句"我们要有信心、信念和信仰"！是的，绿色是一种信仰，更是江苏大学的行动力、执行力和先进生产力！同时，人们无法不感怀地承认：坐落于扬子江畔的江苏大学，正满腔赤子情怀，迸发与挥洒21世纪的生命热情，报效东方最伟大的农业文明古国。

人类的伟大创造始于心灵

——记华北电力大学知行合一的"绿色基因"工程

引子 "绿色电力照亮长征路"

2014 年 6 月 12 日《科技日报》讯：由华北电力大学发起的"绿色电力照亮长征路"能源解困试点项目 6 日在京启动，大学生志愿者和校友志愿者将利用太阳能发电设备解决新疆和江西两地贫困地区两个贫困村近 100 户贫困户、500 余人的电力能源供应问题，提高供电质量，提高当地农牧民生活条件。

该项目以"绿色电力能源解困"思路为基础，以"送设备、送人才、送服务、送繁荣"的方式服务西部贫困群众。提出了"政府、高校、企业、慈善组织、农牧民"多方联动的"绿色能源解困模式"。项目预计总投资 160 万元，其中，中央财政补贴 60 万元，地方财政补贴 70 万元，施耐德电气（中国）有限公司提供必要的技术支持并资助 30 万元以及部分电气设备和 40 套户用太阳能设备。

"绿色电力照亮长征路"项目搭建了政府、企业、高校相互合作服务社会的有效平台，既提高了全社会对西部贫困地区的关注，传播绿色能源解困思路，又引导青年学生了解社会，了解国情，增强责任感和使命感，充分发挥专业优势服务社会，培养青年学生的奉献精神。

教务处副处长沈国清老师介绍道，此次活动是华北电力大学 2009 年开始的"把绿色电力送到雪域高原"大学生科技教育扶贫服务行动的延伸。2009 年至今，华北电力大学已有近 3500 人、上万人次作为志愿者参与到"绿色电力"相关活动中……

"绿色电力"背后的"绿色教育"

"引子"所涉猎的是面向社会的"多方联动绿色能源解困模式"，在真正意义上用"绿色电力"践行共同富裕、共同幸福的祖国大家庭和谐。但是，"绿色电力"并不是贴个时髦的标签那么简单的事。华北电力大学意识到，为了让电力"绿"起来，就要追本溯源，从教育的源头开始。

为了让青年学生拥有一颗"绿色心灵"，进而从手中创出"绿色能源解困"的结果，华北电力大学在教育改革方面进行了了不起的尝试："绿色电力"系列实践活动只是这诸多尝试的一项显化结果而已。

工程训练与创新创业教育中心杨世关主任介绍道：在华北电力大学，引导大学生面向社会需求进行创新创业，已经成为人才培养体制的重要组成部分。迄今为止，学校已经有了较为完备的制度建设和资源保障。

目前，经由华北电力大学教务处、学生处组织，研究生院和两个最大的学院共同筹建了华北电力大学工程训练与创新创业教育中心。有了制度保障，也有电力高等学府的硬核科技教育和知识传授基础，华北电力大学将社会科学与电力科技融合，从此走向了一条既披荆斩棘，又是真正意义上能够帮助"老少边穷"地区发展振兴的新时代"绿色长征路"。

杨主任认为，人类的伟大创造皆始于心灵滋养。为了扶持大学生的"双创"事业，工程训练与创新创业教育中心主导了教育重置和文化熏陶两个维度的教育胜境。

在课程建设方面，一是重视科学思维和方法培养，引进"创新方法导论"，在几个大专业院中选拔教师代表共同备课，同上一门课，进行跨学科知识和方法的传授；二是擘画社会需求导向的教学创新布局，邀请优秀校友，导向明确地主讲"产品思维训练"等创新创意课程；三是管理上倾斜和引导，以人文社会学科带头人凝聚和撬动硬核科技人才，从事多学科思维交融的课题。

在创新性的追求方面，原创可以被量化为激励手段，教师和学生双重受益。

华北电力大学工程训练与创新创业教育中心成立了二十多个俱乐部和学生社团。俱乐部和学生社团组织内部有良性的竞合心态，社团之间也有羁绊性质的良性激励，激发了学生的主观能动性，有利于创新的迸发，也自动地克服了传统的学科分科造成的难以交融的弊端；对于"双创"意识和"双创"素养的养成无疑都是大有裨益的。

在文化熏陶方面，编纂《常青藤大学生双创文化》杂志，宣传创新创业人物和故事，唱响"双创"主旋律，营造"双创"价值观，文化氛围感满满，校园内自然形成以创新为荣、以创业为尊，以老生常谈、人云亦云为耻的价值导向。

当然，这些工作并不是大学生"双创"事业的终点。值得欣慰的是，他们取得了可圈可点的进步，对"知"与"行"的关系开展了从理解到行动的探索之旅。

探索"知"与"行"的关系模式

要想"节能减排·绿色能源"成为一项全民行动，"知"与"行"的关系模式是极具探索价值的，也是全民行动风起云涌势态的决定性因素之一。

社会学专业出身的团委书记张冬月老师自2017年起就开始指导材料专业本科生李明哲同学进行社会实践，围绕"废纸回收""垃圾分类"等主题进行了多个项目的社会调查积累。2022年，由李明哲担任队长，来自能动、电气、建环、人文等多个专业的学子作为队员的团队进行了一项名为"基于环境关心NEP量表评估的大学生环保意识提升路径研究"的调查研究，在节能减排竞赛中斩获佳绩，这也是华北电力大学"绿色教育"成果的一个颇具说服力的例子。

张老师和李明哲同学进行了样本量可观的社会调查，并就大学生环保意识提升路径给出了相应的结论和建议。尽管调查结果显示大学生群体也是"知行难合"，但是我们依旧看到了一种意识觉醒的趋势，调查结果反映的是全民行动的原点和发轫，为未来全民行动的效果评估确定了第一个里程碑。换句话说，假设十年之后，再进行一次同课题的调查，再一次评估大学生环保意识及对比提升环保意识形态路径的效果，这项调查研究的意义会得到更加充分的揭示。

陈伯旭同学参与节能减排竞赛的故事则是"知"与"行"关系的另一个版本。他在沈国清老师的指导下，进入了节能减排竞赛的科技赛道。他所带领的团队，以吴仲华学院特色课程中的"思考题"为契机展开工作，研究与学业相辅相成。具体来说，就是从本科开始做课题，同步进行科研训练。待他第二次参赛的时候，队伍组成就已经变得比较多元：团队成员来自控制与计算机工程学院、能源动力与机械工程学院和其他学院，成员在读的年级从本科二年级到四年级均有。他的经历也从侧面验证了节能减排竞赛在学科交融创新方面所取得的具体效果，也诠释了在华北电力大学打破学业阶段之间界限，规避了传统本硕博不同教育阶段带给学生的断崖式"硬转型"。从这个意义上来看，陈伯旭同学也成了华北电力大学"知行合一"式教育成果的代言人。

结 束 语

华北电力大学师生并没有标榜自身在上述方面的探索和进展，但是透过他们云淡风轻的表情，闻者却感受到了一种非凡的律动，在不经意之中晕染出一种别样的氛围：一种硬核科技与社会学科之间，弥漫着生命浪漫与热情的交互，如歌如诉，如一支圆润的舞蹈。

总之，华北电力大学在新时代的教育改革尝试方面，紧紧围绕国家社会的迫切之需，在中华集体潜意识形态方面深潜，将绿色能源科技与历史使命串联成莹蓝的中国梦胜境，这种朴实的寓"知"于"行"，与伟岸的家国情怀相得益彰，让节能减排行动不仅蕴含"绿色基因"，更满载"红色基因"。

栽培种子基金的"梦工场"

——记武汉理工大学的先进生产力孵化机制

引子 "八大金字招牌"

武汉理工大学的大学生创新创业学院成立于 2015 年 6 月，集学校创新创业人才培养、创业载体运营与服务、双创活动组织与交流于一体，是学校创新创业教育教学的主体。

武汉理工大学大学生创新创业学院副院长艾靓老师介绍起了武汉理工人特别为之骄傲自豪的"梦工场"——创业学院作为武汉理工大学最年轻的学院之一，拥有专业的师资队伍，强大的产教融合基础，这里是创意创新的策源地、创意创造的"梦工场"！这里拥有"八大金字招牌"：

2014 年 10 月，获批工信部"全国创业孵化示范基地"；

2015 年 6 月，获批教育部"全国高校实践育人创新创业基地"；

2016 年 12 月，获批科技部"国家级科技企业孵化器"；

2017 年 7 月，获批"全国创新创业典型经验高校"；

2017 年 12 月，获批科技部"国家众创空间"；

2018 年 12 月，获批国家级教学成果二等奖；

2021 年 10 月，获批教育部首批新文科研究与改革实践项目；

2022 年 9 月，获批教育部国家级创新创业学院。

引 入 应 用 转 化 赛 道

武汉理工大学的创业学院坚持专创融合、科教融合、产教融合，依托建材建工、交通和汽车三大行业特色与学科优势，整合优质教育教学资源，推动学科交叉融合，打造行业特色鲜明、学科优势突出、孵化要素齐全、优质资源汇聚的创新创业平台。学院携手校内教育资源与校外社会资源以科学创新和科技创业共同助推育人育才。

教育部投入 2.4 亿元专项资金支持，打造涵盖陶瓷艺术、新能源和智能汽车、新材料、现代金融与社会服务、人工智能与大数据等行业领域的创新创业"梦工场"10 个，面积 3.7 万平方米，可提供 5000 卡位用于扶持培育创新创业团队和孵化创业项目，为开展创新创业教育、服务创新创业实践、提供创新创业支持提供平台保障。平均每年入驻"梦工场"参与创新创业实践的学生达 5000 余人·次，培育创新创业项目 700 余项。

近 5 年来，成功孵化"千万级"大学生创业企业 30 余家，学生共获得创新创业奖项1400 多项，其中国际奖 45 项，国家奖 265 项，涌现出一大批优秀的创业学生代表。

根据中国高等教育学会高校竞赛评估与管理体系研究工作组发布的 2021 全国普通高

校大学生竞赛分析报告，在《2021 年全国普通高校大学生竞赛榜单》（本科，前 100）中，武汉理工大学以年度获奖总数 446 项、总分 90.54 分，位列全国第六。

船海与能源动力学院钱作勤教授说，2018 年武汉理工大学承办第十一届节能减排竞赛的时候，武汉理工大学各类竞赛加在一起的成绩全国排名第一，明显优于同城的"985 工程"大学武汉大学和华中科技大学。

在细数这些傲人的成绩之后，钱老师话锋转向了第十一届节能减排竞赛：该届大赛首次突破 400 所高校；引入了应用转化的赛道；海外参赛队伍也加入进来……

实事求是地说，当第一次听到武汉理工大学在各类竞赛中令人瞩目的成绩时，大多数听众可能一下子还难以"消化"。钱老师特别强调第十一届节能减排竞赛中第一次"引入应用转化赛道"，辅之以关于创业学院的资讯，如数家珍：

……武汉理工大学的优异成绩得益于校赛组织上的全力投入，学校对于节能减排比赛更是十分重视，每届基本都是前一年的十月份即着手准备，且校赛和国赛的形式几乎是一致的，也有三轮筛选，做到了正规化。初评队伍一般有两三百个，网评后筛选出 40 个左右进行决赛，而决赛时需要基本完成实物，最后答辩决出 15 支队伍送至国赛。

在激励政策上也设计了推免政策支持，如国赛获奖可以推免研究生，其中特、一等奖的前三名学生及二等奖的前两名学生为 A 类可以直推，其他的 B 类和绩点分加一起进行推免，因此学生兴趣很浓。

此外，对老师晋升的支持："指导学生参赛获奖可以计入年终教学工作量统计，在年轻教师晋升方面也可以计入……"

选编入本书的作品《内河小型船舶新型环保垃圾处理工艺及设备》，是全部优秀作品案例中最有利益相关者理念的优秀设计之一，也最好地代表了武汉理工大学在赛程中特别强调应用转化的主旨，同时还部分解答了这样几个容易令人疑虑的问题：

其一，为什么武汉理工大学会获得"八大金字招牌"？

其二，创业学院与"节能减排·绿色能源"之间有什么渊源？

艾老师接过钱老师的话题，解答了第二个问题。他介绍说：

为了鼓励创新创业，武汉理工大学做了一个四级链接：

第一级是各个学院的众创空间，学生可以在此自由发挥讨论；

第二级是"梦工场"，学生可以将创意在此转化；

当转化有一定成绩时则进入第三级孵化器成立公司进行转化；

当公司有一定成绩后可进入第四级产业园继续成长。

学校则根据专业特色建立 10 个"梦工场"，由专业学院的老师或博士生做场长。创业学院对学生给予一定的帮助和支持。学生有好的创意可以申报"梦工场"专项，由专业老师进行评审，好的项目可以引入"梦工场"，实现落地。

此外，不同专业"梦工场"间存在横向交叉融合。"梦工场"建设经费来自教育部拨款，2.3 亿元建了 3.7 万平方米场地，共 9 个"梦工场"，目前正在筹划资金在余家头校区建设第十个。场地免费提供水电及日常服务。目前已聘请 50 位创业导师进行路演和打磨，合适的项目直接引进融资。湖北省省长王忠林、教育部原部长陈宝生均曾到"梦工场"巡视和指导工作。

出类拔萃是如何炼成的

了解完极具特色的"四级链接"孵化机制，武汉理工大学还提供了另一个视角的观察。几对"对子"——指导老师＋优秀作品的创造者——用自己的体验说明了优异是如何养成的。

材料科学与工程学院的余灏成同学，在船海与能源动力学院钱老师的指导下，参加了第十五届节能减排竞赛，荣膺特等奖。他分享了自己作为队长参加比赛和节能减排竞赛带给他的特殊体验。

余灏成同学介绍说：学校对大赛的宣传力度很大，有很多公众号和新闻宣传介绍历届获奖作品及参赛学生的经历。此外，我参加大赛的另一个重要原因是钱老师的人格魅力，他总是以身作则，严格要求，对项目要求精益求精、独立自主、实事求是。

余灏成同学还说：作为队长，需要学会调动队员积极性，锻炼了领导能力，同时提高了创新能力、协作能力、动手能力以及最重要的责任心。而校赛过程中的一次次答辩也有很强的锻炼作用，学校会邀请很多专家来评审，这对于我们来说是非常宝贵的锻炼机会。

余灏成同学团队在 2021 年 10 月成立，之后开了十几次会讨论作品，其间大家思维不断碰撞，锻炼了语言表达能力并使成员相互了解。

余灏成同学团队的项目创意来自在上工程热力学课程时学到了有机朗肯循环和卡琳娜循环，后来去啤酒厂实地调研，发现有余热无法有效利用的情况，通过多次调查与交流而确定了选题。

武汉理工大学材料科学与工程学院的徐林老师，主要从事储能电池材料方向的教学与科研。2020 年与钱作勤院长共同指导了一个特等奖项目，将压电发电、储能电池与鞋垫相结合，用来发热保暖。本项目属于国家新能源的发展方向，从一个侧面证明了节能减排竞赛与重大科研项目间可以互相促进。

这个项目的主创人员是舒珺同学，起因是团队成员在一个雨天发现脚很冷，因此就思考可以做一个发热鞋垫。而为了解决供电问题，萌生了将脚踩的机械能转化为电能的想法。

本作品采用的电池是通过废弃物回收制作的，具有绿色概念。当年受疫情影响，无法在实验室制作电池，最终在老师、学校、家长的支持下从零开始完成了项目。

说到武汉理工大学对于节能减排竞赛的制度保障，汤旭晶老师则是最有发言权的人。他在学校和钱老师的支持下从 2017 年开始带队参加"互联网＋"大赛，获得国赛三等奖；从 2018 年开始带队参加节能减排竞赛，获得一、二、三等奖各一次。

汤老师认为参赛过程应注意几个要点：一是选题很关键，项目时间紧张、学校经费有限，因此应思考如何选择一个体量合适的题目以保证在短时间内高质量完成；二是学生团队很重要，需要保证协作、贯彻执行目标；三是科研思路方法的训练很重要，且与参赛相比对学生未来的发展有更大的意义。虽然大部分学生是无法获奖的，但是这个参赛过程中的训练对学生帮助很大，应鼓励学生不论结果如何均应认真对待整个过程。

盛晨兴老师接触节能减排竞赛是在 2012 年兼任辅导员时期，组织学生在东湖调研过程中考虑将太阳能和游艇相结合，最终获得国赛三等奖，也可以说他的指导非常接地气。

盛老师认为在基本原则上要坚持以下两点：一是不可以将已获得其他比赛奖项的项目重复申报，二是对于源自老师正在做的科研项目的选题实行一票否决，因为这样无法起到对学生的锻炼作用。

徐立老师则强调，参赛团队多个成员的专业背景不同、性格不同，且项目周期达到 10 个月甚至 1 年，会遇到很多困难，因此人员分工的合理安排是很重要的，而这源于热爱、了解、沟通和共同进步。

也许是二十次乃至更多的思想碰撞，形成创造的融合，令人体悟了真正的学科融合；而学科融合是创造的土壤，在这样的土壤之上，方能盛放出创造之花。

对于武汉理工大学非凡的创新成绩来说，出类拔萃就是这样炼成的。看似没有令人大开眼界的奇思妙想，但又是存在着某种难以一言以蔽之的"法门"。

创造携手教育产生的奇幻效果

吕松老师的故事非常独特：他在大二时参加了节能减排竞赛，当时对比赛很感兴趣，在钱老师鼓励帮助下学习专业知识和信息检索技术，锻炼交流能力。而现在的他作为指导教师带学生参赛，发现参加比赛的学生从科研思想到待人接物均有很大提高，大赛不仅提供了学生的上升渠道，更是一个学生展现自我的舞台。他从最开始的较为腼腆，到通过比赛学习锻炼，把自己推向更大的舞台……这些和在钱老师指导下参加比赛得到锻炼是分不开的。

获得节能减排竞赛的特等奖后，吕老师还参加了第 45 届日内瓦国际发明展并获金奖；2018 年被评为"全国十佳大学生"，还入选了"中国最美人物"；2019 年，吕老师参加了国庆 70 周年大阅兵，还到央视最大展厅做主题演讲……这些经历都与在节能减排竞赛中得到的锻炼密不可分。

钱作勤老师还讲述了一个故事，直观地佐证了当创造与教育联手的时候，所产生的奇幻效果。他说：在参赛过程中的学习、锻炼和成长是非常重要的。例如曾有一个学生有一些抑郁，通过多次深入交流，了解到学生的一些想法和能力后，便刻意将一些重要任务交给他。后来，学生在项目过程中发挥得很好，成绩也提高了，被保送至 985 高校。这个锻炼过程说明高等教育中有三点很重要：一个是动手能力，而我们一般要求有实物才能取得好成绩；第二个是团队内的交流能力，会让学生都上台分享想法和成果；第三个是社会上的交流能力，需要和工厂等沟通、核算成本。反对老师直接自己确定题目，应让学生碰撞火花，以此得到锻炼。

汤旭晶老师的专业是电气自动化，但之后转型新能源的船舶利用，专注后阶段的转化，选题是瞄准规划体系的重大问题，如2018年太阳能，后余热利用；风能制热，用于种植灌溉微水头水泵。自动化专业在项目中也会起到很重要的作用，像机械设计等学科的老师也会被引入项目团队中共同指导。汤老师很好地解决了学科壁垒问题，克服了学科融合和选题方面的困难。

徐林老师将储能作为纽带将整个能源体系串联起来。光伏发展曾遇到困难，而近几年发展很好主要得益于储能技术，因为储能可以平抑太阳能、风能、潮汐能等新能源发电的不稳定性……所以他乐此不疲于学科融合的推动。

汪昊同学参加了第十五届节能减排竞赛：他对天津大学的组织工作赞不绝口，直言："非常细致，氛围很好，是很难忘的经历。感触最大的是节能减排竞赛对实物的要求较高，可以有效促进动手能力，且大赛对创新的要求很高，需要充分调研，在这个过程中得到了很好的锻炼。"

结 束 语

武汉理工大学的故事，特别令人振奋和令人遐想。归纳起来，或许有这么几点值得更广泛的重视：

其一，由于孵化机制的完备，创新和创业最大化地打破了传统的专业边界。学科融合的话题对于武汉理工大学来说，已经不再是一个现实的难题。

其二，大学生创新创业园的场景，颇有不真实的梦幻感、未来感。也许那里就是未来生产绿色创意的"绿谷"，也一定会有绿色科技的井喷之时！

非常值得期待的是，"梦工场"的未来不可限量，也许就连梦想本身也不能触及其边界。

绿色能源的高度与密度

——记华北理工大学的节能减排"智""惠"教育

引子　"我愿做一株高原的格桑花"

2019 年的《新西藏》刊物第 2 期刊载了赵斌博士署名的一篇文章,题为《我愿做一株高原的格桑花》:

2016 年 11 月,通过组织选拔,我有幸成为中组部、团中央第十七批援藏博士服务团中的一员。同年年底,我踏上西藏这片神圣的土地,来到西藏科技厅能源研究示范中心挂职。于我而言,援藏是一种缘分,更是一份殊荣,在服务期满一年之时,我选择了延期,选择了与西藏 300 万各族儿女继续并肩奋斗……以建设西藏、发展西藏、造福西藏、稳定西藏、奉献西藏为己任。

基于西藏得天独厚的自然条件,同时立足西藏的现状与区情,赵斌博士在援藏期间,多次下乡调研,着力在长寿命太阳能路灯、风光互补离网电站、太阳能供热和地热发电等方向攻坚克难,开展应用性基础研究,致力于实现西藏新能源的高效开发与利用,推进西藏清洁能源基地建设。

绿色能源事业的高度

作为第十七、十八批博士服务团成员、西藏自治区能源研究示范中心主任,赵斌博士来自位于工业之都唐山的华北理工大学冶金能源学院。

刚刚抵达西藏不久的 2017 年 2 月,赵斌博士即组织了与西藏能源中心签订"华北理工大学研究生创新实践基地协议"。他的初衷是以此改善西藏能源中心在科研项目等工作中人才短缺的现状,让更多的内地优秀人才将自己的才智奉献西藏,合力助推西藏发展。然而,这件事情的意义其实远不止于此,在后来的历史见证之下,这个故事只是一个序曲。

"特别能吃苦、特别能战斗、特别能忍耐、特别能团结、特别能奉献"的老一代"西藏精神",是当代援藏知识分子的巨大精神财富。这不仅仅是一个口号,更是一种精神感召,如春风化雨,融入援藏人的血液里;于援藏人而言,更是他们用生命与鲜血于"雪域高原"践行求证的真谛。

赵斌博士心中的信条是这样的:援藏是一种崇高的职业选择,是中华儿女心中共同的中国梦。事业一旦脱离热情,终将一事无成,而热情的基点就是责任。带着责任心和使命感去工作,以实际行动,履行援藏人初进藏时的誓言。

援藏建藏要弘扬新时代的创新精神,而创新是进步的灵魂,是兴旺发达的不竭动力,是永葆生机的源泉。作为援藏博士服务团的一员，赵斌博士在西藏积极推进了一系列清洁能源的基础性建设工作：

其一，西藏自治区太阳能光伏与热利用重点实验室平台的建设，策划和筹建专家工作站，通过搭建高层次科技创新平台，引进国内顶尖太阳能领域专家团队；

其二，加强"产学研"合作，重点解决太阳能利用率低的科学技术难题，用先进的光热与光电技术推动西藏发展，为西藏培养新能源领域学科带头人和专业技术人才；

其三，建立以市场为导向、"产学研"相结合的技术创新体系，为提升西藏自治区新能源产业的自主创新能力而艰苦奋斗。

赵斌博士深知，事业发展最宝贵的是人才，助推西藏发展，"扶贫"更需"扶智"，"输血"更要"造血"。他决心把自己的学识、知识无私奉献给自己热爱的能源事业，努力培养更多的专业型人才，实现自身价值的最大化，相应地，就是最大化地为社会服务，为国家建设效力。

从2017年初到2018年底的两年时间里，赵斌博士从西藏自治区的新能源现状分析入手，提升科技创新能力，加强新能源技术创新，坚持应用技术研发与科技成果转化两条线一起抓的原则，将项目、基地、人才结合在一起，将科研和产业结合在一起。不止于此，还主动请缨，担纲了5项科研任务：

2017年，承担西藏能源重大专项课题"带补燃的太阳能分布式供热技术集成与应用示范"、西藏自然科学基金"高原太阳能平板集热器传热性能实验研究"两个项目；

2018年，承担了"高寒高海拔地区耦合制氧技术的多能互补能源系统研发及示范"等3项自治区科技项目。

可以说，赵斌博士的援藏工作为西藏的清洁能源事业建立了研究范式、组织模板和生产力转化渠道，并作出知识分子奉献精神的示范，在高海拔之地为清洁能源事业赋予了普通人难以企及的高度，成为智慧服务社会的最佳范例。

绿色能源事业的密度

时间转眼进入了2018年，赵斌博士身在西藏，对于伟大祖国的一颗赤胆忠心却需要他"一心二用"：赵斌博士所属的华北理工大学获得了2019年第十二届节能减排竞赛的承办资格。

对于华北理工大学而言，赵斌博士是学科的栋梁，为了取得赛事的圆满成功，学校方面也急切地盼望他回归学校，领衔组织这一场盛大的活动。大学生节能减排竞赛作为中国工科高等教育界最为重大的活动之一，于学科人更具特殊意义，大家心中都铆足了劲，有势必干出一番新气象的鸿鹄之志。

2017年12月的拉萨，在西藏自治区科技厅，却上演着另一幅令人荡气回肠的泪目场景：

西藏自治区科技厅的一位主要负责人，正在与赵斌博士促膝谈心，这类谈话在二人之间已是第四次了。

这位科技厅负责人比赵斌博士年长六岁，和众多寂寂无闻的援藏干部一样，最初为响应国家号召，支援边疆建设，自此舍弃了内地的繁华、家庭的温暖，舍弃了舒适的工作环境、生活条件，舍弃了你能想到的现代生活中与物质享受相关的一切，毅然决然奔赴西藏……当日，他正因为连日感冒，一边吸氧，一边进行着这场"艰难"的谈话。

此时此刻，已经在西藏挂职一年即将期满的赵斌博士，也罹患了严重的高原病，血压异常升高，完全依靠药物控制。

也许，在这样的"艰难"情形下，这场谈话的内容只是一个形式，心灵的沟通其实从来都不是通过语言来实现的，而是信念的自我演绎。语言不仅苍白，甚至是多余的，终究是心灵与心灵之间一场没有台词的流觞"剧情"。

按照一般意义的理解：赵斌博士既不辱中组部和团中央交代的多民族大家庭共同繁荣的使命，也在西藏建立了技术型人才服务和交流的"管道"，依照"华北理工大学研究生创新实践基地协议"，可以实现常态化的"柔性引进"，并不完全依赖中组部和团中央的委派，社会组织之间也可以进行自主和弹性的对接，提供和建设科技发展与人文精神的共生和互为滋补式关系模式；还主导了 2017 年的科研项目，将清洁能源科技的范式传授给了西藏的同行，既完成了"授人以鱼"的工作，也完成了"授人以渔"的工作。再考虑到自己的身体状况，赵斌博士完全可以急流勇退，然而，此刻的他却感受到一种不可名状的牵引，令他做出一个看似十分简单却很艰难的决定。

青藏高原上养育着两种非凡的生灵，一种是高空中的雄鹰，另一种是大地上的格桑花。但凡到过青藏高原的人，都无法拒绝这两种生灵给予世俗心灵的荡涤。

对于赵斌博士而言，他自号"理工战神"，在西藏的第一年，他首先获得的是雄鹰的视角：透过科技厅负责人的风貌，他重温了一种近乎信仰的牺牲与奉献。老一代"特别能吃苦、特别能奉献"的人格魅力和"老西藏精神"浸润了他，使他成为阿喀琉斯一样的"理工战神"。高原异常艰苦的生活条件对他的身体考验也许属于他人格中仅存的"阿喀琉斯之踵"，但这一问题在雄鹰的鸟瞰之下，微不足道。透过藏区人民热爱生活，热爱生命的精神面貌，他看到了信念的纯真无瑕，就像盛开的格桑花一样美丽，在任何艰苦的环境中都能旺盛生长的不屈品格，精神的恢宏可比珠穆朗玛。青藏高原高尚的生命魅力深深地攫住了他的灵魂，"理工战神"的"阿喀琉斯之踵"也因此不治而愈。

是的，世俗的美好生活对任何人都有难以抗拒的魔力，但是雄鹰的视角和格桑花一样的生命形式，足可抵挡任何恶魔的魅惑。赵斌博士在 3650 米的海拔高度上完成了属于自己的心灵进化历程，拥有了坚定如磐石的家国情怀和奉献情操，他果敢地决定——延期！所以，便有了篇头的生命清新："我愿做一株高原的格桑花"。

在第十二届节能减排竞赛筹备期间，赵斌博士往返于青藏高原的腹地与华北理工大学的校园之间。他在华北理工大学与同事和学生们笑谈：组织第十二届竞赛的指挥部在拉萨，这是这项赛事历史上最具"高度"的一次！

没有人敢于挑战和质疑华北理工大学在这一领域的"高度"，是因为这种"高度"是由一种高"密度"的家国情怀所支撑的,而这种致密的家国情怀自成丰碑,巍然嵯峨。

除非使命感登峰造极,谁能张狂到不承认牺牲是生命的最高级演绎形式?试问谁是21世纪最可爱的人?定然是那些令事业拥有高度和高密度的人。

智慧的效用是普惠

在赵斌博士的宣讲之下,2017年盛夏,西藏自治区有两所高校参加第十届节能减排竞赛,且两所高校均有奖项斩获。

我们无须怀疑这个故事是大学生节能减排竞赛历史上最值得铭刻的里程碑事件之一,也无须质疑这个故事背后的艰辛,这是赵斌博士的心血故事——他是一个将党和国家交给当代知识分子的援藏工作和大学生节能减排学校行动结合在一起的人,是一个将清洁能源事业变得致密坚韧的人。"知识兴邦,科技惠民"这一宗旨,在赵斌博士的手中,在他疲惫凝重的面容上,在他的生命故事中,就像数学公理一样令人敬重和信服。"理工战神"的言简意赅和钢铁意志,结合他格桑花一般顽强的生命志趣,十分鲜明,和他脸上与年纪不符的沧桑一样直击旁人的心灵。

值得庆幸的是,赵斌博士的故事并不是华北理工大学的一枝独秀,正是华北理工大学这样卓越的组织才培养和造就了格桑花一般的"理工战神"。

为了推动"节能减排·绿色能源"学校行动,使其成为撬动全民行动的支点,早在2016年,华北理工大学就前瞻性地开设了节能减排"智""惠"生活这一课程。

节能减排"智""惠"生活为华北理工大学的校级创新课程,总学时为16学时,每学期有60名不同专业背景的学生选课。该课程旨在教授学生节约能源和减少碳排放的概念、关键技术和创新方法,以及如何将这些知识应用到日常生活和工业生产中。该门课程希望能够提高学生对节能减排的认识和实践能力,通过教学内容的传授,学生能够了解到节能减排竞赛的相关流程和评分标准,并对优秀作品进行赏析,通过对过往作品的分析和研究,获得对环保事业的深刻理解。

课上教学内容包括对历届优秀作品的思路分析、实现方法介绍和形成背景的研究。除此之外,课程还将在剩余时间组织学生开展节能减排作品的头脑风暴,学生能够在课堂中进行创意的碰撞,发散性地提出自己的想法,进行交流和分析,并针对所提出作品进行分析以及和历届获奖作品进行对比。这样,学生们不仅能够深入了解节能减排的实践方法,在与历届作品进行对比的同时,也能更好地认识到自己的不足,并努力提升自己,从而更深刻地理解节能减排的意义和重要性。

在赵斌博士援藏和后援藏期间,李兴、张磊、刘良旭等老师,继续围绕河北这一重工业大省的冶金节能减排事业开拓,刷新绿色能源事业的"高度"与"密度"。

结 束 语

智慧的效用是普惠民生,而民生是大国之脉,华北理工大学演绎的"花样"绿色能源探索和实践，堪称祖国大花园中最为灵动的那一朵！

　　总而言之，华北理工大学的"节能减排·绿色能源"故事非同寻常，最具有"全民行动"的强烈动机。在践行"双碳"目标的征程上，这样的一群人，和来自他们催人踔厉的生命故事，激荡着许多人内心对于生命热情与高尚信念的共同崇尚。

　　一个国家，不会因为幅员辽阔而自成泱泱，是因为许许多多不同历史时代的民族精神扛鼎者前赴后继，才演化为泱泱大国，从而得以屹立于世界民族之林，纵朔风亦不能撼裂！

缔结绿色与系统的契约

——记重庆大学"弘、博、深、笃"的绿色教育

引子　值得一生珍藏的志愿者证书

重庆大学能源与动力工程学院团委书记、节能减排协会指导教师李定超老师展示了第十三届节能减排竞赛的一份志愿者证书，一个小小的设计细节令人感佩。

尽管每一届节能减排竞赛都有志愿者，但是在重庆大学承办的第十三届竞赛上，志愿者所获的志愿者证书是带有防伪线的，并且志愿者的姓名也被镌刻在这根防伪线中。

这个细节设计打动了每一位志愿者：在每个人的一生中，会获得各种各样的荣誉，但是极少能让荣誉的获得者感受到自己的那一份回报是独一无二的，更何况是作为"节能减排全民行动"的志愿者！

这份特殊的志愿者证书，当然不是重庆大学在节能减排学校行动中出彩的唯一故事，他们还有另一个底蕴深厚的故事：他们是最为苦心孤诣地将绿色信念与系统的方法论联结在一起的群体，缔结绿色与系统间的契约，产生"弘德博学"的深远教育奇迹！

走上"云端"的旅程

重庆大学能源与动力工程学院冉景煜书记在回顾节能减排竞赛的时候，难掩激情。他说："在当年还没有'双碳'目标的时候，教育部高教司决定举办此项赛事很有前瞻性。节能减排竞赛让参赛师生对节能减排的认识产生了深远影响，是很有意义的……同时大赛也促进了专业和学科发展，现在节能减排竞赛在重庆大学已深入人心，并引导着更多优秀学子投身节能减排事业中，工程与能源大类 2000 余名学生，专业分流时有意来能动大类的学生数远超计划人数。在工程与能源大类的 26 个专业中，我院能源与动力工程、新能源科学与工程、核工程与核技术、储能科学与工程 4 个专业分流学生填报志愿排名分别为第 1、2、4、5 名，录取平均绩点都达到了 3.0。这些均体现了节能减排竞赛对促进专业与学科发展及吸纳高素质人才起到的重要作用。"

冉书记的自豪之情溢于言表，此项活动的效果显而易见。这个新动态，既是重庆大学能动学科以"节能减排·绿色能源"为园地的深耕，也是整个中国高等教育界能动学科的巨大收获之冰山一角，更是全民行动的良好基础和铺垫。

对照北京科技大学夏德宏教授也曾经谈起过的，当年决策办节能减排竞赛，有多方面的动机，扩大能动学科的影响力就是其中之一，如今人们欣慰地看到了这一初衷产生的效果。

重庆大学能源与环境研究所副所长，工信部工业节能与绿色发展评价中心（重庆大学）副主任，重庆大学热能与动力工程系系主任杨仲卿教授认为：第十三届节能减排竞赛

之所以能在疫情肆虐的逆境之下圆满成功，得益于这几方面：

第一个层面是领导层面的果断决策，学院领导和教指委领导对大赛给予了大力支持。根据当时情况，利用暑假期间重庆适度放开小窗口的契机，允许一部分获奖学生来重庆领奖，能够实现线上线下结合的办赛模式，这些决策如今看来非常令人钦佩。

第二个层面是办会人员的认真执行，即对决策的完全贯彻执行。如学院的团委书记李定超老师在闭幕式当天的凌晨四点，还在交流工作（在《我们的视角不在地平线上》中有所体现），故事背后就是特定的背景条件带给组织事务的难度。决策完成后需要马上执行，那种团结紧张、严肃活泼的工作场景令很多参与组织的老师得到了锻炼和成长，成为他们人生中非常宝贵的精神财富。

第三个层面是志愿者的鼎力配合。很多同学参与进来，研究生几乎全部参加，加上优秀本科生的参与，给予了很多支持，包括对专家的服务和会场的志愿服务工作。

透过杨仲卿老师总结的三个"层面"，一个共性得到凸显：没有人会认为节能减排竞赛是件无足轻重的事情，这已经深植于以能源动力学科人为代表的集体潜意识中。

冉书记则解读了这种众志成城表现背后的文化底色：重庆大学是如何营造"节能减排·绿色能源"氛围的。归纳起来就是——

在宣传方面"海陆空"；

在机制方面重视"实践大于宣传"；

此外，重庆大学在高等教育改革方面还有重大突破。

在宣传方面：首先在学院层面把大赛宣传好，每年有能源领域的专家针对一年级新生进行宣讲，强化节能减排的理念，从大处着眼、小处着手体现节能减排，另外还有丰富的寓教于乐活动包括与节能减排相关的抽奖活动和游园活动等，参加对象以能源动力类学生为主，可回答问题并给予奖励。广告牌、视频等也会打一些宣传节能减排的标语，使"节能减排·绿色能源"的氛围无处不在，无时不在，深入人心，潜移默化地影响受众的思维习惯生活方式。

此外，树立"品牌"，让学生了解哪些团队做得比较好，榜样总是最具说服力的。

冉书记还还原了第十三届大赛顺利举办的背后故事：由于疫情影响，第十三届大赛本来要延期，但一旦延期，会产生诸多不良反应，影响节能减排学校行动的流畅性……

直到 2020 年 3 月份，重庆大学组委会一直在反复讨论，每周都在根据疫情发展不断讨论。当时骆仲泱副主任、俞自涛秘书长都对是否能准时办赛有较大疑虑，但重庆大学还是坚持住了，只是较往年推迟半个月后发布了通知。

当时，重庆大学考虑了若干方案，包括线上、线下、线上线下混合等。同时也考虑若完全线上，需要每个作品做五分钟视频，并建立"云展厅"的形式，以保证效果。

大学生节能减排竞赛的"云展厅"概念就是这样被重庆大学设计出来的，不仅解决了第十三届竞赛所面临的严峻问题，也极大地影响了第十四届、第十五届节能减排竞赛。

2020 年的 8 月上旬，疫情并没有远去，但考虑到学生保研一般是以 8 月 30 日为界限，因此必须在 8 月 30 日前让优胜学生拿到获奖证书，在教指委的指导下，重庆大学再一次敢于作为，确保了决赛的如期举行。

另外，考虑到完全线上的模式缺乏活力，因此专家仍为线下评审，学生线上答辩；同时考虑到若闭幕式没有学生参加效果不好，因此与教指委、竞赛委员会主任何雅玲院士、副主任骆仲泱教授等商议，让特等奖、一等奖队伍派代表到现场领奖。这种不可或缺的仪式感保证了第十三届节能减排竞赛的严肃性和荣誉感，越是困难的环境越是考验"节能减排·绿色能源"学校行动的毅力。

在组织中，由于第一次采用线上评审，为了克服可能出现的各种故障带来的影响，组委会决定在一天内完成所有决赛评审，并为此专门组织了培训和演练。最后，执行的结果比预计的8点钟完成评审提前了1个小时，志愿者们立即通知特等奖、一等奖队伍派代表订票来到现场。一切都在紧锣密鼓之中进行，没有任何机动时间，极大地考验了组委会坚韧的意志和志愿者的执行力。那种团结紧张、严肃活泼的美好氛围，配合志愿者们在幕后丝丝入扣的细致工作，无疑是在疫情时代最令人感动的场景，体现了节能减排全民行动的浩浩荡荡……

从南山回到会场，时间已约22点，为保证第二天颁奖流程顺利举行，能动学院团委的李定超书记、于佳佳等老师忙了一个通宵，再次确认颁奖专家和流程……每一分、每一秒似乎都敲打在志愿者的心坎上……但一想到自己一丝不苟工作的意义，所有人都饱含热情，没有产生任何倦怠。

缔结绿色与系统之间的契约

在冉景煜书记和廖强院长的组织下，重庆大学能源与动力工程学院开设了一门大学生"节能减排·创新实践"课程，是面向能动类学生的选修课，目前已开设近3年，杨主任和冉书记在两个平行班分别授课，每个班上限60人，每年都有很多学生选，很火爆。

该课程属于创新实践类课程，计入学生的实践学分，共32学时，其中8个学时是理论课，包括如何选题、开展设计、实物展示、知识产权保护等。

其他课时为学生分组实践，参照大赛形式，5到7位同学一组，学生根据理论课讲授的内容进行选题，之后每2周左右进行进展汇报并不断迭代，到期末时形成初步作品。

该课程的开设配合大赛的时间节点，在秋季学期开设，相当于为全国大赛进行前期培训，到春季学期后进行院赛、校赛、国赛。

目前来看，很多优秀获奖队伍都参加了本课程，并受到系统性训练和指导，效果显著。

这些是机制层面的，当然，杨仲卿主任作为这门课程的灵魂人物之一，还有自己的"独门秘籍"。他说：作为指导老师，在带队参赛方面，指导学生参赛也获得了一些一等奖等成绩。大赛举办了十几届，深切地感受到创新性越来越强；原来作品以能动行业为主，现在的作品更加突出学科交叉和创新，为了保证有新的突破和进展，打造一个出色的作品，常常会鼓励同学们大胆猜想、大胆假设，搞头脑风暴。

在组织方面，杨仲卿主任鼓励学生在组队时不是单以能动专业学生为主，而是与其他专业同学一起参与。从最近他指导的几组获奖队伍来看，基本上都是多专业融合，包括能动、机械、化工，甚至艺术学院。同学们从不同的专业角度来思考问题，往往更能碰撞出火花，更有利于解决学科交叉问题。

对于作品主题，不论是工业节能、建筑节能，节能减排的主题贯穿始终，同时又能更多地体现出交叉与融合。在选题方面，指导选题的时间大概占比1/3，通过头脑风暴选题，选择一个方向后查资料确认是否可行并一遍遍迭代，确认方向可行后再动手做才能产生一个好的作品，保证作品的创新可以体现学科前沿。

当然，除了课程外也需要一些平台，学校和学院都给了很多支持。在学院层面，教育部重点实验室、省部级实验室等都面向本科生开放。在学校层面，还有一个本科生交叉创新实践中心，是一个公共性的平台，投入了约两千万元，给学生提供一些工具和场地，包括一些基本测试仪器等。有了这两类平台，学生便有更大的动力去更好地动手实践，将创意变为现实。

杨老师还以第十四届的一个一等奖作品《带走风光》的孵化过程为例，解析了重庆大学的具体做法：

所谓"带走风光"，"风"指风能，"光"指光能，是一种分散式户外储能宝。这个作品源于学生的日常生活体验：重庆的夏天很热，有些地方树很少，被太阳一直照着很难受，因此学生想到，可以在路中间建一种遮阳伞，在上面敷设太阳能板。

起初学生并没有考虑获得的能量如何使用，杨老师对学生说要考虑太阳光的间歇性及产品的推广适用性，因此学生考虑将其作为充电装置，行人遮阳的同时可以给手机充电，作品的创意又向前推进了一步。

杨老师继续启发学生：还有没有可能和其他能源做一些耦合呢？因为街道会形成一个风廊。受到启发的学生就考虑将城市中的微风能利用起来。由于这种风能利用和传统的大型风机差别很大，学生又查资料进行设计，选择轴流式微风机。之后还包括诸如电路设计、能量耦合等等，逐渐形成一个复杂系统的方案，这个过程就训练了学生们利用所学知识解决复杂工程问题的能力，将这些知识全部融合在一个作品中，最终一步步走向现实，造福公众。

在这个过程中，学生们的收获很大，把最初的一个想法变成一个能够真正解决实际问题、很有推广潜力的作品。这个团队的学生很多都成为推免研究生，去了西安交通大学、浙江大学等高校。

杨老师在强调"头脑风暴"之余，还特别提到了"系统"这个关键词。"系统"这个理念的确存在于每个作品的诉求中，每个组织者的精心统筹中，若隐若现。但是在重庆大学，它能真切地浮现和凸显，成为"水印"一样的存在——就像他们把志愿者的姓名镌刻在防伪线中一样——于他们开展的"节能减排·绿色能源"学校行动中。

重庆大学土木工程学院建环系教授、重庆大学科技部国家级"低碳绿色建筑国际联合研究中心"绿色建筑与室内环境研究所副所长高亚锋老师的头衔引人瞩目，因为他的头衔都是与"低碳"和"绿色"相关，与人居环境相关。

高老师解读了在低碳绿色建筑领域绿色理念系统化操作的具体实践：建环专业主要涉及环境营造和能源的绿色低碳应用。当选题和建筑相关时，会邀请建筑学相关专业的教授来支撑，涉及建筑形态、建筑材料及构建等方面的融合。他曾指导一组学生参赛，进行高反射屋顶设计，就和建筑学、建筑构造方面的教授沟通，内容包括建筑构造设计、如何保温、建筑功能如何使用、高低遮挡对高反射的影响等，和建筑环境相关内容均会进行有机的融汇。当参赛题目难度较大时会邀请一些硕士、博士研究生参加，更好地稳步推进比赛创新成果落地。

朴实的表达，却是系统化的效果：能动学科不是孤军奋战，而是将学科无缝融合。

锐意进取的团委书记

团委书记李定超老师一开口就立刻令人明白，他是个很善于做思想工作的人；再一听，你还会发现他是个极具执行力的人。

他是节能减排竞赛的主要执行者之一，也是节能减排竞赛的指导老师，他让人再次见证了思想工作与科学精神是如何熔冶为一炉的。他用"一触即发"比喻了校园内学子们踊跃、导师们倾心的团结紧张、严肃活泼局面，立即引起了听者强烈的共鸣。

重庆大学每年9、10月份会向学生讲解整个节能减排竞赛的流程，鼓励学生将SPRT项目、大创项目、本科生科技创新实践活动项目融入节能减排竞赛中，在做这些项目的同时参与大赛。组织方会将流程、时间节点、每年参赛组数、获奖比例、校赛发奖比例等以通知的形式发给学生。此外，还有节能减排协会的宣讲以及"节能减排竞赛分享会"，这些活动可让学生对大赛有一个初步了解。

每年10月，一般新生们刚军训完，此时会选择参加一些社团或比赛，高年级学生或考虑未来保研、考研与就业，因此很渴望获取一些信息，重庆大学会充分利用这个时间点，让学生更进一步地了解节能减排竞赛的资讯。

每年的12月左右，会邀请往届获奖的学长们对项目进行逐项分解，比如每次分享时都会有学生提到说每个项目的成熟都是"想法→放弃"不断循环，中间全部是放弃、自我崩溃的过程，而崩溃过后将其修复好，那么作品的立意也就基本完成了。

每年3、4月会分别举办院赛、校赛，院赛一般有20多组、140多名学生参与，校赛一般有70~80组，对应约560名学生参与。最后通过院赛、校赛的初赛、决赛筛选出15组推到国赛。

在这个周而复始的过程中，李老师总结出了一个"七阶成功范式"，他说：从原点出发、产生想法，需要经历七个连续的失败，然后才能通往成功。

李老师解释说：因为大赛是持续时间比较长的一个过程，现在很多学生的定性不够，一开始就希望有立竿见影的效果，比如参加一些知识竞赛很快就能出结果，但节能减排竞赛需要持续四五个月，需要一个坚持的过程，因此在最开始就给学生打了"预防针"，有想法后要经历七个失败才能成功。这样避免前期很多同学参与、后面很多同学放弃的虎头蛇尾问题。

在组织第十三届节能减排竞赛的时候，李老师带领志愿者设计、分流程制作志愿者证书的故事只是无数工作中的一个细节，在那样忙碌而巨量的工作条件下，有感于志愿者的无私奉献精神，所以特地为志愿者设计了像人民币一样有防伪线，防伪线上有自己名字的证书。李老师说："我们当时用很好的材质去给学生做这个证书，成本比其他证书要高四五倍，学生拿到证书后也会很受感动。"这个小小的细节，使得重庆大学的组织工作在2020年这个特殊的年份被赋予了人文关怀的气质。

从李老师的介绍中，再一次感受到了有系统观的组织者的工作之缜密与精准，统一在绿色信念的体系之中，熔冶为一炉。

也许每个学子都在"七阶成功范式"中跌宕过，但是那种经历过的人生锤炼是每个参赛者共有的心路历程，是心灵的修炼，更是品格的修炼。经历了这种修炼的人，不用怀疑他们未来为社会服务的意愿和素质。

同许多学校一样，重庆大学也有自己的节能减排协会，协会属于学生社团，这个社团与其他一般社团不同，是由研究生担任社长。除了节能减排校赛、院赛的宣传和组织外，还承担"重庆大学节水活动"宣讲等工作。

弘 深 即 方 向

当然，重庆大学的"低碳""绿色"概念不仅仅体现在"低碳绿色建筑"和"绿色建筑与室内环境研究"课题上，更体现于重庆大学还建设了曲径通幽之路——弘深学院。

重庆大学的弘深学院成立于2010年，是国家基础学科拔尖学生培养计划2.0基地，重庆市基础学科人才培养示范基地，重庆大学拔尖创新人才培养特区。秉承"弘德博学、深思笃行"的院训，遵循"塑品德、厚基础、重创新、国际化"的培养理念，致力于培养综合素质优秀、学科基础扎实、创新能力突出、国际视野宽广的拔尖人才，造就具有家国情怀、人文情怀、世界胸怀，能够勇攀世界科学高峰、引领人类文明进步的未来科学家。

了解了"弘深学院"这个词条，尤其是"造就具有家国情怀、人文情怀、世界胸怀，能够勇攀世界科学高峰、引领人类进步的未来科学家"这一培养目标，再来审视重庆大学那一群"漫步在云端的人"，就更加有说服力了。他们不仅仅是在节能减排竞赛中，能创造性地应用云优势，在高等教育事业的现代化征程上，他们也是可以"漫步云端"的，名副其实！

弘深学院采用"专业＋微学位"学科交叉培养模式，实现跨界培养、学科交叉，快速进入专业研究前沿，让拔尖学生快速成才。本科四年学生学籍在弘深学院，每年从5000～6000名新生中二次选拔，并且在培养过程实行动态调整。

重庆大学统筹全校优质资源，配备高水平师资，采用更加先进的培养机制及培养举措，实现拔尖学生快成才、早成才、成英才。注重大师引领：邀请热爱教育、造诣深厚、德才兼备的学术大师参与拔尖人才培养。深入实施导师制，设立学业导师、科研导师和书院导师。实行书院育人：院士担任书院院长，组建导师工作团队厚植成长成才沃土，加强师生心灵沟通，促进学生的价值塑造和人格养成。推进学研融合：强化学习与科研结合，构建四年不间断创新实践训练体系，开展有组织的高水平科研训练，培养学生创新能力。加强科教协同：实施科教协同育人计划，深化与高水平科研院所深度合作，科教协同培养高水平人才。

深化国际合作：汇聚全球优质资源，加强与世界顶尖名校合作，培养学生国际化能力，奠定进入世界名校的学习基础。

弘深学院就像是高等教育园地中的教育"特区"，这个"特区"是经历过二次选拔的，也是一般认为前程似锦的。它会不会与"节能减排·绿色能源"学校行动之间是脱钩的呢？当然不会！"双碳"理念毋庸置疑是弘深学院"弘德博学"的有机生命组成部分；另外，"科教协同"，重要的渠道也是以节能减排竞赛为主导和核心价值观的。

以能动学院的冉景煜书记为例，除了在能动学科的教学、科研、党务、行政管理工作以外，还有一个非常重要的职责，就是为弘深学院的优秀学子带去关于"节能减排·绿色能源"的意识形态和基础学科的方法论，这是弘深学院"塑品德"不可缺少的重要组成部分；而节能减排竞赛，毫无疑问也成为"重创新"的重要表现形式。自2020年中国政府的"双碳"目标作出承诺之后，"弘德博学"的内容，更加富有"节能减排·绿色能源"的内涵，这是称呼他们为"漫步在云端的人"的理由之一。

也许，有人在疑虑重庆大学如此重视以弘深学院为代表的这类高大上并且新颖的教育方式，会不会太不接地气了？

对此，冉景煜书记释疑：重庆大学最早专业有机械、电气、采矿、冶金和动力。火电和冶金都是节能减排主战场，冶金方面主要围绕余热利用、富氧燃烧、氮氧化物及粉尘治理、碳捕集等方面开展一些相关工作。目前冶金在材料学院，相关科学研究还在持续进行，如钢铁产业的余热利用等一些重点研发计划。关于废气处理方面的，如氮氧化物相关作品也有，虽没有进国赛，但是具有社会需求；污水、燃料、电池等方面有进入国赛拿奖的作品；其余方面有参加校赛但未进国赛的作品。因为这类的创造需要通过大工业生产的检验，难以在大学生的创新活动中出圈，难以出彩，但并不等于重庆大学就轻视这类研究和创造。

冉景煜书记给出的这个答案引人深思，明明知道"不出彩"，但是祖国的需要就是学子们的心声！这也许就代表了重庆大学的教育，既能在云端漫步，也能深植于泥土之下，并不会失之偏颇。

结 束 语

在2020年这个特殊的历史时刻，重庆大学主动作为，教指委及各位专家以及全社会对于第十三届节能减排竞赛给予了很大指导和支持，体现了面对困难时中华民族强大的凝聚力。

2020 年对于全国大学生节能减排社会实践与科技竞赛而言，是一个重要的转折年，开创了线上线下混合办赛、"云展厅"的先例。线上线下混合的好处包括可以减轻主办方的筹备工作压力；如果全部线下，重庆的盛夏温度很高，与会者的健康安全保障问题会很棘手。但也有一些不利的地方，如对学校的宣传力度会降低，办赛所需支出很大，线下参加的学生规模较小会对全民行动的辐射产生不利影响。

尽管疫情带来严苛的环境，教指委和重庆大学的果断决策，为节能减排竞赛赋予清新的面貌，开创了线上线下的混合模式，云端和现场并举的组织范例……把节能减排竞赛本身也办成了"绿色"活动，这是称呼他们为"漫步在云端的人"的第一个理由。而他们之所以能走上"云端"，是因为他们矢志不移地缔结绿色与系统之间的契约。

不止于此，廖强院长、冉景煜书记、杨仲卿主任、高亚锋副所长、李定超老师分别从不同的角度，手绘出了一个清晰的画面，关于重庆大学在"节能减排·绿色能源"方面所做的卓越工作：他们系统地缔结绿色与科学技术之间的契约，形成既有迹可循，又卓越出彩的新教育模式；他们立足当下，远瞻未来与科学之巅，不受局限，绝不固步自封，不拘一格地推动教育的与时俱进。

弘深学院建院的最初，只是一种组织方式；但是现在，已然是一种明智的教育典范。弘扬的是美德，广博的是知识，笃信的是永不言弃，坚定的是绿色情怀。因为弘德博学，故而缔结系统之约；因为深思笃行，有时在泥土扎根，有时在云中翱翔。

如此，对于"漫步在云端的人"来说，弘深即方向。

山海相依，志愿相承

——记山东大学厚重的历史文化集蕴和新工科建设

引子 拭去历史滚烫的热泪

公元 1888 年，即清光绪十四年，清政府组建北洋舰队，设北洋海军提督署于山东威海刘公岛，拥有大小近 50 艘舰艇。公元 1894 年，中日"甲午战争"爆发，9 月 17 日，北洋舰队与日本联合舰队在鸭绿江口外黄海海面进行正面的主力决战，"致远舰"管带邓世昌壮烈牺牲。1895 年 1 月 20 日，日军分水陆两路围攻威海卫，北洋舰队在刘公岛外海面与日军激战数日，力战不敌，全军覆没，水师提督丁汝昌殉国……

这是一段至今仍令每一个中华儿女都激愤的历史。

山东威海刘公岛，也因此成为中国近代历史的见证和缩影。一百年之后的 1988 年，中国人民在刘公岛设"中国甲午战争博物馆"，塑民族英雄丁汝昌巨型雕像；以折戟沉沙战舰为原型塑"海魂"直刺辽阔无涯的苍穹……

2021 年 6 月，在山东大学威海校区参加第十四届节能减排竞赛会评的专家，在组委会的安排下，集体前往刘公岛进行爱国主义主题教育，参观甲午海战博物馆。

直面"海魂"——寓意北洋海军全军覆没悲壮结局的残缺倾斜、锈迹斑驳的舰体，以刺向青天的高耸棱锥造型象征中华民族屹立不倒的民族精神——每位专家无不心潮澎湃，热泪盈眶。

山东大地是中华文化的发祥地之一，中国传统文化如此璀璨和浪漫，中华民族历史源远流长，在山东大学百廿大典之际，这场主题为"节能减排·绿色能源"的科技竞赛，变得更加意味深长。

美 德 蕴 藏 在 细 节 中

中华文化中的"格物致知"，对于地处齐鲁腹地的山东大学来说，这句话演绎成了美德集蕴在细节中。

齐鲁大地是中华传统文化的重要发祥地之一，这种优越在漫长的历史中从来就没有失去过其半分的客观性。2021 年，在承办第十四届节能减排竞赛的山东大学人心目中，他们将优秀的传统文化、中华儿女的传统美德，变成了志愿者的工作细节。

天津大学赵军教授谈到了一个细节，当他出现在山东大学的会场时，志愿者准确地叫出了他的名字，就像他们是忘年的老朋友似的，这个细节抚慰了他的旅途疲惫，宾至如归感油然而生，更萌生只有中华儿女才能意会的"回家"的幸福感。

唯有无比热爱自己使命和人生的人才会如此细腻地重视细节，是文化，是美德。优秀有两种：一种是个人英雄主义式的优秀，另一种是置于团队之后展现的优秀。山东大学正是整个群体优秀的代表，他们的优秀故事是最具感染力的，伟大的民族尤其需要这种群体优秀。

全赛程团队凝聚力和精神面貌的呈现可以说是齐鲁大地人文精神的厚积薄发，在漫长的韬光养晦时光中，自然而然地形成了第十四届竞赛的鲜明特色，没有丝毫矫揉造作，朴实无华却又见微知著。

史月涛教授作为组织者之一，回顾起当年的细节，没有任何华丽的辞藻，却又像一泓清泉，沁人心脾。十四届节能减排竞赛的特色就这么无声地呈现，浸透闻者的心田。

其一，2021 年，人们对于新冠疫情的趋势尚无法有效预判，这次赛事的组织由于疫情带来的不确定性，难度呈现指数级增长。在筹办赛事过程中，组委会准备了三套方案。为了确保万无一失，定期开展讨论会，防微杜渐，且每套预案都不能偏颇，这些细致的未雨绸缪为后面组织工作的丝滑流畅打下了非常稳健的基础。

在这个过程中，辛公明书记当然是毫无争议的首脑，在他的带领下，一次次地对于赛事组织工作进行酝酿斟酌，每一细节都要反复推敲，对于可预见的瑕疵要反复讨论……赛程期间，对网评、会评、决赛专家、成绩一条条核对与发布。他的工作是最为繁杂的，在同时准备三套预案的前提下，他没有采取"抓大放小"的战术，而是问细节要真章，他既果敢又细腻的工作作风令人感喟。

齐建荟老师作为辛书记麾下的骨干之一，他认为正是经历这个过程的锤炼，自己学到了辛书记对事业、对工作的敬业精神，也使自己从一个博士生身份真正转变为一个社会大家庭中为人民服务的工作者；与其他志愿者的精诚合作，又增强了团队的凝聚力与战斗精神，成为他人生中最为宝贵的精神财富，温馨又励志的记忆值得终生回味。

其二，山东大学一校三地，为体现山东大学特色，第十四届竞赛的组委会精心策划，将这次赛事办成了史上唯一一届会评和决赛分两地的格局。处于三地的各部门为了一个共同的目标和集体荣誉感而齐心协力，丝丝入扣地对接。这种氛围的底色就是山大人的情怀，生来就富有精神文化滋养的山大人，做起事来还真的不入浮躁的世俗窠臼。

其三，组委会专门策划和聘请了医疗组，医务小组驻会，负责专家的安全及会议期间的消杀工作。

其四，在威海成立了临时党支部，负责威海刘公岛参观，进行爱国主义教育。这场爱国主义教育，在疫情时代和"双碳"目标的大背景下，显得尤其具有历史价值。参与这场活动的人无不深受爱国主义精神的震撼和洗礼，再一次审视个人荣辱与民族大义之间的休戚与共，恍若新生，终生难忘。

其五，决赛期间，组织专家到济南参观力诺瑞特能源相关的项目，感受中华传统养生文化，如观摩阿胶熬制工艺，这不仅仅是对中华传统的致敬，更是对于生命意义的一次深度自省，对绿色文化的一次考古式的发掘。

当然，尽管已经殚精竭虑，孙奉仲教授却认为第十四届竞赛的组织"不完美"，他遗憾地说——

曾设想"企业点题",通过节能减排竞赛为企业、为工程项目建设服务,但因疫情原因未能执行;

疫情影响下的隔空比赛,线上办会过程环节,比赛中声音、图像的控制,比赛场所的确定及调整等细节未能完全精准把控;

曾设想在专家饭票上收集寄语或故事,弘扬传统美德与呼应时代要求,深化"节能减排·绿色能源"的主题……

曾设想在启动仪式时,由代表联袂共同浇灌绿植,演绎生命成长所需,寓意珍视生命与环境……

这些孙老师心目中的"不完美",在闻者的心中,却有另一番含义。

子曰,有朋自远方来不亦乐乎?山东大学的组织者为节能减排竞赛准备了一场精神盛宴。俯仰之间,山海之间,每一缕气息莫不带着中华文化与美德的馥郁芳华,更有坚韧不拔、千秋万代的生生不息与薪火相传的淳厚意蕴。

在山海之间经邦济国

孙奉仲教授与节能减排竞赛的故事,可以最直白地告诉我们什么是能源动力学科人对"节能减排·绿色能源"事业的赤子忠心。

自 2008 年第一届到 2022 年的第十五届孙老师几乎参加了每届节能减排竞赛。印象最深的,莫过于带领山东大学团队到哈尔滨参加比赛。当团队在济南机场准备登机时,孙老师突然接到爱人急病,需要马上手术的消息。一方面是爱侣焦急而痛苦的盼望,一方面是同学们热切期待的眼神。一阵苦行者般的内心挣扎之后,他委托儿子代他签字,而他自己则义无反顾地登上了飞机,继续与他心爱的事业和学生在一起。

孙老师愧疚地说:"……真的欠爱人一份关爱……我爱我的家庭,我也爱节能减排竞赛!"

孙老师在谈到对一些作品的青睐时,毫不掩饰他对于《工业心脏保护伞》项目的偏爱。这就像在家庭需要他的时候他却偏爱他的事业一样,因为他对于工业化祖国的"工业心脏","保护欲"爆表。这个描述毫不牵强,如果遇见本尊,你就能体会到记录者的笔力远远无力传达其心智的遒劲,只能挂一漏万而已。

这是属于孙老师的热爱,而山东大学(威海)机电与信息工程学院副院长郭春生老师,为我们诠释了另一种对事业的热爱方式。

郭老师毕业于天津大学,在天津大学学习期间,他就受益于学生科协的影响。在他的职业生涯中,这段求学经历塑造了他对于大学生"双创"事业的引领高度,他将现代项目管理知识体系庖丁解牛式地倾注到"双创"事业中,他指导的学生团队屡获佳绩(透过作品案例可以见微知著),他还致力于少年儿童的科普。"节能减排·绿色能源"全民行动在他手中具象为"从娃娃抓起"。

他不只"从娃娃抓起",对于高等教育改革,面对媒体他谈道——

在新一轮科技革命浪潮中，以互联网和工业智能为核心的新工科应运而生。为培养造就一批创新型新工科人才，山东大学（威海）机电与信息工程学院面向产业发展和技术革新，以项目为链条设计课程，实现学科交叉融合、产教深度融合，广大师生在科技前沿不断创新突破。我们首先建设了两个新工科专业：一个是机器人工程，一个是智能制造工程。后来，我们又建设了四个辅修专业，是为了让学生能够交叉融合，以项目式的教学范式培养学生，锻炼学生的能力。

郭老师指导的项目，可以直接投诸市场，这是他带领大学生进行"双创"事业最为显著的特色，独创了大学生"双创"事业的一种最有效打开方式，将科学技术与生产力之间的藩篱打破，可实现"门对门"式的对接。

在第十四届节能减排竞赛举办时，还有一家来自山东烟台的小微企业加入了赞助的行列，那就是来自烟台的"鑫盛科技"，资助了竞赛活动 20 万元，企业领导还专门到现场学习。

"鑫盛科技"原本是从事装修行业的小微企业，在完成原始的资本积累以后实施战略转型进入水产养殖业和大棚农业。由于企业缺乏智慧资源，孙奉仲老师只能手把手地帮助他们进行海水养殖、樱桃大棚项目规划，并亲力亲为地指导企业申报产业扶持，完成面对十多个严苛专家的审批调研答辩，为企业争取到了 300 万元的产业扶持基金，真正地用绿色能源科技扶持民生。

该项目中的樱桃大棚种植子项目非常有趣，让科技变得浪漫。为什么呢？是因为孙老师帮助企业规划的樱桃大棚，冬季产出樱桃，夏季树木则进入落叶休眠期。这样做的意义在于提高产品的经济价值和带给消费者更大的福祉。大棚内部的小气候的调节则完全依赖太阳能来实施，既有满满的科技，又有十足的幸福，这不就是在山海之间经邦济国的写照嘛！

结　束　语

对于事业，只有情怀还远远不够，在细节中寻找真谛的辛公明书记掷地有声地说了这样一句话——要讲述和探索山东大学与节能减排竞赛之间的故事，就得用"山海相依，志愿相承"这八个字来概括，无他！

这种来自山人人的果敢，不仅仅是一种强大的精神底蕴，一种强大的文化自信心，更是一种对事业、对祖国山岳般的热爱，海洋般的情怀，无比厚重。

山东有五岳独尊，山东有威海狂浪，山东有山大人的果敢如铁……这里的人文故事有山的精神，海的胆魄，是为"山海相依，志愿相承"。

特别值得一提的故事：本书在初始案例征集时，几十所学校提供的案例均没有技术经济指标，因此编著团队以山东大学郭春生老师海水淡化案例《且向沧海索龙涎》为范本，要求竞赛作品案例说明中不仅仅要把系统工艺或发明制作呈现出来，并且要了解社会终端用户或科学技术转为生产力的终端的考量指标，即技术经济一系列指标，如静态投资收益率、动态投资收益率、边际成本等。

因此，山东大学为节能减排竞赛提供的不仅是一次成功的承办活动、一次别开生面的基层党组织的组织生活会、一次意味隽永的企业考察、一个将中华民族传统美德与传统文化融汇于产业的故事、一个让科技造福民生的故事……还是一个让节能减排竞赛学习市场经济思维的故事。

重工时代转轨重熵时代的牵引

——记天津大学的教、产、学、研、创莫比乌斯环

引子 当"点亮生命"的主旋律响起

2022 年 8 月 3 日,"六百光年杯"第十五届全国大学生节能减排社会实践与科技竞赛在天津大学隆重开幕。

这次开幕仪式别开生面:当主题曲《点亮生命》被青年学生曼妙、清澈地唱响时,坐在前排的浙江大学高翔院士,目光立刻闪亮起来,他看向周边的几位院士、校长和专家,都在不约而同地响应着他高亢的情绪……

这种特殊的同频共振,顿时令天津大学组委会的主要策划者们内心倍感激越,他们觉得自己的工作瞬间变得有意义,有价值,高尚而自豪。

这首名为《点亮生命》的主题曲,是由天津大学 1989 届工程热物理专业毕业生郑爱东作词,天津音乐学院毕业的音乐人毛宇轩谱曲的艺术佳作。在副歌部分激越地唱响了"真理创造负熵,供养伟大生命"的绿色能源、"双碳"时代的重熵主义后现代主旋律。

不得不承认,经历过去十六年的恢宏赛程,此情此景,"节能减排·绿色能源"行动刚好抵达了一个转折点。而这个转折点的坐标,就叫做"点亮生命之光,绽放生命之魂",从此以后,这项赛事本身也将会是一个别开生面的生命体!

但是,为一项赛事赋予生命并不是教育和竞赛的重点,为每一个学生的科学创意赋予生命才是节能减排竞赛的真正目的,也是"双碳"时代高等教育的诉求!

学生自治,点亮心中那团涌动的火苗

天津大学的大学生节能减排学校行动另辟蹊径,理念"佛系"且淡泊,但不夺其高远之志。表现在两个方面:

其一,天津大学不倚重竞赛成绩的功利刺激。鼓励和引导青年学生参加创新,更多地基于生命热情的迸发,较之功利激励,更具有原动力。虽然看起来并不如熊熊烈火的迅猛,但是带着蒲苇如丝的韧劲,稳健而又韬光养晦的气质。

其二,与指导老师的前沿科研项目泾渭分明,坚持激活和赋予青年学生自身的能动性,不失教育之矢志初心。

天津大学的校级赛始于 2009 年,在国赛开启(2008 年浙江大学承办的第一届节能减排竞赛)的次年,就启动了校园赛事,属于最早启动校级比赛的高校之一。

在其他院校、教务处、团委或者大学生创新创业中心职能主导的热潮之下,天津大学显得"保守"和"内敛"。但是,他们是真的保守吗?当然不是!

天津大学的节能减排竞赛组织富有特色：以学生自治的方式主导，且天津大学的学生科协历史悠久，早于节能减排竞赛就诞生了。

为了佐证这一点，本书编创小组访问了机械工程学院负责老师以及历任的学生科协骨干，他们是：现机械工程学院党委副书记林杰威、机械工程学院科协前主席王派（机械工程学院 2022 届博士毕业生、第八届竞赛一等奖获得者）、机械工程学院科协前主席詹浩森（机械工程学院 2021 届硕士毕业生、第九届竞赛一等奖获得者）、机械工程学院科协现任指导教师庄哲明（第十一届竞赛二等奖获得者）、机械工程学院科协现任主席王跃锜（第十五届竞赛一等奖获得者）以及刘睿衡（第十六届竞赛特等奖获得者），环境科学与工程学院教师邓娜（第十五届、十七届竞赛一等奖指导老师）、机械工程学院指导老师许媛欣（第三届竞赛二等奖获奖者）及李扬（第十五届竞赛特等奖指导老师）……透过他们的只言片语，天津大学的学生自治下的创新、指导老师推进的教育改革脉络，两种力量机制渐渐地浮现出来。

现党委办公室、校长办公室副主任，机械工程学院原党委副书记，科协前指导教师刘岳老师在谈到节能减排竞赛对于个人成长的影响时说：作为较早参与到节能减排竞赛的一员，虽然现在岗位换了，但每每提到节能减排竞赛，心里感觉还是那么难以忘怀……个人第一次带队参赛的作品是光伏发电聚焦装置，这套装置重约 200 公斤，小组成员的热情非常高，克服诸如运输难题在内的许多困难。为了得到更好的展示，竞赛小组成员将装置拆开运到比赛现场再组装……因此到比赛前几天一直都在进行调试，现场也出现了诸如连电、作品如何展示等各种问题，最后都在小组成员的协作下一一解决。这个过程因此成为人生中最具纪念性的经历，第一次完整参与、承担一项创造任务，那种来自创造的愉悦和一次次克服难题时所获得的满足感，无疑是人生最大的快慰之一……在比赛的过程中，还能观摩其他队伍的作品，看大家都在做什么，水平如何，与其他队伍交流，开阔了视野。对于一个工科生来说，真是难得的综合素质锤炼机会……当时的比赛也没有奖励，参与的同学们全凭自身热情，利用暑假时间，在金工楼顶反复实验……现在即便再次路过这个地方，感觉还是会有所触动。仿佛一团涌动的火苗，永远也不会熄灭。

今天，天津大学"专创融合"创新创业一体化人才培养模式探索与实践，受到了教育界的赞誉。

传承有序，大学生创新的圆心与半径

王派同学 2013 年接任学生科协工作时，学生科协还处在摸着石头过河的阶段，制度建设并不完善。学生科协在她的手中实现了"厉兵秣马"，她为学生科协的工作注入了"润滑油"并重置了"引擎"，学生自治组织在节能减排竞赛中开始发挥越来越重要的作用。

王派提到她戏剧性的参赛经历：因为当时的经费有限，去昆明理工大学参加第七届节能减排竞赛，去程三天卧铺，比赛三天，回程三天卧铺。这穿越大半个中国的漫长旅途，就像精神上的反刍，让她体会到那种人们所言的心灵在旅途的隽永。获得二等奖的她在比赛现场通过与其他队伍交流，认识到与当时特等奖和一等奖作品的差距，暗下决心，来年继续参加。第二年在赵军老师指导下，基于第一年的经验，有了更加清晰的定位和方向……在作品打磨的过程中，每隔一两周都与赵老师进行关于选题、材料撰写、作品制作与如何呈现等方面问题的交流，最终第二年在哈尔滨工程大学举办的第八届节能减排竞赛上获得了一等奖。

对于王派来说，从祖国大西南的昆明到大东北的哈尔滨，这段穿越之旅，不仅仅是二等奖到一等奖的跃升历程，更是一次生命意义的探索之旅，一次将生命意义与科学创造联系在一起的修为之旅。在将学生科协工作交给詹浩淼后，王派还继续远程参与指导举办校赛。王派的故事仿佛令人看到了天津大学将第十五届节能减排竞赛的主题确立为"点亮生命之光，绽放生命之魂"的渊薮。

王派的继任者詹浩淼表示：不管是节能减排，还是科协，到后来进入了同一课题组，很多工作都是在继承机械工程学院科协的传统基础上开展的，跟节能减排结缘也是来自科协，尤其是王派学姐的传帮带……刚上大一那会儿，经常看到学长们在机械工程学院十楼、金工楼、校园其他地方忙碌，最终传来一等奖的好消息……节能减排竞赛带给生命的意义学长们具象地感染了很多人。他自大二开始正式接手科协的工作，组织院内的节能减排校赛。当年的队伍也由上一届 15 支增加到 20 支以上；并且邀请除机械工程学院外环境、化工学院的老师当评委；看得见的变化，还有由单一学科向交叉学科发展。甚至连詹浩淼参加节能减排竞赛的作品也是在前任科协王派主席太阳能利用转化控制作品基础上起步的，赵军老师的指导也得以延续，继续完善太阳能光伏幕墙作品。

古希腊哲学家、教育家十分推崇几何学，在柏拉图学院有"不懂几何者不得入内"的箴言，天津大学机械工程学院的学生科协也形成了自己的"平面几何范式"。从前学生科协主席詹浩淼那里，可看出端倪。

詹浩淼的经历令人深切地感受到，节能减排作品要具有两大必不可少的功能属性：其一是传承；其二是作品的创意要好。

在詹浩淼推崇的两点之中，前者就好比是一个椭圆的两个圆心，后者决定椭圆的半径。由此，就可以得出天津大学学生科协的"椭圆形平面几何范式"。

从教育事业的视角来看，詹浩淼还觉得，节能减排竞赛作为工科高等教育的一部分，有很好的科学精神塑造作用。他自己对节能减排比赛的热爱已经成为生命的一部分，当第十届节能减排竞赛在华北电力大学举办的时候，他已经没有继续在科协工作，但仍自费去参观学习。硕士毕业后，詹浩淼从事的润滑油研发工作，也是在为节能减排服务，延续了学生时代形成的志趣和精神。这些佐证了节能减排竞赛对于个人成长的影响，也印证了天津大学的节能减排竞赛组织的另一大特色——像一台永动机一样持续做功。

庄哲明老师 2015 年入学，他的直观感受就是节能减排在机械工程学院学生中无人不知、无人不晓，自己也在这种学生自发的风尚中开始投身于节能减排竞赛，从学生成长为指导老师，并全力以赴地助力学院学术核心与学生团体之间的衔接。

目前，在机械工程学院庄哲明等老师的齐心努力之下，参赛水平、规模等都得到明显提升。比赛也由学生完全负责转变为辅导员辅导、科协作为主干力量参与。以 2022 年为例，校赛盖章也应赵军老师要求开始加盖团校委的章，表面上看增加了比赛证书的认可度和比赛的宣传力度，深层次来看其实是整合了更多的资源作为活动的推动力，既让学生科协的组织度得到提升，又能激励学生的主观能动性。

这一点从现任学生科协主席刘睿衡那里得到了证实：庄老师担任辅导员，经常在群里分享一些关于比赛的信息、经验等。以他自己为例，大一就了解了节能减排竞赛，大二参赛做关于机械设计相关作品，由于选题与节能减排主题关联过于牵强，遗憾未进国赛，但过程中收获很多。如庄老师所说比赛不一定获奖，但可以把课堂中所学应用起来，感受到可以把课本上学到的知识转化为自己真正掌握的知识。另外，现在大类培养，机械制造专业开始学习传热学、热力学知识，对参赛很有帮助。能源化学通过讲述各种能源来源及其利用等让同学对国家能源现状、各种能源利用有了初步认识，也潜在地赋能了节能减排竞赛……

至 2023 年 12 月止，天津大学参加国赛学生超 600 人次、指导老师逾 80 名，累计获120 项国家级奖项，其中特等奖 5 项、一等奖 24 项，目前有一些成果还在转化阶段。校赛层面，从 2009 年起，顺利举办 15 届，流程不断完善，从报名资格审查、中期打磨，到通信函评、决赛预答辩，基本上所有的学院均涵盖其中，600 多个团队 3000 人次参赛，成为校内最具影响力的赛事之一。

现在，天津大学机械工程学院的学生科协已经画出了一个又一个年轮般的椭圆，越来越趋近正圆。为啥呢？"传承"已经统一在新的"大格局"的麾下了。

教育生涯，莫比乌斯环式的心灵旅程

天津大学能动学科的赵军教授，最为出彩的职业生涯，恰好与节能减排竞赛同步。在他作为主要策划者的组织下，凤凰涅槃的生命升华意向被显现出来，第十五届节能减排竞赛组织工作的背后，凝聚了他 36 年的教学和科研心血。

了解赵军老师的同仁说他放弃了对许多科研项目的精力投入，这背后并不是他的"不作为"，而是源于他的"大有作为"，即他对于高等教育事业的心血倾注。当然，他得到的回馈是他的学生毕生都在受教于他的人格魅力。

莫比乌斯环是一个有机"生命体"，具有循环往复的几何特征，具有永恒与无限的意义。用这种拓扑几何象征性地比拟赵军老师只有起点没有终点的教育之旅，再贴切不过了。

纵观赵老师指导的参赛学生，具有一个共性，那就是选题的格局。

本书选编的学生参赛作品《燧人氏的新传人》《"千里电车"神州行》均是关乎民生大计，关乎国泰民安，关乎大国工业化支柱产业的"高热值"课题，足可印证其作为教育工作者的历史责任与担当精神。

学生王跃锜的参赛故事也是一个莫比乌斯环教育的典型案例。

王跃锜参加了两届节能减排竞赛，她参与或者组织的作品，都是社会调研类作品，创意起源为大一上的一门课程能源化学导论。第一年作为第 15 名被推进国赛，但没拿奖；第二年获全国一等奖。她心目中对于节能减排竞赛的认知是这样的：校赛目前已经很正式，最重要的就是时间节点要控制好，在不断推进中与老师交流，与团队交流，在重要节点要有作品呈现。她的第一次参赛是在大一时，选题有些大……尽管她的作品在第一次没能获得预期中的结果，但是她的选题意义重大，是关乎宏观经济的大课题，具有大格局、大胸襟，可作为她毕生的思考和社会课题去研究。因此，她被认为是另外一种受益于节能减排竞赛的典范：将有限的生命投入无限的绿色事业中去。在第十五届竞赛中，她获得了一等奖，这种先抑后扬的经历，也必将裨益她一生的成长。没有经历过挫败，总是旗开得胜的生涯并不真正令人受益。参与节能减排竞赛的感悟，将深层次影响她们整个职业生涯。

对于所有受到节能减排竞赛影响的人来说，这项活动只是生命历程中短暂的片段，但这无疑是一个点亮生命的片段，终身受益。就像心理学家阿德勒认为的那样，有的人用童年治愈一生，有的人用一生治愈童年。于是，过去的十六年来，中华莘莘学子因为节能减排竞赛拥有了共同的"童年记忆"。

赵军教授作为天津大学和天津市节能减排竞赛活动的首席推动者，时刻不曾疏漏的就是在教指委获得的心灵火花，那个二十年前形成的教育现状共识——当时的四个教育短板，促使他在心目中形成了自己系统化的"价值流""意识流""负熵流""思想流"的高等教育问题解决方案，架构了他的教育实践。他醉心于"节能减排·绿色能源"文化和教育体系上的匠人工作。他不是一个人们通常理解意义上的大学教授，而是一个独具匠心的工科高等教育工作者，降维自己，升华他人。这使得他的教育生涯变得与众不同，感受过他独特教育魅力的学生，也是最具复合型、多栖人才素养的"完人"。这样服务社会的方式，科学技术只是基点，报效国家与社会的抱负才变得切实与高效，真正意义上具有现代教育的内核、土旨与灵魂，最大化地规避了传统教育中的功利。

第十五届节能减排竞赛的主题曲《点亮生命》的主创之一郑爱东也是赵老师早期的学生。2022 年，她作为一个没有社会统筹保障的自由职业者参与了会议资料《我们的视角不在地平线上》的编纂，为什么已经知天命之年的她会"乱入"到这项事业之中？她给出的回答是："赵老师的人格魅力感召了我！"华中科技大学的姚洪书记认为："赵军老师是把节能减排竞赛当作事业来做！"郑爱东"纠正"姚洪书记说："不止于此，他视其为生命！"正因如此，郑爱东也成为赵军教授教育职业生涯中的一个代表性的例子——感受永没有终点的教育，过去、现在、未来，赵军教授都是启发和激励学生创造奇迹的老师。郑爱东没有任何参加节能减排竞赛的活动，但是她的个人价值实现与"绿色时代"紧紧相扣，缘起于她求学的时候从天津大学获得的一种"元教育"。而这种"元教育"的种子和未来的蓝图，是赵军教授这样的教育工作者播种下的，并落笔了第一根线条。

赵军教授作为教育工作者的人格魅力，也不是一般意义上的园丁式的，尽管他是一个巨匠般的存在，但是他的劳动工具是心灵，劳动客体也是心灵，这样的人格才会产生这样的创意——点亮生命之光，绽放生命之魂，并用毕生的经历践行莫比乌斯环式的心灵与教育的生命之旅。他把自己看得很渺小。

教育进化，超越传道、授业和解惑

正如机械工程学院党委副书记林杰威总结的那样：有创造力的引擎驱动，有无穷无尽的永恒教育之路，有报效大国战略的勇气，有醉心于教育事业的导师……天津大学的教、产、学、研、创便能联动起来，运转成为一架逻辑缜密的机器，源源不断地输出具有感染力的大国生产力的扛鼎者。

教：天津大学的前身北洋大学堂创建于华夏命运多舛之时，作为扶危济困的中流砥柱，以教学严谨、校风求实而显赫。这种特殊的经历，令大学的氛围看起来偏于凝重和肃穆，但就像传说中的赑屃一样，最能负重。这是历史赋予的特殊基因，源远流长。你无法一言中的，只是随光阴荏苒，方能感受一二独特的香气，渐至醺醉。

产：天津大学素来以为人民服务为"靶向"。既有校风求实重效，自然关注工业化国策之下的能动引擎运转。所以，与产业的联袂和联动，是天津大学服务新时代的基本策略。以甲醇燃烧为代表的项目，就是与山西煜能企业合作的项目，非常"接地气"，既能普惠民生，又能助力新经济支柱产业新能源汽车的制造。

天津大学的明星专业是以内燃机为代表的"引擎技术"——融合机械、燃烧、精密仪器、自控等多专业的一流学科。他们做到了作为能源动力学科人的能动性极致发挥，将"节能减排·绿色能源"的概念性设计体现在记忆合金驱动装置上，体现在节能小车上……他们的作品超越了大多数同业作品的"硬核"，具有科学、人文、艺术的交融性，具有独特的现代、后现代气息。

学：学是教的客体，但那是在传统教育的教条模式中。在以赵军老师为代表的指导老师群体，"学"与"教"的角色也是呈现莫比乌斯环几何特征的，没有"教"与"学"的刚性边界，只有人格魅力的辐射和养成的交叉与参差感染，亲和而温暖，像莫比乌斯环一样无穷无尽，超越了传统的"二次元教育"。

研：研是指实验室的研究，带有前瞻性、系统性和复杂性，一般是指导老师的"主战场"，以先进内燃机动力全国重点实验室为例，就好比魔术师挥舞魔法棒时撒落的魔法尘，产生的效应是奇特的，也是微妙和具有温度的。也就是说，学生参与竞赛的创意和实操必定受到重点实验室的"软指导"，而这种"软"，指代了教育的全部意义。

创：则是指大学生的创造力和创新素质。单以同业视第十五届节能减排竞赛为承办的"天花板"来看，天津大学的创造培养就已经堪称标杆。

笔者原本试图将教、产、学、研、创五个环节掰开来讲述天津大学的故事，但发现很难。这种"困难"恰好代表了教育的成功，只能拿一个案例来诠释：

本书选编的《青翠欲滴"天之道"》作品，是一个基于明星学科内燃机专业的概念车设计。这是一条没有尽头的臻美之路。难能可贵的是，该作品将绿色能源理念之下的机械工业设计艺术化,它不仅仅是一个科技竞赛类作品那么简单,更是一种既保有了人类自尊,又向大自然表示出谦卑态度的概念性设计。即便放眼全球概念性交通工具的设计领域,这样的作品也属于佳作。

所以,当你在天津大学看不到某种风尚式热潮,先不要急于下定论。再品味一下,你或许能十分清晰地感受到一种稳健的、结构化的独特教育与创造素养的孕育氛围。

结　束　语

在中国漫长的封建时代里,传道、授业、解惑被尊为师道,因为那是一个"万般皆下品,唯有读书高"的时代,也是一个学而优则仕的小我时代。在今天,创造力是一个民族生机的指针,在全球性的后工业时代向未来转型的特定敏感时期,天津大学不温不火的教育风格,将教、产、学、研、创与时俱进地"总成"在一起,不偏不倚,仿若中华五行金、木、水、火、土文化的演绎。当然,这不是一种元素组分的简单调和,而是一种具有拉格朗日动力学式的机制,辅之以赵军教授为代表的生涯时空上的莫比乌斯环拓扑观,进化了师道之"传道、授业、解惑"的古典教育要义,移除了学科壁垒,弥合了校园与社会断裂,独辟教育蹊径。这就是光大求实观和优秀传统文化的新启蒙式教育,是对于教育现代化的最好贡献和响应。

对于"节能减排·绿色能源"的全民行动而言,天津大学画出了公平与正义的起跑线。他们不是打响发令枪的裁判,他们默默无闻地用教育和文化建设,确保助跑器的踏板弹性,让民族的中坚力量"赢"在起跑线上。这种"赢"不是博弈的结果,而是优化和深思熟虑之后的"熵道"。

在建立了有中国特色社会主义市场经济体制之后,继而确立了城镇化的国策,那是从传统的"重农抑商"氛围中产生的第一次蜕变;后工业时代,第二次蜕变正在悄然发生,那就是重熵的时代已经悄然来临。公平与正义,是人类社会永恒的主题,科学技术也须效力于之。赫胥黎认为未来属于伦理优秀者。何为伦理优秀?负熵是未来人类命运共同体的普遍伦理之内核。

作为中国近代诞生的第一所现代大学,天津大学在一百二十九年的历史中,从未懈怠。

传统美德与"双碳"目标的精密啮合

——记东南大学润物细无声的 SRTP 训练

引子 "能源环境，国之根本"的氛围

2023 年秋季开学，东南大学的学子们经过"止于至善"的校园大门，迎面可见的，即是建筑环境与能源大楼前"能源环境，国之根本"的宣传标语。

"能源环境，国之根本"的氛围，给新生和高年级的学生以不可或缺的精神洗礼。

对于高年级的同学来说，他们知道："建行杯"第十六届全国大学生节能减排社会实践与科技竞赛刚刚在校园内举办，他们中的很多人参加和观摩了这次比赛，有的同学是作为志愿者服务于这个盛会，有的同学在比赛中斩获了荣誉，有的同学收获了直观的启迪……当他们再次沐浴在"能源环境，国之根本"的文化氛围中的时候，内心升腾的是一种已经经历过数次砥砺和升华的信念：倘若志在报国，就在此时此刻！

作为新生，他们刚刚从激烈的高考竞争之中抽离，走进东南大学校园的那一刻，就像脑海中被照进了两束光：一束来自中华源远流长的传统文化，另一束则来自碳中和碳达峰的时代诉求。他们内心的民族潜意识理所当然地被唤醒，被点燃！

再出发，以有限的生命践行无尽的使命

当历史的滚滚车轮来到 2023 年，公共卫生安全的大环境经历困难的三年时光，终于回归正常。所以东南大学承办的第十六届节能减排竞赛，从组织形式上说，有着"再出发"的回归态势：这是经历了三年新冠疫情之后的首次全面线下回归。但是，在竞赛的规模上，却比疫情之前的 2019 年有了巨量增幅；还有一点不同，那就是处于疫情后的 2023 年，经费筹措难度也是显而易见的。与会者注意到第十六届竞赛的冠名企业并非来自实业，而是来自于"节能减排·绿色能源"关联度远远不如第二产业的金融业，这代表了这个特别时期宏观经济环境的某些特征，也是东南大学建设性地解决实际问题的智慧体现。

经济学人会告诉你：资源永远是短缺和匮乏的。解决了经费难题的东南大学，在接下来的组织工作中，表现出了东南大学独特的组织文化，这是一种将中华民族优秀的传统文化与当代科技结合得最为紧密的一次节能减排竞赛，真正意义上办出了第十六届竞赛的鲜明特色——辩证地处理有限与无限的关系，换句话说：以有限的生命践行无尽的使命。

东南大学的校训"止于至善"——出自中华典籍《礼记·大学》："大学之道，在明明德，在亲民，在止于至善"。它与"双碳"时代的"节能减排·绿色能源"科技追求碰撞在一起，产生出了新的火花。

杨柳老师介绍说：关于 logo 设计，短时间内改了很多版本，设计人员和组织人员从

不同的维度出发，共同逼近大家心目中共同的目标——既要符合"双碳"时代要求，也要体现优秀的历史文化底蕴，还要兼顾薪火相传的再接再厉要求，更要体现中国梦的多姿多彩，不一而足。

回溯从第一到第十五届历届大赛的 logo，总体形式大多是火炬或立体形的图案，考虑横着放置可能会有点改变，由此设计了寓意"无穷"的符号为主体的 logo。

设计者提出了一个简化版和一个复杂版：简化版中没有设计五片树叶，形式上更清晰些，但有点儿美中不足；考虑到天津大学的赵军老师等追求的"生命的传承"，于是代表生命的五片树叶保留下来了。

使用无穷符号的"分形"，很容易令所有人达成共识，因为体现生命循环不息，"无穷"和"生命"，就是我们设计 logo 的两个出发点。

进而，要考虑"双碳"的时代特征，在两个圈之间改变颜色将"双碳"加入。

因此，东南大学设计的第十六届节能减排竞赛 logo 将"双碳"、循环、无穷、东大的止于至善等融合到一起，另外在其中一环上形成五片树叶代表我们的实践之业、青春之业、环保之业、生命之业和科技之业，绿色和蓝色放在最中间，一个是生命，一个是节能减排科技，环环相扣。用简化版少了这几片叶子，生命的特色就不够突出，缺乏了生命感，缺乏了传承性，最终被舍弃了，因为它不能完美地呈现和承载我们所需要的人文精神。

聚力"双碳"，共创未来

东南大学在创办第十六届节能减排竞赛的时候，借鉴了前几届江苏省赛"聚力双碳，创新发展"的主题，鉴于节能减排竞赛较之省赛的不同之处，后者更加重视面向社会，尤其是面向企业层面的发展需求，东南大学在光大天津大学在第十五届竞赛上确立的"点亮生命之光，绽放生命之魂"的主题基础之上，将第十六届竞赛的主题确立为"聚力双碳，共创未来"。这一特设的主题，具有非常好的文化传承意义，东南大学建筑工程与能源利用工程学院的杨柳老师在诠释这一主题时说：由于节能减排竞赛的参加者主要为在校学生，为体现学生科技活动的生命传承，学生团结合作共同创造美好的未来，让生命延续下去。共创未来替代了省赛的创新发展，体现了学生的团结一致，为了未来社会的发展，共同协作来做有意义的事情。

更进一步地审视东南大学在设计时的良苦用心，不难发现这个主题其中不仅内蕴了东南大学"止于至善"的校训，承袭了江苏省赛的文化主题，也传承了之前天津大学为节能减排竞赛赋予的生命之光主题；更加值得一提的是：用"共创未来"四个字替换"创新发展"，这不是一个简单的"替换修缮"，而是融汇和折射了人类命运共同体对于共同未来的追求，堪称是节能减排竞赛十六年历史上精神内涵最为丰富的主题。相应地，第十六届大赛也成了十六年历史上影响力覆盖最广的一届。

对此，北京科技大学原校长张欣欣教授自豪地评价道：今天，节能减排竞赛已经成为具有世界影响力的品牌活动，迄今为止，已经吸引来自除南极洲以外的全球大学生积极参与。

以张欣欣教授为代表的专家们口中所赞赏的"影响力"并不空泛,张会岩老师为之赋予了极富说服力的内涵。他说:第十六届节能减排竞赛为了真正意义上实现"聚力双碳,共创未来",避免陷于空泛的口号而不能融进社会的发展和体现社会需求,让其深植于社会和全民的内心,东南大学在策划和组织第十六届节能减排竞赛时,着力于以下五项具体措施:

其一,"背书"省赛优秀作品,助力通过绿色通道进入国赛。

东南大学的组织者们考虑到目前全国范围内的省赛越来越多,为推动省赛的举办,提出了"省赛特殊通道"的做法。即在提交作品时,对省赛特等奖予以特别标注,避免了网评时因为一位老师作品太多漏掉优秀作品。

除此之外,这种"背书"的做法还有一个特别重要的功能——因为省赛特等奖很大程度上代表了地域的发展热点、痛点或难点,为省赛的优秀作品"背书"可以令研发的价值追求得到递延。

其二,增加了会评的权重。

会评时每个小组进入决赛作品比例很低,很多都是三等奖,而决赛基本 50%~60% 都能获一等奖,因此肖睿院长提出增加有效会评时间:专家上午报到,下午即开始评审,晚上还可以交流,第二天再评,这样可以对作品严格把关,选出真正优秀的作品,最大限度地避免因为时间节奏过于紧凑而错失优秀的作品,规避了流程化的工作可能带来的失误。

其三,依托独特的组织资源,紧紧围绕碳中和主题。

在承办第十六届节能减排竞赛的时候,组委会依托东南大学的"碳中和世界大学联盟",开拓了港澳台和国际赛道。

这一举措效果十分明显,共有 400 件作品参加了第十六届节能减排竞赛,最大限度地拓展了竞赛在海外的影响力。港澳台和国际赛道在决赛时设置了两组,打开港澳台和国际赛道这一创新,不仅让大家了解了此竞赛,增强了他们与内地高校在教学、人才培养、竞赛等方面的联系与合作,这个比赛无疑对未来海外高级人才的回流也会起到积极作用。

其四,注重会评专家组的多元性和代表性。

组织者们坦承,在办赛的过程中比较心惊胆战的地方:一是专家安排非常紧张,网评阶段征集了 1000 多位,后来又补了一些;提交时间上,有的提交比较晚,最后又单独通知;成绩导出时也比较难,专门做了程序导出。会评和决赛阶段专家都是大佬,会评时如何雅玲院士所提,第十六届做了一个很大尝试,多邀请了一些年轻的,相当于四青人才,还有一些院长及一些教学非常优秀的教师。决赛时除教指委委员外,所有资深专家都请了。专家数量非常多,会评时 100 个,决赛 130 个。会评换上很多年轻的专家,一是给予他们一个锻炼的机会,也是一种传承;二是年轻专家也可以认识一些资深专家,给他们一个很好的交流平台。决赛除资深专家外再邀请一些不同研究方向的专家,难题就是行程不定,给分组带来很大困扰,如决赛时东北电力大学要开多相流青年学者论坛,基金委临时通知参加会评,等等,最后通过临时更换、督导组人员顶上等各种预案解决。

其五，继在天津大学第十五届创办"未来水下动力赛道"的基础上，第十六届设置了"海洋和岛礁单项挑战赛"。方向从水下到水上，作品也在线下进行了全面展示。

这是东南大学在"聚力'双碳'，共创未来"方向上的尝试和探索，不仅如此，他们在国之根本上的踔厉，也是可圈可点的。

从华夏教育的根基踔厉

能源与环境学院在肖睿院长的组织下，从 2017 年开始，成立了本科生课外研学工作小组，由杨柳老师组织学院部分行政和专业老师一起，有组织地指导学生训练创新实践项目（SRTP）。

迄今为止，杨老师在东南大学建筑环境与能源利用学院履职十年，在他的十年工作经历中，近半时间都在从事此类工作任务。

东南大学的 SRTP 项目，由 student、research、training、program 四个训练模块组成。其初衷是由一些对于教育理念能有所作为的人员对学生进行系统性的指导，以便更加有意识、有效地训练学生应对未来社会工作和社会生活的现实问题处理能力。对于这部分的训练和实践内容，东南大学要求每个本科生必须修满两学分，否则不能毕业。因此，SRTP 也被视为一门必修课，被称为"大学生课外研学"。

为了激励学院和学生进行课外研学的积极性，东南大学对 SRTP 项目给予一定的资助，如国家级 2 万元，省创 8000 元，一般项目大概一两千元。

在 2016 年最开始进行 SRTP 项目的时候，当时建筑环境与能源利用学院仅仅两个教育项目纳入规划。到 2023 年为止，项目总量已经连续三年位居全校第一。有资金支持就会有产出、有成果，成绩就会好，结题优秀比例就会高；优秀比例高，学校给的资助会更多，名额也会更多，形成一个良性循环，所以目前的 SRTP 正处在一个健康发展的轨道上，很好地激励了学生的创造力发挥。

另外，学校的项目经费倾向于给专门做节能减排竞赛或其他竞赛，不太倾向于给基于教师科研的项目。本科生创新参赛项目花费很大，前期不知道能否获奖的情况下，单纯靠老师的投入还是不太现实的，因此经费主要被用于本科生的创新创业实践项目。

以建筑环境与能源利用学院为例，东南大学的 SRTP 项目实施效果，切切实实地可在其人才培养的成果中看到。以下三位受访的同学感同身受，他们以自己的真知灼见和成长经历作为 SRTP 的"成绩报告单"。

王佳鹏同学现为东南大学研三学生，本、硕均在东南大学，对竞赛一直很关注，本科、研究生期间分别参加一次，在第十六届大赛上与团队荣膺一等奖。

王佳鹏谈到他心目中的节能减排竞赛时说：相较于本科生而言，作为研究生时间比较自由，通过本科和研究生阶段培养，有了一定的独立完成事情的能力，也发现了独立于自身课题外的一些想法，并将想法付诸实际行动参赛。对于节能减排的理解，开学时能环大楼的标语"能源环境，国之根本"自然是点睛之笔。很有感触，节能减排，一方面是节约能源，另一方面是减少污染物的排放。对于节能减排竞赛，节能和减排要两手抓，作品契合度也需要往这两方面靠。

王佳鹏谈到自己参赛历程的三点体会：一是国赛整个的强度很大，体验感很好。国赛中，项目涉及的视频、设备调试、布展，特别是海报等，需要团队全体通力合作，需要有一定的能力去完成，单打独斗是不太可能的。关于体验感很好，主要缘于此为新冠疫情后第一年路展，在比赛中看到了很多其他学校的优秀作品，受益匪浅。二是整个国赛锻炼了很多能力，除了自身实验数据分析能力，还有一些团队合作和统筹规划能力。作为组长，要规划每个组员应该做的事情及各事情的时间节点与花费。另外，也培养了随机应变以及答辩的能力，特别是在路展的时候，需要短时间内回答老师的问题及把作品讲清楚，都非常不容易。三是体会到比赛与研究生阶段的学习体验不同，研究生学习除答辩时间外，大部分时间都在跟实验和文字进行交流，并实践出来。而比赛不仅要把东西做出来，还要在短时间内用简短的语言讲清楚。并且，竞赛也不像研究生组会对着数据图讲解，而是需要展示，尤其是答辩以及路展时，要想办法让不同领域的专家和听众听懂，了解作品的意义，明白作品的前景，竞赛更偏向于节能减排及科普的性质，大家在此集思广益，让节能减排的前景更好。

潘钰同学是东南大学 2000 级建筑环境与能源应用工程的本科生，2022 年作为组员参加了第十五届节能减排竞赛并斩获一等奖，在第十六届上她担任东南大学小组组长，获得特等奖。

潘钰同学深有感触地说：连续两年参加节能减排竞赛，一共参与了三个项目，八场答辩，对参加节能减排竞赛的科技创意在实际生产生活中的应用前景以及价值评估的手段渐渐有所了解和认知，其中她印象深刻的是第一年参与省赛答辩时，由于只考虑产品本身带来的效益，专家提出没有对经济效益进行计算，没有考虑作品是否真的能够投入市场，由此意识到如果想要真正地做到节能，肯定要着眼于实际的实施，只有真正能够立足市场的项目，才说得上是合格的项目。

在 2023 年的国赛现场，最大的感悟是人外有人，天外有天。在路演准备期间，参观了很多其他项目小组的布展，也和其他方向相似的同学交流心得，发现大家的作品不但有科技的内核，更有美观的外表，也有引人注目的宣传，这也是今年没有准备特别充分的地方。如对比隔壁组项目，均是亚克力板搭建房屋模型，但他们由于有很好的彩灯等的装饰，吸引了很多关注。这是值得我们持续学习改进之处。

潘钰连续两年在杨柳老师指导下参加比赛，第一年作为组员积累经验，第二年作为组长带领同学们克服困难获得特等奖，其表示作为能环学生非常幸运，正好有一个专业对口又符合国家发展趋势的竞赛，让其学习和沉淀，通过努力获奖非常激动。

潘钰同学提到之前参赛作品是一个远程智能触发开关，与市面上的开关产品不同，他们所设计的作品是一个机械装置，不受拆卸不方便、重新连接电路或网络限制，直接把装置安装在需要控制的开关上面即可，极大程度方便了人们的生活，在宿舍等不太适合改装线路或更换开关的地方使用非常方便。但在作品进行路演的时候被评委老师问及他们是否进行了市场环境的考量。以当时同学们的资源和经历来看，的确没有能力完成技术经济方面的分析。她总结了这一失败的原因，这也令她终生难忘。

潘钰同学的讲述令闻者感受到了这种调查研究的价值和意义所在：如果没有机会回溯这些从挫折中再出发的故事，那么许多宝贵的认知也就非常令人遗憾地散失了。

尽管本书编创小组的调查研究无法克服挂一漏万的缺点，但还是能见微知著。并且，在呈现节能减排竞赛经典案例的时候，对于制作类的作品，尤其要求了技术经济分析。

夏侯桂芳同学是东南大学 2000 级建筑环境与能源应用工程本科生，2022 年作为组员参赛获一等奖，今年为东南大学一等奖小组组长。

夏侯桂芳同学说：参加比赛，体验最深的是路演，有一个可以相互交流的机会，当时参观的空调服项目，通过对方讲解觉得非常有意义，把理想中的东西做出来了并获得特等奖，果然是好作品大家都会认为很好。同时，通过交流也认识到一些不足。

关于本身参赛项目，从 2022 年 10 月开始准备，过程一波三折，但整个过程指导老师持续鼓励，要求也非常严格。寒假期间完成项目模拟部分，老师定期组会，大家汇报自己这段时间对这个项目做了哪些工作；开学后每周三组会汇报进度，正是指导老师严格督促，才使得我们在每一时间节点交出较为满意的作品。另外针对阶段性答辩时评委老师提出的问题，在指导老师指导下逐一改进，使作品不断完善。

同学们在参赛过程中心态也会波动，从校赛之前非常自信到由于最终校赛成绩最后一名入围缺乏自信，感谢指导老师持续的鼓励与各方面给的建议，使作品不断完善并最终获奖，非常令人惊喜。团队在不利的情形下立即整改：一是结合评委老师提到的模型太小问题，重做大了一些的；二是关于实验材料制备方法，由于之前机器老旧，材料性能不是很好，通过更换新的匀胶机，材料性能提升，并且可以多次实验；三是时间上更充裕了，由于作品为智能窗，与时间、季节及室外温度等都相关，校赛时只做了冬季工况，国赛到 6 月份，补充了夏季工况实验，内容上更加丰富了……这条最终通往喜悦的路有些跌宕，但是同学们最终感受到了创造的幸福。

王佳鹏同学、潘钰同学、夏侯桂芳同学的表现都具有相似的特点：有沉稳的气度、有逻辑有层次的介绍表达。从讲述内容看，有一个非常系统的关于项目的控制，作为团队核心人物，对团队组织管理，尤其是进度管理，有非常好的心得。尤其是王佳鹏同学，是所采访的 100 多人中唯一一个非常清晰的有项目管理意识的、在真正工作中有项目管理脉络的同学。

在本书编写过程中，优秀作品案例的展现方式与网评、会评及决赛作品呈现方式不太一样，尊重和体现了国际上通行的项目管理思维和知识体系。王佳鹏同学虽然没有系统学习过，但在组织工作中把项目管理的理念很好地融会贯通。另外，王佳鹏同学谈到节能减排竞赛与研究生学业的不同，认为竞赛具有科普性质这一点非常好。

结　束　语

透过对三位同学的访谈，本书编著团队再次感受到了一种强烈的震撼，一方面，为了帮助同学们在未来的竞赛中建树技术经济的思维雏形，相当多案例进行了二次修订（参见山东大学故事的"结束语"部分）。潘钰同学的成长故事恰好契合了选编作品所坚持的基本原则，她用自己独特的经历和感悟，激励了自己的成长，令人感喟于这项赛事的成效。另一方面，潘钰同学提到了自己参赛时专家提问的情景，虽然自己学到了但没有渠道告诉其他同学和指导老师，而本书的编写则提供了一次机缘：让真知灼见得以传播。

三位同学的故事是东南大学能环类教育的优秀答卷，那些无法被量化和进行统计的SRTP 训练工作，在青年们的精神风貌中明明白白地呈现出来，卓有成效，这就是东南大学独特的、润物细无声的 SRTP 教育。

总之，东南大学办赛团队背后默默所做的缜密思考、价值传递、使命担当是完整而系统的，也是切实和可敬的。他们的踔厉从"双碳"目标、教育、文化、科技创新等多角度去逼近，升华国之根本。他们身上的确有那种止于至善，为着国之根本的奉献精神，这是他们选择无穷大符号作为第十六届节能减排竞赛 logo 的充要条件，也是最为契合"双碳"要求的人文大成者。

第十六届竞赛实施的过程中，所暴露出来的部分问题，比如说重复提交、违规提交等问题，东南大学进行了谨慎的、富有建设性的处理，也给后来的组织者提供了宝贵的经验。

在第十六届竞赛举办期间，专家们考虑到与其他大学生竞赛横向比较，目前节能减排竞赛的特等奖名额过少，评审委员会做出了调整：将特等奖名额从 10+1 项上调至 15+1 项。这不是一个简单的数字变化，而是一种与时俱进的科学态度。

可以说，"节能减排·绿色能源"学校行动方兴未艾。

扇动绿色行动的蝴蝶翅膀

——记兰州理工大学通识教育的蝴蝶效应

引子　蔚为壮观的"绿色潮汐"

2022 年，天津大学的赵军教授应位于祖国大西北的兰州理工大学邀请，为该校师生进行了一场关于节能减排竞赛的讲座。交流中，赵军教授得知一个令人振奋的事实——兰州理工大学参与节能减排校赛的学子人数竟然达到了惊人的 3000 人！这就是篇首"蔚为壮观的'绿色潮汐'"所指。

尽管兰州理工大学尚未承担过节能减排竞赛的组织工作，但是令人特别震撼的不仅是发动"巨浪行动"，还有一点特别令人动容，那就是支持这一"巨浪行动"的通识教育。

从 2011 年哈尔滨工业大学承办的第四届节能减排竞赛开始，作为"民营"性质的全国性赛事，所有承办单位都试图在地域的横向影响上下功夫，以点面结合，强劲辐射的思路，为全民行动做铺垫、做准备、做引导。兰州理工大学，作为祖国大西北高等学府的代表，具有地理位置上的特别属性，昔有"春风不度玉门关"，但在 21 世纪的绿色行动面前，它已经全然换了风貌，简直是一场"春风又绿江南岸"的惊艳邂逅！

本书为这场玉门关内外的"惊艳邂逅"所抒怀，所以，将兰州理工大学的"通识教育"作为呼应"节能减排·绿色能源"的重要教育改革成果展示出来，相信一定会对"节能减排·绿色能源"全民行动有所启示。

校园绿色行动的蝴蝶效应

当 2008 年第一届竞赛举办的时候，兰州理工大学的齐学义老师就作为评审专家参赛。当时专家评委的名额很少，齐老师的参与，就像将节能减排竞赛的火种，带回了兰州理工大学的校园，为后来的蓬勃发展埋下了伏笔。

之后，李仁年副校长也作为评委参加，进而扩大了这一影响。

张东老师作为节能减排赛事的主要组织者之一，讲述了两个数据：2022 年参加兰州理工大学校赛的队伍共计有 450 多个，参赛学生 3000 人……这一规模，在全国高校的校赛中绝无仅有。

鉴于此，兰州理工大学被认为是唯一当得起营造了节能减排"绿色潮汐"这一盛况的高校。当这个概念被总结出来以后，人们也许会下意识地发问：当潮汐荡涤过沙滩之后，还有留存在沙滩上的宝藏吗？答案是肯定的！

本书遴选了来自兰州理工大学的一件获奖作品《冰凝于汽，玉汝以成》。这个作品体现了一种属于兰州理工大学特有的传承性，总能令人若隐若现地感受到一种别样的情怀，这种情怀也许就称为"玉汝以成"——没有凌人的气势，没有令人摸不着头脑的玄机，很平实，却又令人觉得意义隽永，隐含或者内蕴了教育的功力。

这个作品的思路朴实无华：学生团队在张东老师的指导下，对取冰流程进行优化改进，使冰块得以迅速脱模，进而提升生产效率，提高了单次产量，完成了汽化冷量回收制冰机的设计和制作。

完成一代机设计后，学生团队结合实际情况，在能源与动力工程学院老师的指导下，与海臣气体有限公司开展了大量的实地调研。经过不懈努力，第二代产品迅速定型，并于当年交付海臣气体有限公司。在夏季高温限电、电动制冰机工业冰产量极低的背景下，新型气体汽化冷量回收制冰机运行稳定，不依赖电能进行制冷，制得的冰块供不应求，得到了海臣气体有限公司及冰块用户的高度认可。这不仅是实践创新的成功，更是服务用户的务实之举。

现在基于这项成果的一个科技创新公司已经成立，该公司专注于能源回收利用等课题的深入研究，不断完善制冰机，满足市场需求，降低生产成本，力求推广应用于更广泛的领域。

"冰凝于汽"只是一个技术手段的灵活运用，但是当这个技术手段与社会生活产生对撞和链接的时候，就能看到一种令人赏心悦目的效果。这种效果，是传统的教育模式一直无法得到的结果，现在却因为节能减排竞赛的存在——因为竞赛强调制作产生的可交付成果——切切实实地改变了科技与用户之间由来已久的割裂，校园与社会生产之间更加贴近，所以谓之"玉汝以成"。"玉汝"，本为教育之效用；"成"则显而易见地具有社会的属性，既不再止步于纸上谈兵，也不再是语言的巨人行动的矮子，而是能从学校行动安步当车地走向校外，走进社会，走进民生；既体现人生的自我价值，又服务社会。

如此看来，兰州理工大学的校园"绿色潮汐"行动，绝不是一项只有广度，不见深度的表面功夫，不是人海战术，而是已经成为与地域经济共同发展和撰写灿烂篇章的枢机。

说完了兰州理工大学的广度与深度，再来窥探一下组织管理：兰州理工大学的能动学院有两个能动类的专业，能源与动力工程以及新能源科学与工程。学院承办校赛，一开始由团委负责，后来由主管教学院长负责，把比赛分到系里。能动专业主要是水机专业，在水泵行业的影响力很强，行业中技术骨干多是从该校输送出去的人才，这给了兰州理工大学一个"触角"，将培养方向与区域经济发展的需要联结起来。

自2021年开始，兰州理工大学的节能减排竞赛引入了制造产业的冠名企业。这一举措，从激励学生创新创业的角度来看，得到了经费支持；从企业的发展来看，又获得了可持续发展的强劲科技动力，切实地实现企业和学校的双赢，开创了很好的模式，实现了组织和文化上的跃升。

当人们惊叹于蝴蝶效应的神奇之时，一定也知道这背后隐含了非凡的制度设计。是的，没有什么是理所当然的，兰州理工大学不会令人失望，这所大学拥有独一无二的顶层设计和底层逻辑，才将高等教育和"节能减排·绿色行动"结合得如此精密，并生产出扣人心弦的结果。

这个扣人心弦的结果，吸引本书的编著团队，作为"绿色潮汐"的听涛人，再次走进兰州理工大学，做个"绿色潮汐"之后金色沙滩的"赶海人"和"拾贝者"。

细腻地编织情怀与科技的经纬

冯辉霞教授是兰州理工大学大学生创新创业事业的践行者，曾担任创新创业学院院长；她指导的学生团队在 2022 年斩获"互联网+"大赛金奖；同时，她还是甘肃省创新创业教指委的主要发起人之一。在冯院长的指导下，2022 年，兰州理工大学的同学在第十五届节能减排竞赛中取得历史性突破，获得开赛以来的首个一等奖。

已经从兰州理工大学创新创业学院院长卸任的冯辉霞教授的"双创"情怀，因为本书的创意出现而重新被点燃，她百感交集地表示：多亏了有能动学院赵伟国副院长和张东老师这样一群人，能够带领能动学院做出了以赛促学、以赛促教的范例，在几届的院领导、赛事的筹办老师的努力下，节能减排竞赛的规模才呈现出今天风起云涌的壮观景象。

赵伟国教授是能动学院副院长，负责教学和学院的创新创业，在校赛的组织方面身先士卒。

说起节能减排竞赛，赵伟国院长忍俊不禁。他和大赛颇有渊源，2008 年第一届节能减排竞赛在浙江大学举办的时候，他正在浙江大学读书；2009 年第二届节能减排竞赛在华中科技大学举办的时候，他在华中科技大学读研究生；2013 年，他指导的学生拿到兰州理工大学的第一个节能减排竞赛二等奖……一路走来，他笑称自己一直沐浴在"节能减排·绿色能源"事业的光华之中。

冯辉霞教授与赵伟国院长有这样的共识：如果没有正确的指引，学生就有可能盲目地参赛，所以要建设性地进行引导，这既是教育的基本功能，也是"节能减排·绿色能源"行动的要求。而节能减排竞赛是一项以技术打底、与生态环保和国家、地区产业密切相关的竞赛，能够引导一批专业、学生、老师的学习和工作，具有专业性和典型性，同时，还可作为"互联网+"大赛的基础赛。这样的认识，使得兰州理工大学的节能减排竞赛具有无限的发展空间。

经过几年的努力，兰州理工大学参赛项目逐年增加，近几年为了让更多的学生有更多的表现机会，投入大量精力到校赛的组织工作中，他们甚至将节能减排竞赛看得比"互联网+"大赛还重要。不是功利性地为了获奖，而是将其作为"专创融合"的抓手。

冯辉霞教授回忆，学校创新创业工作经历了以下几个阶段：

基地建设：2016 年成立创新创业学院，2017 年开始投入经费，2018 年所有的项目开始运行，同年开始筹建创新创业学院的实践基地，建设了"红柳创客梦工厂"。

学生有专门的场地，有一个专门的节能减排创新中心；全校十几个学院，工科学院有 10 个，建立了 8 个创新基地（中心）：除了化工类、生命类在各自的学院，还有 3D 打印、机器人、土木创新中心等，每个创新中心都有指导教师和学生项目。张东老师等节能减排的指导老师、节能减排协会就在节能减排创新中心开展活动、比赛、培训等。

开设创新创业实验班：2019 年之后，围绕热门学科建设创新创业实验班。2020 年张东老师负责节能减排方向实验班，注重大赛优秀作品的传承，让学生既懂技术又能参赛，不断丰富创新创业的理论与实践。实验班人数不多，但有引领作用。2019 年成立 4 个方向的实验班，2022 年有 11 个方向，每个方向 30 人。学生在班中有项目，在外也有其他项目。学生能够提前找到专业老师，找到参加竞赛的载体，形成优秀的团队。

经费支持：学校的领导对创新创业非常重视，每年有一定的日常经费，支持节能减排校赛、国赛以及校级各类比赛，包括创新创业中心的运行费，实验班的运行费。其中有一半经费用在大创项目。学校是甘肃省国家级大创项目最多的学校，2022 年全校近 1000 项，省级的项目超 400 项，国家级 100 项左右，每项 5000 元起，同时有学院的经费支持做补充。去年排行榜上 56 项大赛，学校能参加 40 项，学校提供经费和物资，围绕重点赛开展。

政策支持：政策上也得到了学校领导的大力支持。学校制定学科竞赛的管理办法，将比赛进行分类——高等教育学会排行榜（第一类）、各大学会或协会有规模的比赛（第二类）、厅局级的比赛（第三类），把所有竞赛分到二级学院和学科，和专业建设融合。

在 2017 版本人才培养方案中加入创新创业的必修 2 学分，来自竞赛和大创项目。制定认定办法明细，如果学生拿到国家级项目，前三位的学生可以拿 6 学分，排序越靠后学分越少，因此就要参与多个竞赛，才能累积学分。

通过基础项目、管理办法分层级、必修学分要求，目前已经看到红利。四五年前，三创赛只有四十几项；从 2020 年之后，很快就能征集到 200 项，学生不再盲目地参与比赛，而是清楚地知道自己的目标和方向。为此，学校每年开展"云讲堂"几十场，从引导上确保这一点；通过学习，学生可得 0.2 学分，最高 0.6 学分。

此外，兰州理工大学对创新创业教育有顶层设计，能动学院两个专业通过工程教育认证，全校贯彻"学生中心、成果导向、持续改进"的专业建设理念，严格执行专业和创新创业结合。

兰州理工大学创新创业教育模块共计 6 个学分，有"213"的结构：

2——大创、节能减排等竞赛认定；

1——全校学生需要完成经管学院的创新创业基础课，一年级 6000 多学生，分两轮次上通识课；

3——在学院中由专业老师教授的创新课程，包括 1 学分由专业教师主导，新技术、前沿发展领域、创新思维，15 人一班，小班授课，滚动式更新；1 学分科研创新训练计划；1 学分的五级体系（至少完成两级），共五级每级 0.5 学分，结合导师制的"贴身老师"，最多不超过 9 个学生，内容包括查文献、开题报告、实验报告方案设计、实验室中做实验，成果进入毕业论文；1 学分开放实验。通过不同路径不同方式，调动专业老师和全校平台的人才培养。在顶层设计上全校步调一致，层层推进，在 2018 年之后学校的成绩突飞猛进，规模的逐渐扩大也水到渠成，能动学院的发展也得益于大赛，吸引了更多优秀学生加入到这个平台，发展了这项事业。

赵伟国老师是最具说服力的感同身受者，再细腻的制度设计也许都不如一个感同身受者的直觉。冯辉霞教授提倡的顶层设计与赵伟国老师的竞赛体验完美地结合在一起，就真的有了学生创造性突破天花板的惊人态势。

在这个篇章里，对于兰州理工大学在节能减排竞赛领域的组织管理手段的介绍比之前的十五所学校都要详细，因为这种细腻佐证了兰州理工大学"绿色潮汐"的机理和成因。冯辉霞、赵伟国、张东这样的一群人，以他们的"节能减排·绿色能源"情怀为经线，以对于科技的热爱为纬线，编织出一张彩绘教育与"双碳"事业未来的锦绣。

兰州理工大学的节能减排竞赛令人真切地感受到一种非凡的氛围，这种氛围不是依靠获奖数据支撑的，除了细腻的设计以外，还有一种具有时代气息的特质，那就是未能忘怀的公平与效率追求。

大学生双创事业的公平与效率

张东老师负责实验班的工作，由于学校的扶持，他动力十足。实验班的设立也培育了很多优秀的学生，2023 年报名形势很好，进行了扩招，重点学科竞赛很多出自实验班。同时计划在本部建设节能减排专用场地，进行作品的展览、授课等，提供多媒体、通用性工具，营造科创环境，投入力度很大。科创锻炼了学生的能力，使学生获得推免资格进一步开展科研，老师通过带学生参赛也能有所收获。政策激励上，对老师的教学奖励逐渐增加，力度很大。

实验班的目标就是培养对社会有用的毕业生。除了培养学生的目标，张东老师还负责校赛的组织工作。组织比赛强调公平性，评审过程都是盲评，只看作品本身，调动了学生积极性。

张东老师作为组织者，他归纳了几点：

一是搭台子："四个一"——一个节能减排创新中心、一个节能减排协会、一个实验班和一项精品赛事，搭建领域内的台子；

二是育苗子：对优秀学生和作品，通过"四个一"的平台，进行选拔和培育，实验班会有意选入一些大一学生，实现大一至大三全过程的参与，进行培育；

三是结对子：注重学科交叉、专业交叉、专创融合，通过实验班和赛事，使学生进入大熔炉，形成优秀团队，实验班中来自 9 个学院的学生，校赛中 70%～80% 都不是能动学院学生，体现了学科的融合效果；

四是铺路子，推荐最优秀的作品到大赛决赛，使学生能力得到全方位的锻炼。

校赛组织的基本过程，一开始只有决赛，后来发现作品提交很仓促，存在很大进步空间，后来分为初赛、决赛两个环节，以打磨培育好作品。组织形式可总结为：海选（宣传造势），2021 年报名 400 多项，通过网评进行筛选，报名 1 个月后初赛，约 320 项进入初赛，分为 5 个组，每个组 60 项作品，5 分钟答辩，选出决赛作品 200 余项；4 月初决赛，分 5 组，每组选出一等奖 4 项，20 项一等奖中 15 项参加全国决赛。调动学生内动力，校赛后还要继续打磨完善，邀请专家指导。协调各个学院支持作品实物的制作、实验测试。

这些烦琐而巨量的工作，非常磨炼执行力。张东老师工作做得很细致，如何通过大赛实现文化的传播和精神的引领，是张东老师萦绕心怀的一等一大事。他把细节操持得十分缜密，他心中的"节能减排·绿色能源"价值观紧紧围绕"公平"和"效率"。

众所周知，"公平"和"效率"是社会主义市场经济条件下社会生活的关键词。制度设计也许能带来局域的竞争公平，但不是最终目的；效率的追求，才堪为底层逻辑之上的社会目标。为了兼顾校园内的公平和社会资源配置的效率，兰州理工大学的能源动力学科人发挥了能动性，不止于学科融合的口号和表层运作，在已经发动起来热情的前提下，他们在教育的底层逻辑上，为青年学生赋予一种不可或缺的素质——宏观经济生活中的微观经济技能和素养。

在迄今为止的不完全统计中，冯辉霞老师是唯一一个将商业企划技能纳入大学生创新创业教育事业的先行者。这项工作包括：一是在大创项目的培育过程中，进行包括但不限于专利撰写、知识产权等知识培训，意味着把学生引领到助跑器上；二是要进行商业计划，以解决问题为导向，要有应用意识。省级以上项目负责人学习商业计划，加强过程指导，中期以创新结果作为重点考察目标，结题的时候需要有落地成果。各类大赛负责人都要积极推进项目到"互联网+"大赛。学校是甘肃省"互联网+"大赛第一至五届的承办校，这几年逐渐把规模和项目数做起来了，形成氛围。在大创的团队组织中，要求团队多学科结构，同时推崇在项目中增加商业模式。商科的教学内容是全国工科院校的短板，很难加到课程体系中，需要在大赛中找到学习的途径，节能减排竞赛中都会有经管专业的学生，学生可以通过比赛掌握商科的知识。通过参加比赛，消化和推广技术。学校有一个例子是关于"互联网+"大赛电商推广的，三个月内组织了80个人的队伍，开了第一场电商发布会，证明学生的能量是无限的，可能有一天，节能减排竞赛技术成果在相关领域中得到实现。

张东老师在办赛的时候展现公平、公正、公开，是真正的创新创业教育。

结 束 语

苍天不负有心人，根据对往年全国大学生节能减排社会实践与科技竞赛数据库的检索，发现一个明显的现象：兰州理工大学的节能减排成绩在甘肃省遥遥领先，在西北地区也名列前茅；并且，自2018年开始获奖的高质量作品明显增多。令人欣喜地看到在冯辉霞等教授的带领下，大学生创新创业事业有了显著的质的提升。

总之，兰州理工大学在"双创"事业中的制度设计，大学生素质养成、服务社会的意识、服务社会技能的全息教育方面，为全国的高校提供了一个非常有价值的组织文化锤炼案例。

经过天津大学赵军教授的宣讲和鼓励，尤其是了解到以赵军老师为代表的天津大学对"节能减排·绿色能源"的文化、精神凝练，已远远超越节能减排竞赛本身，而且通过节能减排竞赛全方位地实现文化传播和精神引领的时候，他们得到了全新的感悟，他们感觉到关山万重，任重道远！

第 3 章

大学生节能减排竞赛作品选编

科 技 制 作 篇

3.1 勤于"思考"的水龙头

北京科技大学：泛化智慧，保全生命之源

1. 综述

从石器时代的骨针石针，到信息时代的芯片网络，科技一直助力人类的生活。但是科技也给自然带来了很大的威胁，尤其是生命赖以生存的有限的水资源，生态环境恶化、城市水质污染、公共水资源大量消耗，都提醒我们亟须保护这一生命之源。

科技作为双刃剑，虽然有的科技破坏了自然环境，但是只要我们积极引导其向善向美，就能绽放生命的自然之光。在保护水资源的同时，我们通过节能减排大赛，探寻生活中被忽视的自然问题，运用节能环保的理念和科技创新的工具，积极创造更加和谐美好的世界。

北京科技大学"智慧水龙头"团队发现公共卫生间水资源的消耗始终居高不下，且现有的一些节水措施未做到人性化和节能化。

通过走进北京的多个公共卫生间进行探究，发现这些问题的症结还是在水龙头上。

传统转动式水龙头存在不能自动控制开关，容易出现因为忘记关水而导致的一次性开放水过多问题；按压式水龙头存在一次性出水过多、不能控制出水时间，从而出现使用完还出水的情况；感应式水龙头存在出水流量大小不可调、需外加电源、元器件寿命低的情况，从而出现出水间断、出水量过小等非人性化节水情况或出水量过大的问题。同时大量洗漱水并未得到二次利用，其中90%都可达到冲厕用水标准。

2. 可交付成果

基于上述城市公共厕所水资源消耗大、洗漱水未被充分利用等现状，北京科技大学"智慧水龙头"团队找到了一套系统性的问题解决方案：一种基于"自主供能+测距控水"的水龙头和配套中水处理系统。

该系统实现了人性化节流、无需外加电源、洗漱用水沉淀处理后冲洗厕所等功能，且兼具节约水、电资源的优势，使用模糊PID算法提升用户体验，可以改善市面上现有水龙头的缺陷。

3. 技术规范

"自主供能+测距控水"的工作原理：

通过低功耗超声波传感器检测到使用者靠近感应区，唤醒红外传感器工作，进而检测使用者手部与传感器之间的距离，将数据传递给单片机；单片机根据模糊 PID 算法控制流量阀状态，实现三档水流量输出；由高功率涡轮式水力发电机将水能转化为电能，经稳压后为超级电容蓄电，再为水龙头系统供电，实现自主供能；

配套设计物理固液分离装置实现洗漱水处理储存后再利用，从而实现供能自主化、节水人性化、中水再利用的智慧节能节水效果。"自主供能·测距控水·中水处理"一体化智慧水龙头装置如图 3.1.1 所示。

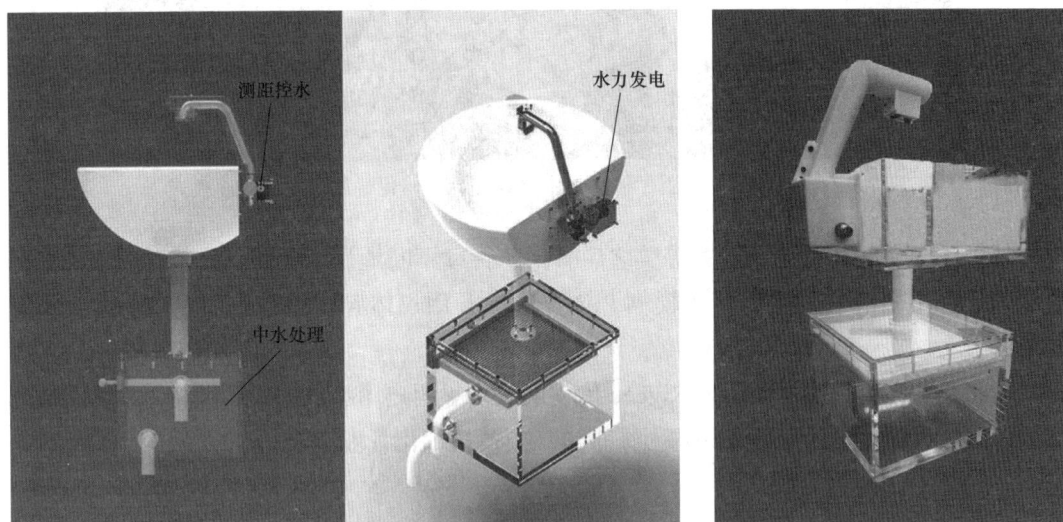

图 3.1.1　"自主供能·测距控水·中水处理"一体化智慧水龙头装置示意

4. 应用前景

该问题解决方案的设计思路契合国家节能减排和可持续发展的理念，符合"智能化、物联化"的时代主题，具有广阔的应用前景。

目前团队已成功申请为北京科技大学市级创新训练项目，并已为该技术申请发明专利，获得多位教授专家的肯定和推荐。

目前，北京科技大学已与北方水控等公司沟通交流，进行模块化、通用化设计，可全面推广，为进入产业化做好准备。

据不完全统计数据，我国公共厕所数量近 30 万座（仅包括旅游景点及公共场所厕所），若所有厕所都更换为该水龙头，大约会配置 150 万个节水节能水龙头。则我国每年可以重复利用的水流量为 3 亿 t，相当于 900 万人一年的用水量。可以节约的电能为 65.7 万 kWh，可减少使用干电池 7200 万节。直接经济效益可达 27 亿元，社会综合收益不可估量。"自主供能·测距控水·中水处理"一体化智慧水龙头商业模式如图 3.1.2 所示。

5. 后续研发方向

"自主供能·测距控水·中水处理"一体化智慧水龙头项目荣获第十四届全国大学生

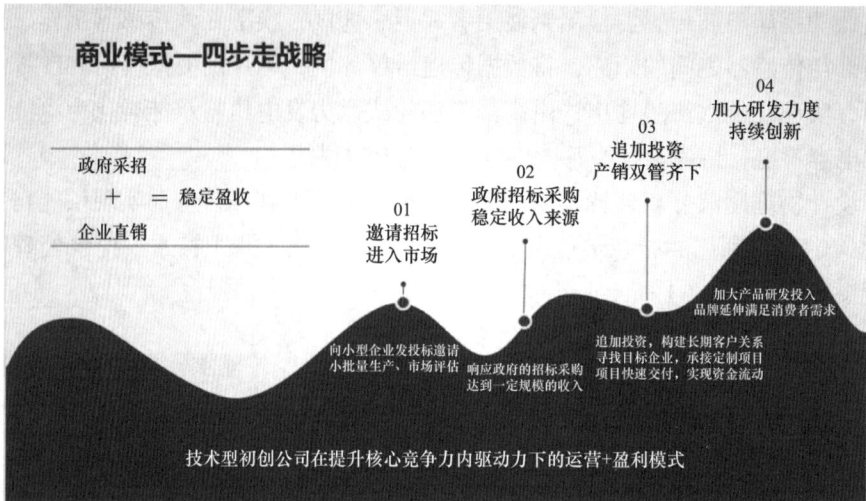

图 3.1.2 "自主供能·测距控水·中水处理"一体化智慧水龙头商业模式

节能减排社会实践与科技竞赛一等奖之后，团队持续不断地深潜创新，完善关键技术，增强节约水、电资源的优势，使用模糊 PID 算法提升用户体验，完善市面上现有水龙头的不足。

除此之外，项目研发还引入 Zigbee 传输模块采集用户用水数据，后期将采用大数据进行分析拟合，优化设计，形成用水习惯报告，支持精细化管理。

3.2　全区域太阳能取水技术

上海交通大学：耦合空气取水与海水淡化的完美结合

1. 综述

水作为生命之源对人类的生存具有不可或缺的关键作用。太阳能驱动的被动式淡水获取技术可实现低碳、分布式和离网运行的淡水供给，可应用于海岛、高山和紧急救援等基础设施缺乏的地区，其技术路线主要分为太阳能海水淡化和太阳能空气取水两类，然而这两种技术都具有其自身的显著局限性。太阳能海水淡化的产水率远高于太阳能空气取水，但仅能够在有自然水源的场景使用；太阳能空气取水不受自然水源的限制，但产水率又远低于太阳能海水淡化。

为了解决以上两种被动式太阳能淡水获取技术的缺陷，该设计作品提出了同一装置与材料实现两种功能的全新设想，在有海水但无淡水的情景下通过海水淡化实现高产水率，在缺乏水源的情景下通过空气取水保证持续的淡水获取。

2. 技术路线

分析表 3.2.1 两种技术路线，总结其共性过程与差异，开发了可用于全区域的双功能取水装置。工作原理如图 3.2.1 所示，其基本理念：在有液态水可用时，启用海水淡化模式，利用材料的毛细力进行水输送、光热转换、水的蒸发与冷凝实现海水淡化；在无液态水可用时，启用空气取水模式，利用材料的水汽吸附、光热转换、水的蒸发与冷凝实现空气取水。通过上述路线实现预想的全区域、被动式淡水获取。

表 3.2.1　太阳能吸附式空气取水与太阳能界面蒸发式海水淡化对比

对比项	太阳能吸附式空气取水	太阳能界面蒸发海水淡化
工作过程	夜间利用吸附剂表面蒸汽压与环境空气蒸汽压之差作为吸附动力实现吸附；日间利用太阳能来提高吸附剂表面的蒸汽压，实现水蒸气脱附；最后通过冷凝将水蒸气转化为液态水	蒸发器悬浮于水体表面，通过内部输水通道将海水输运到其上表面；太阳照射到光热表面加热蒸发器内的水分，所产生的蒸汽在冷凝壁面冷凝
相同点	以太阳能为输入能源	均存在蒸发与冷凝回收过程
性能差异	不受限于自然水源；产水率低	产水率高；受限于自然水源
材料差异	吸附剂捕捉湿空气中的水蒸气，蒸发器输运液态水分；当两种功能集中到一种材料，液态水分易引起吸附剂流失，致使水蒸气捕捉功能丧失	

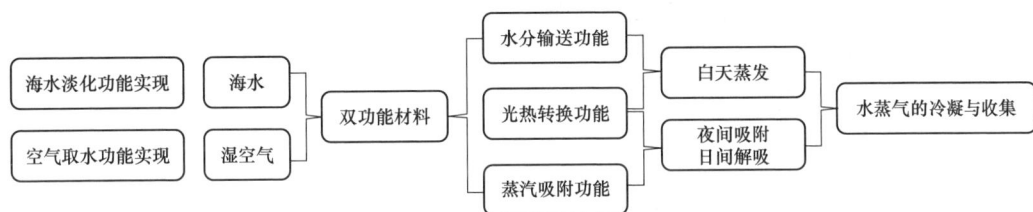

图 3.2.1　技术路线示意

3. 技术关键

技术关键点如下：

（1）筛选并制备可以同时用于太阳能海水淡化和空气取水的高性能双功能材料。

（2）材料 3D 结构设计及整体装置的传热传质优化，实现对吸收太阳能的高效利用，对水蒸气的高效冷凝与收集。

如图 3.2.2 所示，为实现上述技术制备了可同时实现光热蒸发、空气水分吸附和光热解吸的二维复合多功能材料。这种复合多功能材料是通过将海藻酸钙附着在活性炭纤维毡基质制成的，利用了活性炭纤维毡的强毛细作用、与良好吸光特性实现高效的海水加热蒸发，同时利用海藻酸钙的吸湿性实现空气取水。

同时，该技术设计了便携式双功能取水装置，其由光学玻璃顶、铜板冷凝侧壁、水收集装置、底部供水密封盘以及其他支撑与密封结构组成。在海水淡化模式下，底部盘装入海水，将材料置于水面上方，实现水分的输送与蒸发；随后，水蒸气大部分在铜板上冷凝后经重力作用流向水收集装置中，即可获得可饮用淡水。在空气取水模式下，底部盘起到密封作用，吸附材料夜间吸附空气中的水蒸气，在有太阳光照时升温发生解吸，水蒸气同

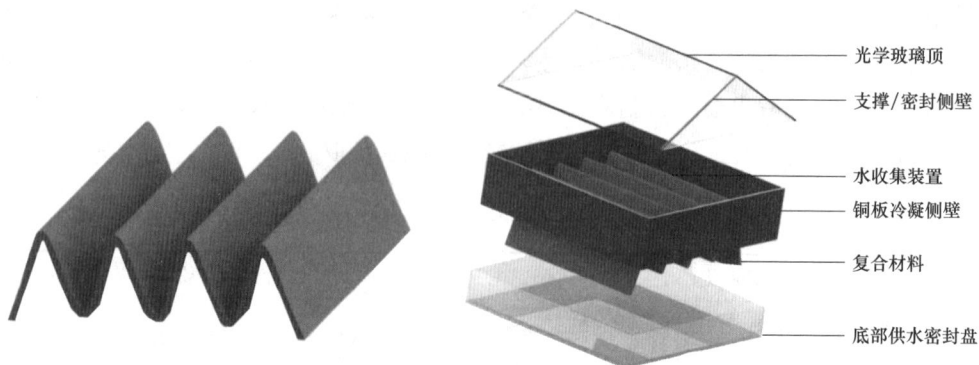

光学玻璃顶

支撑/密封侧壁

水收集装置

铜板冷凝侧壁

复合材料

底部供水密封盘

图 3.2.2　复合材料（左）与水收集冷凝装置（右）示意

样被冷凝与收集。该装置各部分均为模块化设计，易于拆装，且装置体积小，便于随身携带与使用。

4. 技术指标与性能

技术指标与性能如下：

（1）海水淡化场景——水蒸气蒸发速率。计算一个太阳光照下的蒸发实验数据，可发现独特的结构使蒸发器光-热转换效率大于 95%，每平方米该复合材料每小时可产生水蒸气 1.69 kg，是传统太阳能直接加热水体的 4 倍，水蒸气的高产量是后续实现水蒸气冷凝-收集的基础性条件。

（2）空气取水场景——水蒸气吸附-解吸。选择干旱、半干旱以及湿润地区夜晚不同湿度（50% RH、70% RH 和 90% RH）下进行吸附实验，在 12 h 吸附过程中水蒸气的捕集量分别为 1.189、1.612 L/kg 和 2.18 L/kg，在不同环境条件下均具有良好的普适性。

同时，将 50% RH 环境中吸附 12 h 的复合材料放置在一个太阳光照下光热解吸，4 h 内可解吸 62% 所捕获的水分，循环吸附量为 0.75 L/kg，即每千克复合材料单日解吸量为 750 mL。

（3）产水量。以 0.5 m² 材料的单人便携装置为例，通过海水生产淡水，单日平均产水量为 1780 mL，完全满足单人生活所需。在无液态水可用的沙漠，以夜间温度 30 ℃，湿度 50% RH 工况为例，采用单人便携式装置可获得 580 mL 水，满足单人紧急用水需求。空气取水模式下取水照片如图 3.2.3 所示。

（4）节能减排。该被动式淡水获取技术无需依靠电能，仅以太阳能为输入能源，避免了运行时的碳排放。海水淡化模式下，按照海岛每年的辐照量计算，每平方米装置可收获 1691.6 kg 净水，按照生产瓶装水耗能进行估算，可节约能源 1.7×10^4 MJ。同理，空气取水按照新疆沙漠每年辐照量计算可收获水 423.4 kg，节约能源 4.3×10^3 MJ，每年每平方米的装置可减少碳排放 0.4～1.6 t。

5. 未来农场示范

基于上述小型便携式器件的开发经验，进一步设计了满足"海岛农场、沙漠绿洲"的"沙漠-海上农业"一体化应用的示范系统，如图 3.2.4 所示，其由集水屋顶、太阳能电池

图 3.2.3 空气取水模式下取水实验照片

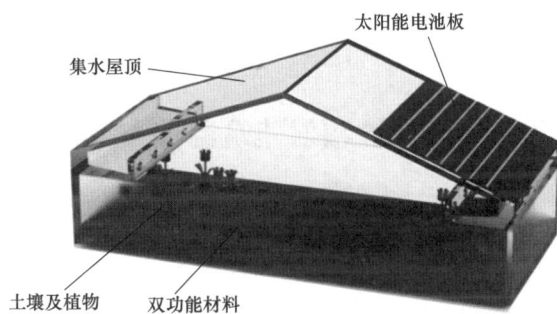

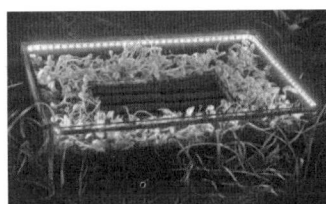

太阳能电池板

集水屋顶

土壤及植物 双功能材料

空气取水模式（夜间）

空气取水模式（日间）

海水淡化模式（夜间）

海水淡化模式（日间）

图 3.2.4 未来农场示意与模型

板、双功能材料以及土壤和植物构成。对于 10 m² 的小型沙漠/海岛温室装置，考虑到大型装置的密闭性以及能量损失，保守估计其在海岛地区可每日产出约 25 L 水，在沙漠地区每日可产出约 8 L 水。此外，与太阳能电池板相结合，装置覆盖 5 m² 的太阳能电池板为例，其功率约 150 W/m²，日产电约 7.5 kWh，可满足农场通风、照明以及温湿度控制的需求。

6. 研究意义

（1）关注人类生存问题，顺应碳中和趋势，探索可持续发展模式。参赛同学从人类在极端环境下的生存问题出发，以绿色能源太阳能为输入能源，探寻更全面的、低能耗的、被动式淡水资源获取解决方案。并以此为基础，探索了未来人类生存发展模式的可能性，展望了一种全被动海岛农业生产系统，有望实现去中心化、离网全自动化的农业温室调控，实现"食物-水-能源"一体化产出。

（2）建设先进研发团队，聚焦能源-水-空气，落实整体解决方案。参赛同学所在的 ITEWA（innovative team for energy, water & air）是上海交通大学制冷与低温工程研究所王如竹教授于 2018 年创建并领导的前沿科学问题研究团队。该团队聚焦于能源转换与效率、水及空气处理等领域的前沿基础学科问题。通过学科交叉分别从材料、器件和系统层面提出整体解决方案，从而推动相关技术领域快速取得突破性进展。该团队成立至今收获颇丰，在《Joule》《Energy & Environmental Science》《Nature Communications》等期刊上发表系列跨学科交叉论文。

3.3 选择性辐射建筑温控方案

上海交通大学：太阳能和宇宙低温的综合利用

1. 综述

截至 2020 年，我国建筑总能耗达到 10.89 亿 t 标准煤，占全社会总能耗的 1/3，而建筑能耗又以室内空调为主。因此，优化空调的能源利用、降低空调的能源消耗，对节能减排事业有重大的意义。随着中国碳达峰碳中和两项国家重大战略目标的提出，"绿色制冷"与"低碳空调"等全新的室内空调策略成为近年来新的研究热点，相关的研究成果层出迭现。其中，通过调控物体自身发出的热辐射波段实现物体温度的控制，是一种理想的绿色冷却（辐射冷却），也是备受关注的室内空调方案。

现有的辐射冷却技术，在物理解析和材料制备方面都有长足的进展，日间环境的被动冷却幅度已经达到了 6.1 ℃。但是这项冷却技术与建筑空调仍有距离，主要表现为三点：其一，辐射冷却效应全年存在，其在夏季减小了制冷负荷，却在冬季增加了制热负荷，无法满足"全年工作"的需求；其二，一些辐射冷却的装置结构复杂、体积巨大，无法广泛地应用于建筑屋顶、墙面；其三，一些热带、亚热带的欠发达地区存在巨量空调需求，而制备辐射冷却材料所需的高昂的代价却抑制了这些需求，迫使先进的技术无法造福于欠发达地区。因此，研究一种全年工作、结构精巧、成本低廉的辐射冷却方案，势在必行。

上海交通大学团队长期致力于研究可再生能源利用，敏锐地关注到四季轮转中日照角度、制冷负荷的周期性和辐射冷却行为的稳定性。基于这个原理，结合材料的表面处理和微结构设计，提出了一种"选择性辐射冷却"方案，旨在通过结构和材料的配合，实现低成本的建筑全年被动温度调控。

2. 可交付成果

该项目的三层结构由两层遮阳板和底层辐射极组成。高角度的阳光会被两层遮阳板遮挡在外，此时，下方辐射极可以通过层间空隙向外进行辐射冷却。低角度的阳光可以通过层间缝隙，进行太阳能加热。此外，在夜间和光照较差的情况，遮阳板可自动旋转至特定角度，以达到反射辐射保温的目的。基本结构的遮阳板，辐射极都由金属铝制成，而支架部分采用透明的亚克力玻璃。

首先在基本结构之上，该设计进行了微妙的表面处理，以改进整套装置的性能。遮阳板设置为夹层，用于阻挡高温金属向下的热辐射；其次，遮阳板的上表面进行抛光处理，提高其反射率；最后，为了解决下层遮阳板的多次反射问题，该项目设计了直角逆光组织，这样可以沿原路径反射任意方向的入射光。图 3.3.1（a）中能量由多部分构成，其中主要的即是直射光和辐射制冷；图 3.3.1（b）中基本结构由遮阳、辐射、转动三部分构成；图 3.3.1（c）中冬夏两季拥有不同的能量流动模型。在冬季，用户无需主动进行输入控制，因为此时的太阳直射角已经进入穿透范围，可以通过层间缝隙直接对辐射极进行加热。

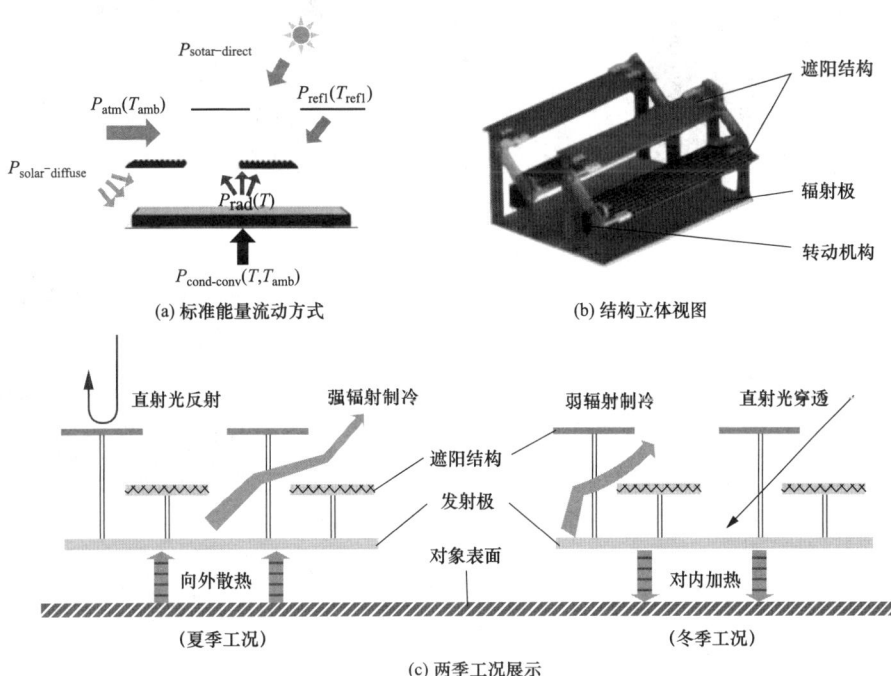

(a) 标准能量流动方式 (b) 结构立体视图

(c) 两季工况展示

图 3.3.1 选择性辐射冷却方案示意

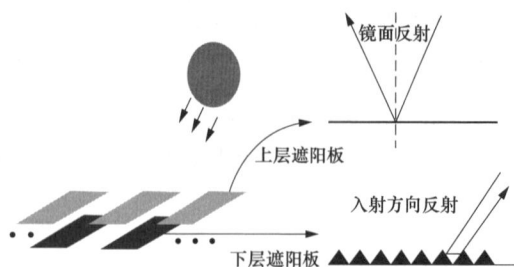

图 3.3.2 两层铝制反射器结构计算

根据已经建立的模型，在太阳高度角 $40° \sim 80°$ 计算透光面积比随角度的变化关系，上层反射光路为镜面反射，下层反射器光路为入射方向反射，如图 3.3.2 所示。透光面积比的定义为单位面积中，透光面积所占的比例。通过仿真模拟，冬季能够达到最大 50% 的阳光补偿率。太阳高度角为 40° 情况下，因为下层板完全处在上层板的投影当中，所以透光面积比达到最佳的 0.5。而在太阳高度角达到 80° 时，结构呈现出一种完全的视觉封闭状态，在这种状态下，透光面积比为 0。

除了基本的遮阳结构之外，为了得到更加准确的实验结果，辐射极外部添加了绝热罩，在抑制对流和热传导的基础上，还增加了空气绝热层进行进一步隔热，使辐射极只能通过热辐射与外界进行能量交换。实验装置如图 3.3.3 所示。对于功率的测定，我们采用电加热片进行补偿测量，如图 3.3.4 所示。

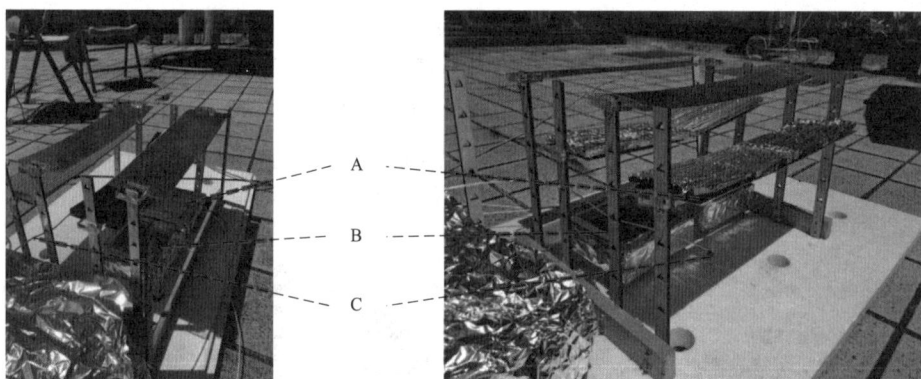

图 3.3.3 实验装置

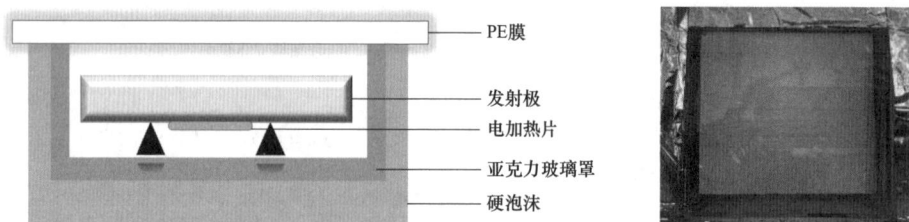

图 3.3.4 辐射极绝热罩示意

标准装置 A 从下到上为绝热泡沫、亚克力玻璃罩、硬泡沫支撑、金属发射器、PE 膜。铜发射器为 $100 \, \text{mm} \times 100 \, \text{mm} \times 1 \, \text{mm}$ 的正方形薄片，表面涂抹白漆，增加发射率的同时降低吸收率。亚克力玻璃罩内部空间为 $110 \, \text{mm} \times 110 \, \text{mm} \times 50 \, \text{mm}$ 的长方体，用硬泡沫填充了多余体积，只留下薄空气层作为绝热层。发射器上方有一层 PE 膜覆盖，来减小对流换热。

多层错置遮阳结构由上下两层遮阳板和左右支架组成。上层金属抛光，下层遮阳板表面覆盖有直角逆光组织。

对照组 B 拥有和 A 相同的遮阳结构，但是使用原色铜片作为辐射极，以形成辐射抑制（发射率小于 0.1）。同时，还设置有阴凉通风处气温采集器 C，用该处的稳定空气温度作为制冷效果的标衡。

在夏季同样进行了冬季的工况模拟，将装置进行垫高以模拟冬季的较低太阳高度角。

关于实验功率的测量，通过电加热片进行温度补偿来测量冷却功率，当 A、B 两组温度相同时，电加热片功率即为辐射冷却功率。而对于冬季模拟实验而言，对照组的电加热片功率即为太阳能加热功率。

如图 3.3.5（a）所示，装有金属发射极的实验组仅比环境温度高了 1.5 ℃，而在同样遮阳结构下的无发射极的对照组，与环境的温差高达 9.6 ℃，主要由于发射极向外辐射出去的热量可以产生 8.1 ℃ 的温度差。

图 3.3.5（b）的实验结果于夏季夜间测得，无发射极的实验组对比环境温度高了0.5 ℃，而有发射极的装置反而比环境低了 2.1 ℃。由于当次实验进行时环境风速较高，对

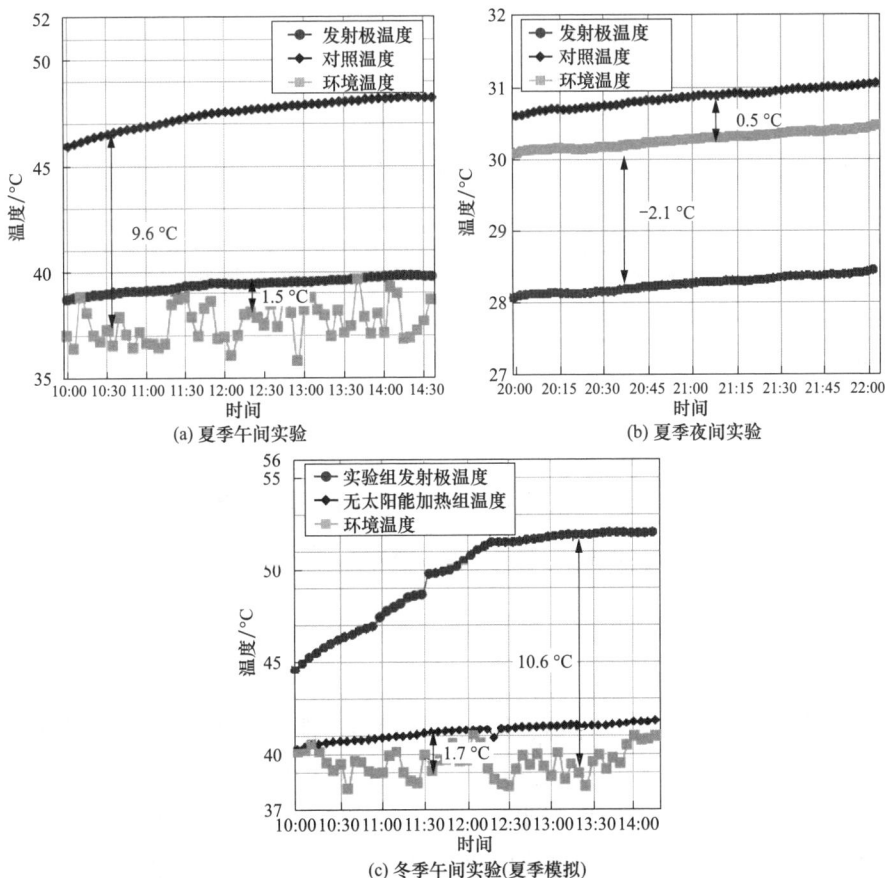

(a) 夏季午间实验

(b) 夏季夜间实验

(c) 冬季午间实验(夏季模拟)

图 3.3.5　实验数据对比

流换热较为剧烈，因此认为，辐射带来的最大温差可能高于此次测量值。

图 3.3.5（c）的实验是为了验证该结构在冬天不会起到降温的反作用。实验组是被太阳光直射的，而无太阳能加热组则被完全遮阳。对比结果可以发现，无太阳加热组与环境组温度差仅有 1.7 ℃，实验组温度一直上升达到 10.6 ℃的温差。实验组的温度远远高于无太阳加热组，这表明在冬季，该结构依旧可以起到良好的加热功能。

3. 应用前景

（1）"结构＋材料"设计为日间辐射冷却带来新思路。该项目首次提出的可变遮阳结构和"反射表面""高发射表面"等材料的结合，能够因地制宜、因时制宜地解决日间辐射冷却的两个重要问题，为更深入的辐射冷却元件的研究带来了更灵活的解决思路。

（2）高效被动热调控表面助力民用建筑节能减排。按照独栋房屋 200 m² 的屋顶面积进行计算。夏季全天节约制冷用电 182 kWh，冬季太阳能加热功率 215 kWh。根据上海地区冬夏两季空调使用时段进行计算，全年省空调用电量 52 MWh。装置模块成本见表 3.3.1。装置经济效益按照节能带来的电量折算为电费，设备成本回收期为 4 年。

表 3.3.1　　　　　　　装 置 模 块 成 本

所属模块	部件	单价/（元/m²）
遮阳模块	遮阳板	44
	泡沫塑料	15
	直角反射结构	32
电控模块	运动结构及组件	75
供能模块	太阳能板	80
支撑模块	框架	47
	连杆	28
辐射模块	金属辐射板	56
合计		377

3.4 磁性催化剂反应振动系统

昆明理工大学：电磁脉冲搅拌催化剂技术开发

1. 综述

磁性纳米催化剂因具有磁响应性、催化特性和稳定性、尺寸效应、表面效应和体积效应、生物活性等特性，被广泛应用于催化化工产业。对于磁性纳米催化剂而言，它包含了纳米材料的优异特性，还拥有不同于非磁性催化剂的优良的催化活性和磁分离特性。然而在实际运用中，人们只是单纯地利用其磁分离特性和催化特性，而忽视了其优良的磁响应性。

惰性磁流体一般用于液压密封，当应用于不参与反应的化工催化过程中，可在磁场作用下扰动反应溶液。在外加磁场作用下，磁性纳米催化剂或磁流体产生相应的运动，不仅提高了催化剂与反应的接触面，还有效地运用了催化特性和稳定性、尺寸效应、表面效应和体积效应等特性，进而有效提高了反应速率。很多催化反应都是在加热条件下进行，且液体的比热容比较大，如果要对其进行加热或者恒温，尤其是反应时间越长的其所消耗的能源就越多。因此，在有些需要外加热源的反应中，非接触式搅拌可明显提高能源利用率。

2. 可交付成果

图 3.4.1 所示为磁性催化剂的反应振动系统的脉冲电路板及设计图，目前已经可以作为脉冲控制电路的系统产业化应用，团队成员为其命名为脉"芯"。

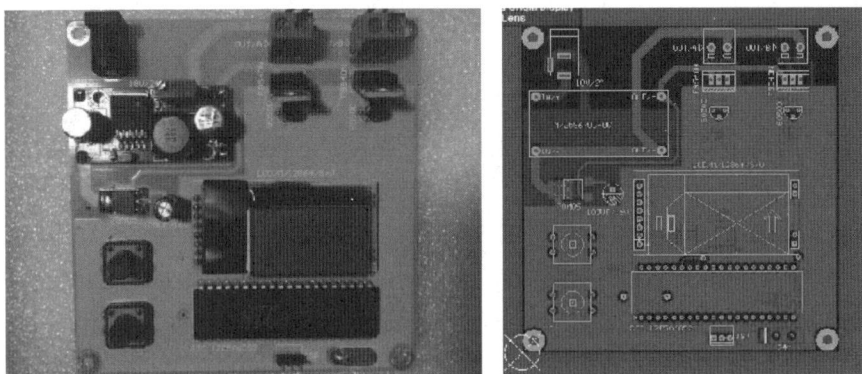

图 3.4.1　磁性催化剂的反应振动系统的脉冲电路板及设计图

3. 技术规范

反应容器内直接搅拌存在以下问题：

（1）机械搅拌会导致反应容器压力变化，使反应系统的压力减小，其反应效率明显降低，影响反应容器的化学反应速率。

（2）一般化学反应需要加热或者恒温环境，机械搅拌装置会降低反应容器的保温性能，需要耗费大量电能来维持恒温环境，增加了反应容器的能源消耗。

（3）常规机械搅拌或者其他搅拌方式通常为定常搅拌，即桨叶搅拌速度不变。该方式不利于反应容器内动能的传递，也会引起湍动能耗散。

在两个电磁铁脉冲互补状态下，反应容器内的催化剂在电磁铁之间来回振荡，进而产生搅拌效果。在圆周布置电磁铁的情况下，可以产生圆周搅拌的效果。该脉冲搅拌的方式同样可以应用于底吹、侧吹和顶吹等搅拌过程中，使气体动能更好地传递到反应容器内。电磁脉冲搅拌电流示意如图 3.4.2 所示。

4. 关联项目

基于上述脉冲搅拌理论，在导师指导下，团队不断致力于探索脉冲搅拌基础理论并将其应用于钢包底吹精炼等有色冶金领域，目前正在积极申请国家自然科学基金项目。

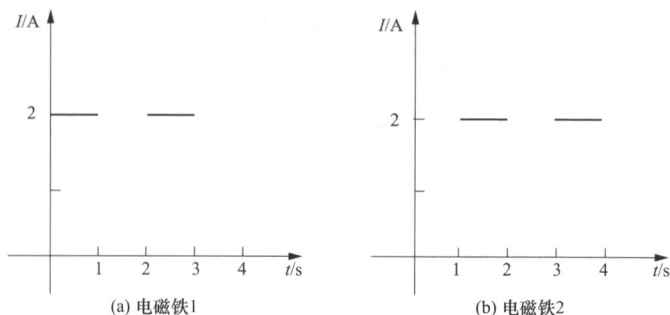

(a) 电磁铁1　　　　　　　　　(b) 电磁铁2

图 3.4.2　电磁脉冲搅拌电流示意

5. 科技共同体

（1）脉冲搅拌将逐步应用于冶金行业。该作品作者谭方关，在博士期间已经完成多孔喷嘴设计的前提下，博后阶段对基于脉冲底吹搅拌开展了前期研究工作，开发了多种脉冲底吹方法并申请专利。当前，上述脉冲底吹方法的实验和模拟工作正在进行中，相关论文已于 2024 年 2 月发表在《International Journal Of Multiphase Flow》期刊上（中科院二区）。

（2）为化工反应非接触搅拌设计提供指导。谭方关作为"一种使用磁性催化剂的反应振动系统"作品的主要设计者，在其硕士毕业后长期致力于反应搅拌振动系统设计和研发。在其攻读博士期间授权底吹搅拌器发明专利两项，以第一或通信作者发表搅拌相关 SCI 文章 10 篇。其中，实用新型专利一种直通圆孔式钢包透气砖和发明专利狭缝式钢包透气砖被成都力生实业有限公司采用，产品应用于四川攀西钢铁，其产品的冶金性能和使用寿命为钢铁冶炼产业做出了贡献，且其提出的优化设计理念，可以为非接触式搅拌提供科学指导。

6. 后续研发方向

在理念研发方面，谭方关及其合作者将继续深入挖掘脉冲搅拌的基础理论，从化工、冶金和生物等产业需求中探索应用前景，紧密联系专业与实际应用的联系，从数学、冶金和化工等多学科交叉中寻求研究及应用前景。

在学生培养方面，将从基础理论与科研思维引导学生从节能减排或者自身优秀案例中获取成功经验，鼓励学生从大赛的主题中获取产学研用的灵感，激励学生延续大赛的灵感方向继续深造，培养和鼓励同学自由探索、自主学习的意识。

3.5　轻稀土钙钛矿催化材料开发

昆明理工大学：NTA 智能汽车尾气净化器

1. 综述

进入 21 世纪，汽车尾气污染日益成为全球性问题。随着汽车保有量的增加、使用人数越来越多，汽车尾气对世界环境的负面效应也越来越大。尤其是在危害城市环境方面，引发人类呼吸系统疾病，造成地表空气臭氧含量增高，致使城市居民成为汽车尾气污染的直接受害者。

汽车尾气污染是由汽车排放的废气造成的环境污染。主要污染物为碳氢化合物、氮氧化合物、一氧化碳、二氧化硫、含铅化合物、苯并芘及固体颗粒物等。目前汽车普遍使用贵金属三效催化剂处理汽车尾气，贵金属三效催化剂对汽车的空燃比要求比较高、对稀有金属的用量较大，价值较高，而且容易失活。

鉴于此，昆明理工大学冶金节能减排教育部工程研究中心持续推进轻稀土镧铈钙钛矿结构催化剂对汽车尾气的净化替代研究，于 2016 年在昆明理工大学成立了"汽车尾气污染物减排"的大学生节能减排创新课题组，现已和昆明贵金属研究所开展联合研究，并取得了可喜的研究进展。

2. 可交付成果

净化器主体结构如图 3.5.1 所示，主要利用低温等离子体（NTP）、三效催化剂（TWC）、羟基氧化等技术处理汽车尾气。

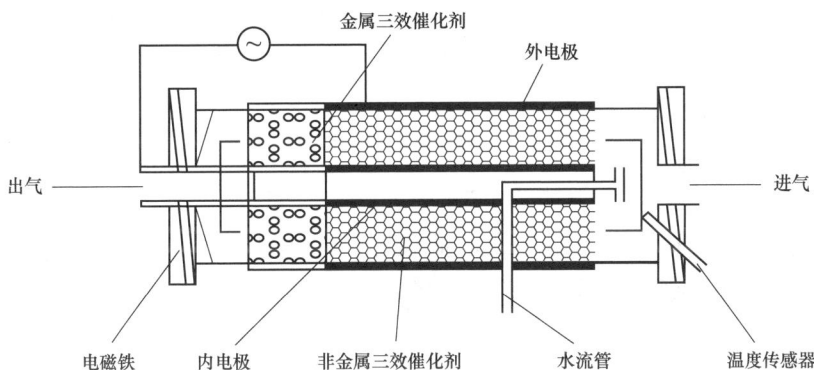

图 3.5.1　净化器主体结构

3. 技术规范

当前柴油汽车尾气污染物的危害：

其一，汽车尾气最主要的危害来自光化学烟雾。汽车尾气中的碳氢化合物和氮氧化合物在阳光作用下发生化学反应，生成臭氧，它和大气中的其他成分结合就会形成光化学烟雾。其对健康的危害主要表现为刺激鼻、咽喉、气管和肺部，引起慢性呼吸系统疾病。

其二，柴油汽车的尾气会排放出大量的 PM2.5、PM10 等颗粒物，造成严重环境污染，对人体呼吸系统和心血管系统造成损害。

该净化器主要由五部分构成，分别为低温等离子体（NTP）、三效催化剂（TWC）、羟基活化性分子产生源（AOP）、电磁加热、智能控制。反应器结构为填充床式反应器，采用 NTP-TWC 一级系统和二级系统串联布置。该反应器处理尾气效率高，而且反应器处理过程由 PLC 控制，可实现自动控制调节。控制系统如图 3.5.2 所示。

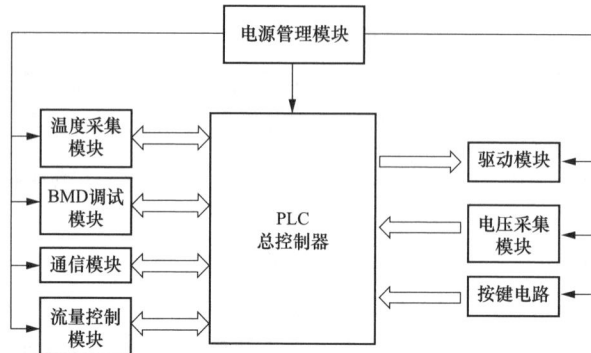

图 3.5.2　控制系统

（1）净化效率。试验中控制单一变量为非贵金属催化剂进行实验。选择 $7CuO/10CeO_2/\gamma\text{-}AL_2O_3$ 催化剂，实验温度为 300 ℃，进行实验结果见表 3.5.1。

表 3.5.1　　　　　　　　　　　催化剂对有害成分的去除率　　　　　　　　　　　%

参数	HC	CO	NO$_x$
初始浓度（体积分数）	0.3	0.8	0.3
反应后浓度（体积分数）	0.044	0	0.058
去除率	85.1	100	80.2

单一变量试验中利用介质阻挡放电低温等离子体发生器，电源电压和频率分别为 25 kV 和 20 kHz 进行试验，实验结果见表 3.5.2。

表 3.5.2　　　　　　　　　　　NTP 对有害成分的去除　　　　　　　　　　　%

参数	HC	CO	NO$_x$
初始浓度（体积分数）	0.3	0.8	0.3
反应后浓度（体积分数）	0.087	0.48	0.221
去除率	71.0	39.9	27.3

为了检验非贵金属催化剂和贵金属催化剂活性对比，故进行实验温度为 300 ℃，非贵金属催化剂和贵金属催化剂活性实验。实验结果见表 3.5.3。

表 3.5.3　　　　　　　　非贵金属催化剂与贵金属催化剂的去除率对比　　　　　　　　%

参数	CO	HC	NO$_x$
$7CuO/10CeO_2/\gamma\text{-}Al_2O_3$	85.1	100	80.2
$1Pd/10CeO_2/\gamma\text{-}Al_2O_3$	87.3	99.4	83.1

（2）废气排放。实验温度为 300 ℃，电源电压和频率分别为 25 kV 和 20 kHz 下进行等离子体与催化剂协调净化有害气体，实验结果见表 3.5.4。

表 3.5.4　　　　　　　　　　NTA 净化器净化有害成分的去除　　　　　　　　　　%

参数	HC	CO	NO$_x$
初始浓度（体积分数）	0.3	0.8	0.3
反应后浓度（体积分数）	0.004	0	0.005
去除率	98.7	100	98.4

在试验的过程中，利用尾气分析仪对该净化器后的尾气组分及含量进行测定，可以发现该净化器可使汽车尾气 HC 下降 98.7%，CO 排放平均下降 100%，而 NO$_x$ 排放平均下降 98.4%，充分响应了节能减排的要求。

4. 科技共同体

（1）轻稀土镧铈基储氧材料开发。昆明理工大学冶金节能减排教育部工程研究中心"节能减排"团队长期钻研新型稀土材料开发领域，镧铈基稀土催化材料在石油化工、汽车尾气净化和工业烟气处理等催化领域发挥着重要作用。我国是稀土生产大国，由于中重轻稀土元素在矿物中具有伴生特性，中重稀土供不应求的同时带来轻稀土元素严重积压，造成资源浪费。镧、铈等轻稀土氧化物及复合氧化物具有优异的储氧性能，已被广泛应用于汽车尾气催化净化。

（2）轻稀土催化材料设计、性能调控和反应机理。昆明理工大学冶金节能减排教育部工程研究中心在国际上率先提出了自催化氧载体的概念应用于化学催化反应，阐明了过渡金属对 CeO$_2$ 表面/体相修饰在甲烷活化和晶格氧迁移方面的关键作用。中心团队通过表面游离纳米粒子与体相晶格掺杂离子间的动态互扩散提升氧载体 redox 循环能力和热稳定的新策略，为高热稳定性氧载体设计提供了理论依据。阐明了 HC 在过渡金属修饰的 CeO$_2$ 基氧载体上的氧化活性位和活化转化路径。

（3）"博-硕-本，传-帮-带"的育人模式。昆明理工大学冶金节能减排教育部工程研究中心"节能减排"团队，建立了独特的本科生创新培养模式，实行大团队、小课题、本硕博混合编组，博士探究深层次机理，硕士探究系统方案优化，本科生探究具体工程应用，将一个复杂的学术难题分解成难中易、科技工三个部分，并对应其自身水平层次进行"因材施教"，既可快速突破"瓶颈"，又实现了人才的接力培养和传承。近年来，"节能减排"团队为哈尔滨工业大学、东北大学、中南大学、昆明理工大学等多所国内外顶尖高校培养了十余名优秀人才，累计获得了国家奖学金、云南省奖学金、云南省优秀毕业生等各级荣誉三十余项。

5. 后续研发方向

（1）在育人模式上。该团队将继续深入挖掘大团队、小课题、难中易、科技工的"博-

硕－本，传－帮－带"培养模式，更加注重科研工作中的合理分工，服务于云南省打造"世界一流能源牌"战略；结合昆明理工大学能动学科"扎根边疆、能源报国"的思政理念，培养一批"有理想、有技术、能吃苦、能创新"的新时代优秀大学生。鼓励学生们响应节能减排大赛的主题号召，为国家碳达峰碳中和战略添砖加瓦。

（2）在专业方向上。该团队将继续围绕轻稀土催化材料的应用开展探索，持续吸引优秀学子加入团队。关注轻稀土催化材料前沿战略发展方向，快速跟进持续研究，降低轻稀土催化材料开发应用新技术的成本。同时，积极关注南亚、东南亚国家绿色能源产业技术需求，实现新技术的走出去，为"一带一路"合作伙伴能源发展贡献力量。

3.6 非线性变速强化搅拌技术开发

昆明理工大学：非线性变速强化搅拌系统及装置

1. 综述

目前搅拌工艺在化工、制药、冶炼等诸多领域有着广泛而重要的应用。传统搅拌技术普遍采用恒定转速、高功率输入，无法有效地提升物料的混合均匀度，反应效率仅为理论值的 50%。非线性变速强化搅拌技术将单片机产生的函数波形与机械搅拌相结合，不仅实现非线性函数波形变速搅拌物料，而且可根据不同物料特性调节搅拌转速函数。有效解决因搅拌方式单一造成的工艺时间过长，从而导致高物耗、高能耗、高污染的问题。

昆明理工大学成立了矿冶数智研究院，潜心研发非线性变速强化搅拌技术，建立适用于工业生产的实时监控混合搅拌可视化平台，将其应用于大型固废湿法冶炼公司，实现了半工业化应用，并可推广至化工、冶金、环保、建材、医药等工业领域。

2. 可交付成果

非线性变速强化搅拌系统装置示意如图 3.6.1 所示，非线性变速强化搅拌系统原理如图 3.6.2 所示，非线性变速强化搅拌系统及装置如图 3.6.3 所示，非线性变速强化搅拌半工业化应用实验如图 3.6.4 所示。该装置建立搅拌工艺条件参数优化与反应物混合效果之间的智能协同调控数学模型，研发适用于各种搅拌工艺的实时监控、多相混合均匀性数字可视化在线检测、调控软件平台。

3. 技术规范

当前回收锌的净化过程中，采用的恒速搅拌存在的问题如下：

（1）海绵镉破碎程度小，净化效率低。

（2）锌粉被析出的镉渣包裹，锌粉利用率低。

（3）实际搅拌速度因机械损耗达不到预设搅拌速度，且不可调控。

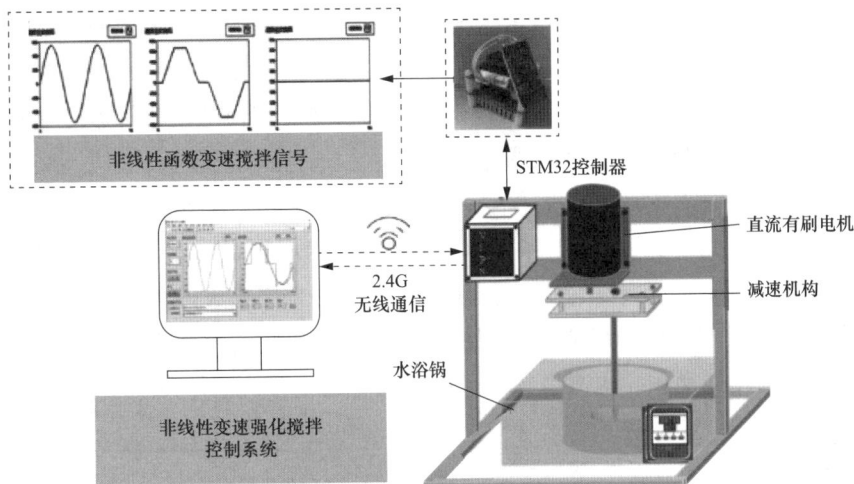

非线性函数变速搅拌信号

STM32控制器

直流有刷电机

减速机构

2.4G
无线通信

非线性变速强化搅拌
控制系统

水浴锅

图 3.6.1 非线性变速强化搅拌系统装置示意

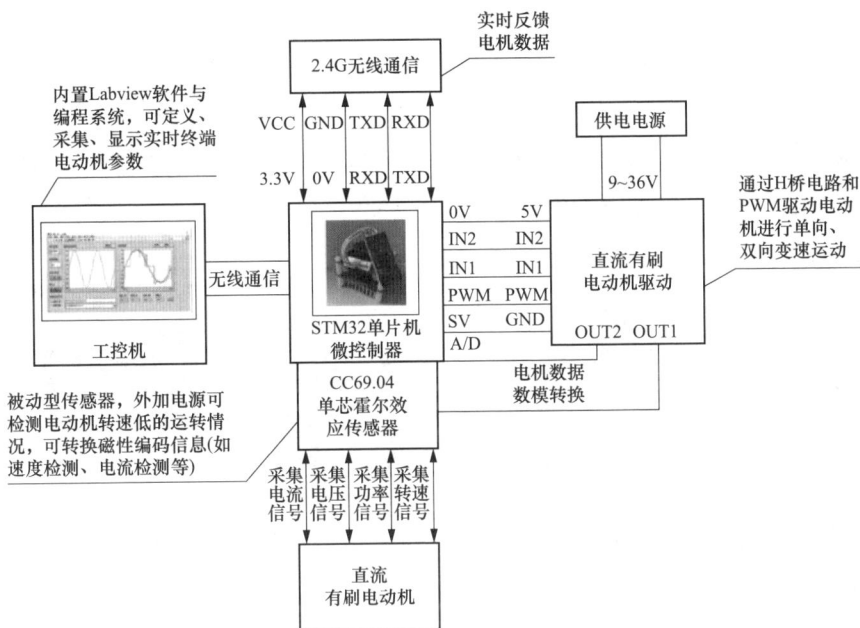

实时反馈
电机数据

2.4G无线通信

内置Labview软件与
编程系统，可定义、
采集、显示实时终端
电动机参数

| VCC | GND | TXD | RXD |

供电电源

| 3.3V | 0V | RXD | TXD |

9~36V

通过H桥电路和
PWM驱动电动
机进行单向、
双向变速运动

无线通信

0V	5V
IN2	IN2
IN1	IN1
PWM	PWM
SV	GND
A/D	

直流有刷
电动机驱动

OUT2 OUT1

工控机

STM32单片机
微控制器

被动型传感器，外加电源可
检测电动机转速低的运转情
况，可转换磁性编码信息(如
速度检测、电流检测等)

CC69.04
单芯霍尔效
应传感器

电机数据
数模转换

采集
电流
信号

采集
电压
信号

采集
功率
信号

采集
转速
信号

直流
有刷电动机

图 3.6.2 非线性变速强化搅拌系统原理

图 3.6.3 非线性变速强化搅拌系统及装置

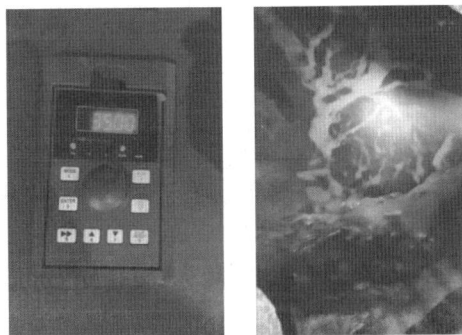

图 3.6.4 非线性变速强化搅拌半工业化应用实验

非线性变速强化搅拌技术采用增量式光电编码器采集电动机输出轴的转动速度，并将其脉冲转换成一系列电信号反馈给单片机芯片，实现搅拌桨叶的速度精准监测；点闭环无静差调速与脉冲宽带调制（PWM）调节电动机有效占空比，使电动机转速因负载变化的影响而下降，实现搅拌桨叶的速度精准调控；2.4G 无线通信模块实时反馈搅拌桨叶实际转速大小、搅拌方向、瞬时功率。这些都有效改进了搅拌净化除杂的性能。

锌粉置换除镉反应机理如图 3.6.5 所示。根据不同物料特性调控搅拌速度，使电动机的无静差搅拌，提高电动的鲁棒性，降低能量耗散；使海绵镉破碎程度大，释放微管道内溶液与锌粉反应，提高镉离子净化率；使锌粉表面的镉渣脱落，暴露锌粉表面，增大溶液中的镉离子与锌粉反应面积，提高锌粉利用率。

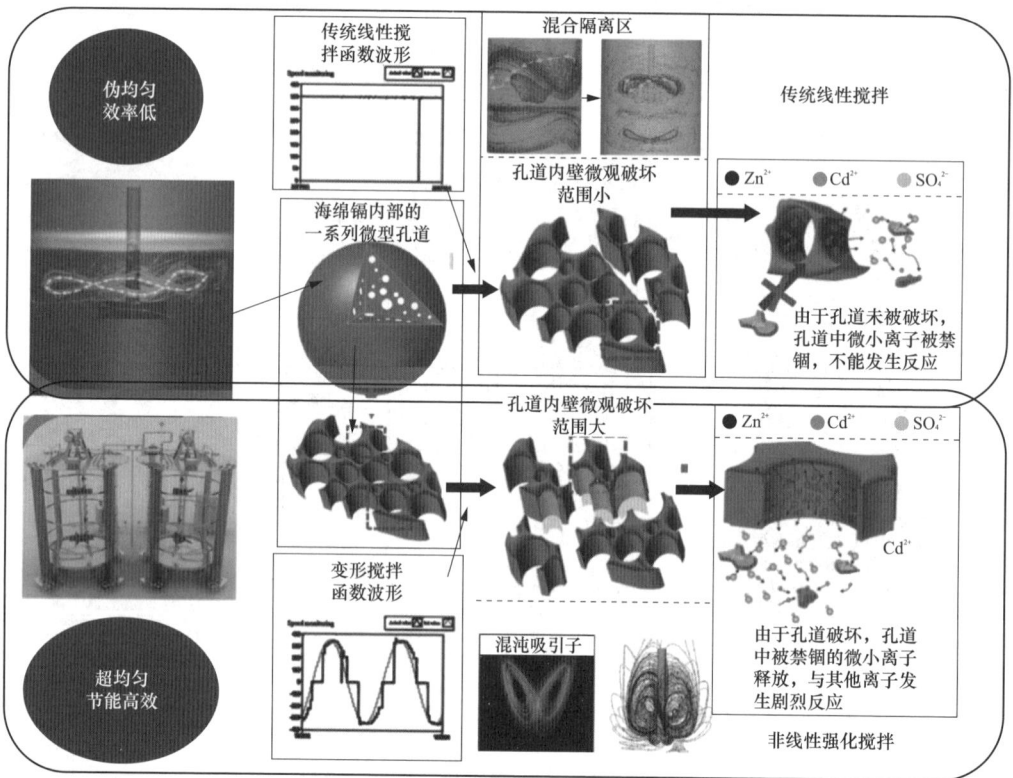

图 3.6.5　锌粉置换除镉反应机理

（1）能耗分析。全国含锌固废的年产量在 2000 万 t 以上，若全国的固废处理企业全部应用本技术，预计可节约 6400 万 kWh 的电能，减少碳排放 6380.8 万 t，产生的经济效益超过 4000 万元，可促进"双碳"目标的达成。

表 3.6.1 为工业转速、理论转速、非线性转速的净化率随时间变化的关系。结果表明，非线性低速变速搅拌与高速定速搅拌的净化达标时间均为 20 min，而低速定速搅拌的净化达标时间为 40 min，这便是非线性搅拌的先进性。

表 3.6.1　　　　　　　非线性转速与理论 / 工业转速的净化率随时间的变化　　　　　　%

实验条件		不同混合时间下的净化率			
实验方法	叶轮类型	5 min	10 min	20 min	40 min
低电平电机定速	径流桨	31.82	50.00	75.00	98.45
高电平电机定速	径流桨	70.27	89.77	98.00	99.70
低水平电机变速	径流桨	68.18	83.65	98.55	99.59

非线性变速搅拌与定速搅拌的性能对比见表 3.6.2。表 3.6.2 的结果证明，由于工业转速达不到实验设计转速，故每混合单位体积溶液将会多消耗 43.89% 的能耗，而非线性变速搅拌相比于工业低速搅拌单位体积可以节省 44.43% 的能源。即使相较于实验室设计的高转速搅拌工况，非线性变速搅拌的引入仍能节省 20% 的能源。综上所述，本发明相较于传统的湿法净化技术可以节能 44.43%。

表 3.6.2　　　　　　　非线性变速搅拌与定速搅拌的性能对比（径流桨）

实验条件		混合性能的主要测量参数			
实验方法	叶轮类型	θ_M/s	P_v/(W/m^3)	W_v/(J/m^3)	C_4^*
低电平电机定速	BP2	2400	10800	$2.59.10^7$	159.5
高电平电机定速	BP2	1200	15000	$1.80.10^7$	55.39
低水平电机变速	BP2	1200	12000	$1.44.10^7$	44.31

（2）净化效率。应用了非线性强化搅拌技术的工况净化效率高达 99%，且净化时间比定速搅拌缩短了 40%；非线性强化搅拌将镉离子浓度降至 6 mg/L，相比于定速搅拌降低了 73.44%，提高了镉渣的回收品位。净化率达到 92% 的时长由 40 min 缩短到 20 min，单位体积混合能耗由 7200 W/m^3 降至 4000 W/m^3，节能 44.45%。镉离子净化率随时间变化如图 3.6.6 所示。

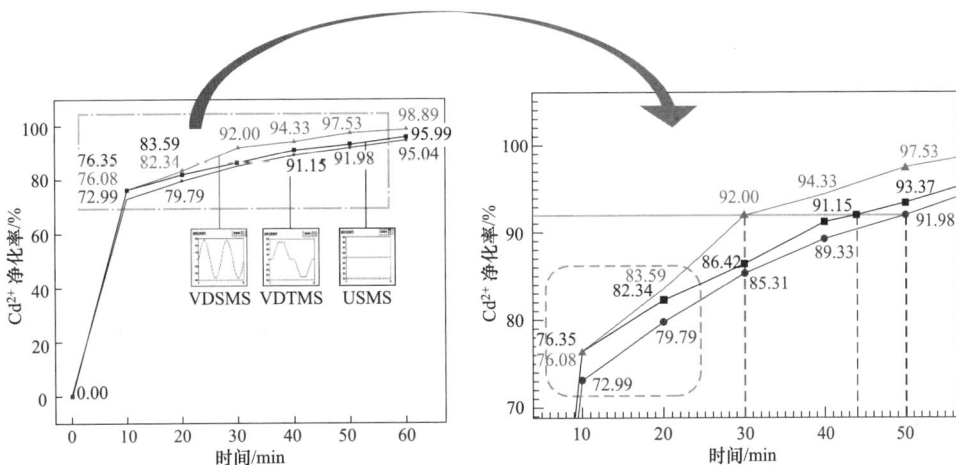

图 3.6.6　镉离子净化率随时间变化

4. 关联项目

2022 年科技部循环经济关键技术与装备重点专项："废旧镍 / 钴 / 金 / 铟再生金属深度提纯技术及装备"。

云南省科技厅重点研发计划项目："复杂含锌物料高效节能综合回收利用关键技术研究"。

截至目前，团队已接力完成如下竞赛：

"搅龙出海——非线性变速强化搅拌体系及其装置"获全国大学生节能减排社会实践与科技竞赛二等奖。

"不连续扰流板强化搅拌的模拟仿真及机理分析设计说明书"获全国大学生节能减排社会实践与科技竞赛云南省省赛一等奖。

"应用于湿法冶金处理含锌固废净化工艺的多叶片组合式搅拌系统"获全国大学生冶金科技竞赛一等奖。

5. 科技共同体

（1）矿冶融合大数据，促进节能减排。参数化：建立搅拌工艺条件参数优化与反应物混合效果之间的智能协同调控数学模型，研发了适用于各种搅拌工艺的实时监控多相混合均匀性数字可视化在线检测、调控软件平台。

智能化：采用 PWM 技术调节模拟电压，2.4G 无线通信实时采集搅拌数据，实现对搅拌速度的精准监测和精准控制，提高设备利用率；叠加无静差调速技术，降低了电动机变速搅拌的静差率，提高了电动机的鲁棒性。

低成本：本产品仅花费为 1000～2000 元。在不改变工业生产线设备的前提下，只需加装核心控制系统就可通过非线性变速强化搅拌实现反应物的高效混合。

（2）矿冶融合大数据，拓宽应用市场。非线性强化搅拌技术及其成套装备具有先进性和普适性，在化工、制药、冶炼、选矿行业有良好的推广应用价值，所取得的实际工业化的节能减排效益显著，对于我国工业领域早日实现碳达峰碳中和有着重要的现实意义。

低端市场：破壁机、酸奶打发机、生物发酵罐等。

中端市场：混凝土搅拌机、镍矿利用工业、大型固废工业、食品生产、造纸业等。

高端市场：战略稀有金属及高纯金属的湿法冶炼等。

6. 后续研发方向

后续研发方向主要如下：

（1）在专业技术上。昆明理工大学矿冶数智技术课题组将继续提升科研水平、理论基础和实践经验。本团队的指导老师长期从事冶金混沌搅拌技术与节能、冶金过程数值模拟和仿真等方向的研究工作，拥有扎实的研究基础。本团队的成员以中青年学术带头人为主，在国内外冶金炉窑热过程强化与节能领域有着重要影响力。

（2）追求技术再度创新。在团队指导老师和成员的配合下，建立非线性变速搅拌闭环控制系统、复杂多相反应及高精度数值模拟平台。本团队将贯彻落实国务院的相关政策，切实推进有色金属冶炼企业智能升级。实现设备、物料等制造资源要素的数字化汇聚和平台化协同，建立起工厂数据可视化在线监控、实时自主联动平衡的智能生产体系。

3.7　且向沧海索龙涎

山东大学（威海）：与大自然媾和，营求美好生活

1. 综述

水是生命之源，人类的一切生命活动每时每刻都离不开水。地球表面 70% 以上的面积被水覆盖，但人类生存所必需的淡水资源仅占全球总储水量的 2.5%，其余 97.5% 都是无法直接饮用的海水。如何低成本并对环境友好地把海水变成可供饮用的淡化水，成为化解水资源危机的一条必经之路。

山东大学"海水淡化"团队创造性地将海洋船舶烟气处理与海水淡化处理结合起来，并设计风能驱动等模式，不满足于奖项，不止步于实验室，形成了自己的明星市场。

2. 可交付成果

图 3.7.1 所示为山东大学"海水淡化"团队研发的基于薄膜的太阳能海水淡化装置工作原理，团队成员为其命名为"云梦泽"。

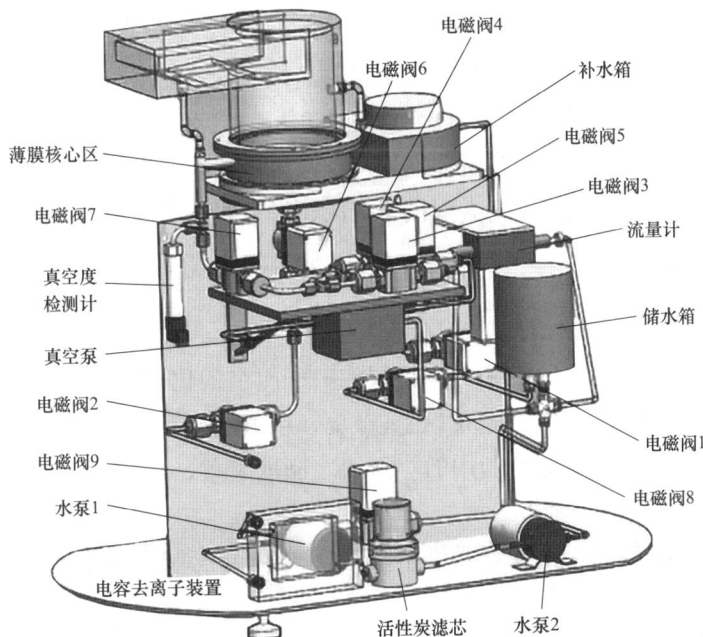

图 3.7.1　基于薄膜的太阳能海水淡化装置工作原理

3. 技术性能

传统的海水淡化方法主要有反渗透法和蒸馏法。

表 3.7.1 代表性地显示了目前国内外市场常见的海水淡化装置参数，由表中不难看出：现有海水淡化装置普遍存在能耗大、体积大、产水量不足、功能单一、自动化程度低等一系列的问题。

表 3.7.1　　　　　　　　　　现有海水淡化装置参数对比

对比项	某反渗透 海水淡化装置	某单效蒸馏 海水淡化装置	某多效蒸馏 海水淡化装置
外观尺寸 /mm	1400 × 700 × 1900	1600 × 882 × 1395	1500 × 800 × 1900
产水量 /t	3	5.5	7.2
能耗	4.04kW 电能	锅炉蒸汽热能 2.2kW 电能	锅炉蒸汽热能 1.5kW 电能
含盐量 /（mg/L）	<500	<5	<5
自动化程度	高	低	低

针对上述不足，山东大学基于薄膜的太阳能海水淡化装置团队设计了光热转换膜与冷却辐射膜，能够分别以太阳和太空为热源与冷源实现全天候、全工况、零人工能耗地进行海水淡化生产。

"海水淡化"团队使用 S7-200 型 PLC 设计开发了与装置运行过程相对应的全套控制系统，使装置能够智能运行，界面十分友好与亲和。操作者仅需点击屏幕，便可得到淡化水，还可根据屏幕显示对系统运行过程进行实时监控。

"云梦泽"装置最小体积为 80 cm × 50 cm × 50 cm，产品含盐量仅为 3 mg/L，在小型船舶、住宅及应急使用设备等领域具有明显优势，甚至可实现便携使用。

此外，设备有利于为无法进行大规模海水淡化设备建设的属地居民解决饮用水问题。

4. 关联项目

山东大学"海水淡化"团队于 2016 年 2 月组建，在灵魂人物郭春生副教授的指导下，秉持"一个主题、不断创新"的精神，持续致力于海水淡化因地制宜的方案。迄今为止，已经完成了三套系统的研发，发表 SCI 论文 2 篇，申请国家发明专利 26 项。

（1）基于风能与太阳能综合利用的小型淡水制取装置，获 2019 年全国大学生节能减排社会实践与科技竞赛一等奖。

（2）船舶余热驱动的淡化除烟联供系统，获 2021 年全国大学生节能减排社会实践与科技竞赛一等奖。

2021 年，国民的生活中第一次有了"限流令"的概念，刘淼、杨珺博等同学在郭春生老师的启发下，接地气地想到了将海水淡化技术与海洋船舶烟气处理技术有机结合起来，形成了一套船舶余热驱动的淡化除烟联供系统，并为其命名为"利废淘金"。

该系统以低压多效蒸馏和竖直管降膜蒸发技术为基础，使海水淡化系统能够在解决烟气洗涤装置淡水需求的同时，为船舶提供淡水保障，并对废气进行有效处理。

系统以烟气余热为热源，不再消耗电能，且装置日总淡水产量最高可达 8223 L，二氧化硫和氮氧化物的处理效率分别高达 85% 和 95%，整机能耗低至 750 W。革命性地解决了现有装置产水量不足、功能单一等问题。船舶余热驱动的淡化除烟联供系统如图 3.7.2 所示。

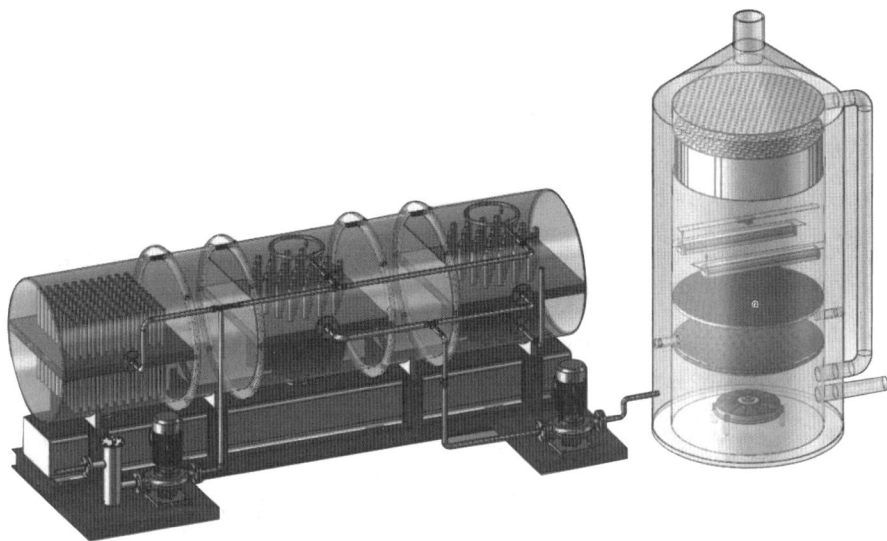

图 3.7.2　船舶余热驱动的淡化除烟联供系统

船舶余热驱动的淡化除烟联供系统可应用在货运邮轮、集装箱船等众多有废热余热供给（如以柴油机为主机）的远洋船舶。

5. 科技共同体

（1）第一生产力的起锚扬帆。海水淡化系统的受益者包括但不限于造船厂、远洋运输公司、海岛居民等。山东大学"海水淡化"团队研发的技术和系统与市场现有装置进行对比，在功耗、产水量、节能减排效益等方面均具有竞争优势。

目前，"海水淡化"团队已经与威海科元等公司达成深度合作，为业界提供面向海岛、船舶、沿海城镇等众多应用场景的海水淡化整机系统与关键样机的设计、制造和咨询方案。

以船舶余热驱动的淡化除烟联供系统为例，有数据显示，2019 年初全球共有 95402 艘 100 GT 以上船舶，其中装置目标船型约为 58576 艘。2019 年全球海水淡化设备市场规模达到了 1190 亿元，根据市场数据预测，2026 年市场规模将达到 3319 亿元，年复合增长率为 15.6%，具有广泛的市场前景。

（2）科学精神的薪火相传。团队负责人刘淼、主要成员杨珺博等在郭春生老师的带领下，还奔赴山东大学实验中学，将能源统筹利用的节能减排理念输送给中小学生，彰显了他们在节能减排全民行动方向上所作的切实努力。团队向学生们介绍了我国水资源的现状，通过海水淡化案例切实提升同学们对水资源的认识，培养"双碳"素养和探索精神，使他们在仰望星空的同时对大自然和科学增添一份热爱和崇敬。

6. 后续研发方向

（1）在科研方面。山东大学海水淡化团队创新的脚步从未停止，核能海水淡化成为他们未来研究的着眼点。山东半岛作为环渤海蓝色经济圈的重要一翼，具有发展海水淡化相关技术得天独厚的地理优势。海水淡化作为淡水资源增量技术，限制其发展的最大瓶颈为能耗过高。在此背景下，团队决心研发一款面向未来的海水淡化柱塞式一体机，利用能量回收技术通过回收高压浓盐水的余压能，从而大幅降低运行成本，以期打破国外泵与能量回收技术的垄断，增强核心竞争力。

（2）科学知识的普及任重道远，节能减排不仅仅是科技创新，更是重塑审美和消费意识。为了更好地将节能减排理念与科研探索精神输送给中小学生，团队与郭春生老师一同建立了"双创工作室"，根据不同学生的兴趣特长，结合青少年的认知能力和成长特点确定重点研究方向与创新内容，采用课上理论研究和课下实践探索相结合的方式对学生进行个性化指导，从小培养学生的科学探索与节能减排精神。

3.8 垃圾不过是被错置的资源

山东大学：太阳能智能垃圾处理装置

1. 综述

《国际联合早报》称，到2050年，全球垃圾量将增加70%，垃圾分类任务十分艰巨，研究一种有效的垃圾分类方法已经十分紧迫。住房城乡建设部、国家发展改革委等9部门印发的《关于在全国地级及以上城市全面开展生活垃圾分类工作的通知》中提出，到2025年，全国地级及以上城市基本建成生活垃圾分类处理系统。与此同时，我国环卫市场规模正呈现快速增长态势。

山东大学"垃圾分类"团队针对少数智能识别垃圾桶仅限于投放单个垃圾的问题，创造性地提出一种基于AI图像识别的、太阳能储能驱动的、多投放单分离智能垃圾分类收集装置，旨在提供一种智能分类回收的产品思路，降低垃圾分类推广难度。

2. 可交付成果

图3.8.1所示为山东大学"垃圾分类"团队研发的太阳能储能驱动的多投放单分离智能垃圾分类收集装置说明。

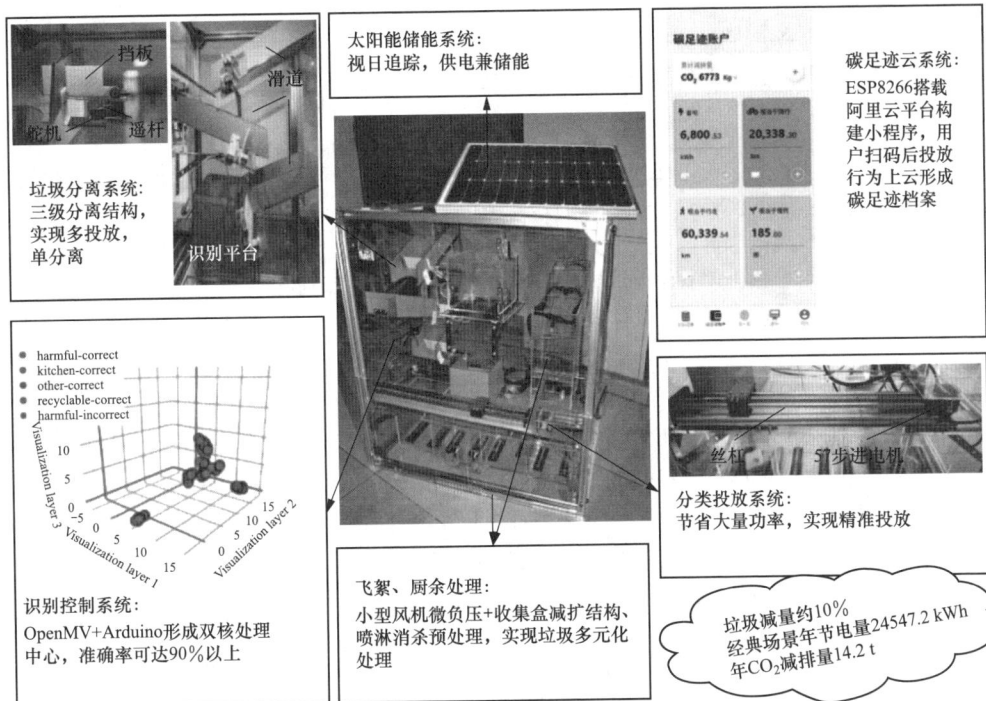

图 3.8.1　太阳能储能驱动的多投放单分离智能垃圾分类收集装置说明

3. 技术性能

当前，垃圾分类的推广主要依赖于公民的行为习惯，城镇生活垃圾分类和处理设施存在处理能力不足等问题，现有收运和处理设施体系难以满足分类要求。表 3.8.1 显示了本产品与市场上已有产品的对比情况。

表 3.8.1　　　　　　　　　　　与市场上已有产品的对比情况

普通垃圾箱	现有国内外智能垃圾箱	本产品

续表

普通垃圾箱	现有国内外智能垃圾箱	本产品
不能实现智能分类, 垃圾分类推行困难	1. 只能单投放, 应用面窄, 实用性差。 2. 识别精度低, 时间长, 功耗高。 3. 难以回收厨余等非固态垃圾, 异味难以消除。 4. 用户体验较差, 缺少鼓励机制	1. 可实现多投放、单分离, 增强了产品实用性。 2. 双核处理, 耗电低, 准确率90%以上。 3. 飞絮收集和针对难识别类的厨余桶设计, 实现多元回收。 4. 个人碳足迹账户, 分类垃圾进行积分奖励

相较于大面积广泛应用的普通垃圾桶, 从垃圾处理前端来看, 垃圾分拣可实现垃圾减量10%, 同时可以降低垃圾分类的实施难度和成本。从垃圾处理后端来看, 分类后垃圾密度降低42%, 发热量提升约16.8%, 总氮降低33.1%, 对焚烧垃圾热电联产有利, 可有效降低污染物排放。同时, 本产品可无人值守运行, 节约了人力成本。

相较于市电接入的普通智能垃圾桶, 以济南市为例, 光伏板每日至少可发电0.6405 kWh, 按表3.8.1中所述工作策略计算, 产品每日共消耗0.422 kWh, 电量可实现自给自足。结合《城市环境卫生设施规划标准》, 以某校区为例, 道路总长15 km, 废物箱每100 m设置一个, 市场占有率70%, 年太阳能发电量约为24547.16 kWh。具体的组件功耗及发电情况见表3.8.2。

表3.8.2　　　　　　　　　装置组件功耗及发电情况

组件类型	组件	单件功耗	数量	总功率
分类机构组件 有垃圾投入时工作, 总功率44 W, 全天共运行约2 h	SG90舵机	1 W	3	3 W
	57步进电机	18 W	2	36 W
分类机构组件 有垃圾投入时工作, 总功率44 W, 全天共运行约2 h	振动马达	5 W	1	5 W
卫生维护组件 每隔55 min运行5 min, 总功率12 W, 全天共运行2 h	风机	6 W	1	6 W
	喷淋水泵	6 W	1	6 W
控制组件 不间断运行, 总功率15.5 W, 全天共运行24 h	OpenMV4H7	0.5 W	1	0.5 W
	Arduino最小系统	5 W	1	5 W
	传感器、控制器等	5 W	1	5 W
发电组件	单晶太阳能光伏板	50 W	3	150 W

4. 关联项目

山东大学"垃圾分类"团队于2021年2月组建, 在史月涛教授的指导下不断探索垃圾分类理念, 更新和完善作品, 相关技术获得了国家发明专利1项, 太阳能储能驱动的多投放单分离智能垃圾分类收集装置获2021年第十四届全国大学生节能减排社会实践与科技竞赛一等奖。

从国家对垃圾分类政策的大力推行开始，团队不断研究垃圾分类装置的相关技术，进行作品的更新换代，最终提出了图 3.8.2 所示的产品思路。

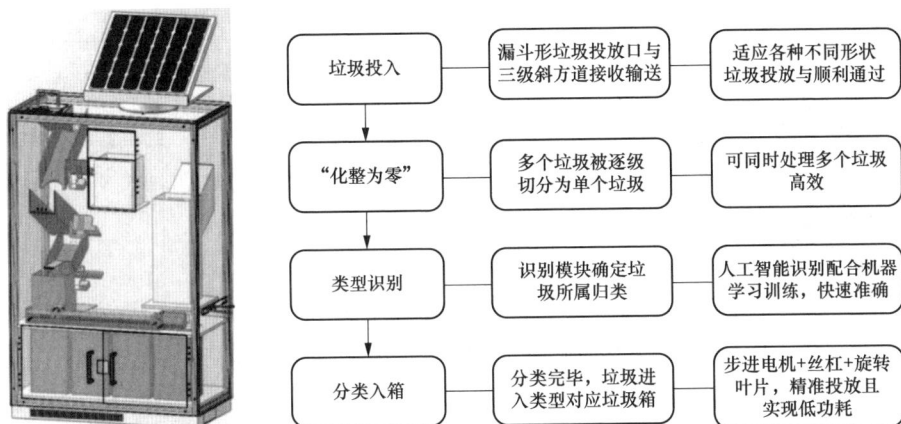

图 3.8.2　装置进行垃圾分类的产品思路

5. 后续研发方向

团队成员时刻关注垃圾分类问题的动向，随着图像识别、嵌入式、供能储能等领域的不断发展，进一步迭代更新产品，为智能垃圾分类提供更多更好的思路，降低垃圾分类推广难度，推动垃圾分类产品更便利地服务于人们的生活。

3.9　消除通风塔"雾羽"的巧思

山东大学：蜂巢形消雾节水模块高位收水机械通风冷却塔

1. 综述

作为一种换热设备，机械通风冷却塔广泛应用于电力、石油、化工、钢铁和制冷等领域。其工作原理是将挟带废热的冷却水在塔内与空气进行热交换，使废热传输给空气，并散入大气。机械通风冷却塔具有循环水处理量大，占地面积小，一次投资少等优点，因此机械通风冷却塔在电力行业具有非常可观的应用前景。然而，机械通风冷却塔在工作中会浪费大量的水资源、产生可见雾羽，运行时也会产生巨大噪声。

山东大学"冷却塔"团队开创性地提出一种"蜂巢形"消雾节水模块，并将高位收水技术和机械通风冷却塔相结合，构建出一种能同时满足消雾、节水及降噪功能需求的新型高位收水机械通风冷却塔。

除了很好地满足功能需求以外，"蜂巢形"冷却塔还具有通风阻力小，消雾、节水率高的特点，是具有实际工程价值和推广前景的新型冷却塔设备。

2. 可交付成果

图 3.9.1 为山东大学"冷却塔"团队研发的基于蜂巢形消雾节水模块的高位收水机械通风冷却塔示意。

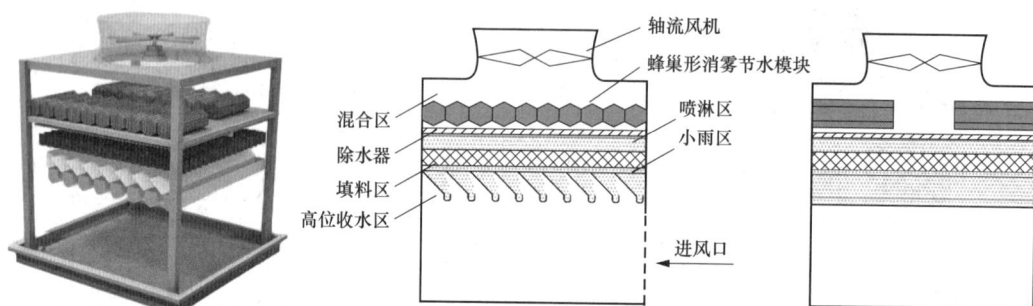

图 3.9.1 蜂巢形消雾节水模块的高位收水机械通风冷却塔示意

3. 技术性能

传统机械通风冷却塔工作时主要存在如下问题：

（1）冷却效率达不到设计值。

（2）运行噪声。

（3）循环水蒸发损失大。

（4）产生较多雾羽。

针对上述不足，山东大学"冷却塔"团队提出一种基于蜂巢形消雾节水模块的高位收水机械通风冷却塔。蜂巢形冷却塔能够优化冷却塔内空气动力场和温度场以实现消雾、节水及降噪。

采用高位收水装置，取消常规雨区，降低通风阻力，增加整塔通风量；采用高位收水还可以节约抽水势能，减少厂用电量，降低淋水噪声；通过蜂巢形消雾节水模块将湿饱和空气的热量传递给引入塔内的干冷空气，使塔内湿饱和空气降温、降湿，并析出凝结水，实现机械塔节水。在消雾节水模块中被加热的空气与塔内湿空气在混合区混合，塔内湿空气再一次被降温、降湿，混合气出塔后与环境空气混合不经过饱和区，实现了消雾。

4. 关联项目

山东大学"冷却塔"团队立足于将科技成果转化为实际工程应用，本团队已经联合某电力设计研究院，从工程应用的角度进一步探索、完善本研究的蜂巢消雾节水机械塔。物理模型实验测试如图 3.9.2 所示。本技术引起了近十个燃气蒸汽联合循环发电厂企业极大的兴趣，试验塔正在筹备、建造中，有望加速工业化应用步伐。

5. 科技共同体

（1）本项目既符合"双碳"需求，又更具市场竞争力。采用蜂巢形消雾节水模块的高

图 3.9.2　物理模型实验测试

位收水机械通风冷却塔，节水率可达 15%～19%（总蒸发水量的 15%～19%）。以单塔循环水量 5000 t/h 为例，机械通风冷却塔的蒸发损失约占循环水量的 1.5%，即每小时蒸发掉 75 t 水，每年蒸发掉 64.8 万 t 水。采用本设计冷却塔后，每年可节约 9.72 万 t 水。工业用水每吨约 4 元，单塔一年可以节约 38.88 万元水费。高位收水槽底部距离地面约 10 m，10 m 高的循环水势能为 5×10^8 J，约为 140 kWh，也就是一小时节约 14 kWh，一年节约 122.6 万 kWh，年均减排 CO_2 约 993.4 t。工业用电约 1 元 / kWh，共节约 122.64 万元。本技术单台冷却塔一年共节省 161.52 万元，具有巨大的节能减排及经济效益，并符合环保要求，实现了消雾节水，降低厂区周围噪声。

（2）从工程中来，到工程中去。孙奉仲教授团队多次与冷却塔生产企业探讨一种适用于"双碳"背景下的机械通风冷却塔，符合国家重大发展战略需求，解决工程实际问题，满足环境保护需求。目前，团队正与海鸥冷却塔股份有限公司等冷却塔设计制造加工企业展开合作，试图从根本上解决冷却实际应用中的问题。

6. 后续研发方向

（1）科研方面。冷却塔团队从未停止探索的脚步，以解决实际工程问题为目标。随着核电机组的大规模投产，适用于核电机组的海水冷却塔的设计、运行急需探索。相对紧缺的淡水资源，海洋资源要丰富很多，使用海水循环冷却技术是一项节约淡水、绿色环保技术。具备众多优势的海水冷却技术也面临着众多挑战，如海水冷却塔的换热效率一般低于淡水塔，此外盐沉积、结垢、雾羽及阴屏等问题也较为突出。在此背景下，团队决心研发出一系列适用于海水的冷却设备，从设计的角度对冷却工质为海水的冷却塔重新构思，力求一种高效清洁适用于核电机组的海水冷却塔。

（2）山东大学"冷却塔"团队将继续秉持服务于工程的核心理念。本着踏实做事的原则，积极与设计院、冷却塔公司等冷却塔设计、制造企业合作。深入实际用塔单位，积极考察用塔地的实际情况，根据用塔的实际地形、气候等因素，联手冷却塔设计及制造单位，加快促进科技成果转化，将高校中的新技术新理念更好地应用到工程中去。

3.10 会"思考"的照明系统

山东大学：基于协同通信及毫米波雷达传感技术的照明系统

1. 综述

随着"城乡一体化"战略推进过程中城乡照明基础设施建设快速发展，城乡照明的用电量不断增加，公共照明领域的节能在全社会节能中占据越发重要的地位。在这一背景下，传统照明系统无效能耗高、控制性差，现有智慧照明方案局限性大、难以广泛应用于城乡各类地区的问题日益显著。

为解决这一难题，山东大学"智慧照明"团队结合通信、物联网、微电子多领域的新技术，设计出一种新型的智慧照明系统，从根本上进行了革新。采用独创的以 NB-IoT 为核心的协同通信技术及毫米波雷达传感技术，从数据层、传输层、控制层三个层面攻克现有系统的问题。本系统突破城与乡、人与车的分立调控局限，实现精准稳定的智能无极调光，大幅度提升节能效益，推动实现"双碳"目标，助力城乡智慧共建。经建模计算，相较传统照明系统，本系统人行区域节能率提升 43%，车行区域节能率提升 20%，相较现有照明系统方案，覆盖能力提升 32.13%。

2. 可交付成果

针对传统照明系统无效能耗高的核心问题以及现有的智慧照明方案存在的数据监测难、信息传输限制多以及云端调节效果差等三个痛点问题，"智慧照明"团队在数据层、传输层和控制层进行革新，良好地解决了以上问题，三个层次相互协作实现了照明系统的稳定、节能与安全运行，极大提升了智慧照明系统性能。系统总体介绍如图 3.10.1 所示。

数据层：结合毫米波传感技术与信息数据库，为系统调光提供可靠数据来源，丰富系统应用场景，使智慧照明系统可以良好适用于城乡不同区域。

传输层：应用独创的协同通信技术，实现系统与物联网高度融合。构建高效稳定的系统中枢，确保信息稳定传输，大幅度提升系统覆盖区域，同时能降低系统硬件运行的功耗。

控制层：结合对人眼感知的生物学研究，设计新型调光算法，生成高效安全的节能指令。同时改进 LED 控制模组，使得 LED 路灯调控高效快速。系统工作原理如图 3.10.2 所示。

3. 技术性能

山东大学"智慧照明"团队对市面上存在的主流智慧照明方案进行调查对比，将相关数据列于表 3.10.1 中。由表中数据可以看出，该系统设计方案相较于现有的主要智慧照明方案不仅在节能效益实现上具有突出优势，在经济效益中，改造成本与运行成本都低于其他类型的智慧照明方案，具有明显优势。

"城市共亮"——基于NB-IoT技术和毫米波雷达传感技术的智慧照明系统

图 3.10.1 系统总体介绍

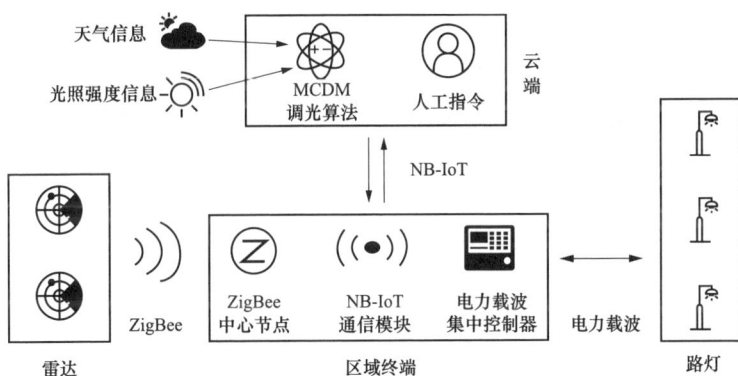

图 3.10.2 系统工作原理

表 3.10.1 节能效益与经济效益对比

系统种类	节能效益		经济效益	
	车行区域效益提升	人行区域效益提升	改造成本 / (元/km)	运行成本 / [元/(km·年)]
PLC 通信传统照明方案	0	0	0	$<1 \times 10^3$
4G 通信 + 简易组合传感器方案	<5%	<5%	8.333×10^3	7.00×10^4
5G 通信 + 摄像头传感器方案	12%	26%	1.620×10^4	3.28×10^4
本系统设计方案	20%	43%	3.875×10^3	3.65×10^3

137

"智慧照明"团队以三个地级市城管局提供的实际数据为基础，并应用相关统计学方法以及合理的数学模型对系统节能减排效益进行计算。若全国 50% 的路灯接入本系统，则每年全国将节约近 1.02×10^{10} kWh 的电量，相当于 3.64×10^6 t 标准煤。节能减排效益显著。具体计算数据见表 3.10.2。

表 3.10.2 节能减排效益分析

名称	数值
电量	1.02×10^{10} kWh
标准煤	3.64×10^9 kg
碳排放	9.55×10^9 kg
NO_x	2.57×10^7 kg
SO_2	5.87×10^7 kg
烟尘	5.51×10^7 kg

4. 关联项目

本团队在开展技术研发的同时也同步开展社会实践，获 2022 年度山东省省级优秀社会实践荣誉。在实践开展期间，团队创新地将社会调研与科创、理论与实际相融合，同时将产学研模式融入至社会实践的整个过程。

本次社会实践中，团队深度调研行业现状以及相关领域的发展状况，并与不同省份的四个城市智慧照明相关部门及三家照明行业的相关企业进行深度沟通。深入智慧照明行业，从行业发展现状、发展前景以及行业发展难题等多个角度进行调研分析。这也为本团队的科研部分提供了更为精准的研发方向与数据支撑，为项目产业化的计划与目标打下坚实的基础。

5. 科技共同体

"智慧照明"团队完成了包含硬件与软件的全套照明系统的设计与制作，目前已申请国家发明专利一项。在系统研发设计过程中与济南市城管局城市照明服务中心展开深度合作，并获得其认可与大力支持。该项目在山东省济南市市中区前后共计开展两期试点实验，并进行实地项目的测试，均取得了良好的效果。

多期智慧照明试点实验的开展与推进促进山东大学与济南市城管局建立了深度合作关系。随着项目的进一步落地，"智慧照明"团队将会带动更多学院与城管部门进行合作，形成良好的产学研氛围。

同时该项目与多座城市的城管局进行合作联系、共获得山东省济南市、聊城市以及四川省绵阳市三个地级市的城管局照明管理部门的认可与推荐。

6. 后续研发方向

（1）平台建设。团队负责人黄正以及各团队成员在辛公明教授、董政副教授的带领下，促成了济南市城管局照明服务中心与山东大学电气工程学院、山东大学能源与动力工程学院的学生实践基地的建设，以本次项目研发为基础与契机，将带动更多学生参与到以节能减排为主题的科技创新与社会实践当中。

（2）应用推广。"智慧照明"团队将继续致力于解决更多有关照明领域的社会热点问题，将与济南市城管局照明服务中心继续深度合作，根据更多现实情况与实际数据不断提升与拓展系统性能。同时团队计划与山东省泰华智慧产业集团股份有限公司展开沟通合作，期望通过与之合作实现本团队研发的智慧照明系统走向社会应用，加快科技成果转化，逐步实现规模化生产。团队计划在接下来的一年内继续完善研究并展开后续的试点实验，并计划于济南市不同类型道路继续开展实地试点，获得更加准确的系统实际性能数据。

3.11　中国"芯"的新蓝海

山东大学（威海）：热管毛细驱动、流体相变换热的芯片散热技术

1. 综述

5G 时代对芯片计算能力和散热性能提出更高要求。芯片一旦温度过高，元器件就会出现膨大现象，进而各元器件之间互相挤压，使芯片产生裂纹，甚至可能激发高能载流子，击穿晶体管，导致芯片焦化。据"未来智库"统计，电子元器件因热量集中引起的功能失效高达 70%，狭小空间内无法及时导出芯片热量已经成为目前芯片散热技术的一大技术瓶颈。在大计算量、高运算效率、微小体积的需求下，智能芯片的热管理技术是突破5G/6G 技术瓶颈的一大挑战。

山东大学的中国"芯"散热团队，扎根山东大学热能与流体实验室和创业孵化平台，敏锐洞察高性能电子设备散热器痛点问题，设计出由毛细芯提供毛细力驱动工质实现循环的微型环路系统，提出高性能电子设备的靶向散热解决方案，取得了可圈可点的进展。

2. 可交付成果

图 3.11.1 为团队研发的一款歧管式一体化环路热管芯片散热器。

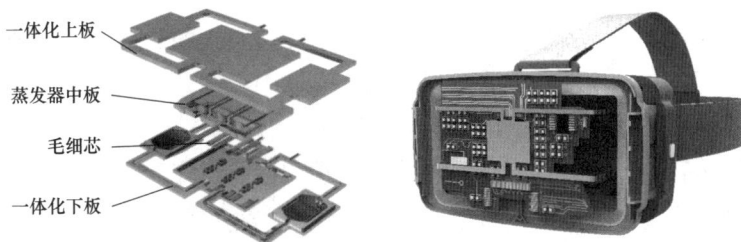

图 3.11.1　歧管式一体化环路热管芯片散热器

图 3.11.2 为团队研发的一款高性能封装级芯片散热器——硅基超薄环路热管。

通槽　气相槽道　冷凝区结构　蒸发区结构　液相槽道

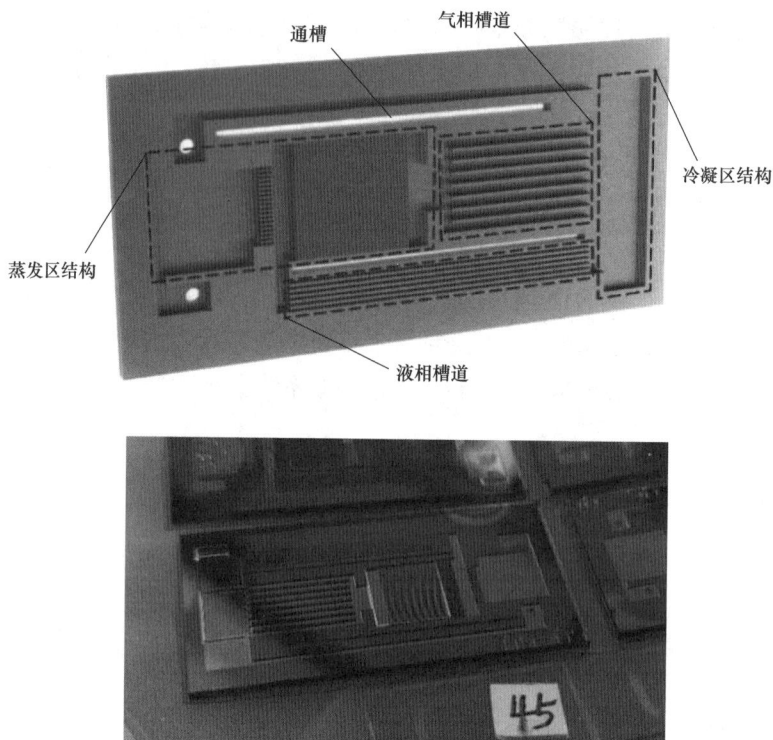

图 3.11.2　硅基超薄环路热管

3. 技术规范

当前电子元器件内部空间狭小，芯片热管理存在传热慢、结构杂、热源多等痛点问题。

传统的散热方式存在较多局限性，液体喷雾冷却技术的喷射压力过大、液体喷射冷却的不均匀性限制其推广；风冷散热性能不理想，同时存在能源消耗和噪声污染；热电制冷的制冷量和制冷效率较低。VC 均温板和传统圆柱形环路热管蒸发器采用相变换热原理，但换热面积较小，散热效率较低，灵活性较差，不适合用于狭小复杂环境中。

针对上述不足，团队提供一套具有导热精准、散热高效、排布灵活三大核心优势的靶向散热方案，设计微型环路热管，以毛细芯驱动两相工质循环，微型环路热管是由毛细芯提供的毛细力驱动工质实现循环的一种微型环路系统，它基于相变换热原理，具有极高的传热效率，是由热管和环路热管逐渐发展而来的一种体积更小、截面更薄的微型热管。微型环路热管可以在较小的温差以及较长距离情况下传递更大的热量，是一种高效的两相传热装置。与热管相比，微型环路热管可以利用蒸发器中毛细芯的微通道结构提供毛细抽吸力来实现内部的工质循环，提升了热量的传输效率。

与普通环路热管相比，微型环路热管体积更小、截面更薄，所以具有更广泛的应用范围。具有零耗能、抗重力的特点，满足复杂三维空间的散热需求。

歧管式一体化环路热管芯片散热器以超高导热效率的歧管式蒸发器为核心，创新地将半 U 形歧管结构应用于蒸发器的结构设计当中。相比于全 U 形结构，半 U 形结构可简化散热工质流动路径，中板上层蒸汽槽道采用镂空式设计，仅部分毛细芯裸露，散热工质循环爬升，优化传热路径，将工质流动路径由二维转换为三维，有利于在相同面积下布置更长的毛细抽吸路径，提高散热效率；以毛细芯驱动两相工质循环，具有零耗能、抗重力等显著优势。该散热器设计三维柔性立体结构，将有机材料与金属材料相结合，在复杂狭小空间内实现立体散热布局，有效提高散热效率。歧管式环路热管散热量达到 148.5 W，可满足大部分 5G/6G 终端智能芯片的散热需求，同时以全国 PC 终端散热为例，装配该技术年耗电量可以节省约 9.044 亿 kWh。

硅基超薄环路热管采用优化 DIRE 技术实现高深宽比狭窄微通道阵列在相变换热器的使用，微型环路热管的蒸汽槽道和液体槽道在任意位置进行布置，结构更加灵活，可以实现多方位传热，适用于更多的复杂的三维散热场合。该团队利用硅基超薄环路热管的材质和结构优势，将热管与芯片直接封装集成设计了 BGA 散热封装结构，基板与芯片 die 通过凸点焊盘进行电气连接，空隙填充胶层且侧面进行塑封，有效减小散热装置整体厚度，提高轻薄产品空间利用率，硅基散热器与热源直接接触，消除塑封层热阻"短板效应"影响，最大程度上减少接触热阻。研究表明，硅基超薄环路热管临界热流密度可达 49 W/cm^2，导热系数约为 9514 W/（m·K），相比现有均温板技术有效降温可增加 2~3 ℃。同时以威海某数据中心为例，装配该技术年耗电量可以节省约 124.5 万 kWh。

4. 关联项目

中国"芯"散热团队成立于 2017 年，在郭春生教授的指导下，团队不断致力于探索高性能散热技术应用。截至目前，团队已接力完成如下项目：

节能减排背景下电子产业散热技术前沿的可视化探析——基于 2 国 8 省 18 地的实证研究，获 2019 年全国大学生节能减排社会实践与科技竞赛全国二等奖；

中国"芯"散热——高性能封装级芯片散热器，获 2021 年全国大学生节能减排社会实践与科技竞赛一等奖。

大型主机的绿色未来——助力超算和数据中心散热优化，获 2021 年全国大学生节能减排社会实践与科技竞赛一等奖。

"冷芯时代"——歧管式一体化环路热管芯片散热器，获 2022 年全国大学生节能减排社会实践与科技竞赛一等奖。

5. 教育引领与社会价值

（1）为电子散热市场提供新思路。以我国数据中心为例，每年要消耗 613 亿 kWh 的电力和 1.0 亿 t 的水用于电子散热。该团队研究的微型环路热管相变换热技术能在保障产品性能的前提下，降低散热能耗、提升散热效率。结合 5G 时代下对芯片的巨大需求来看，这对未来电子产业发展具有重要意义，并能带来显著的环保及社会效益。以智能手机为代表的便携式应用场景为例，其高度集成化、扁平化的设计难以容纳独立散热设备，而高性能芯片的运行需求又将堆积大量热量；硅基超薄环路热管的材质和结构优势，将热管与芯片直接封装集成，最大程度上减少接触热阻，有效提高散热效率。

（2）"产学研"融合促进项目落地转化。中国"芯"散热团队致力于高性能电子设备散热技术的研发，在郭春生教授的带领下，团队在创业道路上不断前进，经过5年的沉淀，产出了一项项优秀的成果，并在第五届"互联网+"大学生创新创业大赛中获得了全国银奖、第七届国际"互联网+"大学生创新创业大赛获得国家银奖、第八届中国国际"互联网+"大学生创新创业大赛获得金奖、第十三届"挑战杯"中国大学生创业计划竞赛国家银奖、第十六届iCAN大学生创新创业大赛全国一等奖。中国"芯"散热团队坚持以赛促学、以赛促教、以赛促创，推动"产学研"融合发展，促进项目落地转化。

（3）传承科研精神，坚持实践育人。中国"芯"散热团队，培育了一届届优秀的学生，项目组成员推免保研率100%，近年来为清华大学、浙江大学、复旦大学、同济大学等国内顶尖高校培养了众多优秀人才。中国青少年科技创新奖提名者、山东大学校长奖学金获得者、山东省优秀学生、山东省优秀毕业生等都拥有项目组成员的背影。中国"芯"散热项目组一届又一届的成员正为新一代高性能散热技术的进步作出自己的努力。

6. 后续研发方向

（1）在科研方向上。中国"芯"散热团队探索高性能散热技术的脚步从未停止。团队将以国家战略需求为导向，更加深入地挖掘电子元器件散热痛点问题，理性分析，科学决策。进一步完善结构设计，降低工艺成本，为芯片热管理技术贡献绵薄之力。在未来中国"芯"散热项目组，也将继续攻坚克难。

（2）在教育理念上。中国"芯"散热团队坚持"产学研"融合。在郭春生教授的带领下，团队扎根山东大学热能与流体实验室和创业孵化平台，将基础研究与应用研究融合，让一届又一届的本科生参与高性能散热技术的研究。

3.12 燧人氏的新传人

天津大学：追逐"液态阳光"，持续原动发轫

1. 综述

甲醇作为未来最具有潜力的碳中性燃料之一，由于可利用太阳能、风能等可再生能源分解水制绿氢，再由绿氢加二氧化碳转化生产甲醇，实现太阳能等清洁能源的储存、运输及利用，因而也被誉为"液态阳光"。甲醇不仅可以作为理想的低碳清洁燃料替代油气，助力解决发电和交通等领域的碳排放问题，还可作为中间体广泛应用于化学工业、材料合成等基础工业中，推动工业绿色制造。

天津大学中低温热能高效利用教育部重点实验室与山西煜能科技有限公司意识到甲醇作为绿色燃料的巨大潜能，于2018年10月在天津大学成立了以"甲醇应用"为核心的大学生节能减排·绿色能源研发团队，历经四年教、产、学、研、创、赛结合，取得了可产业化的研究成果，以下是所开发的用于电动汽车辅助热源的甲醇多孔介质燃烧器的具体介绍。

甲醇多孔介质燃烧器结构如图 3.12.1 所示，目前已可作为电动汽车辅助热源实现产业化应用，开发团队将其命名为"醇暖车开"。

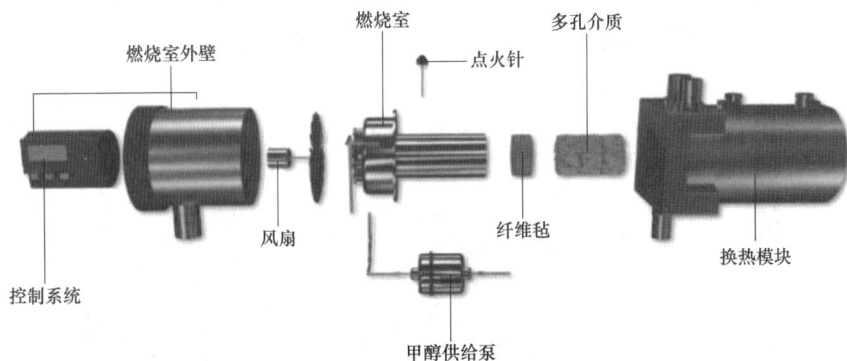

图 3.12.1　甲醇多孔介质燃烧器结构

2. 可交付成果

当前电动汽车在低温环境下行驶时面临着两大问题：

（1）电动汽车电池电化学性能在低温环境下急剧降低，导致电池系统的实际容量、放电倍率和电压平台皆显著降低，严重影响电池性能和汽车续航里程。

（2）驾乘者需长时间开启车内空调，耗费大量电池电能来供暖，进一步导致了汽车续航里程大幅降低，成为电动汽车的致命缺陷。

为此，开发团队设计了一款新型甲醇多孔介质辅助热源，针对性地解决了上述问题，在高效提升续航的同时还能规避传统辅助热源的高排放问题。

由于甲醇气化潜热大，容易导致燃烧区温度低、燃烧不完全等问题。甲醇多孔介质燃烧器在燃烧室中添加了变孔隙密度的碳化硅多孔介质，利用多孔介质的多孔结构有效提升了燃料与空气在燃烧室内混合的均匀性，避免局部高温区的形成，显著降低了因燃料燃烧不充分、不均匀而导致的大量 CO 和 NO_x 的排放；此外，利用多孔介质优良的蓄热及强化传热能力，使其作为"热池"，大幅强化燃烧室内的燃烧强度，在保障燃烧稳定、提高燃烧效率的同时，使得装置整体结构更加小巧轻便，更好契合电动汽车的功能需求。

3. 技术性能

开发团队采用 CFD 数值模拟对燃烧器设计方案进行了评估，改进设计的燃烧室温度分布均匀性显著提升。改进前后燃烧室温度分布云图如图 3.12.2 所示。开发团队对燃烧器性能进行了测试，包括：

（1）热交换效率。通过实验数据，将计算所得的实际换热量与理论放热量之比作为燃烧器热效率可以发现，由于改进后燃烧室内流动分布均匀性得到进一步改善，高温燃烧产物在燃烧室内的滞留时间增加，热交换效率得到显著提升。将改进前后燃烧器热效率结果对比，改进后的热源相较传统辅助热源，热效率提升了约10%，能够更加高效地实现能源利用。

（2）烟气分析。在试验的过程中，利用 Testo 350 烟气分析仪对燃烧器在各功率下的烟气组分及含量进行测定，可以发现对比传统辅助热源，CO 排放平均下降63%，而 NO_x 排放平均下降84%，表明甲醇多孔介质燃烧器的燃烧清洁性有了显著提升。

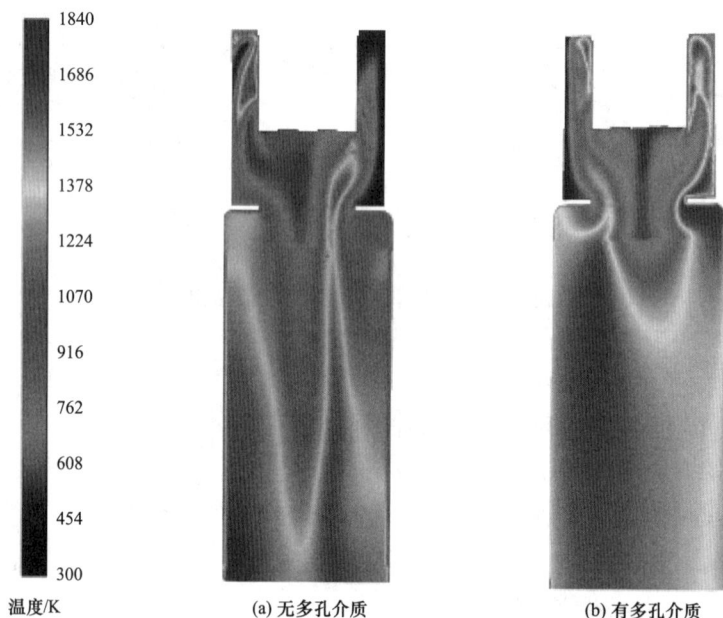

图 3.12.2　改进前后燃烧室温度分布云图

4. 关联项目

天津大学"甲醇应用"团队于2018年10月成立，在合作企业与天津大学老师共同指导下，不断致力于探索甲醇清洁燃烧技术应用。截至目前，该团队已完成多个作品的研究开发工作。

"日炎双星"：基于甲醇清洁燃料与太阳热能的户式供热装置，获2019年全国大学生节能减排社会实践与科技竞赛一等奖；

"炉火醇清"：基于甲醇清洁燃料的多用灶具，获2020年全国大学生节能减排社会实践与科技竞赛特等奖；

"蓄热以代"：小型甲醇熔铝炉改进设计，获2021年全国大学生节能减排社会实践与科技竞赛一等奖；

"醇暖车开"：一种用作电动汽车辅助热源的甲醇多孔介质燃烧器，获2022年全国大学生节能减排社会实践与科技竞赛特等奖。

5. 科技共同体

（1）清洁甲醇燃料将逐步惠及民生。天津大学中低温热能高效利用教育部重点实验室"甲醇应用"团队于 2018 年 10 月组建后，通过产学研密切合作，已完成基于甲醇清洁燃料与太阳热能的户式供热装置"日炎双星"、基于甲醇清洁燃料的多用灶具"炉火醇清"、改进的小型甲醇熔铝炉"蓄热以代"以及用作电动汽车辅助热源的甲醇多孔介质燃烧器"醇暖车开"等的技术开发与样机研制，形成了落地供暖、炊事、工业、交通等众多领域的甲醇应用技术体系，使清洁甲醇燃料能惠及民生。

（2）为电动汽车产业送去福音。陈煜同学作为"甲醇应用"团队的代表，与团队共同完成了电动汽车甲醇辅助热源的设计研发。产品不仅可确保电动汽车的顺利启动，使电池系统工作温度保持适宜且恒定，同时无需消耗电池电能便可满足车内供暖，解决电动汽车低温条件下续航能力不足的问题。

（3）形成"交融育人，主动作为"的独特教育模式。更为值得一提的是，以陈煜同学为代表的中低温热能高效利用教育部重点实验室"甲醇应用"团队，践行了赵军教授提出的产、学、研、赛的"四角切圆式"培养模式，不仅让科研资源和青年的个人抱负服务于经邦济国，为民生提供智慧解决方案，而且，拥有这种炙热情怀的青年学子走向了更广阔的教育领域。近年来，团队为浙江大学、上海交通大学、天津大学等多所国内外顶尖高校培养了二十余名优秀人才，累计获得了国家奖学金、天津市优秀学生、天津市大学生创业奖学金、天津大学学生科学奖等各级荣誉百余项。

6. 后续研发方向

（1）在教育理念上。该团队将继续深入挖掘产、学、研、赛的"四角切圆式"培养模式，更加注重专业教育与现实应用的联系，从产业需求中深挖细挖科研灵感；巩固基础知识，从多学科交叉中激发多元创造力；在专业技能与科研思维培养上不放手、不松懈；引导学生从优秀案例中获取成功经验，鼓励学生从大赛的主题与价值追求中获得攻坚克难的精神力量，为同学提供自由探索、自主学习的宽广平台，努力打造好产、学、研、赛的"四角切圆式"培养模式。

（2）在专业方向上。该团队将继续以深入调查研究为基础，科学进行方向决策，不断优化团队专业结构。不仅注重团队成员专业技术的综合性，更需关注产业链需求侧，对项目商业模式进行下沉研究，降低新技术新工艺的应用成本，真正实现技术的落地，造福于民；同时，以国家战略需求为导向，整合集聚创新资源，提高专业质量，为实现高水平科技自立自强贡献力量。

3.13 "千里电车"神州行

天津大学：为纯电动汽车提供敏捷服务，十秒换电续鹏程

1. 综述

目前，纯电动汽车产业面临以下短板和产业瓶颈：

其一，纯电动汽车因节能、环保的特点受到产业政策支持，但因续航能力不理想和基础设施建设不足等问题桎梏了其推广。

其二，电动汽车电池在回收环节容易造成二次环境污染。

其三，电桩充电方式对电网的刚性要求也制约了产业发展。

其四，现阶段可再生能源如风、光、潮汐等能源电力具有峰谷特性，在谷电时间难以满足纯电动汽车充电需求。

鉴于纯电动汽车的产业现状，早在 2017 年 10 月，天津大学"千里电车"团队就针对电动车续航能力和基础设施制约等产业现实问题，提出了"应用于车顶的快换电池装置"思路。

在当时，没有其他厂家提出系统的换电方案，天津大学的"快换电池"方案是颇为前瞻的。截至 2022 年年底，已经有多个制造商进行了各种换电方案的探索。

2. 可交付成果

项目团队为上述问题找到了一个系统性的解决方案，彻底地解决纯电动汽车目前存在的四大短板，实现车顶高效、快速电池更换。

团队设计了加装在车上的"快换电池配套换电站"，控制系统通过计算机视觉反馈调节，实现电池拆旧换新。实物和模型基于机器视觉和人工智能等大数据方法，实现了对运动车辆的"无感"换电（见图 3.13.1 和图 3.13.2）。

3. 技术规范

（1）系统的运行及控制方式。运营方式：换电站建立在道路边缘的换电车道上，车道设有电池卸载工位与装载工位。为满足不同高度车辆的不同左右位置和不同前进角度，更换机构需同时具备 x、z 方向平移自由度和绕 z 方向旋转自由度。换电站包括支撑、云台和电池仓三个部分。支撑部分为支持其他部分的支架，由平行四边形机构和齿轮齿条机构实现 z 方向自由度调节以适应不同车高、运行示意如图 3.13.3 所示。控制手段：车辆利用 RFID 识别的一个确定位置，作为初始框位，截取图像传入 CNN 网络，若图像分类结果错误则随机选择一个偏移值作用在初始搜索框上，并重复上述过程直到分类结果正确。得到正确的分类结果后，利用网络输出修正搜索框，并传入网络迭代修正若干次得到最后的精确搜索框。后续帧的搜索框初始化为前一帧搜索框的 1.5 倍，并利用神经网络迭代修正得

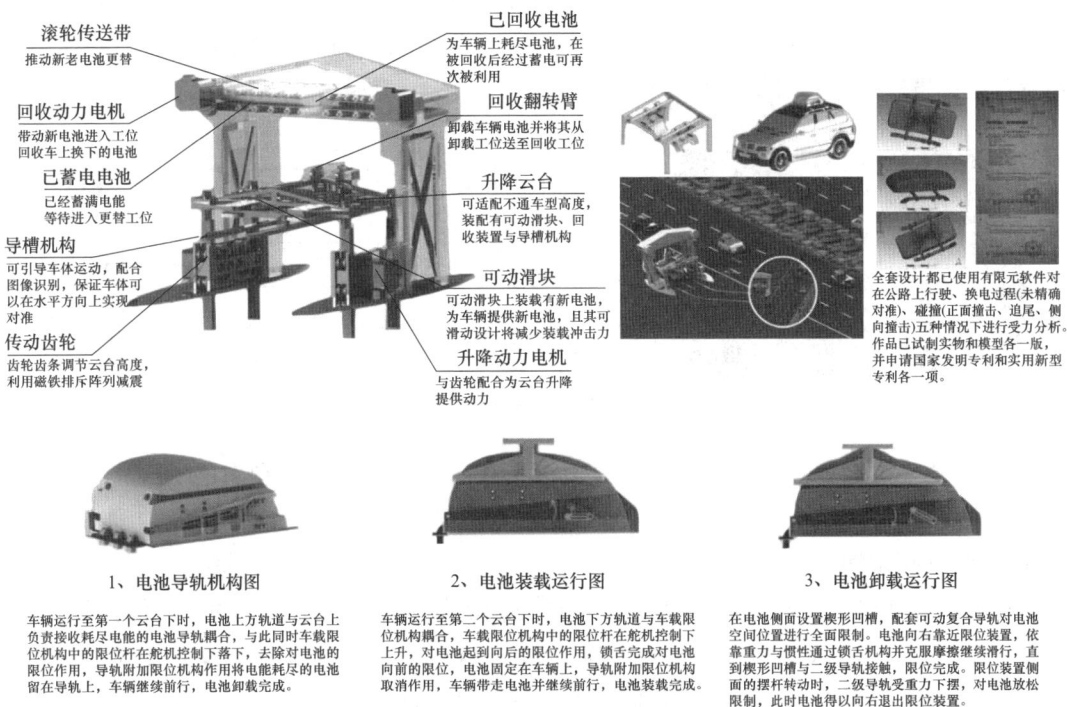

滚轮传送带
推动新老电池更替

回收动力电机
带动新电池进入工位
回收车上换下的电池

已蓄电电池
已经蓄满电能
等待进入更替工位

导槽机构
可引导车体运动，配合
图像识别，保证车体可
以在水平方向上实现
对准

传动齿轮
齿轮齿条调节云台高度，
利用磁铁排斥阵列减震

已回收电池
为车辆上耗尽电池，在
被回收后经过蓄电可再
次被利用

回收翻转臂
卸载车辆电池并将其从
卸载工位送至回收工位

升降云台
可适配不同车型高度，
装配有可动滑块、回
收装置与导槽机构

可动滑块
可动滑块上装载有新电池，
为车辆提供新电池，且其可
滑动设计将减少装载冲击力

升降动力电机
与齿轮配合为云台升降
提供动力

全套设计都已使用有限元软件对
在公路上行驶、换电过程(未精确
对准)、碰撞(正面撞击、追尾、侧
向撞击)五种情况下进行受力分析。
作品已试制实物和模型各一版，
并申请国家发明专利和实用新型
专利各一项。

1、电池导轨机构图

车辆运行至第一个云台时，电池上方轨道与云台上
负责接收耗尽电能的电池导轨耦合，与此同时车载限
位机构中的限位杆在舵机控制下落下，去除对电池的
限位作用，导轨附加限位机构作用将电能耗尽的电池
留在导轨上，车辆继续前行，电池卸载完成。

2、电池装载运行图

车辆运行至第二个云台时，电池下方轨道与车载限
位机构耦合，车载限位机构中的限位杆在舵机控制下
上升，对电池起到向后的限位作用，锁舌完成对电池
向前的限位，电池固定在车辆上，导轨附加限位机构
取消作用，车辆带走电池并继续前行，电池装载完成。

3、电池卸载运行图

在电池侧面设置楔形凹槽，配套可动复合导轨对电池
空间位置进行全面限制。电池向右靠近限位装置，依
靠重力与惯性通过锁舌机构并克服摩擦继续滑行，直
到楔形凹槽与二级导轨接触，限位完成。限位装置侧
面的摆杆转动时，二级导轨受重力下摆，对电池放松
限制，此时电池得以向右退出限位装置。

图 3.13.1　应用于车顶的换电站方案示意

图 3.13.2　换电站 5∶1 模型

(a) 卸载、装载运行过程示意　　(b) 运行过程前视图(模型)　　(c) 运行过程侧视图(模型)

图 3.13.3　运行示意

到新的精确位置。为加快程序运行速度，在两次使用神经网络精确迭代之间插入 4 帧的追踪算法，通过追踪目标搜索框并限制搜索框的移动速度来提高运行效率。电动汽车模型电路及其运行逻辑示意如图 3.13.4 所示。

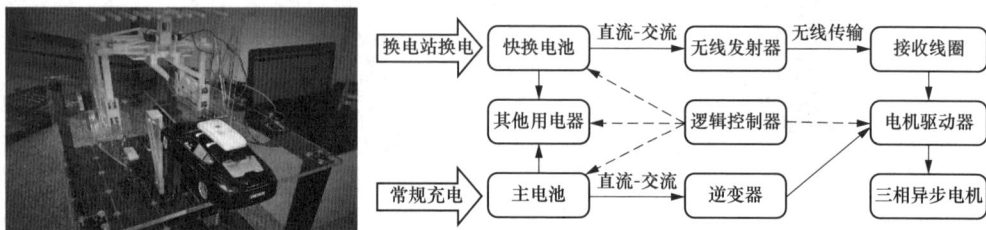

图 3.13.4　电动汽车模型电路及其运行逻辑示意

（2）节能减排效益分析。宏观方面，本项目节能减排效益体现和满足了：节约常规能源；提升基础设施效率；通过集中管理回收电池，规避二次污染；消纳可再生能源电力，辅助电网实现移峰填谷。

在解决方案得到大规模应用后（以 1000 万辆搭载本方案技术的电动车辆估算），每年可节约电能 277.7 亿 kWh，减少 CO_2 排放 3996 万 t，减少主要污染物 NO_x 排放 110 万 t。5 年可减少年石油消耗 9000 万 t，降低石油进口依赖 7.37%。

4. 科技共同体

本研究项目的参与者为天津大学机械工程学院、软件学院的学生，在机械工程学院赵军教授的指导下，自主提出、自主研究、创新发散而产生的项目。本项目除在大学生节能减排大赛获特等奖之外，还参与 ICAN 大赛，并获得三等奖。

5. 应用前景

（1）本解决方案包括快速更换电池、配套的换电站和电路控制系统等。该方案的机械设计经过了多次冲击力学、动力学和静力学分析，保证了系统的安全性。电路控制系统可以控制电池与主电池之间的切换关系，并使用逻辑控制器控制其之间的切换。该方案的组策略可以优先选择高效率的常规充电方式对电池充电，并通过数据联网实现电价的动态控制，以避免车流集中于某几个电站。

（2）本解决方案建立了三个节能减排效益数学模型，以确定其可行性和效益。这些模型可以精确地标定方案，并确定可实现的节约常规能源、提高基础设施充电效率、电网移峰填谷和集中管理回收电池四部分节能减排效益。

（3）本解决方案可将换电站成本从百万级降至十万级，使得电动汽车能量补给方式从传统电桩充电时间需要 1～3 h 改进为 10 s 换电。可以直接架设于公路上，适合分布式建设、大规模普及。

总之，这一方案对纯电动汽车续航短、基础设施效率低和充电速度慢等问题提出了解决方案，较好地解决了电动汽车的运营难题。

6. 后续研发方向

（1）技术升级。继续追求快换电池技术的优化和改进：包括电池的设计和制造、更换机构的升级和优化等。此外，还需要研究更多的智能化技术，如 RFID、机器视觉系统、数据联网等，以提高换电池的效率和精准度。

（2）文化营销。本问题解决方案并不仅仅是解决"四大难题"的纯粹技术方案，更需要消费者对于"节能减排·绿色能源"的共识与参与，因此提升用户体验是至为基础性的工作，故后续需要在硬件研发之余，锻炼文化内功。通过客户体验的改善，兑现更大的社会效益和环境效益。

（3）周边技术关注。包括但不限于电池回收与充电（提效与智能化）技术。

3.14　恒星赠予的"永动机"

天津大学：太阳能蓄热镍钛合金驱动系统

1. 综述

截至 2022 年底，全国机动车保有量已达 4.06 亿辆，常规机动车在运行过程中会造成严重的能源消耗和环境污染。虽然目前产业政策导向明显，驱动系统正在向电动系统进行转型，但是我国百分之六十的电力仍来源于火力发电，每年消耗 16 亿 t 煤炭，这凸显了电动汽车在推广过程中，仍需面对电力来源的清洁化和可持续性等方面的挑战。

近年来，随着无人快递车、无人探测器等中小型户外工作设备的兴起，新兴产业上急需一种具有高输出、低耗能、环保清洁并具有持久续航能力的驱动装置。镍钛合金的高极限应力以及超长的疲劳寿命为驱动器的输出功率和使用寿命提供了保证。

天津大学镍钛动力团队于 2019 年 3 月起开展对镍钛合金相变转化和动力输出方面的研究，团队对导热蓄热装置进行改良，对能量流动进一步优化，所设计的镍钛合金驱动系统更具实用价值，有望成为未来的新能源动力装置。

2. 研究成果

如图 3.14.1 所示，基于镍钛合金的形状记忆效应，并结合复合相变蓄热材料的能量平衡作用，团队开发了针对中小型动力设备的太阳能蓄热镍钛合金驱动系统。

3. 技术规范

本团队设计的镍钛合金驱动器，通过复合相变蓄热材料和复合固态导热材料，不仅解决液态热源的安全问题，而且固态材料具有更高的导热系数，可以提高驱动系统的输出功率和能量利用效率，并显著提升其实用价值。同时，系统利用光热转化收集能量，转换效率高达70%，实现了对太阳能充分利用，符合当下环保理念。并通过设计智能蓄热导热系统，系统利用复合相变蓄热材料进行高效蓄热，在无太阳光照射时，镍钛合金驱动器仍可以保持正常

(a) 系统总结构图　　　　　　　　　　　(b) 侧视图

(c) 正视图　　　　　　　　　　　(d) 俯视图

图 3.14.1　镍钛合金驱动系统总结构

工作，大大提高镍钛合金驱动器工作的灵活性。太阳能集热器→蓄热材料→导热材料→主动轮热量流动图如图 3.14.2 所示。

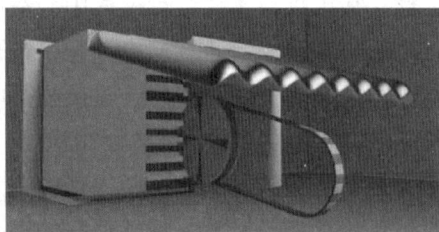

图 3.14.2　热量流动图

团队通过对直径为 1 mm 的镍钛合金丝，主动轮直径为 88 mm 的镍钛合金驱动器在热源温度为 55 ℃ 条件下进行实验，镍钛合金驱动器的功率最高可达 15 W，其转矩可达 3.8 N·m；其功率密度可达 9.25 W/t，是传统光伏驱动系统的三倍；其总能量利用效率可达 16.72%～34%，是光伏驱动系统的两倍。在保证热量供应的情况下，通过改变副轮级数或增多镍钛合金丝个数即可实现功率与转矩的成倍放大。

4. 科技共同体

以郝锦波同学为代表的镍钛动力的研发团队，在敖三三和秦彦周老师的指导下，不断迭代升级，推陈出新，在科技创新和产业应用方面做了大量的工作，为镍钛合金驱动系统的落地与转换不断试错和尝试，取得了显著的成果。本项目作为前瞻研究，未来可期。

在研发的过程中，同学们的科研兴趣和热情得到激励。团队保研率达到 80%，分别前往清华大学、中科院物理所、密歇根大学、天津大学等国内外顶尖院校继续深造学习，核心成员曾荣获国家奖学金和"中国大学生自强之星""天津市创新奖""天津大学优秀学生标兵"等多项荣誉。

5. 后续研发方向

后续将持续注重团队迭代和技术创新，关注国家新能源发展和智能化发展趋势，着眼于镍钛驱动设备的产业化，扩展应用场景，注重产品的实用性和安全性，不断推陈出新，借碳中和的东风，创造出国家和社会真正需要的新一代驱动设备。

昔有夸父追日，今有记忆合金，追逐太阳，只为人类共有的绿色旅行梦。

3.15　青翠欲滴"天之道"

天津大学：走绿色概念之路，大道通向蓝天

1. 综述

进入 21 世纪以来，能源与环境问题日益突出。以低能耗、低污染、低排放为基础的低碳经济，已经成为世界经济未来发展的必然选择。同时，在国家宏观经济政策导向下，汽车产业相关政策由以促进汽车消费为主向以鼓励汽车技术进步为主转变。"天津大学天之道节能车队"设计制作的节能车，车重约 32.5 kg，设计平均时速为每小时 30 km。挑战的最终目标是节能赛车用 1 L 燃油行驶 500 km 的里程。参赛作品"节能赛车"的油耗大幅度降低，可期望在实际生活中逐步取代摩托车或电动车。同时，结合节能赛车的最优化驾驶方案，在公共交通系统中也具有运用前景。

2. 可交付成果

节能赛车外形设计如图 3.15.1 所示。

图 3.15.1　节能赛车外形设计

3. 技术规范

（1）车架结构及有限元分析。车架是汽车主要的承载部件。汽车大部分部件如动力总成、驾驶室、货厢和车桥等都与车架直接相连，因此车架就必须具有足够的刚度和强度，以保证其可以承受冲击载荷。

基于有限元的车架设计流程并参考同类车型，初步确定较优的两种结构设计方案（如图 3.15.2 和图 3.15.3 所示）。通过建立车架的有限元模型、对有限元模型划分网格、定义有限元属性（因处于结构选型的概念性设计阶段，故大多采用空间梁单元模拟车架的纵横梁）及施加约束和载荷等条件，最后对两种车架进行有限元分析，并通过对车架的质量、刚度、强度及固有频率等模拟结果的对比分析确定最佳车架方案。

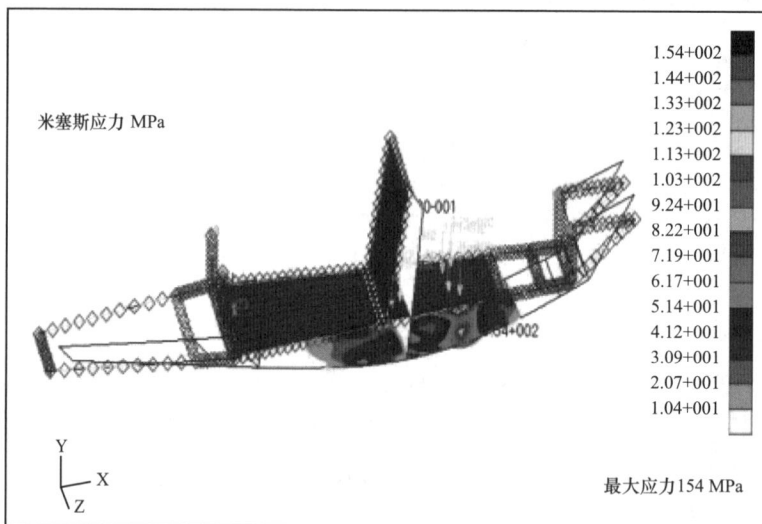

图 3.15.2　车架设计方案 1

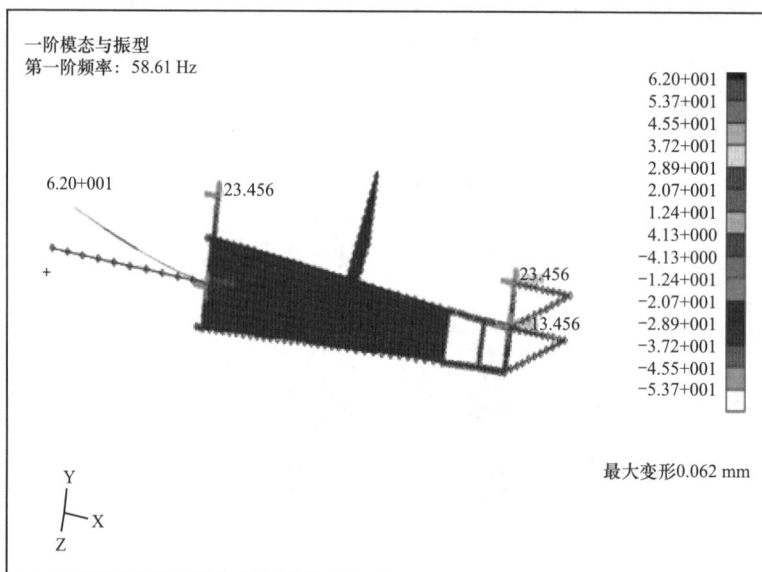

图 3.15.3　车架设计方案 2

（2）车壳的设计理念。在车壳设计方面，不仅使用质量轻且环保的材料，同时在车壳设计理念中加入对节能减排的理解：以"城市·森林"为主题，基于钢筋水泥筑成的城市充满污染且缺乏生机的大背景下，城市的建设应该多一份绿色、多一份纯洁和多一份人文关怀，故车身黑色与绿色的搭配代表着城市与大自然的完美融合，同时整体车型如叶子般清新自然，两边的车翼犹如大自然的双手支撑起整个城市的发展，绿叶环绕在车手周围，寓意人与自然的和谐共处，车壳设计如图 3.15.4 所示。

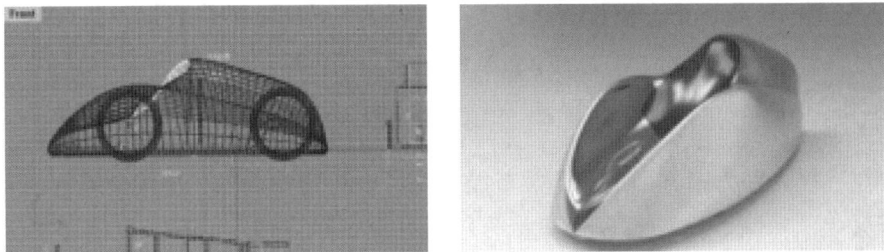

图 3.15.4　车壳设计

（3）发动机结构及性能改进。

1）减小发动机曲轴箱。由于本车全程行驶于良好路面，也不可能经受外界的猛烈撞击，综合分析节能赛车轻量化的实际需要，提出减小发动机曲轴箱的设计方案，这样不仅不影响发动机的各项性能，而且还可以减轻整车的重量，间接起到节能的作用。

2）提高发动机压缩比。发动机的压缩比对燃油经济性有很大影响。提高压缩比，可以提高混合气的最高温度，扩大循环温度阶梯，增加内燃机膨胀比，从而提高热效率，使发动机经济性得到一定提升。但是压缩比也不能过大，否则会产生爆燃和表面点火现象，引起发动机功率下降、油耗升高等严重后果。提高压缩比最直接的方法就是减小燃烧室的容积，通过减小气缸垫厚度或铣磨气缸盖下表面来实现。经过发动机台架试验进行验证，确定发动机压缩比改进方案，综合考虑到其他因素最终选定将压缩比由原来的 9.0 提高到 9.6 时效果最佳，通过计算可知此时需要磨削的汽缸盖厚度为 0.447 mm。

3）化油器的改进。节能赛车化油器怠速工况油耗在车辆行驶的中低速段分担率较大，占 43%～84%，而节能赛车行驶车速恰好在 20～40 km/h，故调整空气螺钉的圈数对整车油耗的影响十分明显，如图 3.15.5 所示。空气螺钉外旋圈数约为 4 时，发动机油耗比圈数为 2 时降低了约 30%。此时，混合气浓度及燃油雾化效果均处于最佳状态。如果将外旋圈数调整得过高，会造成发动机运转不稳，行驶过程中容易熄火，驾驶员需要加大油门来保证正常行驶，使油耗超标，因此空气螺钉外旋圈数应设定在 4～5。

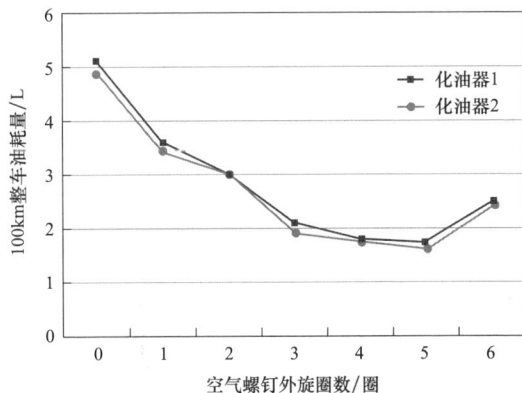

图 3.15.5　空气调整螺钉圈数对油耗的影响规律

4）进气道的优化。结合模拟分析结果，得到进气效果最优的发动机进气道尺寸和形状，此时进气管长为 200 mm，大头内径为 19 mm，外径 23 mm，小头内径 16 mm。

4. 应用前景

（1）在残疾人助力车方面的应用。节能赛车可以让驾驶员以一种接近躺着的姿势来驾驶。对于残疾人来说，这种驾驶姿势十分舒适且上下车方便，同时节能赛车操纵的简易性，使驾驶员能够更加安全驾驶。另外，节能赛车在普通人和残疾人之间都推广开来后，不再会有歧视现象的发生，也有利于和谐社会的构建。在推广节能赛车的同时将设计一款与节能赛车配套的轮椅，该轮椅配备可调节座椅高度的功能，驾驶员可以将轮椅调整到适当的高度，使轮椅直接行驶到节能赛车上并与之结合成一体，便于驾驶员从轮椅上进入节能赛车的驾驶室内。

（2）节能赛车最优化驾驶策略对智能交通系统的节能具有指导作用。驾驶员的驾驶技术直接影响每辆车油耗的高低，因此提高驾驶员的驾驶技术或者摆脱驾驶员对油耗的影响对降低交通系统的油耗至关重要。节能赛车能实现 0.2 L 的百公里油耗，跟驾驶员的驾驶策略密不可分。经过不断的试车，发现优化最佳驾驶方案对现有的交通系统具有十分重要的指导作用。

节能赛车将行驶在固定的比赛赛道，可以通过对整车进行调试并在试车过程中确定最优化驾驶方案。最优化驾驶方案即是将根据节能赛车的状态（如地点、车速等）来确定节能赛车下一步的驾驶方案，即何时加速、何时采用滑翔行驶等等。

对于行驶路线固定的地铁、铁路机车及智能驾驶等，可以将此节能赛车最佳驾驶方案的想法直接应用于其中。例如，地铁到站前，站点传输信号给车，使驾驶员获得车辆行驶信息，进而获得下一步最优化的驾驶方案，如将于何时加速、何时让车处于滑行状态等，避免多余的刹车等一系列耗能动作，以达到最低能耗。

3.16 磨辊上的大森林

长沙理工大学："磨旧覆新"再生办公废纸技术

1. 综述

提高废纸利用率被认为是一条实现节能减排行之有效的途径。目前国内造纸行业每年消耗的废纸浆量占纸浆总消耗量的 50% 以上，但其仍存在以下问题：

（1）不同种类废纸回收率相差较大。废纸回收主要依靠粗放式经营，这类回收模式中民众经济收益较小而花费精力多、主动性较差，且回收的废纸一般为纸箱、书本等较容易整理、储存的纸制品，而办公废纸薄且脆弱，使用时大多为单张，不易整理存放，回收率极低。

（2）不能对产生的废纸进行及时处理。我国废纸处理的原料主要来源于居民自行收集的可回收废纸，再由相关企业分类再利用，中间需要经过多次分拣、运输，加重了对废纸的破坏和污染，增大了再生难度和成本，限制了废纸回收率的提高。

针对打印废纸浪费问题，长沙理工大学"磨旧覆新"团队依托可再生能源电力技术湖南省重点实验室的软硬件条件设计了一种办公废纸再生装置，对完整与破损的办公废纸进行分类回收，可提高废纸利用率 10% 以上。

完整的办公废纸通过磨辊与纸面摩擦，磨去纸张上有墨迹的薄层，接着在除去墨迹后的纸张上喷覆一层新制纸浆，再通过热固器中的加热辊将纸浆与原来的纸压实烘干，即可得到一张再生纸。破损的纸张则通过装置上部的制浆室制成喷覆纸浆。

对比于日本的干纤维纸张循环系统将废纸分离成纤维后再生的技术，本装置仅在废纸表面对其进行了磨迹覆浆再生处理。

2. 可交付成果

开发团队设计了一种能用于现场快速再生办公废纸的新型装置，有效地解决了打印废纸浪费的问题，在利用现有办公废纸再生纸张的同时还避免了生产纸张过程中的高能耗与环境污染问题。

该解决方案基于 3D 打印技术构建了以抛磨除墨和喷浆覆膜为主体的实物装置，对沿短边进行三等分的全黑 A4 纸进行抛磨功能测试，确定了磨辊除墨的最佳工况——磨辊目数 320 目，磨辊转速 310 r/min，进纸速度 30 cm/min。办公废纸磨覆影响参数优化如图 3.16.1 所示。

该技术未来可投入工业化生产，应用于学校打印室、企业办公室等易产生大量办公废纸的场所。图 3.16.2 为所开发的用于办公废纸再生装置的本体结构，目前已能实现将一般办公废纸进行再生，其工艺流程如图 3.16.3 所示。

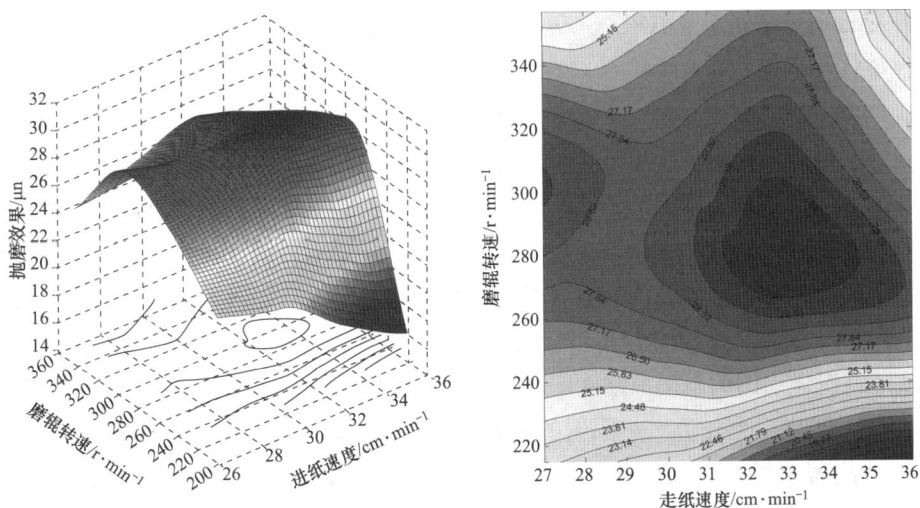

图 3.16.1　办公废纸磨覆影响参数优化

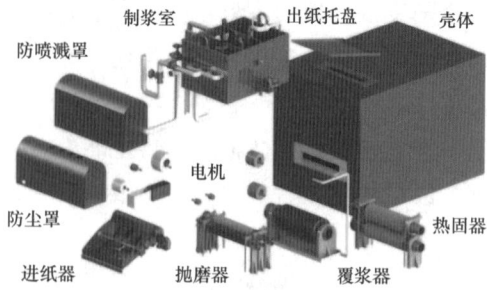

图 3.16.2 办公废纸再生装置的本体结构

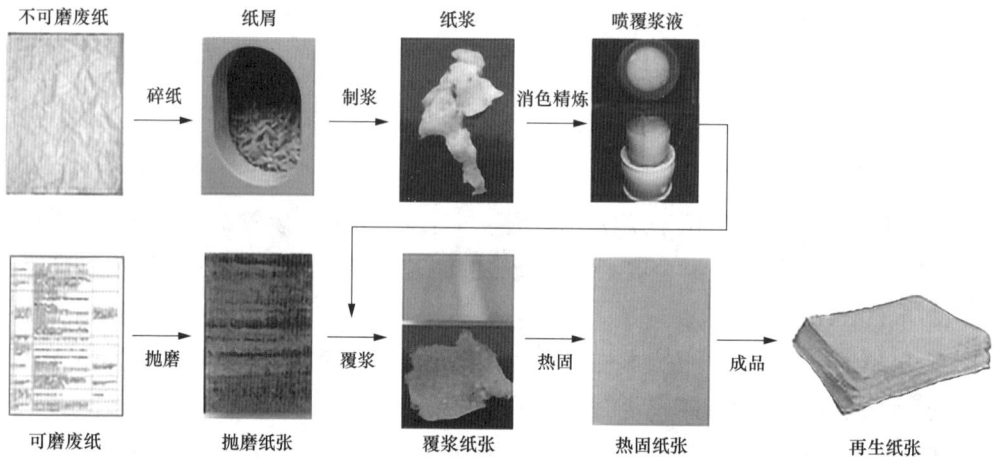

图 3.16.3 办公废纸再生工艺流程

3. 作品性能

开发团队采用数值模拟对办公废纸再生装置的压辊静应力、加热辊温度、喷浆喷嘴流体进行了仿真优化，并采用高倍电子显微镜结合 Image J 对磨墨纸样进行了消墨除迹效果分析，并对各项参数进行了优化，使办公废纸再生装置各项性能指标达到最佳，主要性能测试与参数优化工作包括：

（1）磨辊静应力分析。主动转辊上方的从动辊以及磨辊的两端固定后会使其受弯曲应力，产生中间拱起，影响装置正常进纸及墨迹磨除效果。采用静应力分析辊及磨辊产生的挠度，不断调节弹簧张紧装置中的弹簧高度，使主动转辊能具备足够的抓纸能力，磨辊能与纸张产生较大摩擦力而又不至于出现挠度过大。抛磨器张紧应力最佳范围为 $6 \sim 14 \, \text{N/m}^2$，如果应力低于 $6 \, \text{N/m}^2$ 会产生纸张打滑导致抛磨没有效果，应力高于 $14 \, \text{N/m}^2$ 则会导致纸张破坏。同理分析可知，加热辊上应力分布最佳范围为 $16 \sim 26 \, \text{N/m}^2$。经过一系列仿真优化及实验测试中对实际情况做出的调整，最终确定磨辊及加热辊表面应力分别为 12.35、$20 \, \text{N/m}^2$。

（2）热固器热应力分析。热固器的主要作用在于将均匀喷覆的新纸浆采用一定的热量使其牢固地附着在纸张表面，让新覆纸浆与原纸基材融为一体，从而实现可靠的纸张再生。由此，热固温度的均一化程度与获取的热量是关键，如果加热温度不均匀就会导致部分喷浆从纸面脱落，而加热温度过高又会导致纸张枯化没有弹韧性。因此，开发团队基于热应力仿真对热固器进行了优化设计。通过优化，除了两个固定端外，热固器中加热辊进纸部分温度维持在 373～380 K，最佳温度 378 K，即 105 ℃，保证能快速烘干纸张而又未达到纸张燃点。

（3）浆液喷覆压力优化。为了获得最佳喷覆效果，开发团队按照喷嘴的实际尺寸建立喷嘴的二维简化模型，并划分网格得到有限体积差分模型，在 FLUENT 中设定入口边界条件为 12 m/s 的入口速度，出口边界条件为压力出口边界，选择 k-ε 二方程的湍流模型进行仿真计算，由计算结果可以得出，在喷嘴的出口处由于尺寸变化过大使得压力分布不均匀，出口的左右两侧会出现喷浆失稳，为了降低这一现象对喷覆效果的影响，开发团队通过降低喷嘴出口处的倾斜角和增加过渡圆角的方式，使得喷嘴出口压力分布均匀，并且喷浆失稳现象明显消失。相关模拟结果如图 3.16.4～图 3.16.6 所示。

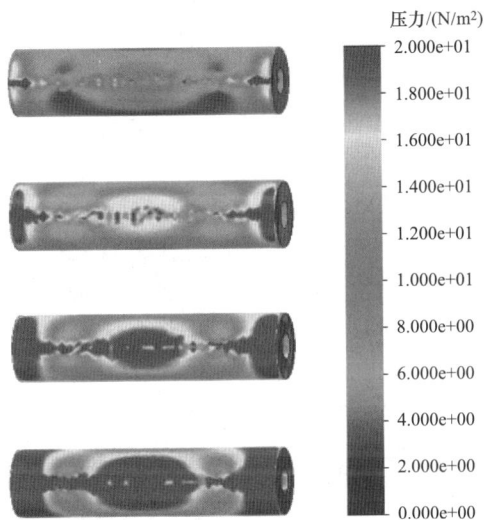

图 3.16.4　辊静应力分析

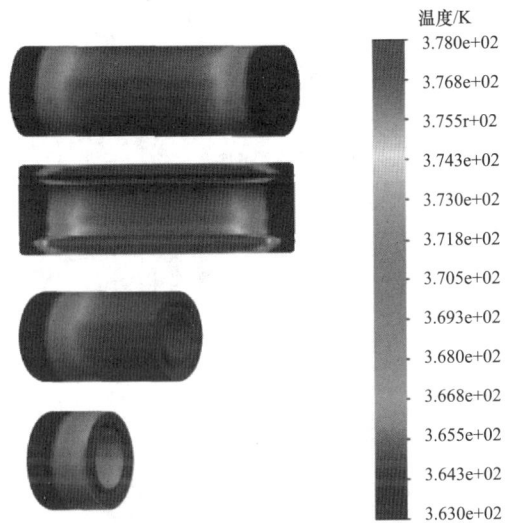

图 3.16.5　加热辊温度分析

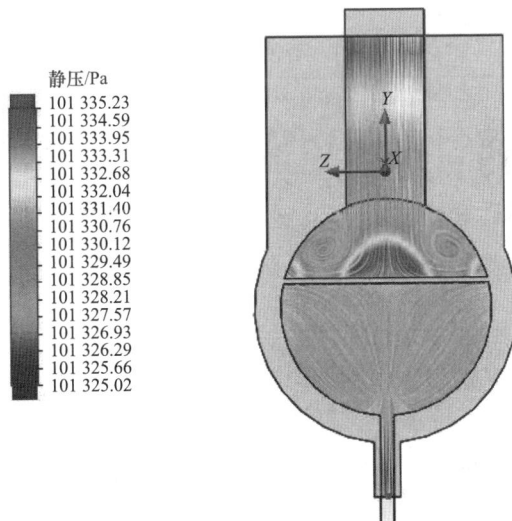

图 3.16.6　喷浆喷嘴流体分析

（4）纸张磨迹测试。将显微镜观察得到的图像以及抛磨样纸扫描所得的图像上传至 Image J，进行图片内区域和像素统计，得到完全除墨的纸张面积与样纸总面积之比。通过函数拟合后，得出不同进纸、抛磨条件下墨迹磨除率，通过像素点分析，得出抛磨后样纸表面各处的抛磨深度，通过表 3.16.1 图像可以直观比较得出最佳工况条件为磨辊粗糙度 320 目，磨辊转速 310 r/min，进纸速度 30 cm/min。

表 3.16.1　　　　　　　　　　抛磨功能测试数据记录

磨辊转速 /（r/min）	进纸速度 /（cm/min）			
	27	30	33	36
215	$d=23.3103\ \mu m$ $\phi=71.862\%$	$d=27.4216\ \mu m$ $\phi=70.472\%$	$d=29.1328\ \mu m$ $\phi=55.517\%$	$d=23.8941\ \mu m$ $\phi=38.436\%$
263	$d=22.0413\ \mu m$ $\phi=54.538\%$	$d=28.1656\ \mu m$ $\phi=84.583\%$	$d=28.1436\ \mu m$ $\phi=51.371\%$	$d=25.4574\ \mu m$ $\phi=34.125\%$
310	$d=18.9301\ \mu m$ $\phi=43.215\%$	$d=29.5195\ \mu m$ $\phi=86.681\%$	$d=29.5195\ \mu m$ $\phi=45.457\%$	$d=26.7812\ \mu m$ $\phi=35.237\%$
358	$d=16.4099\ \mu m$ $\phi=42.842\%$	$d=28.7776\ \mu m$ $\phi=62.606\%$	$d=26.2558\ \mu m$ $\phi=42.652\%$	$d=22.1436\ \mu m$ $\phi=30.741\%$

4. 关联项目

长沙理工大学"磨旧覆新"团队于 2019 年 12 月成立，在张巍老师和赵斌老师的共同指导下，不断努力开发并改进以实现办公废纸的现场快速再生，从而达到资源集约化利用和节能减排的目标。目前该团队已完成一系列的研发工作并获得一定的社会认可。主要关联项目如下：

2020 年 8 月："集废再用"项目获第二届中国大学生可再生能源大赛三等奖（学生队长：谢康）；

2021 年 8 月："磨旧覆新"项目获第十四届全国大学生节能减排社会实践与科技竞赛一等奖（学生队长：李乐）；

2021 年 8 月："吐故纳新"项目获第四届中国大学生可再生能源大赛一等奖（学生队长：李乐）；

2022 年 6 月："一种基于磨覆工艺的办公废纸再生装置"项目获 2022 年度湖南省大学生创新创业训练计划项目立项（学生队长：黄颖婷）；

2022 年 8 月："集尘再生"项目获第十五届全国大学生节能减排社会实践与科技竞赛三等奖（学生队长：武墨中）。

5. 应用前景

（1）办公废纸现场再生提升了环保效益。树木是制造纸张的重要材料，目前国内造纸行业生产的纸张中使用 79.4% 的废纸浆，8.5% 的其他纤维以及 12% 的木浆，生产 1 t 木浆需消耗 2 t 绝干木片或 4 t 普通木材，相当于 14 棵树。同时还需消耗 70 t 水、0.0464 t 硫磺，0.1591 t 石灰，0.0364 t 芒硝，0.03 t 火碱，112 kWh 电。而一棵树平均每天吸收约 5.023 kg CO_2，一台办公废纸再生装置每小时再生纸张约 60 张，持续使用一年可节约办公用纸约 12.96 万张（约 0.57 t），减排 CO_2 约 0.9 t、CS_2 约 0.008 t、粉尘约 0.19 t，节省水约 35 t，少砍树约 7 棵。通过办公废纸再生促进木材产品的再利用和循环利用，防止水土流失碳释放的转移，防止制浆废水中很多有用物质如烧碱和纤维等直接排到河中，从而保护了干净的水流量。

（2）办公废纸快速再生促进了循环经济。使用该装置可节约大量用于造纸的水、硫磺、石灰等资源，一台办公废纸再生装置的投资成本约为 7000 元，每年消耗的电量 2160 kWh（装置额定功率 1 kW，按每月 30 天，每天工作 6 h 计算），电费 1809 元，每年节约购买 A4 纸的费用约 5184 元（按 20 元 / 包，每包 500 张计算），其投资回收期约为 2 年。因此，办公废纸现场快速再生工艺的推广将在全球范围内构建资源节约型、环境友好型用纸环境，对推动造纸工业快速发展具有重要的意义。

6. 后续研发方向

深入研究各种办公废纸的脱墨工艺和制浆流程及关键设备，深入研究提高再生纸品的白度，降低胶粘物和尘埃，力争满足中高档文化印刷用纸的要求是本项目未来主要的研发方向，其主要研究点：

（1）覆浆白度和配比的研究。废纸种类不同，所用的油墨、纤维种类及质量品质有很大的差别。在采用破损办公废纸制浆过程中，必须对各种废纸的灰分、纤维筛分、纤维组分、脱墨工艺、浮选、漂白白度增值、残余油墨含量和纸浆得率、性价比等方面进行全面研究和分析，提高覆浆的白度，同时开展多种废纸配比的实验研究，由此得到符合再生纸张质量要求的同时又比较经济的覆浆配比。

（2）脱墨剂的研究。办公废纸墨迹的种类繁多，油墨的基本成分是颜料、炭黑、染料和矿物油、植物油、干燥剂等，近代的印刷油墨还添加有一些合成树脂之类的物质，而且这些油墨印在纸上不仅有物理黏附，还会有化学结合，这就加大了脱墨的难度。因而，从碎浆白度、总油墨含量、浮选效果、纤维流失、使用成本等方面进行综合研究，开发出适合新型办公废纸再生装置使用的脱墨剂十分关键。

（3）再生工艺废物减量化研究。目前造纸工业原料种类多、工艺复杂，在办公废纸再生过程中采用不同原料和不同产品产生的废水污染负荷均不同，所产生的水污染物也千差万别，虽然废水定期收集送至污水厂集中处理，但废水处理也比较困难。为造纸工业开展清洁生产提供技术支持和导向，2015 年 4 月 15 日，国家发展改革委、环境保护部、工业和信息化部共同发布了《制浆造纸行业清洁生产评价指标体系》，要求在纸品生产过程中使得废水、废气、固体废物和噪声尽量达到最大化减量化，这就给办公废纸的现场快速再生提出了更大的挑战，要求进一步开展更加深入的研究以达到污染物减量化要求。

3.17 蛭石二维纳米新材料制备

大连理工大学：天然蛭石绿色超轻隔热气凝胶制备工艺

1. 综述

当前建材市场主流保温隔热材料存在诸多短板，因材料隔热性能不佳导致的建筑能源浪费问题亟待解决。气凝胶是一种具有纳米多孔结构的新型材料，也是优良的热绝缘体，但是传统气凝胶存在着原料昂贵、制备不环保等问题，而以二维微纳米材料为代表组装而成的气凝胶却表现出了优异的性能和性价比。蛭石作为一种片状结构的黏土材料，导热系数低、耐热保温性能较好，经过实验设计的离子插层、液相剥离、离心筛分、交联及冷冻干燥之后，可制得由蛭石纳米片组装而成的、孔隙率高达 99.4% 的超轻隔热整体气凝胶。蛭石气凝胶导热系数相比于蛭石颗粒的导热系数降低了 93.9%，相比于市面上常见隔热材料的平均导热系数降低了 17.5%～58.75%，在隔热保温、防火阻燃方面具有显著优势，且原材料廉价易得，所用工艺绿色环保，极具应用前景，也可为我国碳达峰碳中和目标的实现添砖加瓦。

2. 可交付成果

（1）新制备工艺。实验设计的蛭石气凝胶制备主要包含蛭石二维纳米片的高效剥离和大规模组装两大部分，即以离子插层辅助液相剥离的高效剥离过程，以及离子交联结合冷冻干燥的大规模组装过程。

原材料蛭石颗粒虽是层状结构，但是层间结合较紧密，孔隙率不足。通过将蛭石颗粒与 LiCl 和 NaCl 在高温高压下进行水热反应，使原本的层间距离在吸水膨胀及 Na^+ 和 Li^+ 的插层作用后增大，减小层间作用力。液相剥离可以将大部分蛭石拆分为单层、少层的纳米片，采用离心筛分的方法使未完全分层的蛭石纳米片去除，从而得到完全的蛭石纳米片分散液（见图 3.17.1）。

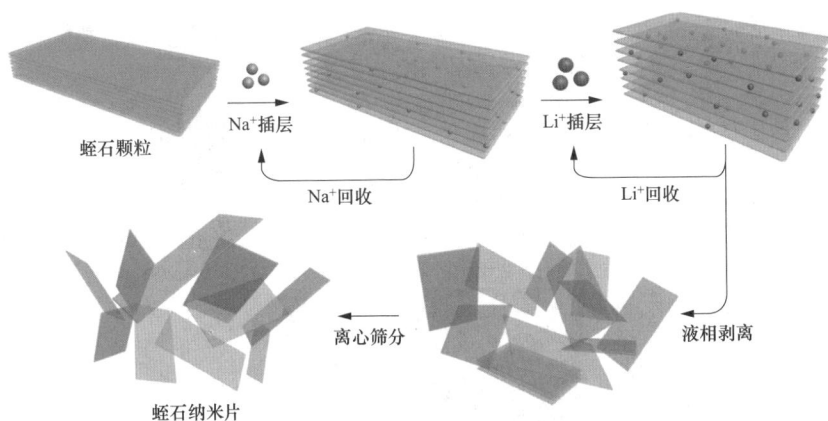

图 3.17.1　离子插层辅助液相剥离制备蛭石纳米片示意

采用刮涂的方法在亲水性基材上制备具有较大横截面积、较低厚度的蛭石分散液膜，然后采用喷涂的方法将 $AlCl_3$ 溶液喷洒至液膜中，利用 Al^{3+} 对蛭石纳米片进行交联。为了避免水蒸发时的表面张力使原本分散的纳米片间距离减小，进而导致对孔隙率和最终隔热效果产生不利影响，团队选择冷冻干燥的方式去除交联产物中的水分（见图 3.17.2）。利用冷冻干燥过程中水的固－气相变，避免了表面张力影响，保持了交联材料的丰富孔隙。

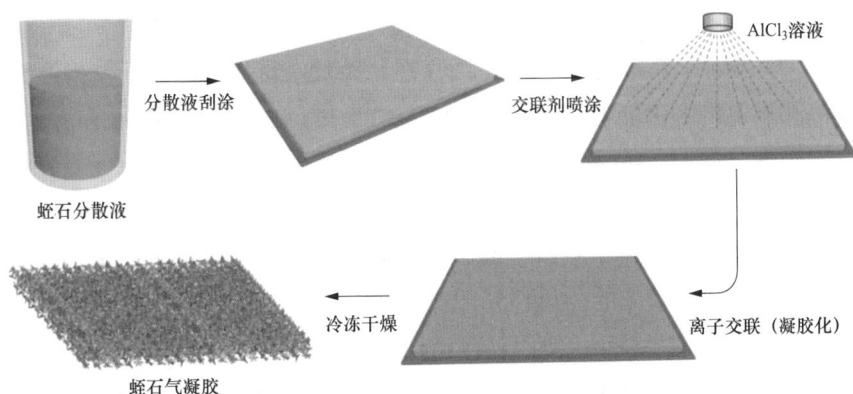

图 3.17.2　离子交联制备蛭石气凝胶示意

（2）制备气凝胶。基础物性方面，用扫描电镜观察气凝胶产物可以发现其具有丰富的孔结构，孔隙度高达 99.4%，且在其三维网络结构中具有更多的边缘－表面交织结构。均匀的孔结构和边缘－表面交织的骨架结构都有助于提高蛭石气凝胶的机械强度。经实验制备得到的气凝胶可承受超过其自身重量 1000 倍的载荷而保持结构完整。

隔热性能方面，团队用火焰喷烧气凝胶产品，通过观察气凝胶上鲜花受损的情况及红外成像显示气凝胶上下方空气的温度进行隔热性能的测试。用外焰温度为 550 ℃的火焰喷烧厚度仅为 2 mm 的蛭石气凝胶，经受 60 s 的加热，气凝胶上方花朵完好无损，此测试的红外热成像可见蛭石气凝胶隔热的明显界限，加热过程中气凝胶上方平均温度从室温升高至 28.8 ℃，隔热效果明显（见图 3.17.3）。

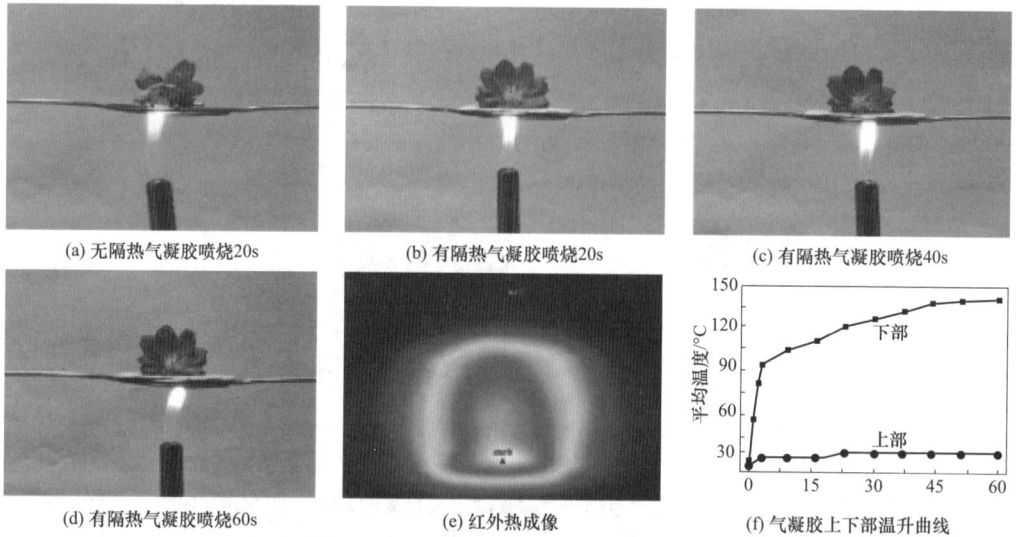

(a) 无隔热气凝胶喷烧20s　　(b) 有隔热气凝胶喷烧20s　　(c) 有隔热气凝胶喷烧40s

(d) 有隔热气凝胶喷烧60s　　(e) 红外热成像　　(f) 气凝胶上下部温升曲线

图 3.17.3　蛭石气凝胶隔热性能测试

阻燃性能方面，团队使用 1500 ℃火焰喷烧厚度仅为 9 mm 蛭石气凝胶样品，经 30 s 喷烧后，蛭石气凝胶未发生燃烧并且结构保持完整，同时气凝胶上方的花朵也完好无损。

3. 技术性能

（1）制备工艺新颖。实验小组使用广泛存在、储量丰富的天然蛭石作为原料，使用离子插层辅助液相剥离的方法能够高效地获得蛭石纳米片，并提出了 Na^+、Li^+ 回收方案，有利于减少资源浪费。同时，使用离子交联结合冷冻干燥的方法组装蛭石气凝胶，离子交联无污染、安全经济。

（2）产品性能优异。得益于蛭石气凝胶的超高孔隙率，与原始颗粒相比，产品导热系数降低了 93.9%，并且与常见的隔热材料相比，蛭石气凝胶具有更低的导热系数、更低的表观密度、更高的使用温度，防火等级达到 A1 级。

（3）可获得规模效益。蛭石气凝胶的构建方法不仅绿色环保，而且具有较高的经济性。

首先原材料蛭石是储量丰富、廉价易得的天然矿物；其次其制备过程简便、使用化学药品可回收；最后，生产条件简便，制备工艺可规模化。

4. 应用前景

与常见的建筑隔热材料相比，蛭石气凝胶的使用能够有效降低电量消耗、节省发电燃煤、减少 CO_2 排放。丰富的储量、高效的构建方法以及易于规模化的生产过程使得绿色超轻超低热导蛭石气凝胶在建筑节能领域具有广阔的应用前景。

本作品不同于较传统的墙体保温材料，减少散热本质上就减少了能耗，实现节能减排的目的，同时具有较好的防火阻燃性能，并且原材料实验药品及作品的制备过程并无严苛条件，成本较为低廉，能够高效规模化制备，应用前景广阔。

5. 后续研发方向

此外，本作品还可用于衣物阻燃如消防服，有效降低损失。在此基础上，依据团队所提供的气凝胶高效构建方法，不仅局限于蛭石溶液，同样也可以适用于其他二维材料，为拓宽材料制备过程提供了新的思路。

团队基于蛭石气凝胶的物化性质，不断探索其相关性能，比如吸附废水中的有机染料等，现已开展实验进行验证，并取得了突破性成果。

3.18　回收电动车控制器产热的热管装置

东北大学：适用外卖电动车的热能回收热管装置

1. 综述

当前外卖电动车由于多种因素限制，不可避免地存在电子器件发热严重、食物保温效果不佳等缺陷，能量利用效率、食物保温效果都有较大的提升空间。根据热管的高效导热原理，团队设计了热能回收型热管导热外卖电动车，通过机械升降结构、热管传热装置等部件的联合工作，实现了两种不同的工作模式。在气温低时将控制器热能传递至保温箱，对箱内外卖食品进行保温；在气温高时将控制器热能传递至散热面，通过强制风冷实现控制器的快速散热，保证控制器有效散热、稳定工作。

相比于目前外卖电动车控制器热回收利用率为 0，Heat Reuse 外卖电动车利用热管高效传热的特性，每分钟可回收利用 5 kJ 热能，热能回用率达到 80%。此外，针对外卖行业普遍采用铝箔卷材或保鲜膜的保温方法，本产品只需通过热管装置就能对食物进行保温，根据测算，每年可节约保温材料近 157 万 m^2，大大降低了此类卷材的使用，有着巨大的环保效益。

利用热管等相关技术，对热能进行合理输运及分配管理，能有效提高热能的利用率，改善机械设备运行的热环境，具有显著的应用前景及环保意义。

2. 可交付成果

如图 3.18.1 所示，Heat Reuse 外卖电动车由热管传热装置、机械升降结构、独立冷藏模块等部分组成。热管传热装置下铜板与控制器紧密接触，将控制器热能通过热管导出。上铜板分为上下两部分，通过机械升降结构的作用，保温模式时上下两部分贴合，将热能传递至保温箱；散热模式时上下两部分分开，通过强制风冷散热降低控制器温度。独立冷藏模块为双层内胆独立冷藏结构，内层放置需冷藏保存的外卖物品，外层添加冰块等保证低温环境，解决了冷饮或药物等有低温需求的外卖配送问题。

图 3.18.1 Heat Reuse 外卖电动车外观结构

3. 技术规范

当前外卖配送基本靠外卖电动车完成，配送过程中存在如下问题：

（1）冬季尤其是北方气温较低，外卖送达后温度低于适宜口感温度，影响口感。为实现保温，目前通常采用包裹保温材料的方法，保温材料浪费严重且不环保。

（2）外卖电动车长时间连续使用，控制器发热严重，大幅降低了电动车的使用寿命。

（3）对于冷饮或其他有低温要求的外卖，骑手通常将其挂置在车把上或直接混置于外卖箱内，极易造成行车安全问题或不能保证低温需求。

Heat Reuse 外卖电动车通过热管结构，将控制器热能导出，在大幅减少保温材料使用量的前提下实现了食物的保温，同时还能显著降低控制器温度，延长电动车使用寿命。双层内胆独立冷藏结构解决了有低温需求外卖的配送问题，且进一步提升了驾驶安全性。

采用红外成像仪对外卖电动车控制器进行测量，在室温 16 ℃下测得不同负载下控制器壳内温度为 60~70 ℃。基于该温度范围（选取 68 ℃）进行 Ansys 模拟和等效实验验证，Ansys 模拟和等效实验中外卖箱内温度对比如图 3.18.2 所示，外卖箱内温度可达 63~65 ℃，满足外卖配送的适宜口感温度。

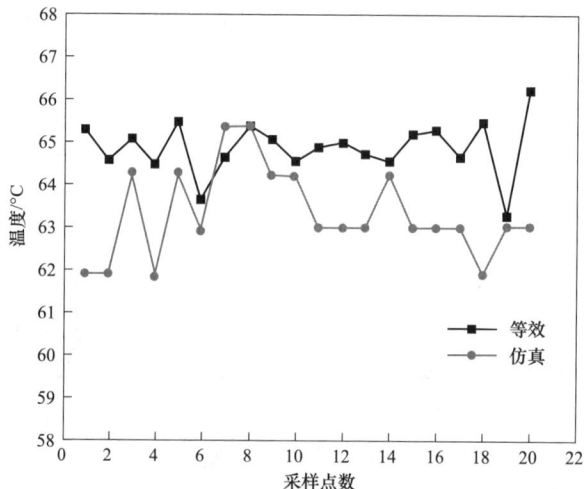

图 3.18.2 Ansys 模拟和等效实验中外卖箱内温度对比

4. 技术优势

（1）能量利用率高。目前外卖电动车控制器的热能回收利用率为 0，Heat Reuse 外卖电动车利用热管高效传热的特性每分钟回收利用 5 kJ 热能，取得了 80% 的热能回用率。

（2）环保效益好。据统计，2020 年我国外卖平台全年共消耗约 7.3 亿份铝箔卷材，本产品只需通过热管就能对食物进行保温，可节约材料近 157 万 m^2，减少固体废物的产生，环保效益显著。

（3）产品经济性高。该装置制造成本低，初步预计新增费用为每台车 300 元。以沈阳市某外卖商家为例，2020 年配送 39864 份采用铝箔保温袋的外卖订单，按单个铝箔保温袋 0.5 元的单价计算，每年可省 19932 元。

（4）使用维护简便。该技术既可用于现有电动车的改装，又可用于新型外卖电动车的生产。实际使用过程中，仅需抬升或下放外卖箱即可实现保温和散热两种工作状态的切换，使用方便。其他部件也不需要特殊维护，使用寿命与电动车持平。

5. 应用前景

在可预见的未来，本产品可以与共享经济和"互联网＋"深度融合，从而实现更好的社会经济效益。该新型外卖电动车可以根据现有共享单车的形式，由外卖平台承担生产费用，再以租赁方式提供给外卖配送员，并且通过外卖网络平台的中控系统实现外卖车的定位及箱内温度、车体情况等信息的反馈，此方式既为统一管理与调度提供了便利，又为部分人群提供了就业机会。

3.19　变废弃油井为地热井

东北石油大学：废弃油井地热能季节性储热系统

1. 综述

目前，我国现存废弃油井数量可观，将其改造为地热井，可以实现对地热能的有效利用。我国北方严寒地区冬季采暖期长且供热负荷大，通过"取热不取水"获取地热能并用于采暖，具有不破坏地下水资源且不受含水层条件限制等优点，但存在传热速率慢、供热负荷有限以及供需不匹配等弊端。为此，由东北石油大学刘晓燕老师指导的团队将废弃油井改造为地热井并与跨季节储热装置结合，地热取热系统全年运行，春、夏、秋三季储热用于冬季供热，有效解决了"非采暖期地热井闲置，采暖期供热不足"的问题，对于推进北方应用绿色能源采暖及节能减排具有重要意义。

2. 可交付成果

废弃油井地热能季节性储热系统流程如图 3.19.1 所示。本系统主要由套管式地热井、储热装置及热泵机组组成。

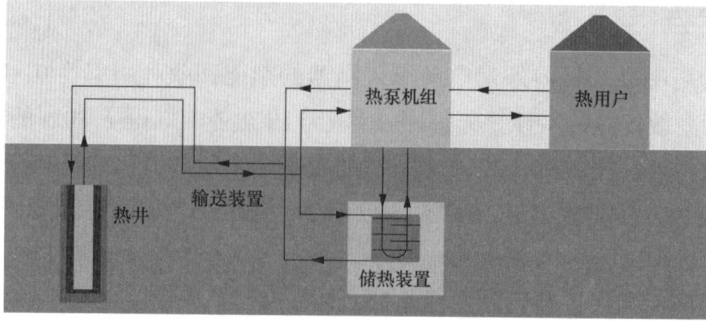

图 3.19.1　废弃油井地热能季节性储热系统流程

　　套管式地热井结构如图 3.19.2 所示，将保温套管插入废弃油井将其改造为"取热不取水"套管式地热井。冷水从顶端环形空间注入，通过管壁不断从周围土壤岩石吸收地热热量提高温度，在到达井底后流入保温内管，再返回到地上。储热装置结构如图 3.19.3 所示，由 U 形换热器、水箱、挡板、保温体、带有感应开关的进出水管组成。通过春、夏、秋非采暖期对所开采的地热能进行集中储热，以便在冬季采暖期取出供热。

　　冬季采暖期可实现双热源供热：一方面储热装置通过内部的 U 形换热器取热获得热水，另一方面通过改造后的废弃油井利用地热能获得热水。

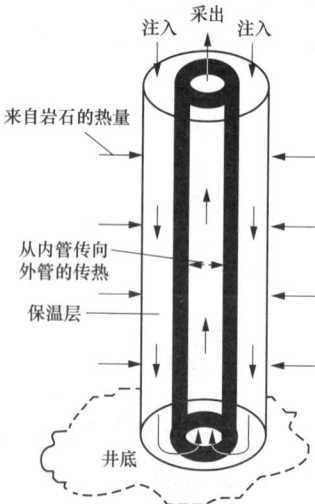

图 3.19.2　套管式地热井结构

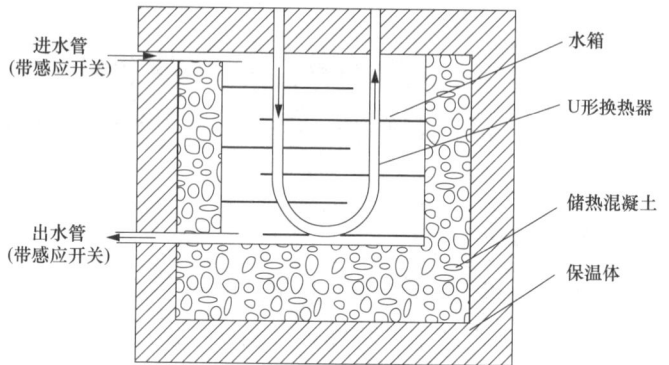

图 3.19.3　储热装置结构

3. 工作流程

　　储热期：从 3 月初开始进行蓄热到 9 月末结束。储热期系统工作过程示意如图 3.19.4 所示，通过套管获取热水，热水再通过地上的循环水泵进一步加压，输送到热用户附近的地下储热装置，再通过带有感应开关的进水管进入储热装置的水箱，把水箱内原有的低温水换掉。低温水继续通过带有感应开关的出水管进入回水管道，流注到套管中，通过地热把低温水加热，以此反复循环把储热装置内的低温水全部换掉。当水箱底部的水温达到所设置的温度时，进出水管关闭，储热装置进入静态保温模式。若某一时刻，水箱底部水温低于所设定值，那么进出水管的开关将自动开启，重复上述过程直到再次进行静态保温模式。

释热期：从 10 月初到第二年 2 月末。如图 3.19.5 所示，在进入采暖期后，一方面储热装置通过内部的 U 形换热器对外界进行热交换提供热水，另一方面通过改造后的废弃油井获取地热能直接加热提供热水。从这两部分获取的热水再经过热泵机组进一步处理后配送给所需的热用户。

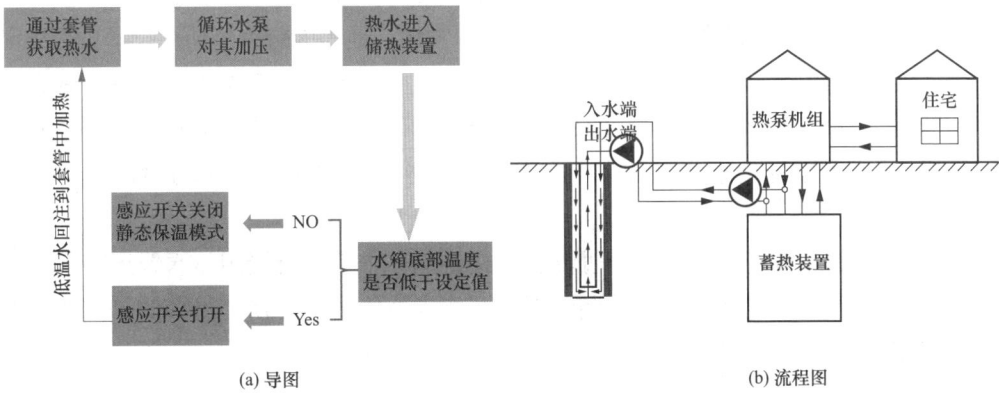

(a) 导图   (b) 流程图

图 3.19.4　储热期系统工作过程示意

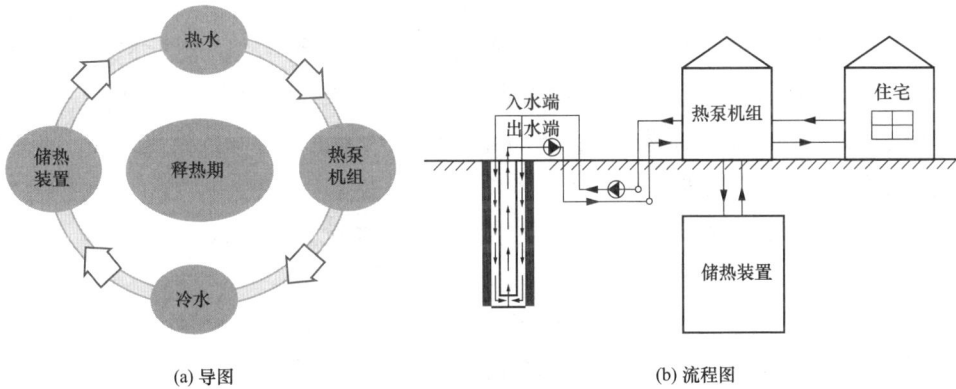

(a) 导图   (b) 流程图

图 3.19.5　释热期系统工作过程示意

4. 技术特点

我国油田目前有大量的废弃油井，本项目在较少投入下将其改造为套管地热井。一方面解决了常规开发地热能钻井费用高的问题，另一方面将废弃油井变废为宝满足地热供暖需求。在此基础上，本项目又将地热井与跨季节储能相结合，将非采暖期地热储存用于采暖期供热，提高地热能利用效率。其关键技术包括以下四个方面。

（1）废弃油井改造为地热井：将保温管插入油井中形成同心套管换热环路，从周围岩土获取地热能。

（2）地下储热装置结构设计：重点从提高换热效率、防止换热短路，增强保温性能等方面考虑进行设计，提高储能效率。

（3）储热装置智能监测控制系统设计：在进出水管设置带有温度感应的开关，控制运行模式并自动切换。

（4）双热源供热模式：冬季采暖期通过储热装置和地热井同时供热。

新型系统与常规地热供热技术和常规季节储热技术相比具有以下几方面特点：

（1）投资回收率高。采用常规地热能直接供热，存在非采暖期地热井闲置，所需热井数量多，投资高等问题。本系统通过跨季节储存地热能可以解决上述问题。

（2）高效储能。与采用太阳能跨季节储热技术相比，地热能跨季节储热技术更加稳定高效，能够全年连续运行，同时储热装置设于地下土壤中有利于减少热损失，提高储热效率。

（3）安全环保。与提取地下热水的地热井相比，本系统采用"取热不取水"的套管式地热井，具有不破坏地下水资源、不受到地下含水层条件限制、不易腐蚀管道设备等优点。

（4）智能控制。常规储热装置通过盘管间接换热，本系统直接用热水置换冷水混合换热，并在储热装置内增设智能监测控制装置，可实现模式自动切换，提高储热效率并能保证供热水温度恒定。

5. 效益分析

以大庆为例，选取四口 2000 m 深废弃油井改造为地热井进行供热，将本系统（改造废弃油井为地热井并且耦合跨季节储能装置联合供热）与系统 1（钻地热井直接提供热源）和系统 2（改造废弃油井为地热井直接提供热源）进行比较，经理论计算得出：

（1）储热效率：本系统在蓄热期从废弃油井到储热装置没有间接换热过程，本系统蓄热期间直接传质传热把集热最大化，储热效率为 74%。

（2）地热利用率：本系统地热利用率为 77.6%，比系统 2 提高 36.5%。

（3）经济效益：本系统改井比钻井节约 1018.4 万元。

（4）节能效益：本系统比系统 1、2 每年节约 408.5 t 标准煤。

（5）环境效益：本系统比系统 1、2 每年减少 CO_2 排放 1062.1 t。

6. 应用前景

我国油气田中存在大量的废弃油气井，其中蕴含丰富的地热能，该项目通过合理的利用，一方面解决了常规采取地热能所需钻井费用高的问题，另一方面也能够满足供暖需求。同时，地下储热装置可对所采取的地热能进行长期储热，将非采暖期的余热储存来减少采暖期供热的压力。该系统可广泛适用于有废弃油井、严寒及寒冷地区、冬季供热负荷大的地区。通过废弃油井地热能季节性储热系统，实现了地热能的充分利用，对于节约一次资源，推进北方利用地热能进行清洁采暖具有重要意义。

3.20　"地球号"集约水产养殖箱

东南大学：杀毒和新风净化兼具的节能水产养殖环境

1. 综述

随着物流的发展与消费水平的提高，海鲜水产品越来越多地出现在我们的日常生活中。海鲜水产市场存在因鱼虾死亡而产生的异味和通风不畅所导致的空气闷热潮湿等问题。

2020 年初，新冠肺炎疫情暴发给我们带来了巨大的灾难。疫情在武汉暴发时，源头指向了华南海鲜市场。之后，北京又出现了本土确诊病例，此时指向的是新发地海鲜市场。经过调研和分析，发现目前海鲜水产市场存在以下问题：

（1）海鲜市场环境恶劣、空气质量差、缺乏杀毒通风设施。

（2）目前的空气净化系统没有杀菌和杀病毒功能。

（3）化学杀菌无法针对气溶胶，气溶胶存在潜在的传播和扩散风险。

（4）目前的中央空调系统存在扩散风险。

因此为鱼类海鲜市场这类人员密集、容易滋生细菌和病毒的场所提供一种节能环保的水产供氧、空气净化和灭活病菌的一体化设计方案具有重大意义。

2. 可交付成果

开发团队结合环境工程专业和能源与动力工程专业对于病毒灭活、空气净化及热能回收的知识储备，设计了一款"EA·RTH（地球）——兼具杀灭病毒和新风净化功能的节能水产养殖箱"（ecological aquarium·recovering total heat），该装置主要分为两个区域：生态区和功能区。两区域之间采用只允许 O_2、H_2O 等小分子气体通过的半透膜隔开。功能区利用除氯水实现室外与室内空气的全热回收，降低日常新风通风造成的热量或冷量损失，同时利用甲醛、亲水性 PM2.5 及其他有害气体易溶于水的特点对新风进行净化处理，利用紫外灯灭活空气和水中的细菌和病毒，特别适合海鲜水产市场和各类水族馆，可以有效降低室内有害气体浓度，切断病毒传播途径，保护人体健康。同时水产养殖箱设置传感器，并且和自主开发的手机 App 实现连接，以实时监测空气质量和水质质量。

该装置能为鱼类海鲜市场这类人员密集、容易滋生细菌和病毒的场所提供水产供氧、净化空气、灭活病菌的一体化解决方案，同时系统利用纯水进行全热回收，有很好的节能效益，同样适用于水族馆、小型办公室和家庭养鱼等场所，推广潜力巨大，装置 3D 效果如图 3.20.1 所示。

图 3.20.1　兼具杀灭病毒和新风净化功能的节能水产养殖箱 3D 图

3. 作品性能

开发团队采用 CFD 数值模拟对全热换热设计方案进行了评估，通过弓形折流板通道后换热效果显著（见图 3.20.2），对开发的养殖箱性能进行了实验测试。

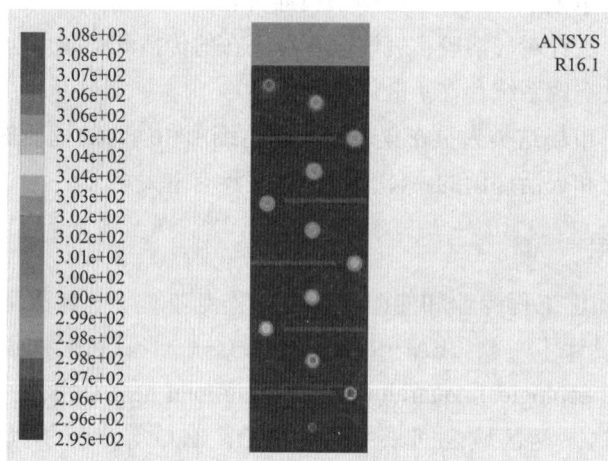

图 3.20.2　全热回收模拟实验结果

测试包括以下内容：

（1）紫外线灭菌实验。将马铃薯葡萄糖琼脂培养皿（PDA1）和营养琼脂培养皿（NA1）对污染空气和净化后空气分别密封放置在恒温恒湿室中培养后进行比较。不同自然沉降时间的细菌实验结果表明，经过空气净化后，细菌和真菌均已基本被杀灭，证明该系统具有较强的消毒杀菌效果。

（2）室内性能测试。团队在室内搭建了实物装置进行相关实验，设置高污染实验环境（提前在室内熏艾），并用空气检测仪进行实时检测和记录。居家实验的空气净化和温度调节实验表明，装置运行 7 min 左右，甲醛浓度和 TVOC 浓度就从较高水平降至极低浓度，室内温度也略有下降，说明该装置新风净化效果显著，同时对室内温度有一定的调节作用，验证了该作品所述方案的有效性。

4. 应用前景

（1）集约高效。

1）全热回收：该装置同时通入两股空气，一是从室外到室内的空气，二是室内到室外的空气，两者在装置中进行全热交换，大大降低了能耗。

2）实现对多种功能的整合：该作品实现了空气净化器、新风装置、鱼缸、消毒装置的有机整合，充分利用"一泵两用"——气泵既用于鱼缸增氧又作为空气循环的动力；"一水两用"——鱼缸水既用于暂养活鱼又作为全热交换的介质，节约能源和资源。

3）节能效益核算：如果全国 600 个城市的 10 个最大海鲜水产市场采用我们的一体化方案，一年可以节约建筑物新风能耗折算电耗 732 万 kWh，降低输氧泵电耗折算 262 万 kWh。

（2）健康效益和环保效益。

1）有效消毒灭菌：将市场空气引入生态鱼缸，在空气和水紧密接触的同时，通过紫外灯和光触媒作用杀灭 98% 的细菌和病毒，有效净化封闭环境的空气，保障群众生命健康。

2）无化学排放：紫外灯可有效去除水中的细菌繁殖体、芽孢、冠状病毒、立克次体和衣原体等，可取代杀菌威等消毒剂对于空气的消毒作用，有效减少消毒剂的使用，减少了化学用品的排放及对环境的污染。

3）基本无耗材损失：该产品采用水洗净化的方式，利用甲醛、亲水性 PM2.5 及其他有害气体易溶于水的特点对送入室内的新风进行净化处理，不消耗额外的活性炭、过滤网等耗材，可以达到减少空气中污染气体的效果。消毒杀菌的光触媒循环使用，也不会消耗新的资源。

3.21　廉价的纸基电动发电装置

东南大学：基于空气湿度的柔性能源发电装置

1. 综述

随着物联网技术的不断发展，小型便捷的可穿戴式电子产品逐步渗透进人们生活的各个方面，如智能手表、智能手环等产品已经随处可见。可穿戴设备不仅是一种硬件设备，而且可以通过软件支持以及数据交互、云端交互来实现强大的功能，这些设备的普及将会为我们的生活带来巨大的转变。

但不可忽视的是，小型化电子产品的能源供应一直是限制其发展的重要原因，这一问题也越来越受到人们的关注。现有的可穿戴式电子设备主要是通过充电或者使用一次性电池进行供电，但是一次性电池使用后处理不当会带来环境污染的问题，而充电式电子设备的充电条件往往比较局限，尤其是在自然灾害或者野外环境条件下，充电的需求很难得到满足。

针对上述问题，研究人员提出了对环境中微小能源进行收集利用的想法，近几年已经成为研究热点。相较于传统的发电方式，虽然微能源收集供应的电能比较少，但是它操作方便，不需要复杂的发电设备以及特殊的条件，往往只需要在日常生活中就可以得到材料且制作方法简单易实现。

基于以上背景，该作品提出了使用一种柔性材料纸和墨水在空气湿度作用下发电的方法，并将其应用于柔性可穿戴式电子设备中。该装置所使用的材料拥有以下优点：纸和墨水随处可见，即使是在自然灾害等极端条件下，该装置也可以为应急设备提供能源供应；纸和墨水较容易携带，可以为野外条件下一些微型电子设备进行供电；纸作为一种轻便柔性材料，易于集成后为可穿戴式电子设备等供电。如果能有效利用空气湿度进行发电，不仅能缓解能源环境问题，也可以作为物联网时代发展需求的有力补充，更好地实现节能减排目标。

2. 可交付成果

基于此背景，该作品采用一种廉价材料收集环境能量的方法，提出了"一种基于空气湿度的柔性微能源发电装置"设计思路，设计了基于纸和墨水的微能源发电装置：空气中水分和材料表面含氧基团发生相互作用产生氢离子，水合氢离子移动产生电压和电流。

该作品提供的纸基电动发电机（PEPG），在环境温度 20 ℃ 和相对湿度 60% 条件下可以连续产生 0.47 V 的电压和 35.9 μA 的电流，并且电压可以持续稳定地输出。

目前该小组利用 PEPG 已成功实现为发光二极管、电子计算器和手表供电。PEPG 具有高柔性、轻便、简单易得的特点，可以集成化后应用于便携式和可穿戴式电子设备；在一些极端条件下，也可以为一些应急设备提供能源。这不仅可以拓宽能源利用的思路，也可以实现节能减排。作品原理如图 3.21.1 所示。

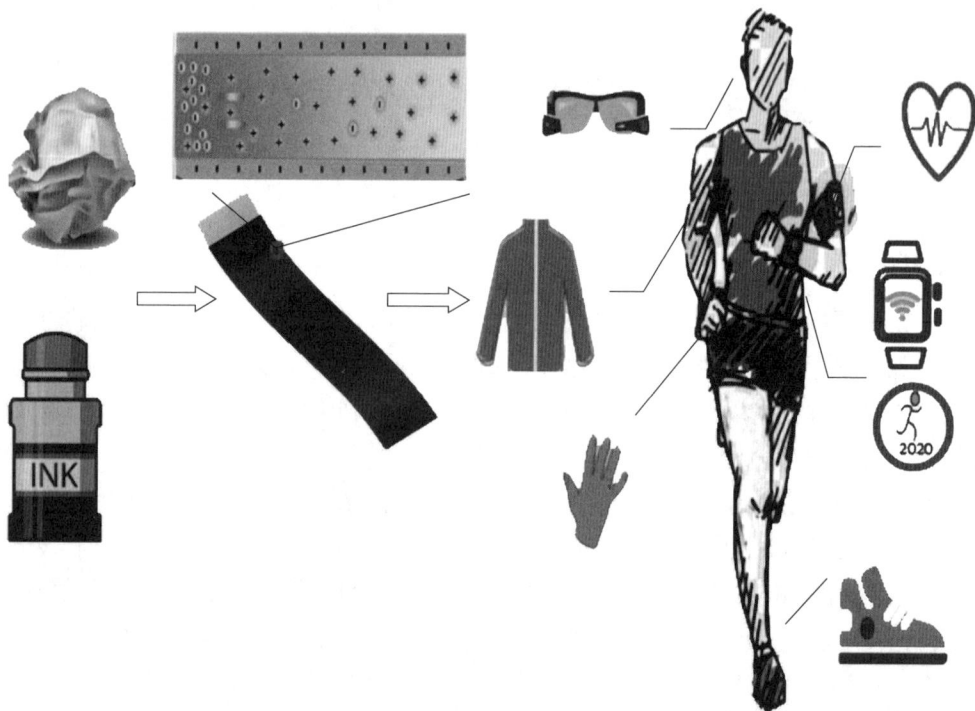

图 3.21.1　作品原理

3. 技术性能

针对目前的微型电子设备和可穿戴式智能产品的能源供应问题，该装置从以下几个方面进行应用探索：

（1）空气湿度能量利用。该作品所展示的装置及其发电原理（动电效应、双电层、伪流机制），完全基于材料本身性能和环境的空气湿度，实验验证具有较好的环境适应性（湿度：20%～95%、温度：-5～45 ℃），此外不需要任何外界能量输入，具有十分优异的能量利用效果。

（2）低成本材料组合使用。该作品所使用的材料来源十分广泛，获取途径多样，与其他研究人员提出的高分子纳米材料不同，该装置采用的商用无尘纸和碳素墨水不需要复杂加工即可使用，单个装置成本仅 0.1 元，材料成本和制作成本远远小于现有产品。

（3）应用方式多样。该作品结构尺寸灵活性高，无尘纸柔韧性好，单片或者集成化对于不同的电子设备均可使用。实验验证该作品中的 PEPG 设备可以驱动电子计算器并点亮多盏 LED 灯，电压输出稳定，持续时间长；集成化后可提供更高的电压输出，为复杂设备供能。

4. 应用前景

基于该装置的材料特性，可模块化、集成化的性能特点，安全环保的使用方式，该装置的应用前景十分广阔。

场景一：使用周期长，频率低的电子设备。如节日用装饰彩灯、计时器等；

场景二：电能获取条件差，能量需求小的照明设备。如野外应急灯、救援信号灯等；

场景三：为医疗检测设备和健康器械供能。如便携式血压计、心跳检测设备；

场景四：环境湿度大，光照条件强烈的偏远地区的用电。设想对于类似亚热带雨林地区，利用雨林条件的先天优势，制造天然的"发电森林"，为解决人口稀少偏远地区的电力需求问题提供可能。

3.22　守护好祖国的净土

东南大学：高原地区碳、磷捕获和自养脱氮污水处理工艺

1. 综述

目前，位于我国西藏等高海拔地区的污水处理厂，主要采用与平原地区相似的传统活性污泥处理工艺。在传统工艺中，为保证污染物去除效果，好氧阶段需控制溶解氧在 2.0～3.0 mg/L。

但是，高海拔地区空气含氧量低，要保证同样的溶解氧含量，需要加大曝气强度，导致曝气能耗升高。此外，高海拔地区昼夜温差大，夜间低温条件下活性污泥的微生物代谢活性将受到一定抑制，难以保证稳定的污染物去除效果。同时，传统活性污泥工艺产生的大量剩余污泥也给西藏等高海拔地区的生态环境带来一定破坏。

2. 可交付成果

由于经济发展和区域开发，西藏地区的环境保护问题日益突出，为确保西藏地区的生态环境持续保持良好状态，解决生活污水的处理以及剩余污泥的处置问题至关重要。目前，西藏地区的污水处理厂主要采用厌氧－缺氧－好氧（anaerobic-anoxic-oxic，A2/O）工艺或周期循环活性污泥（cyclic activated sludge system，CASS）工艺。在这些以活性污泥为基础的传统污水处理工艺中，COD、有机氮和氨氮的氧化、聚磷菌的好氧吸磷都需要消耗大量的氧气。西藏地区具有海拔高、空气含氧量低、昼夜温差大、夜间温度低等特点，这些气候特点严重影响了传统活性污泥工艺的运行效率。通常需要加大曝气量来保障水中的 DO 含量，这也导致了高原地区的污水处理能耗比平原地区更高。在较低温度下，微生物活性降低，同样导致污水中污染物的去除效率下降。同时，低温低氧对污泥的絮凝沉降性能也有影响，容易发生污泥上浮现象。此外，传统活性污泥处理工艺还产生大量的剩余污泥。剩余污泥的干燥，干污泥的焚烧、填埋、堆弃等处理或处置过程会提升总成本，同时会破坏周围的生态环境。因此，传统的活性污泥工艺并不完全适用于西藏地区的污水处理。如何在低温低氧条件下实现污水处理工艺的稳定、高效、低耗运行，同时减少对周围环境的破坏，一直是西藏污水处理的难点之一。

针对以上问题，东南大学"守护最后一方净土"团队创新性地提出了 CEPT-CPNA 工艺，即将化学强化一级处理（chemically enhanced primary treatment，CEPT）工艺与亚硝化－厌氧氨氧化（CPNA）工艺相结合。CEPT-CPNA 工艺流程如图 3.22.1 所示，工艺流程如下：

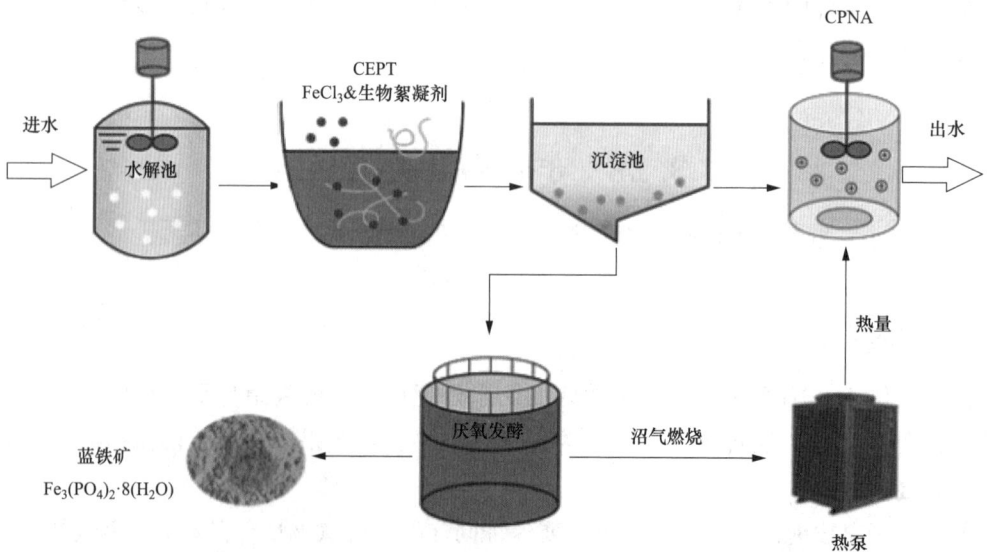

图 3.22.1　CEPT-CPNA 工艺流程

首先，通过 CEPT 工艺捕获污水中的碳和磷，同时最大程度保留进水中的氮（氨氮大于 85%）；进而，氮则通过 CPNA 工艺，在较低溶解氧（<0.5 mg/L）条件下被去除；捕获后的碳则经过厌氧发酵产生沼气，通过热泵在低温条件下为 CPNA 过程补充热量。CEPT-CPNA 工艺对高海拔条件具有较高的适用性，同时具有低曝气能耗、低环境污染、高资源回收等特点。

经 CEPT-CPNA 工艺处理过的污水，可达到 GB 18918—2002《城镇污水处理厂污染物排放标准》一级 B 标准排放标准，处理每吨水可节约电能 342 kWh（以夜间 8 h 计）。

此外，CEPT 捕获进水中的 COD 和磷，捕获后的 COD 经过厌氧发酵产生沼气，为 CPNA 过程补充热量，并在沼液中回收蓝铁矿。

同时，含氮发酵上清液也进入 CPNA，原因是普通水解方法不能分解的含氮有机化合物可以通过厌氧发酵分解，可以释放上清液中的 NH_4^+-N，并输送到 CPNA 反应器，最大限度地利用污水中的氮组分。CPNA 工艺则实现进水中剩余氮的去除，最终出水达标排放。CPNA 工艺载体表面功能微生物分布如图 3.22.2 所示。

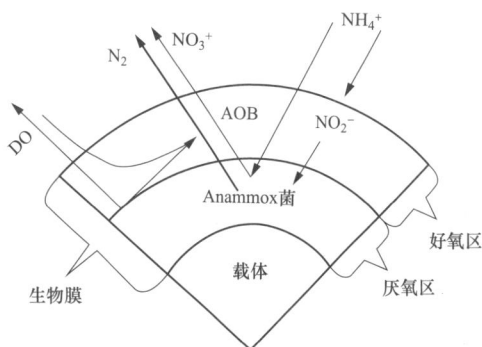

图 3.22.2　CPNA 工艺载体表面功能微生物分布

3. 科技共同体

（1）减排方面。

1）CEPT 工艺捕获碳和磷后，通过厌氧发酵产沼气、沼渣堆肥的形式回收污水中的资源，改变了传统活性污泥工艺消耗能源（曝气）去除资源（碳和磷）的模式。

2）CPNA 工艺为全程自养脱氮过程，几乎没有剩余污泥的排放，避免了剩余污泥处理和处置对生态环境的负面影响。

（2）节能方面。

1）CPNA 工艺将传统活性污泥处理工艺的溶解氧消耗从 2～3 mg/L 降低到了 0.5 mg/L，大大降低了曝气能耗。

2）碳捕获后进行厌氧发酵产沼气，通过热泵补充低温条件的热量需求，节约电能消耗。

4. 应用前景

CEPT 工艺通过物理化学方法实现碳和磷的捕获，工艺简单且效率高；高海拔地区空气含氧量低，更易控制 CPNA 工艺的低溶解氧含量条件，同时将高原地区的环境劣势转化为处理优势；碳捕获后通过厌氧发酵，得到的沼液回收蓝铁矿，同时产沼气，并结合热泵提供热量，一定程度上解决了高海拔地区较大的昼夜温差对微生物代谢活性的影响。

以上特点为 CEPT 工艺在高海拔地区的推广应用提供了强有力的理论支撑。不仅如此，通过技术经济分析，该工艺的表现也十分优越：对比目前污水处理厂采用的传统曝气工艺，污水需氧量为 5 mg/L，而 CEPT 工艺的污水需氧量仅为 0.5 mg/L。根据 GB 50014—

2021《室外排水设计标准》，结合西藏地区的实际大气压，经计算，传统工艺与新工艺在曝气方面的能耗比为 6.415：1。另外，传统工艺的反应器在西藏地区工作需要维持夜间温度，处理一吨污水耗电约 37 kWh，而新工艺的工作特点是在温度方面的能耗基本为 0。通过低能耗工艺进行有机捕集的好处可以转化为高能量回收，且不影响出水水质。

3.23 农户生物质成型燃料炉具

河北工业大学：农村生物质压块智能供暖设备

1. 综述

自古以来，钻木取火、薪火相传的生物质能源是人类生存、文明诞生和延续的重要能源。生物质能源是具有天然储能功能特性、碳中和特性和稳定输出保障的可再生能源，资源量大、获取简单、转化灵活，在"双碳"目标中承担着重要角色。目前以直燃供热形式消纳农林废弃物，仍然是优化自然生态与改善城乡人居环境，实现碳达峰与碳中和承诺，惠农富民与精准脱贫，助力农村能源生产与消费革命，保持资源高效利用的便捷、经济且有效的手段，在终端应用领域可实现对化石能源的完全替代。

近年来，国家出台多项政策支持农村地区生物质供暖，如 2022 年 1 月 4 日，中共中央、国务院印发《关于做好 2022 年全面推进乡村振兴重点工作的意见》提出推进农村生物质能等清洁能源建设；随后，1 月 5 日，国家能源局、国家农业农村部、国家乡村振兴局联合印发的《加快农村能源转型发展助力乡村振兴的实施意见》（国能发规划〔2021〕66 号）指出合理发展以农林生物质、生物质成型燃料等为主的生物质锅炉供暖，在乡村地区，因地制宜地推广户用成型燃料＋清洁炉具供暖模式；2022 年 3 月 22 日，国家发展改革委、国家能源局印发的《"十四五"现代能源体系规划》指出，在分散供暖的农村地区，就地取材推广户用生物质成型燃料炉具供暖；2022 年 8 月 25 日《天津市碳达峰实施方案》指出推进农村建设和用能转型，加快生物质能、太阳能等可再生能源在农业生产和农村生活中的应用等。

刘联胜教授指导的"绿梦乡村"团队在走访调研、高空排放测试等工作基础上，开发了一款以秸秆压块为燃料且具有自动送料功能的用户供暖装备，构建了以能源服务站为中心、辐射一定半径的分户采暖/集中监控的智慧运维模式，搭建了"以物易物"交易平台，形成了压块燃料低成本生产、短流程流转商业模式，助推农村地区清洁供暖发展。

2. 可交付成果

如图 3.23.1 所示，农户用生物质压块智能供暖装备由自动送料装置和采暖炉两部分组成，占地面积小于 1 m²，自动送料装置采用整体推饲、间歇落料方式，可实现 12 h 连续稳定输送廉价块状燃料（30 mm × 30 mm × 70 mm），采暖炉采用分区燃烧、低温燃烧、烟气循环、重力沉降等多项技术，实现块状燃料的高效清洁燃烧，各项污染物排放优于行业标准；另外，该装备配备数据远传模块，运行数据可实时上传至云端。

3. 技术规范

当前农村地区生物质成型燃料供暖面临着两大问题：

其一，生物质成型燃料清洁燃烧技术不过关，以廉价生物质压块为燃料的生物质采暖装备无自动送料装置，劳动强度大，且污染物排放超标，而具有自动送料功能的生物质颗粒采暖炉结焦现象严重、燃料成本过高。

其二，生物质成型燃料清洁供暖商业模式尚不清晰，农民低价出售农作物秸秆却需高价收购成型燃料，当农民意识到农作物秸秆的价值后往往会采取坐地起价的措施，或形成仅提供秸秆原料而不使用压块燃料的开环结构；另外，清洁供暖工程涉及的地方政府、设备供应商、施工单位、燃料生产商、运输商、农民等多个群体认识不一致，相互利益存在冲突。

图 3.23.1　农户用生物质压块智能供暖装备

该项目基于生物质压块燃料物理 / 燃烧特性分析，开发低流量块状燃料输送装置；研制耦合多级配风、分区燃烧和烟气循环技术的生物质压块燃料低氮燃烧装置，研发了 10 kW 户用生物压块燃料清洁供暖装备；并根据农村地区生物质资源分布特点和建筑供暖需求，依托区块链、大数据等技术，开发分户采暖 / 集中监控智慧运维平台，构建了生物质压块燃料低成本生产 / 短流程流转供暖基础服务业商业模式（见图 3.23.2）。

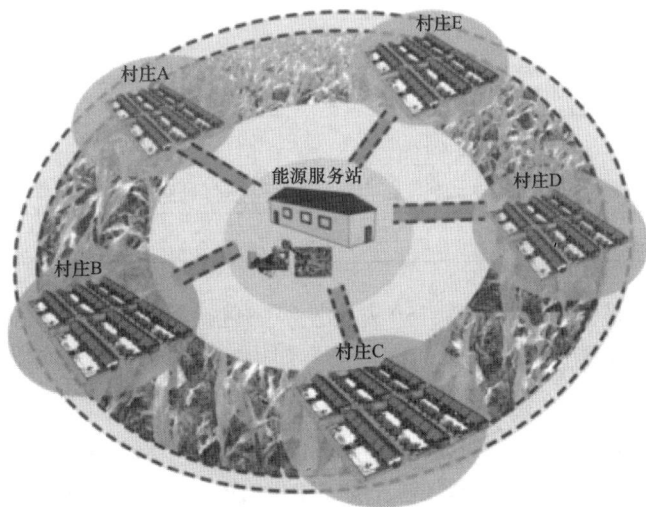

图 3.23.2　生物质压块燃料低成本商业模式

（1）生物质压块供暖装备性能。该生物质压块供暖装备可实现 12 h 连续稳定输送块状燃料（包括压块、玉米芯、树枝切段等），彻底取消夜间封火工艺，大大降低劳动强度，烟气中 NO_x 浓度均值 63 mg/m³、CO 浓度均值 522 mg/m³、粉尘浓度均值 31 mg/m³，各项污染物排放指标优于国家标准，排烟温度可控制在 120 ℃ 左右，综合热效率高达 85%。

（2）推广应用模式。结合农村资源禀赋和用能特点，构建以能源服务站为中心，辐射一定半径的分户供暖/集中监控模式，区域能源服务站的最优服务半径依据当地道路曲折情况、秸秆资源分布情况等因素而定（一般小于 5 km），农民与能源服务站之间采用"以物易物"的交易方式，即农民通过代加工的方式从能源服务站获得压块燃料，在最优服务半径下，每吨生物质压块燃料的成本可控制在 150 元左右（利润 40% 左右），生产 1 t 压块燃料各项成本详情见表 3.23.1；另外，能源服务站对分散于农户家中的供暖装备进行运行监测，若供暖装备运行工况出现问题，技术人员通过电话指导农户解决或上门服务，每平米服务费为 5～6 元。

表 3.23.1　　　　　　　　　　能源服务站生产 1 t 生物质压块燃料成本

打捆成本	运输成本	粉碎成本	压块成本	建厂成本	人工成本	合计
6.49 元 /t	6.35 元 /t	20.53 元 /t	53.19 元 /t	4.45 元 /t	19.29 元 /t	110.3 元 /t

（3）经济性分析。单台生物质压块供暖装备价格为 3500 元，以供暖面积 100 m² 为例，年消耗成型燃料 6 t，代加工费用 150 元 /t，采暖运行成本为 9 元 /m² 另外，集中监控服务费 6 元 /m²，则农民整个冬季采暖成本为 15 元 /m²，室内温度维持在 18 ℃ 以上，舒适度和空气品质显著提高，不同采暖方式对比情况见表 3.23.2。

表 3.23.2　　　　　　　　　　不同采暖方式的经济效益和环境效益

采暖方式	设备成本 /（元 / 台）	燃料成本	室内环境	热效率	采暖运行成本 /（元 /m²）
散煤锅炉	1500～2000	550 元 /t	较差	80%	21
燃气壁挂炉	8000～15000	2.68 元 /m³	良好	95%	34
空气源热泵（热水）	10000～12000	0.52 元 / kWh	优	COP＝3	35
生物质颗粒锅炉	8000～10000	1200 元 /t	良好	80%	60
生物质压块锅炉	3500～4000	150 元 /t	优	85%	15

单个区域能源服务站初投资为 150 万元左右，包括粉碎机、压块机等设备，其盈利点主要为成型燃料代加工、供暖服务、采暖装备加工等，年 6000 t 成型燃料代加工的利润为 25 万元左右，供暖服务（服务项目包括炉具运行管理、后期维修维护等）收益 80 万元左右，采暖装备加工利润以 15% 计算，千台套利润约为 50 万元，在不考虑政府补贴情况下，设备投资回收期为 1～2 年。另外，单个能源服务站可为当地农民提供 10 余个就业岗位，促进农民就业，助力乡村振兴。

4. 关联项目

在刘联胜教授的指导下,该项目持续研发与推广,并取得优异的成绩,具体如下:

2019 年立项天津市扶贫助困类创新创业拔尖项目;

2020 年荣获河北省"互联网+"大学生创新创业大赛金奖,项目名称《绿梦乡村情暖张北—农村地区生物质智慧采暖系统》;

2020 年荣获第十二届"挑战杯"中国大学生创业计划赛国家银奖,项目名称《绿梦乡村—华北农村地区生物质智慧采暖系统》;

2022 年在张家口市赤城县成立"秸秆综合利用专家工作站"。

5. 科技共同体

(1)低碳赋能,乡村振兴。"绿梦乡村"团队在刘联胜教授指导下,炉具不断迭代更新并成功转化,成功将低碳生物质能应用到供暖薄弱的农村地区,依托河北工业大学、河北工业大学张北产业研究院,2019—2021 年将所研发的供暖装备和构建的商业模式在张北县大羊庄村应用示范,带动当地 10 余人就业,农民采暖成本降低 30%,既解决秸秆田间焚烧问题,又促进农林废弃物能源化利用。在天津市科技帮扶重大提升项目的资助下,对所研制的生物质压块供暖装备进行优化升级,并将其用于温室大棚供暖,使温室大棚由种植低附加值叶类蔬菜升级为种植高附加值瓜果类蔬菜,农民收入大幅提升,助力乡村振兴。

(2)筑梦乡村,科技育人。随着项目不断发展,团队日益壮大,2020 年团队成员达 29 人,涵盖能源、经管、建艺等八个学院 19 个专业,搭建了学科交叉、优势互补平台,在该平台下多名队员保送南开大学、天津大学等 985 高校,团队累计科技育人 70 余人。

3.24 光伏应急车道发电制氢系统

南京航空航天大学:"源"梦道路,"氢"新自然

1. 综述

在"双碳"战略背景下,氢能源汽车被视为潜在的清洁能源解决方案之一。氢能源汽车的工作原理是以氢气作为燃料,并通过燃料电池将其转化为电能,以驱动电动汽车。由于氢气的能量密度相对较低,即使在液态氢的形式下,其能量密度仍然比一些传统燃料要低得多。与此同时,为了在有限的空间内存储足够的氢气,通常需要将氢气压缩到很高的压力,或者冷却成液态氢,存在极大的安全隐患。相较于电池电动汽车,氢气的生产和储存仍然面临着巨大挑战,尤其是在高速公路。

在本研究中,针对高速公路上氢能源汽车续航不足的问题,团队利用高速公路应急车道上闲置太阳能设计了一种具有制氢输氢和自清洁功能的蜂窝路面系统,并通过仿真和实验验证了其各部件功能的完整性和作用效果。通过软件仿真，验证了该蜂窝路面结构具有良好的承重能力，满足汽车行驶需求，并具有较强的捕光能力和自清洁能力。经过估算，该系统一年约能产生 1.2×10^6 kWh 的电能，可为电动汽车充能近 3 万辆·次。促进了氢能源汽车的发展和普及。

2. 可交付成果

现如今阻碍民众选择新能源汽车的因素之一是无法方便地进行长途通行，尤其是在高速公路。根据国内高速公路发展现状，高速公路的应急车道大部分时间处于空闲状态，汽车利用应急车道的频率较低。中国高速公路总里程约 14 万 km，按照国际标准，我国高速公路设计时速 120 km 的紧急停车带的宽度为 3.5 m，可以利用太阳能的面积约为 4 亿 9 千万 m^2，所以应急车道上的太阳能便是该作品中最核心的能源。

据此，该组模拟建设一个长 1000 m，覆盖于两侧应急车道（3.5 m）的光伏车道。经过估算，该模拟系统一年约能产生 1.2×10^6 kWh，可为电动汽车充能近 3 万辆·次。该作品的整体布局包括路面结构设计、自清洁循环系统和制氢输氢系统。装置模型如图 3.24.1 和图 3.24.2 所示。

整套装置实现区域化、模块化，所产生的氢能和电能分别通过管道和输电线运往服务区储存和使用，还可每隔一定里程设置紧急充能桩，保障新能源汽车的续航能力。

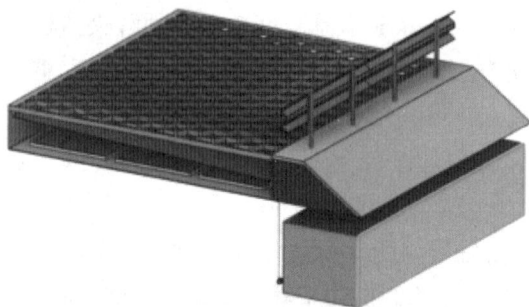

图 3.24.1 单元体模型

图 3.24.2 总体模型

本装置的优势不仅在于满足了新能源汽车的市场需求，而且由于目前电能大规模储存的技术仍很不完善，本装置发电制氢可以很好地解决能源的储存问题。除此之外，本装置还可以搭配氢燃气轮机发电，可用于电网的调峰、调频、调相、稳定电力系统的频率、电压及事故备用，如在电网负荷低时将多余电能转化为氢能，在电网高峰时期使用氢燃气轮机将氢能重新转化为该时段的高价值电能，以实现其调峰功能。

3. 技术规范

开发团队使用 ABAQUS 力学分析软件对镂空网架进行承重评估，改进的蜂窝镂空网状结构承重能力、材料利用率均显著提升。同时也对产品工作效率进行了如下分析：

（1）透光率分析。利用 lighttools 光学分析软件模拟 24 h 太阳东升各角度坐标下的透光率，从而计算全年可接收到的太阳辐射平均值约为 1500 MJ/a。

（2）产氢效率分析。据数据统计多晶硅光电转化率为 20%，工业电解水效率为 50%，加氢汽车每百公里耗氢 500 g，则单个模块每年能为 200 km 里程的新能源汽车充氢 25 次。若将全江苏省公路应急车道铺设 2/3，则能为 200 km 里程的新能源汽车充氢 3 千万次。一年可以收集到的电能约为 2.4 亿 kWh。将得到的电能全部用来电解制氢，可以得到约 0.72 万 t 的氢能。相关模拟结果如图 3.24.3 所示。

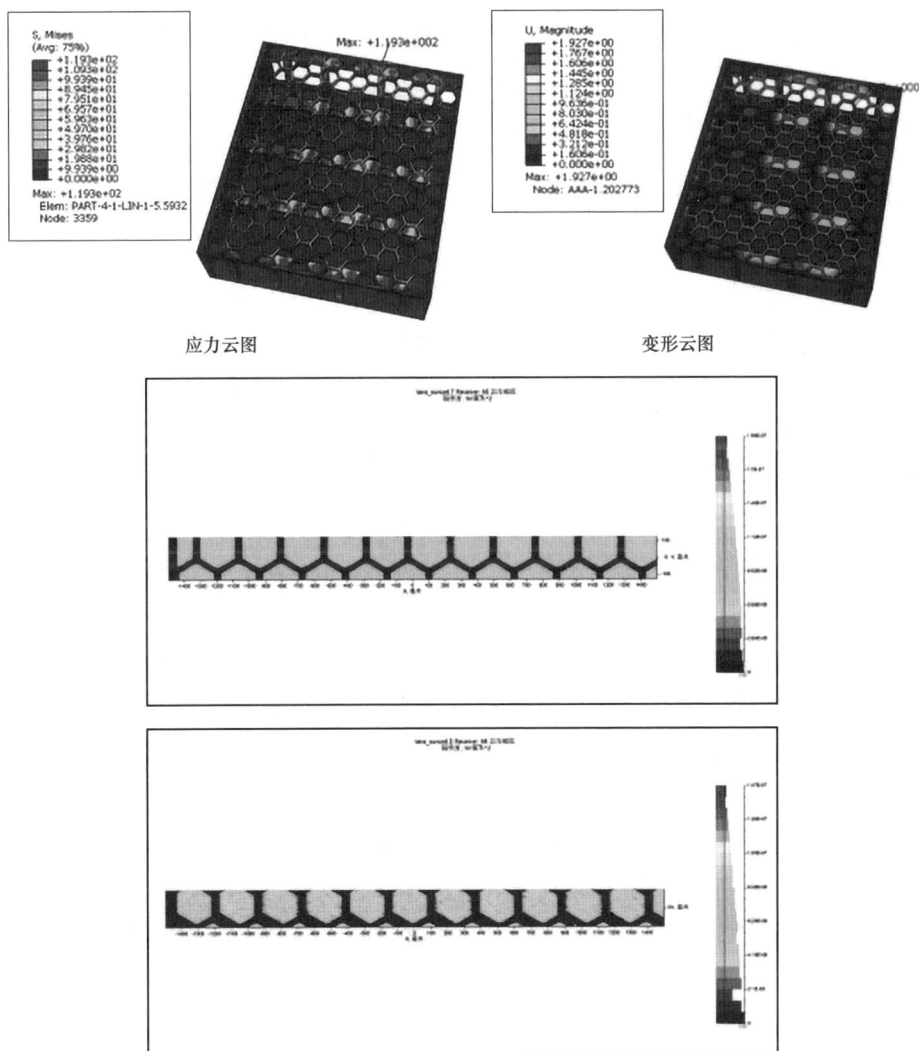

应力云图　　　　　　　　　　　变形云图

部分光学分析

图 3.24.3　相关模拟结果

4. 研究背景及应用前景

随着低碳出行观念的提出以及普及，新能源汽车逐渐开始出现在大众视野，成为不少居民的选择，但由于新能源汽车的续航问题，不少潜在购买者仍处于观望状态。纵使新能源充电站和加氢站正在逐步普及，仍难以补齐供给缺口。新能源汽车目前的续航问题仍是各学科、各领域重点关注的方面，但始终难以有较大的发展。于是一种较为新颖的想法开始萌发，本系统便是从外部对新能源汽车续航提供支持的一种手段。

应用前景：

（1）改善新能源汽车续航短的问题。目前新能源汽车的续航问题仍不能从根源解决，对电池性能的提升微乎其微。在建设的高速公路中铺设该系统，可有效地利用闲置的太阳能将其转化为电能和氢能，并在沿途服务区建设充电桩和加氢站，则可利用系统所产生的电能和氢能对新能源汽车进行充能。

（2）服务于其他耗能设施。该系统所产生的电能和氢能非常可观，可用于服务区供电、大型设施临时供电 / 供能等，可以减少部分如火力发电等方式带来的污染以及能源消耗，为碳中和贡献一点力量。

5. 后续研发方向

我校对于"双碳"战略尤为重视，筹备建设中的天目湖碳中和技术研究院将由宣益民院士领衔。研究院将围绕"双碳"国家能源战略目标，瞄准江苏省能源转型、能源安全和能源产业升级的重大需求，聚焦服务地方发展，建设具有国际先进水平的碳中和产业技术创新平台，成为清洁能源高效转化与二氧化碳资源化利用等领域高层次人才的汇聚基地、核心技术的创新基地、战略前沿技术的储备基地和国际合作交流中心，引领碳中和技术跨越式发展与产业低碳升级。在此背景之下，学校注重培养学生相关素养，参与竞赛，磨炼能力。

"光伏应急车道发电制氢系统"团队是在刘向雷教授的指导下完成的。该问题的解决方案通过合理安全地利用应急车道的空间资源，实现光伏发电的功能；并通过收集雨水以完成自身的清洁以及电解水制氢的功能。该套系统产生的电能及氢能可以运输至高速公路服务区以实现对新能源汽车的供能，从而缓解新能源汽车长途行驶时面临的能源问题，助力新能源汽车的发展和普及。

团队在刘向雷教授的带领下，夯实专业基础，提高创新实践能力，努力成为"能源与动力领域具有家国情怀、担当精神、创新意识的一流人才"。利用南京航空航天大学能源与动力学院综合能源研究院的先进经验与资源，在自身努力的同时激励更多学子加入新能源科研的队伍中。在科研中，广大学子响应学院坚持新发展理念，扎实推进国家"清洁低碳、高效安全"能源战略的举措，并继续完善该问题解决方案。

3.25 技术一小步，人文一大步

南京航空航天大学：太阳能热水器管道排空控制系统

1. 综述

太阳能热水器以其环保节能的经济性能优势在国内外得到了广泛应用。然而常规太阳能热水器上水／用水管道内有大量存水，严寒冬季存在管道冻裂的隐患。此外，用户在使用热水前，需先排掉管道存水，不仅水资源浪费严重而且水管预热时间久，从而限制了太阳能热水器在高层建筑中低楼层的应用推广。

针对这一问题，南京航空航天大学能源与动力学院成立大学生节能减排研发团队，历经三年时间，研究太阳能热水器管道排空及控制方法，提出了解决方案。

2. 可交付成果

常规太阳能热水器管道中总会留有存水，这会导致以下问题：一方面，在严寒的冬季，管道中的存水结冰会使管道冻裂，造成经济损失；另一方面对于建筑楼层高的低楼层用户来说，在用热水时需要先排掉管道内的存水，造成水资源的浪费，同时需要等待管道中存水排空后才能使用热水，使用极为不便。

该项目利用管道排空技术，在上水和用水后均将管内存水排回太阳能热水器，从而在不使用太阳能热水器时管道中始终保持无水状态，因此该项目带来以下优势：由于管道中没有存水，不存在冻裂问题；用水时不需要排出存水，用水端直接流出热水，避免了水资源浪费，同时即用即热，用水更加便捷，建筑楼层高的低楼层用户也可使用，拓宽了太阳能热水器的用户范围。

研发团队对该项目进行了视频动画制作和实物模型演示，并且进行了实际的高楼试验。图 3.25.1 所示为太阳能热水器管道排空及控制方法示意，图 3.25.2 所示为实物模型。

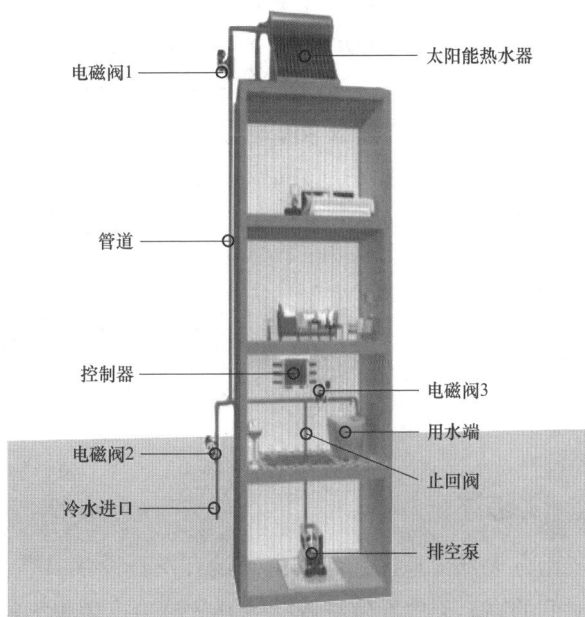

图 3.25.1 太阳能热水器管道排空及控制方法示意

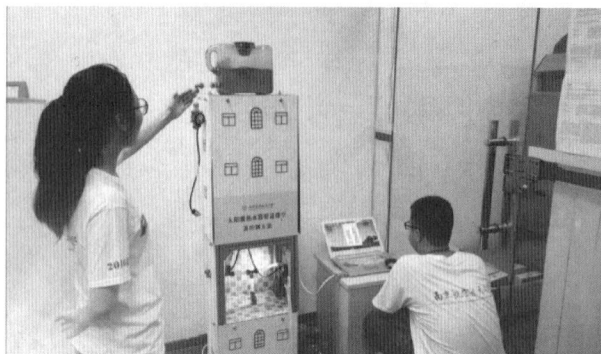

图 3.25.2 太阳能热水器管道排空及控制方法实物模型

3. 技术优势

（1）节能性。相比常规太阳能热水器使用前需将管内的存水放掉，该项目利用空气泵把水提前排入太阳能热水器中，避免这部分水量浪费，实现节约水资源的目的。

（2）安全性。常规太阳能热水器因管内存水，在冬季存在管道水结冰易使管道冻裂问题。该项目通过排空技术，使得管道中存水被排空，可避免出现管道冻裂问题。

（3）经济性。该项目具有装置成本低，经济效益显著，三个月可回收成本，且装置具有结构简单、紧凑和易操作，节约水资源等优势。

4. 应用前景

在节能和环保意识不断提高的今天，消费者在使用太阳能热水器时更加注重其节能减排的效果。对于北方的用户群体来说，冬季管道冻裂一直是一个难以解决的问题，该项目从解决排空管道中存水的角度在根本上解决了这一问题，避免了采用保温层这一治标不治本的方法，达到节约资源、提高经济效益的目的。同时对于高层建筑的低楼层用户来说，由于用水时的水资源浪费和出热水等待时间久，使得太阳能热水器的市场中缺少了这一部分用户群体，而此项目可以很好地解决该问题导致的用户体验不佳。该项目能有效改善用户体验，拓宽了用户范围，具有广阔的市场前景，已授权 1 项国家实用新型专利（CN107289652U）。

3.26 "吞吐自如"的冬夏空调

南京航空航天大学：基于相变材料的冬夏两用空调储能系统

1. 综述

南方大部分地区，冬季由于没有供暖设备，空调供热会成为一大开销；夏季更会由于长时间的高温天气导致空调持续开放制冷产生很大的支出。

随着近年来相变材料的高速发展，团队联想到了将空调与相变材料相结合：在空调供热或者供冷期间，相变材料相应地储热或者蓄冷；在空调不工作期间，相变材料也可以持续地进行相变，从而释放或者吸收热量。

国内的相变材料与空调相结合，相变材料基本都是只能在夏季蓄冷吸热减小空调能耗，或者只能在冬季储热减小空调耗电，而没有一种在冬夏两季都可以使用的两用相变材料储能产品。团队也从一些专利了解到：几乎所有已有的相变材料与空调相结合的发明只可以达到储热或者蓄冷一种目的。因此，团队希望实现的是不仅夏季可以蓄冷，而且冬季也可以储热的多季节储能系统。

2. 可交付成果

该作品是一款基于相变材料的冬夏两用空调储能系统，利用材料相变将空调释放的冷量或者太阳释放的热能储存起来，并在合适的时间释放出来节省一定的能耗，达到冬夏两用的目的。

随着现代工业的发展和人民生活水平的提高，中央空调的需求量也越来越大，一些大中城市空调用电量已占其高峰用电量的 20% 以上，使得电力系统峰谷负荷差加大，电网负荷率下降。

空调储能系统工作分为夏季与冬季两种工况。夏季夜间，空调制冷，相变材料蓄冷，白天时利用相变材料直接参与制冷循环，减少了白天制冷用电负荷，冬季白天通过太阳能给相变材料储热，夜间利用相变材料储存的热量与空调进行制热循环，利用太阳能减少夜间制热用电。该系统具有的移峰填谷功能，可平衡电网峰谷负荷，优化电力资源配置。

选取的相变材料相变温度为 18 ℃左右，可供夏季制冷与冬季制热使用。该系统在空调与室外空气的循环中加入了相变材料，减小了循环温差，提高了空调的循环效率。

设计的该款空调具有冬夏两用功能，是多季节的储能系统，夏天循环示意如图 3.26.1

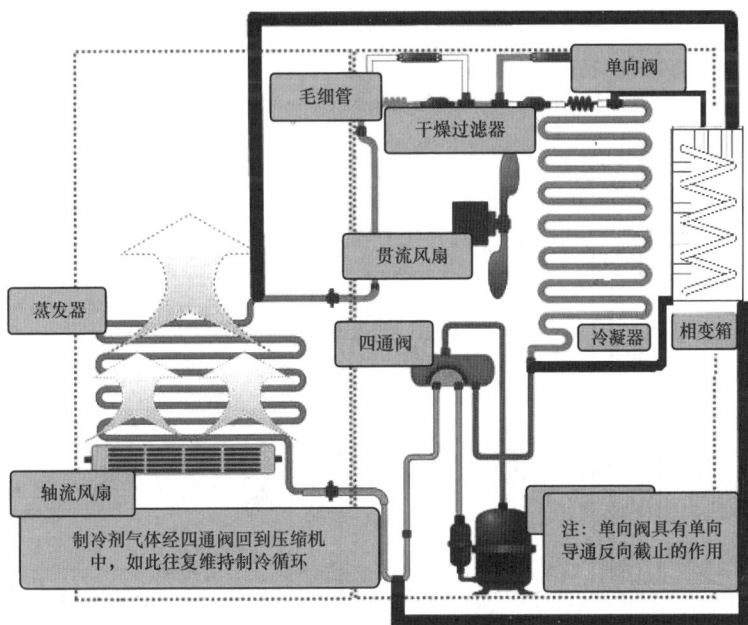

图 3.26.1　夏天循环示意

所示。在夏天夜晚用电低谷的时候，吸收一部分空调的制冷量，储存在相变材料箱中，然后在白天用电高峰的时候，利用相变材料所蓄的冷量，使之与室内进行热力循环，在完成制冷需求的同时，降低了压缩机的能耗。

冬天循环示意如图 3.26.2 所示，在冬季白天，利用太阳能热水器吸收太阳的热量，将其中的能量导入并储存在相变箱内，到了晚上，使用空调将相变箱相变放出的热量吹出到室内，减少一部分空调制热的能耗。

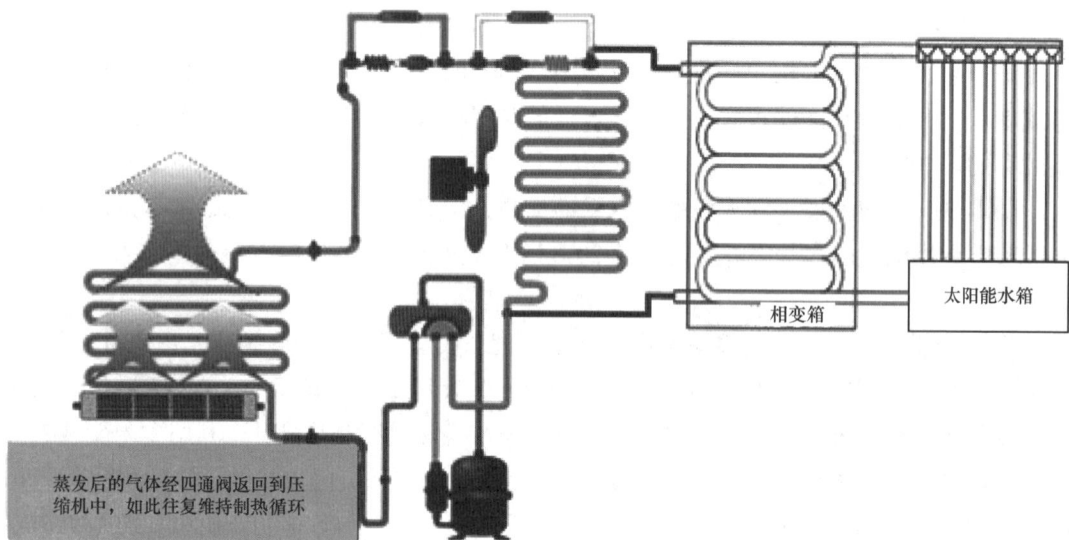

图 3.26.2　冬天循环示意

冬天的相变储能部分采用太阳能水箱和相变箱结合的方式，如图 3.26.3 和图 3.26.4 所示。冬天时，将太阳能通过水管与相变箱相连通，并将从太阳光吸收的热能通过水输入到相变箱中储存，简便高效。

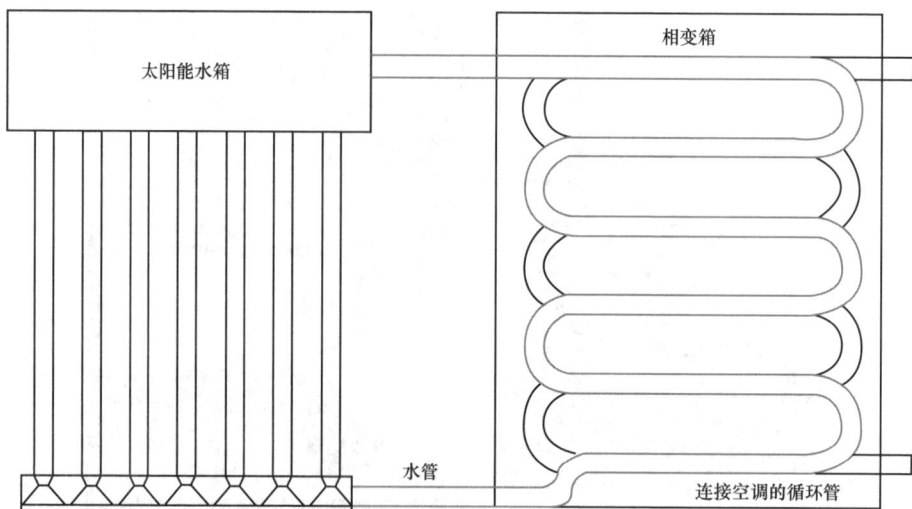

图 3.26.3　太阳能水箱和相变箱储能示意

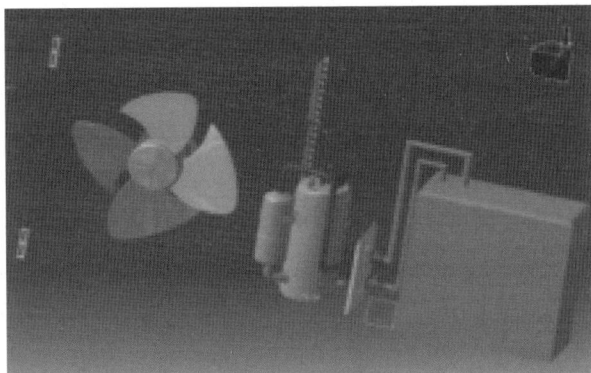

图 3.26.4　部分机构简易结构

3. 技术性能

装置整体俯视图如图 3.26.5 所示。

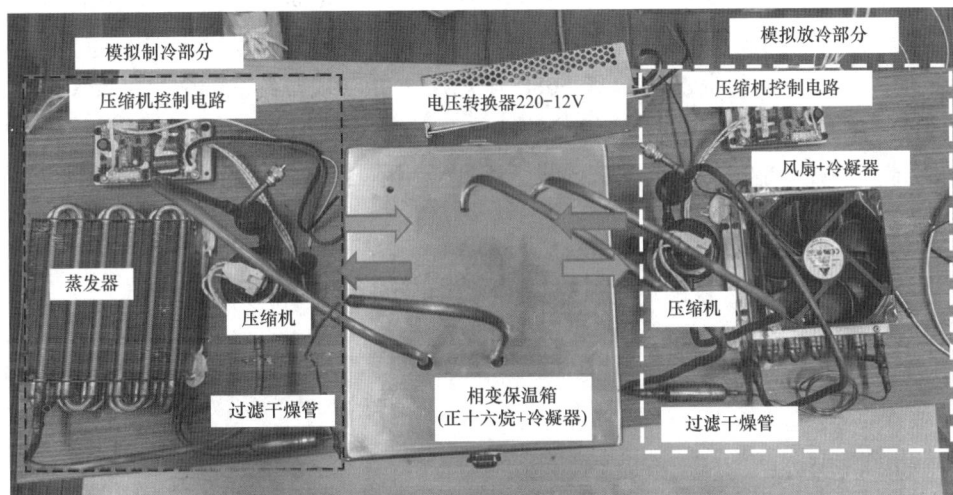

图 3.26.5　装置整体俯视图

由表 3.26.1 可知，进出管温度有 8 ℃左右的明显温差，水温下降约 5 ℃，证明装置可以成功将冷量储存进相变箱内。

表 3.26.1　　　　　　　　　　制 冷 部 分 实 验 结 果

时间 /min	0	5	10	15	20	25	30
进冷管温度 / ℃	25.3	23.8	21.5	20.6	19.1	18.1	17.9
出热管温度 / ℃	25.3	25.3	25.4	25.4	25.5	25.6	25.6
水温 / ℃	25.2	25.1	23.8	22.6	21.4	20.6	20.1

由表 3.26.2 可知，进出管温度有 15 ℃左右的明显温差，水温上升约 1.5 ℃，证明冷量可以成功地从相变箱换出到换热器中，然后释放出来。

表 3.26.2 放 冷 部 分 实 验 结 果

时间 /min	0	5	10	15	20	25	30
进热管温度 /℃	25.2	35.2	37.1	38.1	38.3	38.4	38.6
出冷管温度 /℃	25.2	23.3	23.2	23.5	23.5	23.7	23.9
水温 /℃	20.4	20.9	21.1	21.3	21.5	21.6	21.9

实验验证结果：虽然受到相变箱隔热性能、测温误差等因素影响，实验测温结果和预期有较大偏差，但是仍然成功地验证了该装置可以将空调制造的冷量储存到相变材料箱中，并慢慢地将冷量从相变箱中释放出来，系统原理得到了验证。

4. 应用前景

若夏天一个 30 m² 的房间，一个白天能够节约 9.996 kWh 电能，可以减排约 9.97 kg CO_2。冬天一晚能节约 9.22 kWh，可以减排约 9.19 kg CO_2，能节约 3.304 元电费。

推广至每家每户，假设一个城市有 150 万户人家，每家平均 80 m² 居住面积，在夏天一个白天的用电高峰期能够节省约 4000 万 kWh，可以减排约 3.988×10^7 kg CO_2，节约 177.2 万元，冬天一个晚上能够节省 3688 万 kWh，可以减排约 3.646×10^7 kg CO_2，节约 1321.6 万元。而且可有效实现削峰填谷的功能。在全国大中城市，由于家用电器的普及，所有电器都有待在节能措施方面实施改进，因此应用前景很广。

3.27 超构材料构建的热流"捕手"

清华大学：基于热变换理论的热流调控装置

1. 综述

工业中实现热流的有效调控对于提高能量的利用率和防止热流积累造成设备的热损伤具有重要的意义。实现热流控制的一种有效手段是设计具有特定结构和功能的热超构材料。本项目中，针对工业中存在的对于宽温度和宽热流范围下的热流调控的需求，我们采用变换热学的理论，设计了一种具有热疏导和定向热聚集功能的热流调控器件，并通过仿真和实验验证了其作用效果。

团队首先将高、低导热系数的两种材料交错排布成扇形圆环结构，实现了具有热流聚集能力的超构材料。再通过将热流聚集材料均匀排布在圆盘截面的边缘，实现将中心高温热源的热量向四周疏散后经热流聚集材料聚集在特定的热流聚集区内。在材料的选择上，团队合成了一种有较好绝热性能和耐热温度的气凝胶隔热瓦复合绝热材料（STIS）作为低导热材料。该材料的引入，大大地提高了热流调控器件的适用温度。

通过软件仿真和实验，团队验证了本项目中所设计的结构能够在较宽的温度范围和热流范围实现热流调控的效果。该器件能够将中心热散出的热量向圆盘截面散出后聚集在特定的热流聚集区内，热流聚集率接近 56%，热流聚集比接近 2.5，提高热流聚集区的温度和热流密度的同时也降低了其他区域的温度。该器件的设计，不仅能够疏导高温热源的热量，防止热量积累对仪器造成损害，还能够提高工业中对于热能的回收和利用的效率，具有较强的应用前景，热流调控器件实物与结构如图 3.27.1 所示。

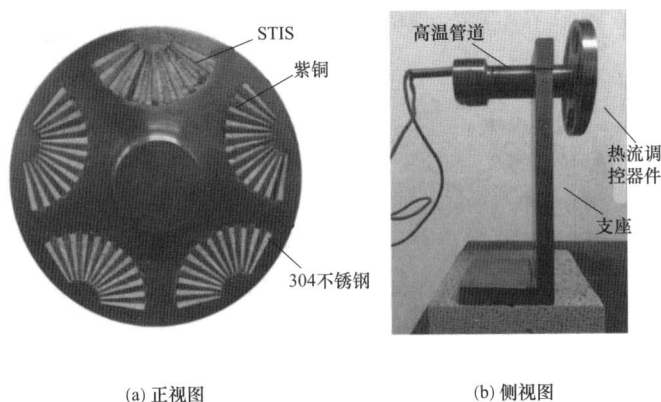

(a) 正视图　　　　　　　　(b) 侧视图

图 3.27.1　热流调控器件实物与结构

2. 技术开发背景

随着科技的发展，电子器件、动力机械、能源设备中的温度，热流密度，热流的复杂度有了巨大的提升，使得器件发生热积累和热损伤的概率增加。传统的散热方式在很多场景下难以同时保证热流的高效利用和有效的热防护。因此，新型高效的热流管理方法成了研究者关注的焦点。

区别于传统的高温区域向低温区域均匀的自发散热，新型热管要求热流进行定向输运，进而实现定向散热和定域热收集。热超构材料（thermal meatamaterial）近年来在先进散热领域受到广泛关注。热超构材料通过对于不同导热系数的材料进行图案化设计，能够实现各向异性的导热系数，进而实现特定方向的热流输运。

已有热流调控器件的适用温度主要集中在 0～100 ℃，温度适用范围比较小。而在航空等特种工业的实际应用中，存在高温度、高热流条件下的应用需求，已有器件无法满足该类需求。另外，在工业的应用中，热源处的温度和热流密度一般较高，容易产生热损伤，但是热源处往往空间狭小，各种设备零件排布比较复杂，不利于直接进行热流聚集再利用，而是需要先在热源处对热流进行疏导并聚集在特定的位置后再回收利用。因此，本项研究的目的在于设计一种能够适应宽温度范围和宽热流范围并具有热疏导和定向热聚集功能的热流调控器件，热流聚集器和热流调控器件结构示意如图 3.27.2 所示。

3. 技术性能

研究团队采用 COMSOL 数值模拟软件对热流疏导效率进行了评估，并通过实验对开发的热流传输效率性能进行了测试和优化，包括：

（1）工作温度。本项目所述的热调控器件采用耐高温的材料体系，尤其是低导热率材

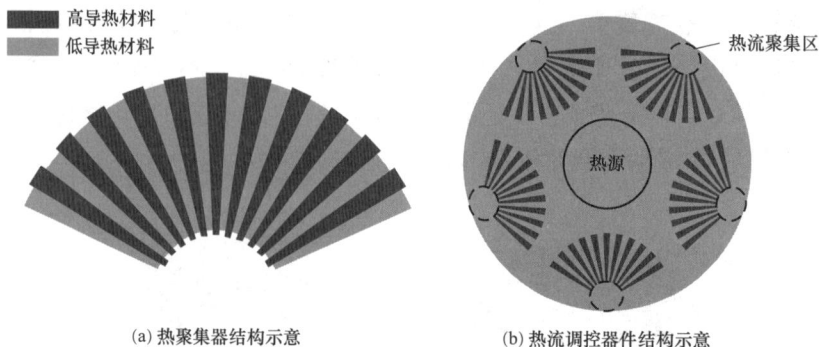

(a) 热聚集器结构示意   (b) 热流调控器件结构示意

图 3.27.2　热流聚集器和热流调控器件结构示意

料采用的是陶瓷基复合材料、气凝胶材料等耐高温、低导热的非金属材料，将热聚集的工作温度从常规的 100 ℃提升至 700 ℃左右，大大提高了热流调控器件的应用前景。

（2）热流调控效率。本项目所述的热管理器，改变了现有热超构材料只能实现非线性热流单一调控的功能，实现了热疏导和定向热聚集的耦合。理论聚集效率达到 58.3%，实际聚集效率达到 55.8%。

4. 关联项目

该项目的研究成果已经应用于发动机高温部件热防护的相关课题中。

5. 应用前景

（1）加强光热发电过程中的热收集效率。在太阳能集热板等换热设备上布置该热流调控器件，将热流定向疏导到换热工质流动的管路中，提高换热过程的效率。

（2）提升航空航天设备的热防护效率。在高速飞行器等可能在短时间产生大量热量而空间比较狭小的设备中布置该热流调控设备。该热流调控器件能够将热源产生的热量定向聚集在空间尺度较小的区域内，便于以结构简单、体积较小的换热设备实现热能的疏散、聚集、再利用，提高能量利用效率，提升航空航天设备的热防护效率。

6. 后续研发方向

（1）在专业方向上。结合能源、动力等领域的实际需求，进一步完善热流调控器件的设计和开发。一方面，结合热变换理论，对于热流调控方向和模式进行设计，使得热流调控器件具有更多的功能；另一方面，明确在能源、动力、航空航天等领域的实际工业需求，将理论器件和模型器件向实际器件进行转化，制备能够实际运用于工业设备中的热流调控器件，推动器件的实际应用。

（2）在学生培养上。以本项目为例，总结引导本科低年级学生了解科研项目的方法和全周期过程，用于后续科研项目的开展。参与本项目的同学担任院系的本科生辅导员，主要负责科研科创工作，鼓励学生们积极关注我国能源领域的发展和存在的问题，自主提出科创课题，所带的学生中有 7 名报名参加了节能减排大赛，结合自己参赛的经验对他们予以指导，帮助他们顺利地完成课题，并在比赛中取得了不错的成绩。以老带新，帮助同学开启科创初尝试，培养科研兴趣，锻炼科研能力。

3.28　风的网状拓扑"捕手"

青岛大学：低速恒态稳定风力机及尖端多级发电技术

1. 综述

众所周知，地球上可供人类开发和使用的化石能源是有限的，且不可再生，随着全球工业化进程的逐步发展并加速，世界各国对能源的需求急剧上升，而常规能源又日渐枯竭，因此风能作为可再生能源的主要成员，备受人们的关注。我国的风能资源极为丰富，大部分地区为季风性气候，尤其冬天、夏天，均有较强的风力，平均风速都超过 3 m/s，特别是东北地区、西北地区、西南高原、沿海地区和海洋岛屿，平均风速更大，有的地方甚至一年三分之一以上的时间都是大风天，因此发展风力发电是很有前途的。

青岛大学从社会节能减排需求与现有中小型风力发电机存在的问题出发，研发了两版新型可自动调节的垂直轴风力机。依托两项专利技术优势，该风力机具有效率高、故障率低、寿命长、成本低的优点。并且，研发者还致力让低速恒态稳定风力机进入工业化生产，以满足政府采购及城市建设需求。

2. 可交付成果

如图 3.28.1 所示，低速恒态风力机 1.0 利用单向通风原理使风力机转动，采用多分支的网状拓扑受力结构，降低了对叶片强度的要求，从而大大增加了扇叶面积，提高了风力机的功率。如图 3.28.2 所示，低速恒态风力机 2.0 利用变叶心距调节原理，通过改变扇叶到旋转轴心的距离，使风力机转速恒定，从而使风力机实现电能的恒功率输出，便于并网发电，同时可以使捕风系统总功率达到最大。

图 3.28.1　低速恒态风力机 1.0　　图 3.28.2　低速恒态风力机 2.0

3. 技术规范

目前，市场上现有的中小型风力发电机主要分为水平轴风力发电机和垂直轴风力发电机两种。

水平轴风力发电机需要对风，转速高，但噪声大。而中小型垂直轴风力机相比水平轴风力机，具有无需对风、噪声小、运行稳定等优点，非常适合城市内风力发电。但是，现有的垂直轴风力机依旧存在成本高、不可调节、极端天气下适应性差的缺点。针对这些问题，一种新型的发电技术——尖端发电技术被开发出来。这种尖端发电技术可以降低发电机部分的成本，进而降低风力机整机成本，提高垂直轴风力机市场竞争力；与此同时，还相应地设计了一种可调节的垂直轴风力机，通过改善风力机性能，拓宽风力机工作风速范围，提高了垂直轴风力机对极端恶劣天气的适应性及风力机的使用寿命。

（1）尖端发电技术。将风力机叶尖的线速度转化为发电机转轴上的角速度，使发电机获得超高转速。其中发电机仅需两个永磁铁磁极，发电机的体积小、价格便宜。此技术还可使发电机部分成本下降20%~35%，进而使风力机整体价格下降10%~15%。

（2）低速恒态稳定风力机。低速恒态稳定风力机能通过转速改变时离心力的变化，自动调节风力机有效迎风面积，从而调节转速。在未达到额定风速前，风力机的转速随风速变快而迅速提升，达到额定转速后，风速继续提高，而风力机转速基本不变。以此可有效防止飞车现象，同时减少风机的故障率，延长风机使用寿命。低速恒态稳定风力机2.0转子示意如图3.28.3所示。

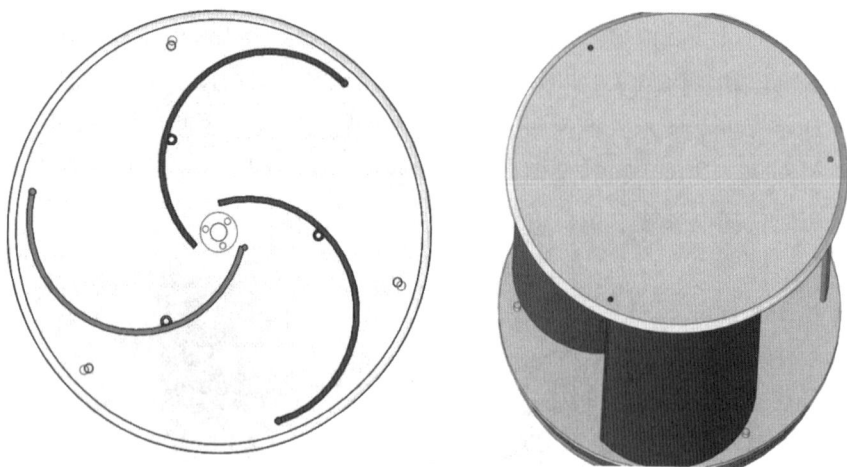

图 3.28.3　低速恒态稳定风力机 2.0 转子示意

4. 关联项目

低速恒态稳定风力机及尖端多级发电技术截止到2022年12月，在孙万超教授和褚琳娜副教授的指导下已接力完成：

（1）发明专利：一种阻力型垂直轴风力机及工作方法（申请号：201910340469.2）；

（2）实用新型专利：一种可自供电旋转式广告牌（申请号：201920582756.4）；

（3）第六届山东省大学生科技创新大赛省级一等奖；

（4）第十六届"挑战杯"青岛大学大学生课外学术科技作品竞赛校级特等奖；

（5）第十二届全国大学生节能减排社会实践与科技竞赛三等奖；

（6）第十六届山东省大学生机电产品创新设计竞赛省级一等奖，并获得"科明奖学金"。

5. 科技共同体

（1）风力发电绿色高效。21世纪人类使用的最主要的能源是核能、太阳能、风能、地热能、可燃冰、潮汐能和氢能。风能作为主要成员之一，备受人们的关注，中国新能源战略也开始把大力发展风力发电设为重点。团队开发的这种新型垂直风力机使用的尖端发电技术和低速恒态稳定风力机大大减少了风机的故障率，延长了风机的使用寿命，使得风能的利用率大大提升，对优化能源结构、保护环境、减排温室气体、应对气候变化具有十分重要的作用，积极响应了我国政府提出的对可再生能源发展与应用的战略。

（2）三种系统造福人类。

风力机＋臭氧机水产养殖净化系统：将风光互补发电系统与淡水养殖池相结合，利用发电系统所产生的电能供给臭氧制造机，臭氧制造机产生一定浓度的臭氧对淡水养殖池中的水进行杀菌净化，多余的能量可以存在蓄电池中，供给照明以及其他设备。

风力机＋水电解氢气生产系统：将风光互补发电系统与水电解氢气生产系统结合，产生多余的电能时，将流向卸荷器用于电解制氢，产生的氧气直接排到空气中，产生的氢气经过压缩置于储气罐中，定期回收再利用，节能减排。

风力机＋人工固碳"人造树"系统：通过一定的反应，产生有机物和氧气，氧气直接排放到大气环境中，有机物经回收利用，实现"人造树"的功能，减少大气中的温室气体，缓解温室效应。

（3）不同时期不同方向，商业体系完整。公司萌芽阶段致力于可调节风力发电机工业化生产、旋转广告牌制造，加速研发低速恒态稳定型发电机；成长期大力研发单向通风布的便携式发电机；成熟期进行兆瓦级大型风力机的开发。

6. 后续研发方向

（1）本项目团队在研发过程中，将不断提高创新意识，加强创新能力，加快研发核心技术，积极开发新型技术，拓宽销售渠道，不断推广风力发电技术的使用。同时将积极参与公益事业、开展组织公益项目，在萌芽期、成熟期拟开展"维护电机，人人接力""人造树"两大公益项目，自觉承担社会角色责任及义务。

（2）实践调研，反思发问。在研究过程中注意到青岛沿海的风力发电路灯的风力发电装置已经废弃，原因是台风过境等风力过大时，产生的电流过大，超出了机体本身可以承受的范围，最终烧坏装置。对这些装置进行维修需要花费很大的成本，坏掉的机子继续发电又会造成危险，最终只能焊上并予以废弃。面对巨大的风能如何很好地运用一直是项目研究的方向，针对产业发展的痛点进行改进，有针对性、有实际运用价值是团队研究的方向。

（3）心系社会，勇于担当。环境问题一直是项目团队关注的问题，良好的生态环境是人类全体美好生活的必需品，以后在进行产业发展的同时，争取寻求做环境保护的公益性合作伙伴，利用发电机中获取的低质量能量为环境改善进一步贡献力量，不仅做好产业发展，还要有社会情怀。

3.29　草原哈尔的"移动城堡"

内蒙古工业大学：能源"产-蓄-消"一体化装配式蒙古包

1. 综述

从我国目前的国情来看，建设生态文明最有难度的地区是农村牧区，农村建筑能耗和碳排放在理想情境下预测，2030 年基本消除农村散煤，2040 年农村建筑实现全清洁用能，可为国家整体碳达峰和碳中和战略贡献 15 亿～20 亿 t/a 的减排潜力。本项目立足于草原本土建筑文化与绿色、生态技术体系的配套研发，维护草原的生态平衡，制定对草原的保护措施进而降低对其的破坏程度，实现可再生能源的循环利用。以绿色集成技术创造的装配式蒙古包，为牧民提供生态低能耗的宜居环境，实现节能低碳的发展需求。

建筑能耗占全国总能耗的 20%～30%，已成为与工业、交通能耗并列的三大能耗之一，因此研发新型高效的清洁能源利用方式迫在眉睫。同时"双碳"目标的提出意味着我国的绿色发展之路提升到新的高度，将成为我国未来数十年内社会经济发展的主基调之一。

2. 可交付成果

基于上述现状，自主设计了一种相变蓄热蜂巢仿生空腔墙体，光热板与光伏板交替铺设于屋顶，通过对蒙古包的建造方式及建筑供能方式的改进，设计了装配式蒙古包，该设计已获批一项实用新型专利（ZL202121843676.9），有效解决现有蒙古包因分布零散及其建筑用能主要以羊粪砖或碳为主，且围护结构保温性能差而导致的污染大、能耗高及舒适性差等问题，提升了蒙古包居住体验。

结合蒙古包的结构特点，充分利用屋顶面积，光热、光伏结合，利用双向智能充电桩及移动式蓄电装置（如电动汽车蓄电池等）构建移动交互式能源系统，实现交通—建筑—电力协同互动；利用墙体的蓄热，解决太阳能的时差分布不均衡，昼蓄夜消。

3. 技术规范

项目墙体设计：蓄热板为石蜡膨胀珍珠岩、PVC 蜂巢仿生空腔模具。保温层为 GRAMITHERM 保温板。

PVC 蜂巢仿生空腔及蓄热板结构：采用类似蜂窝硬质板的构造方式，使用 PVC 塑料预制成蜂状六棱柱模块（无底面），并通过粘接剂黏接在蓄热板凹槽内，气体可以在空腔内流动、蓄热。使用价格低廉且工艺成熟的 PVC 作为空腔的支撑体，并将 PVC 与蓄热板黏接起来（此处的黏接不用考虑强度问题，浇注聚氨酯硬泡提高强度，只需满足施工要求即可)。考虑 PVC 模具板厚过薄,在蓄热板预留侧缝,方便 PVC 与蓄热板的侧向黏接。为了使空腔模具更好地贴合抹平层墙面,在模块界面处还装有橡胶软垫,增加板件和墙面的缓冲和密封作用,防止墙面不平和锚栓过紧对板件的损坏,同时也防止聚氨酯硬泡预聚体流入空腔。

外侧保温层:GRAMITHERM 保温板,它是以草为基材,开发出的新型生物质保温材料,具有高效隔热保温性能 [导热系数低至 0.040 W/(m·K)]、调节湿度、吸收噪声、尺寸稳定、零健康风险和完全可循环利用等多种优点。青草在内蒙古草原地区十分丰富,它的再生周期只需几周,因此它也是一个巨大的碳捕捉器。由于生产过程能耗低加上青草在生长过程中吸收了大量的二氧化碳,使得 GRAMITHERM 保温材料在它的整个生命周期里都是碳负性的,市场上每销售 1 kg GRAMITHERM 保温材料相当于吸收了 1.405 kg 的二氧化碳。装配式蜂巢对流通风保温模块示意如图 3.29.1 所示。

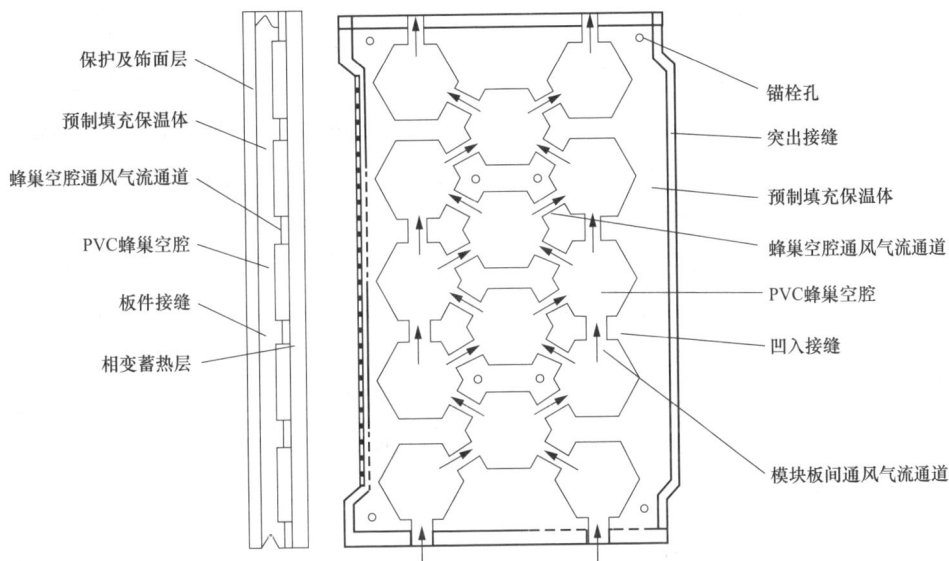

图 3.29.1　装配式蜂巢对流通风保温模块示意

4. 应用前景

该问题解决方案的设计思路契合国家节能减排和可持续发展的理念,符合"智能化、物联化"的时代主题,具有广阔的应用前景。

目前团队已成功申请为内蒙古工业大学市级创新训练项目,同时该技术获权一项实用新型专利,获得多位教授专家的肯定和推荐。

与传统蒙古包相比,该装配式蒙古包围护结构热工性能参数得到了明显改善提升。维持室内相同工况,节省能耗 70% 以上,达到节能减排的目的。

设计也可推广应用于太阳能资源丰富的地区,充分利用可再生能源,实现能源自给自足,相关的设计研究可以为农牧区、旅游区及经济区等地的建筑建造提供借鉴和工程意义,促进节能减排和可再生能源的利用,助力"双碳"战略目标。

5. 后续研发方向

能源"产－蓄－消"一体化装配式蒙古包设计研究项目荣获第十四届全国大学生节能减排社会实践与科技竞赛一等奖之后，团队持续不断地深潜创新，完善关键技术，增强循环利用能源的优势，不断联系各类蒙古包生产安装公司，搭建蒙古包，不断弥补节能技术与装配式蒙古包结合的不足之处。

3.30 低碳时代的净水"管家"

河北科技大学：基于法拉第反应的"滤源"净水器

1. 综述

随着生活水平的提高，人们越来越重视生活质量，净水器逐渐成为家庭必需品。传统净水器因为技术限制，在使用过程中存在着废水比高、水质输出单一、滤芯需频繁更换等缺陷。不同于传统净水器，"滤源"净水器是一款基于电容去离子理论打造的智能化的水质可调节净水设备。本产品采用电容去离子脱盐技术、纳米纤维过滤技术、炭吸附技术等设计出净水效果强、能耗低、维护成本低的新型智能净水器，完善了传统净水设备的不足。

该净水器的核心部分主要由保安过滤单元、电离吸附净水单元组成。其中保安过滤单元负责进水中大颗粒可见物、各种大分子有机物以及水中余氯、氰类等消毒副产物、重金属离子的预处理，而电离吸附净水单元负责进一步去除水中盐离子、残留重金属离子等和微量有机带电污染物的氧化降解。与其适配的监测调节模块负责两个单元的协调运转，使净水器实现电极自洁、水质可控、实时监测调节等功能。

2. 技术成果展示

图 3.30.1 所示为产品实物展示的滤源净水器工作单元，目前可以用于家庭中的多种场景，并实现水质净化专一化和精准化。

图 3.30.2 所示为滤源净水器中的螺旋式电容去离子脱盐核心结构，可以根据用户的不同需求实现按需调节水质。螺旋电极包括一个正电极和一个负电极，两电极均由碳布、碳毡等碳纤维制品和硬质塑料格网构成。离子在电场作用下向带相反电荷的电极移动，在电极表面形成双电层，离子被吸附并暂时储存于双电层中。

通过自主研发的小程序 App 可以实现水质的实时监测，并实现水质和水温按需调节，运行模式如图 3.30.3 所示。水温和水质监测小程序界面如图 3.30.4 所示。

3. 技术路线

基于电容去离子技术的近零排放新型节能净水器的净水技术路线包括保安过滤处理、电离吸附处理、智能监测调控三部分处理系统，其技术路线如图 3.30.5 所示。

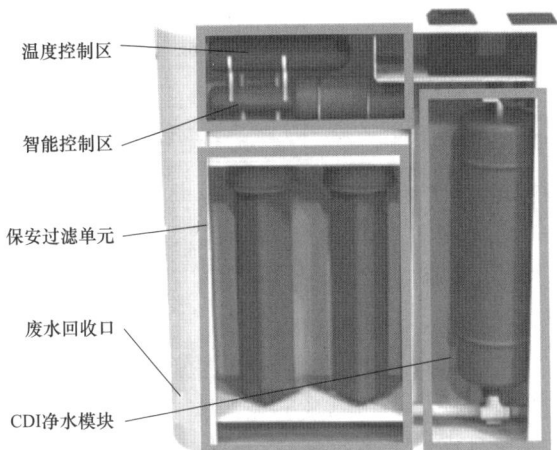

温度控制区

智能控制区

保安过滤单元

废水回收口

CDI净水模块

图 3.30.1 滤源净水器工作单元

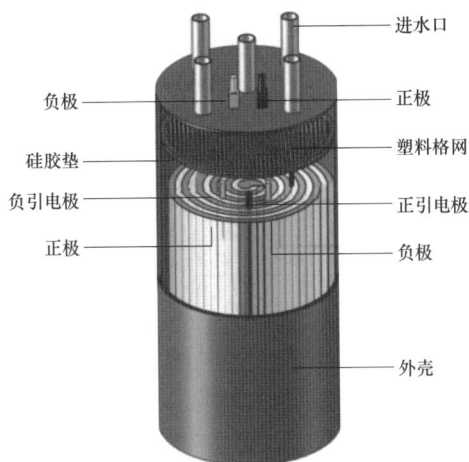

进水口

负极

正极

硅胶垫

塑料格网

负引电极

正引电极

正极

负极

外壳

图 3.30.2 螺旋式电容去离子脱盐装置

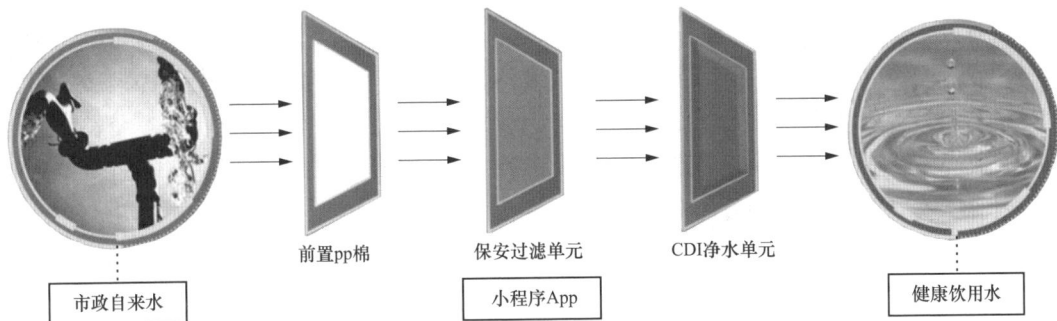

市政自来水

前置pp棉

保安过滤单元

小程序App

CDI净水单元

健康饮用水

图 3.30.3 滤源净水器运行模式

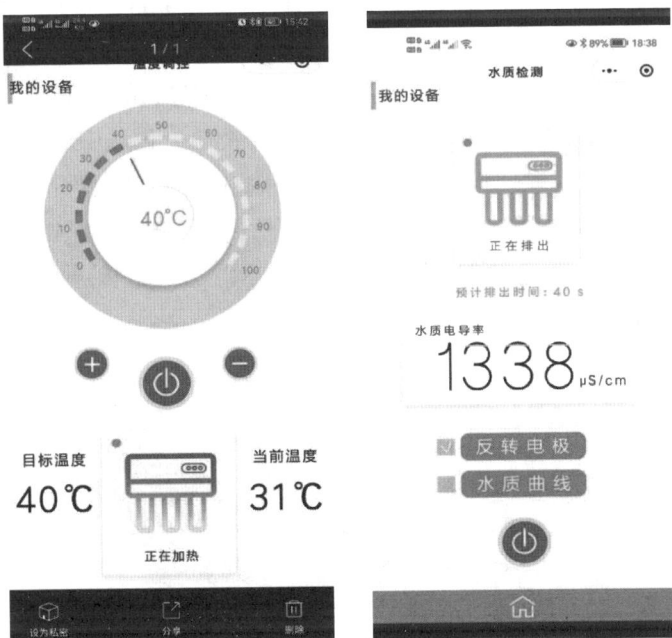

我的设备

1/1

40℃

目标温度

40℃

当前温度

31℃

正在加热

设为私密   分享   删除

水质检测

我的设备

正在排出

预计排出时间：40 s

水质电导率

1338 μS/cm

反转电极

水质曲线

图 3.30.4 水温和水质监测小程序界面

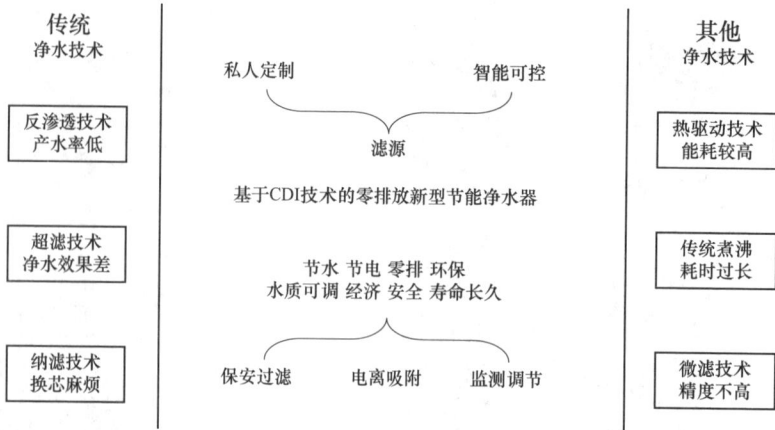

图 3.30.5 滤源——基于电容去离子技术的近零排放新型节能净水器的净水技术路线

（1）保安过滤处理。通过对自来水分层次处理，初步过滤水中杂质。PP 棉具有纳污能力强、使用寿命长、成本低等特点，能有效去除进水中的各种颗粒杂质；不含化学黏合剂的特点使得饮用水更加卫生安全；用以阻挡大颗粒物，初步去除自来水中各种大颗粒可见物；前置活性炭，其比表面积大、微孔发达、吸附速度快、净化度高、使用寿命长。研究表明，活性炭可有效除去臭味、氯、氰类及多种重金属离子等有害物质，同时对自来水中小颗粒及大分子物质进行深度吸附。

（2）电容吸附处理。基于电极表面的双电层电容与法拉第反应对离子进行电吸附，实现进水深度净化，通过控制电极解吸水量实现高产水率。电容去离子脱盐技术是基于双电层电容吸附的一种脱盐技术，当对装置施加电压时，进水中的阳离子和阴离子分别向阴极和阳极移动。在电场作用下，这些离子通过在电极多孔表面形成双电层或者通过基于化学效应的法拉第反应而被储存在电极材料中。脱盐过程连续运行一段时间后，电极内的离子达到饱和，这时通过将两电极短路或者电场反向，吸附饱和的离子被释放到极少量浓水中，同时电极得到更新，运行过程如图 3.30.6 所示。此外，进水中少量的氧气可在电极表面发生 $2e^-$ 转移，生成具有氧化性的物质，可将吸附的微量带电有机物进行氧化降解；对于进水中的少量重金属离子，也可在电极上发生电还原而被固定。如此，"滤源"净水器实现了对复杂水质的高效处理，对于不同地区的不同水质有良好的普适性。

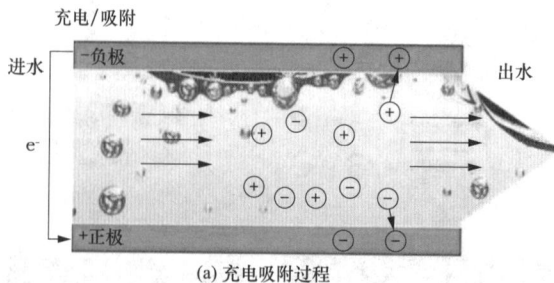

(a) 充电吸附过程

图 3.30.6 电容去离子脱盐技术的运行过程（一）

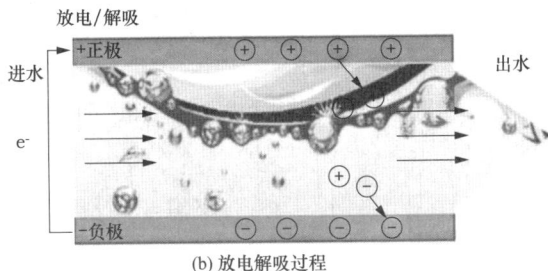

(b) 放电解吸过程

图 3.30.6　电容去离子脱盐技术的运行过程（二）

（3）智能监测调控。通过电导率和温控系统的实时监测及电控反馈，实现对出水水质及温度的监测和远程调控，满足定制化需求。

4. 技术革新

本团队注重技术革新，在开发电容去离子螺旋电极结构的基础上，两电极平铺叠在一起进而卷成圆柱形达到互补，彼此贴合，俯视图呈"传统蚊香"形状，这种电极结构极大地增加了电极有效面积，同时提高水处理效率。

本产品进一步更新了电极材料。青霉素菌渣是生产青霉素过程中所产生的废渣，含有丰富的有机质、氮、磷、钾等营养物易引起水体富营养化，并且残留的青霉素对环境造成的长期污染不容小觑。青霉素菌渣的安全利用处置已成为制药行业迫切需要解决的问题，本产品采用安全处理后的青霉素发酵菌渣作为电极材料，其本身丰富的氮（增强导电性）、氧（增强亲水性）元素掺杂以及处理过程产生的合理多级孔结构不仅使得本产品的净水过程更加高效，还很好地实现了废物资源化。

5. 性能分析

团队通过实时监测净水器中不同位置水流的电导率来验证净水器的净水效果，图 3.30.7 所示为水流各阶段的电导率示数，在净水器最大的工作功率下，出水端的水流电导率较好地符合了国家饮水标准规定的 450 μS/cm 以下；也可以根据不同用途，选择不同的出水水质。

图 3.30.7　净化前电导率、净化中电导率、净化后电导率

CDI 脱盐技术具有良好的脱盐稳定性，即净水器运行较长的时间，所处理淡水的离子浓度几乎保持不变，依然能达到国家饮用水标准。图 3.30.8 所示为电导率随时间的变化。

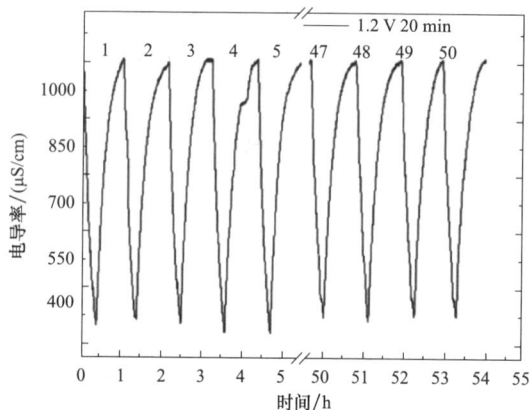

图 3.30.8　电导率随时间的变化

6. 科技共同体

（1）完善体制机制，培育科学新人。深化教育体制改革，将科创育人融入"三全育人"总体框架，着力培养符合国家需要和科技发展的青年人才。加强实践教育和创新意识的培养，通过积极搭建"节能减排""挑战杯""互联网＋"等科技创新实践平台，促使科技氛围日趋浓厚。不仅让科研资源和青年的个人抱负服务于科技强国，也为百姓民生提供了智慧解决方案。

（2）环保迫在眉睫，节水势在必行。水质性缺水呈现恶化趋势，对生态系统、食品安全、人类健康构成严重威胁。我国水资源严重短缺，水资源正成为一种宝贵的战略资源，上升为攸关国家经济社会可持续发展和长治久安的重大战略问题。而且目前中国约有一亿人口面临饮水安全问题，在追求节能环保的今天，本产品在保证出水水质符合国家标准 450 μS/cm 以下的前提下，较传统净水器可节约 60% 以上的水量，迎合了环境友好型社会的发展需求，必能得到很好地推行。

（3）创新"因水制宜"，逐步惠及民生。舒适家居系统自进入中国以来，从多方面提高人们生活的舒适程度。未来舒适家居系统将有着持续长远发展的需求和发展空间，全屋净水系统、中央空调、生活热水系统的设计和设备选用是提升住宅舒适度和入住体验感的重要一环。本产品有着独创性的技术革新和高品质的创新，能满足各种饮水需求。在实现节能减排的前提下提高了生活品质。

7. 后续研发方向

在环境保护理念上，更加注重理论与实践应用相结合，从生活需求中深度挖掘科研灵感，践行低碳环保的理念；在专业技能与科研思维培养上不放手、不松懈；引导学生从优秀案例中获取成功经验，鼓励从大赛的主题与价值追求中获得攻坚克难的精神力量，为同学们提供自由探索、自主学习的宽广平台。

在专业方向上，团队将继续以深入调研为基础，不断优化团队专业结构，实现多学科专业综合运用。不仅发掘更加清洁的电极炭制备技术，更需关注产业链需求侧，对项目商业模式进行下沉研究，降低新技术新工艺的应用成本，真正实现技术的落地，造福于民；同时，以国家战略需求为导向，整合集聚创新资源，提高专业质量，为实现高水平科技自立自强贡献力量。

3.31　科学与智能地服务大国农业

江苏大学：适应农作物蓄水规律的智能喷灌机组

1. 综述

2035 年远景目标纲要提出：坚持节水优先，完善水资源配置体系。农业节水节能潜力巨大，迫切需要研发和推广适用的高效节水灌溉装备与技术。当前一种卷盘喷灌机被普遍使用，节水、增产效果均占有优势。但是，卷盘式喷灌机存在着能耗太高，水涡轮转化能量效率低，调速范围窄，调节不便，智能化程度低等问题。

江苏大学流体机械工程技术研究中心意识到智能系统应用在农业灌溉具有高效节水节能的巨大潜力，于 2018 年 10 月在江苏大学成立了"智能型轻小型平移式喷灌机组"的大学生节能减排、助农强农的研发团队，历经 3 年的产研结合，取得了可圈可点的进展及可以实现产业化的可交付成果。

2. 可交付成果

如图 3.31.1 所示，基于农田作物的蓄水规律进行农业灌溉的智能型轻小型平移式喷灌机组，目前已经于江苏旺达喷灌机有限公司开展农田应用测试。

图 3.31.1　智能型轻小型平移式喷灌机实物

3. 技术规范

当前卷盘式喷灌机面临着以下三大问题：

（1）运行能耗高，据估计灌溉一亩地需耗电 23 kWh。

（2）采用水涡轮回收 PE 管，智能化程度低。

（3）传统的机械式水涡轮低速工况差，调速范围窄，速度调节不便等。

针对上述问题团队首次创建了基于农田作物的需水规律，智能控制喷管车行走速度的决策方法，提出了卷盘式喷灌机高效驱动水涡轮的优化设计方法：

土壤湿度传感器将检测到的土壤湿度信息通过 Wi-Fi 无线传输至电脑客户端，再通过电脑数据转换器，将模拟信号转化为数字信号，输出至 STM32 单片机，单片机根据数值比较结果发出不同的控制信号，控制舵机的启闭，从而旋转控制变速器。基于物联网，优化产品后可以实现以下智能化：现场数据检测，土壤墒情检测及判断，远程控制水泵启闭，智能控制灌溉管线，还可以通过现场视频进行远程监控。

同时，团队对卷盘喷灌机组还进行了结构简化、驱动方式优化改进。设计了一种可折叠式车轮，根据灌溉距离的远近，变更车轮上弹簧插销的位置，使得车轮处于折叠状态与工作状态，降低了配套功率，实现了轻小型的目的。由于水涡轮的驱动方式存在内部水力损失，水涡轮驱动力矩较小等问题，本团队调整了叶轮的侧端间隙，优化了叶轮出口侧出流条件，减小了泄漏量；同时改变了喷嘴中心与叶轮轴之间的间距，增加冲击力，系统总体方案设计如图 3.31.2 所示。

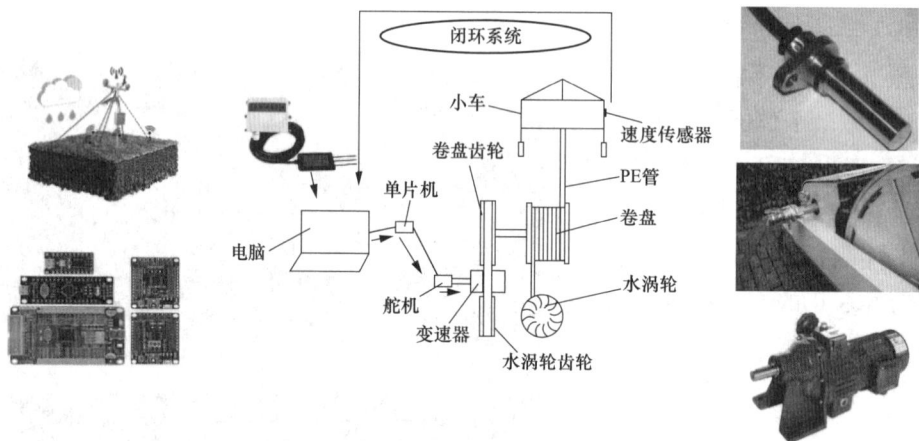

图 3.31.2　系统总体方案设计

4. 智能型轻小型平移式喷灌机组的节水节能效果测试

实验在周围温度为 15～20 ℃，湿度为 70%～80% 的环境下进行，忽略由于光照强度带来的蒸发损失等。通过改变喷头压力，每组实验重复三次，最后使用雨量筒称重法衡量灌水量，计算灌水利用率、克里斯琴数 CU 和分布均匀数 DU。

实验结果显示灌水利用效率在 66.7%～75%，相较于原机效率提高了 13% 左右，按照一年农业用水量 6000 亿 m^3，可以节水 780 亿 m^3；喷灌均匀度 CU 在现有卷盘喷灌机组的基础上提高了 14% 左右，有利于提高农作物产量。

喷灌分布均匀度 DU 提高了 11% 左右，有助于保证农业灌溉最少灌水量，最后机组单位能耗降低了 10.1% 左右，有利于轻小型灌溉机组的实现，每单位灌溉面积能节省电量 4.8 kWh，节能效果显著。

5. 科技共同体

江苏大学"智能型轻小型平移式喷灌机组"团队于 2018 年 10 月成立。在袁寿其书记、朱兴业教授的指导下，不断致力于改进卷盘式喷灌机在农业灌溉中的高效灌溉。截至目前，袁寿其书记、朱兴业教授指导的团队已申请实用新型专利 5 项，发表中文核心学术论文 1 篇。具体如下：

中文核心：《基于正交实验法下对喷灌均匀性影响因子的综合分析》

专利 1：《智能型轻小型平移式喷灌机组》

专利 2：《一种智能型精准灌溉的可控速式喷灌机组》

专利 3：《适用于水肥一体化轻小型喷灌机的多功能太阳能板》

专利 4：《一种智能型精准灌溉的可控速式喷灌机组》

专利 5：《可调扬程的轻小型平移式喷灌机》

3.32　光伏驱动等离子体催化 CO_2 制备含碳燃料

江苏大学：太阳能驱动等离子体催化 CO_2 制备含碳燃料储能系统

1. 综述

现行的低温等离子体催化 CO_2 转化技术主要面临的问题有：反应能垒高、转化率与能源效率偏低。等离子体催化转化虽然在一定程度上减小了反应的活化能，但还需引入其他催化技术进一步降低反应能垒才能实现高效转化；等离子体的能量主要存在于高能粒子的化学能、发出的热能和辐射出的紫外光能中，大部分等离子体催化 CO_2 转化技术仅利用了其高能粒子的化学能。

针对上述问题，江苏大学"碳为光制"团队依托江苏大学能源与动力工程学院实验室，由王业晨、沈程骏同学组织团队成员共同研发了太阳能驱动等离子体催化 CO_2 制备含碳燃料储能系统，该系统将 CO_2-H_2O 气体通入光催化–等离子体催化两级反应器中，高压激发出的等离子体在转化 CO_2 的同时发出高能紫外线，在二氧化钛（TiO_2）的催化作用下驱动 CO_2-H_2O 体系转化为 CO 与 CH_4 等气态有机物，直接减少烟气中的二氧化碳含量。

实验数据显示，该系统充分利用等离子体放电产生的紫外线能和自由基化学能，显著提高了 CO_2 的转化率（31.2%）和单位能耗 CO_2 转化量（0.37 kg/kWh）。同时，系统等离子体放电实现了 100% 太阳能分布式光伏供能。

2. 可交付的成果

图 3.32.1 为江苏大学"碳为光制"团队研发的太阳能驱动等离子体催化 CO_2 制备含碳燃料储能系统，由离子体催化反应器、管路输运系统、光伏供电系统三个子系统组成。

3. 技术性能

以煤化工模拟烟气（CO_2 含量 100%）和电厂模拟烟气（CO_2 含量 15%）分别为固碳对象，将其通入本系统分析 CO_2 转化率及 CO_2 转化能效。由图 3.32.2 可知，无催化剂条件下的煤化工模拟烟气 CO_2-H_2O 体系等离子体对 CO_2 的平均转化率仅有 10.3%；添加泡沫镍

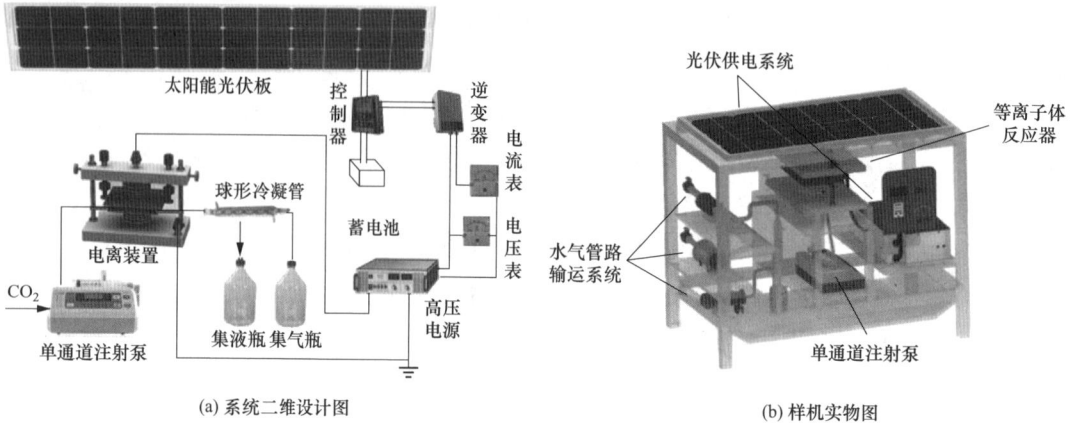

(a) 系统二维设计图

(b) 样机实物图

图 3.32.1　系统二维设计图与样机实物图

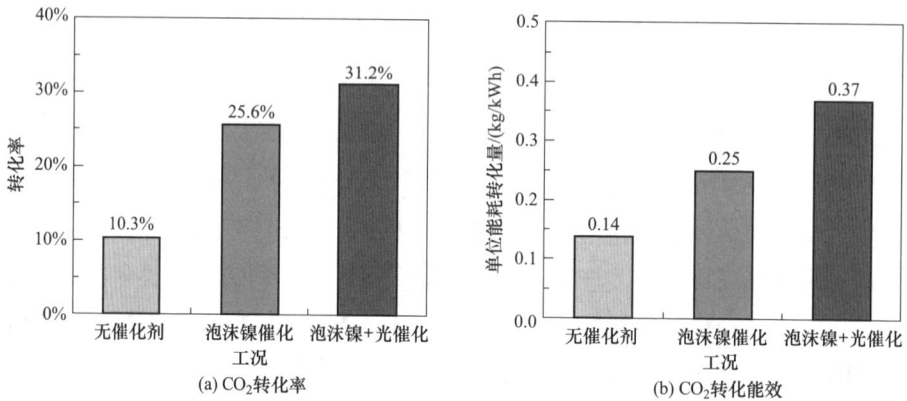

(a) CO_2 转化率

(b) CO_2 转化能效

图 3.32.2　煤化工模拟烟气在 30 min 时的技术参数

NF 催化剂的反应，半小时内 CO_2 的平均转化率可达到 25.6%；进行二氧化钛 TiO_2 光催化耦合泡沫镍 NF 催化重整反应，半小时内 CO_2 的平均转化率可达到 31.2%，等离子体催化重整反应的固碳效率能提高约 1.6 倍。光催化–等离子体协同反应单位能耗 CO_2 转化量可达 0.37 kg/kWh，热值可达 1.35 MJ/kWh，相比于无催化剂条件下节省约 61% 能耗。

4. 应用前景

本系统运行稳定、设备紧凑、满足集中型和分布型多种场合的固碳储能需求，以光伏板为例，其发电参数如表 3.32.1 所示。

表 3.32.1　　　　　　　　　　等离子体固碳装备光伏功能条件

年平均光照强度	电池板面积	光电转化效率	年工作时长
390 W/m²	1 m²	17%	2500 h

预计该光伏板年产电量为 165.75 kWh，若将年产电量全部用于本系统，年转化 CO_2 质量可达 61.3 kg。系统可从屋顶光伏、车载光伏和船舶光伏等多形式光伏供电系统处获得电

能，驱动 CO_2 转化为含碳燃料、有机物等，以分布式能源的形式储存起来，不仅处理效果可观，也保障了生态系统的良性循环。

此外，系统亦可推广应用于调节大型光伏风电供电系统的稳定性，用不稳定的光伏风电进行固碳储能，在满足碳减排需求的同时减少"弃风"和"弃光"。此外，也能利用低价谷电进行固碳储能。

5. 后续发展方向

（1）研发方面：江苏大学"碳为光制"团队在王爽教授、陈豪老师的指导下，将持续推进等离子体催化 CO_2 制备含碳燃料关键技术研发，旨在从调控反应路径、强化传递特性、实现光－热－化学能多能互补多角度开展系统性研究。同时，以本次项目研发为基础与契机，将带动更多学生参与到以固碳减排及含碳能源－材料合成为主题的科技创新与社会实践当中。

（2）深化产学研融合：江苏大学"碳为光制"团队将继续致力于推进产学研合作，进一步深化产学研融合。同时，团队积极与华润电力展开沟通合作，期望推进可再生电力等离子体催化电厂烟气 CO_2 固定及含碳气体燃料回用助燃的技术工艺开发与工程应用。

3.33　绿色时代的清新烟火

东北农业大学：自动识别烟雾的净化吸附滤油烟装置

1. 综述

针对家庭厨房油烟排放非集中性、难于监管的特点，设计一种烟雾自动识别功能的净化吸附滤油烟装置，目的是解决现有的厨房油烟直接排放造成的环境污染问题。本作品以空气质量检测传感器实时监测油烟（净化室内）浓度，并反馈给控制器，由控制器开启循环水泵、超声波发生器、紫外灯的自动净化程序。该作品结合了超声破乳、光氧化还原、自由基强化催化以及活性炭过滤等技术，对油烟进行高效净化，减少污染物排放。

本作品以油水分离器对净化过程产生的污水进行油水分离，对脱除的油烟冷凝物进行回收利用，起到节能作用。利用非接触式液位传感器检测缺水信号，并由控制器实现自动补水，进而实现净化过程的循环用水，真正达到了节能减排的目的。项目荣获 2021 年第十四届全国大学生节能减排社会实践与科技竞赛一等奖。

2. 可交付成果

针对目前家庭厨房油烟未对污染物进行分解和去除而直接排放，以及家庭厨房油烟排放存在非集中性、无法监管的特点，团队设计了一种烟雾自动识别功能的净化吸附滤油烟装置。自动识别烟雾的净化吸附滤油烟装置不仅能够减少油烟中污染物的排放，降低环境污染，而且能够将油污水进行油水分离，以及在净化过程中散失水分后自动补水，实现节能减排。作品实物局部和整体的外形照片如图 3.33.1～图 3.33.3 所示。经实验测定，装置净化后的厨房油烟排放浓度低于饮食业油烟排放标准（2.0 mg/m³），去除效率接近 90%。一般家用油烟原始浓度为 25 mg/m³，联合油烟机的物理离心除油作用，总的去除效率可达 93.6%。

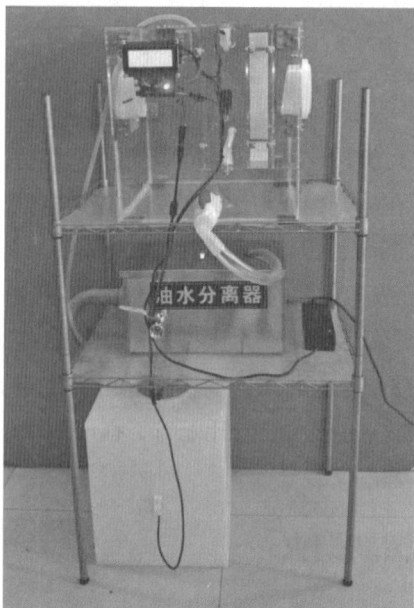

图 3.33.1　油烟自动识别净化、油水分离
及自动补水整体装置

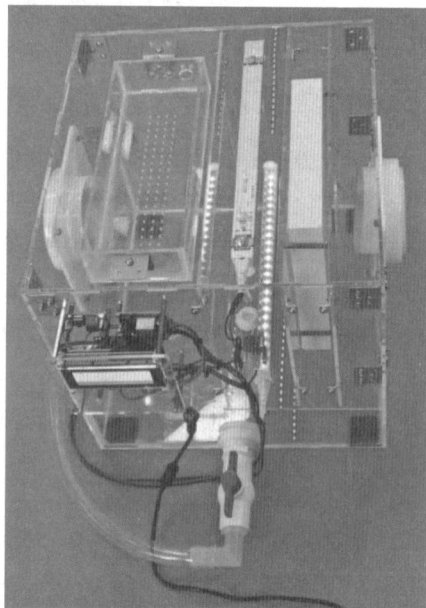

图 3.33.2　油烟检测及净化箱的
俯视装置图

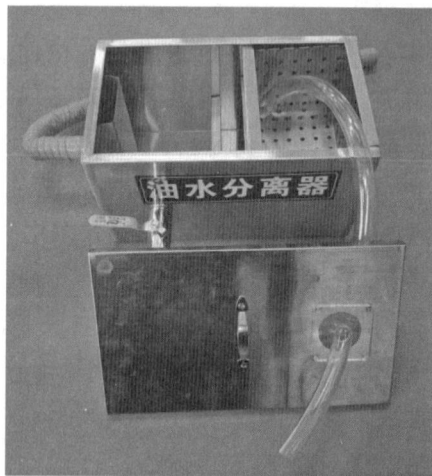

图 3.33.3　油水分离器的内部结构

3. 技术规范

空气质量检测传感器用于实时监测净化室内的油烟浓度，当浓度值超过某一临界值时，空气质量检测传感器反馈给控制器，控制器开启超声波发生器、循环水泵、紫外灯管开始净化：

（1）油烟净化室内：循环水泵将储水室中的水输送至布水板，布水板将水平均分布，呈喷淋形式落下。

（2）布水板下方设置多层不锈钢网片，不锈钢网片和布水板之间以及相邻的不锈钢网片之间通过金属柱连接，布水槽的底板为弧形的多孔板且底板的中心高于两侧，这样的结构便于水的分配，布水管将流出的水均匀地分布，出水再经过布水槽平均分配后以细流形式向下流通形成多股水流，水流经过多个不锈钢网片同时和油烟混合。

（3）换能器启动后产生的超声波在不锈钢网片、布水板和水流之间传递，超声波对遇到的油烟中的油脂成分进行破乳，破乳产物以及油烟中夹杂的颗粒物质等被水流带走，完成对油烟的初步净化。

（4）带有污染物的水流入储水室暂时储存，然后经过储水室的出水管流入油水分离器，油水分离器分离得到的水进入储水箱，液位传感器用于监测储水箱内的水位，当循环水泵停止运行时，储水箱内的水位若低于设定值时，通过储水箱进水管进行补水。油水分离器分离出的油烟冷凝物经回收可作为化工原料，用于工业产品制造或开发净化成生物柴油等，起到节能作用。

（5）光触媒过滤网中二氧化钛在紫外灯管的照射下，产生出氧化能力极强的自由氢氧基和活性氧，具有很强的光氧化还原功能，把有机污染物分解成无污染的 H_2O 和 CO_2，同时紫外灯管产生的紫外线也具有将有机物降解清除的作用，净化后的油烟再经过活性炭过滤网进一步吸附后从出风口进入排风管道，排出到室外，完成油烟净化。

该作品以空气质量检测传感器实时监测净化室内的油烟浓度，并反馈给控制器，由控制器开启超声波发生器、循环水泵、紫外灯管，开始自动净化程序。本技术亮点在于将空气质量检测传感器和控制器用于油烟识别和自动启动净化程序，适用于家庭厨房油烟排放非集中性、无法监管的特点。该技术结合了超声破乳、负载 TiO_2 蜂窝载体的光氧化还原、自由基强化催化及活性炭过滤技术，可以对油烟中有机物进行高效分解、脱除。

4. 关联项目

截至目前，东北农业大学新能源创新协会已接力完成以下项目：

智能猪舍除臭排风系统设计项目，获 2021 年第九届全国大学生农业建筑环境与能源工程相关专业创新创业竞赛特等奖。

绿色消"废"：规模化猪舍智能排风除臭装置的设计项目，获 2022 年第十五届全国大学生节能减排社会实践与科技竞赛三等奖。

5. 科技共同体

（1）基于中国庞大的人口基数和烹调习惯，排向室外的家庭油烟总量远远超过餐饮业，是大气主要的污染来源之一。由于现有饮食业净化设备并不适用于家庭油烟净化，因此有必要采取创新型净化治理模式，推广新技术、新产品。

（2）本装置可以安装在采用集中式烟道排放系统的住宅单元烟道出口处，实现油烟自动净化，并可对净化产物回收利用，实现节能减排协同效应。该装置克服了家庭厨房油烟排放分散、不易监管的弊端，具有良好的推广应用价值。

6. 后续研发方向

（1）在教育理念上。团队将继续深化"厚基础、强实践、严过程、求创新"的人才培养模式，培养学生的创新能力、协作精神和理论联系实际的学风，加强学生专业知识、动手能力、设计水平的训练，使学生的实践动手能力和科研思维都得到充分的提高。

（2）在研究方向上。团队将继续紧密围绕国家能源与环境政策，紧密结合国家重大需求，鼓励学生拓宽视野、勇于创新，努力研发具有科学性、创新性、可行性和经济性的科技产品。

3.34 光电并举解决内陆水系微塑污染

哈尔滨工业大学：基于光催化的微塑料富集与降解耦合装置

1. 综述

目前，全球塑料产能的 79% 作为废弃物排入自然环境。进入水体中的微塑料，易吸附有机污染物、重金属及附着微生物，经食物供应在人体内积聚，对人体健康可能造成严重影响。

我国现有水处理技术落后，对粒径小于 1 mm 的，在水中占比 80% 以上的微塑料处理效果不佳。针对"微塑危机"，采用绿色环保的光催化法降解微塑料兼顾了经济效益与生态效益，可以实现高效环保地降解自然水体中微塑料颗粒的目标，这一领域的技术研发具有迫在眉睫的意义。

哈尔滨工业大学"钛钨拭河"创新研发团队敏锐地关注到了目前微塑料处理的技术研发不足，以广泛应用的 TiO_2 为光触媒，以泡沫 SiC 为载体材料，对 TiO_2 进行复合 WO_3 改性，通过增加太阳光吸收波长范围，发明了与催化剂配套的仅利用水力和太阳能就可"绿色"降解微塑料的装置。

2. 可交付成果

基于光催化的微塑料富集与降解耦合装置的原理如图 3.34.1 所示，通过复合半导体 WO_3 改性纳米 TiO_2 得到高催化活性的光催化剂，以泡沫 SiC 为负载材料保护催化剂床层，能在实现热降解的同时避免热点形成，且压降低，机械性能良好，可减少催化剂磨损，以防超细微粉直接进入环境中，增强应用于实际水域的客观可能性。如图 3.34.2 所示，团队设计了可应用于内陆流动水域中的筒车式吸附-光催化降解微塑料装置，只需借助自然水域中水流的动力驱动即可工作，配合光催化降解反应，使整个降解流程高效低耗，操作便捷，无二次污染且具有良好的经济效益。

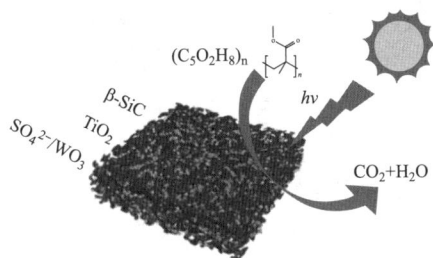

图 3.34.1　WO$_3$-TiO$_2$@β-SiC 催化剂

1—支架
2—集水转筒
3—吸附转筒
4—水筒
5—催化剂板
6—第一击水挡板
7—第二击水挡板
8—绳索

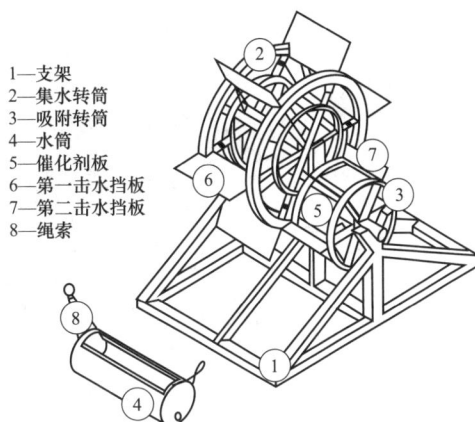

图 3.34.2　筒车式吸附－光催化降解微塑料装置

3. 技术规范

目前光催化处理微塑料的方法，尤其是利用二氧化钛（TiO$_2$）作为光催化剂，虽然在实验室研究中表现出一定潜力，但在实际应用中仍面临许多问题和挑战：

（1）光催化效率有限：TiO$_2$ 主要吸收紫外光（＜380 nm），而太阳光中紫外线的比例较小（约 4%），这使得 TiO$_2$ 在自然光照下的光催化效率受到限制；此外 TiO$_2$ 光催化过程中容易发生电子－空穴对的复合，降低光催化效率。

（2）微塑料性质的影响：微塑料的化学结构稳定且耐降解，TiO$_2$ 光催化对一些微塑料的降解效果有限，特别是对于那些高分子量、交联程度高的塑料；同时微塑料表面可能吸附其他污染物，影响光催化降解的效率和效果。

（3）二次污染问题：TiO$_2$ 纳米颗粒在光催化过程中可能释放到环境中，潜在地引发新的生态毒理问题。

（4）反应条件要求：TiO$_2$ 光催化降解的效率受到环境 pH 值和温度的影响，不同的条件下可能需要不同的优化；有效的光催化降解需要合适的光强度和照射时间，这在实际环境中可能不易控制。

针对上述不足，将 TiO$_2$ 复合半导体 WO$_3$ 构建 Z 型异质结以扩展波长响应范围、抑制光生电子－空穴复合，强化光催化效果；将改性纳米 TiO$_2$ 负载在泡沫 β-SiC 载体上使用。泡沫 SiC 具有三维连通网络通道，传热传质性能良好，用来搭载改性后的光催化剂有助于物料混合均匀；具丰富微孔结构的泡沫 SiC 对水中的微塑料也有一定吸附作用；其导热性能好，在催化过程中可实现整体温度均匀，避免局部热点形成；搭载催化剂后，能减轻催化剂磨损，延长使用寿命。在提高降解效率的同时，可通过吸收太阳光的热能实现一定程度的热降解。

考虑到实际材料在水域处理微塑料的场景，设计了可应用于内陆流动水域中的筒车式吸附－光催化降解微塑料装置，如图 3.34.3 所示，借助水力实现催化装置的自动化运行，也为后续其他污染物处理时催化／吸附剂装置负载提供可行的参考与借鉴。

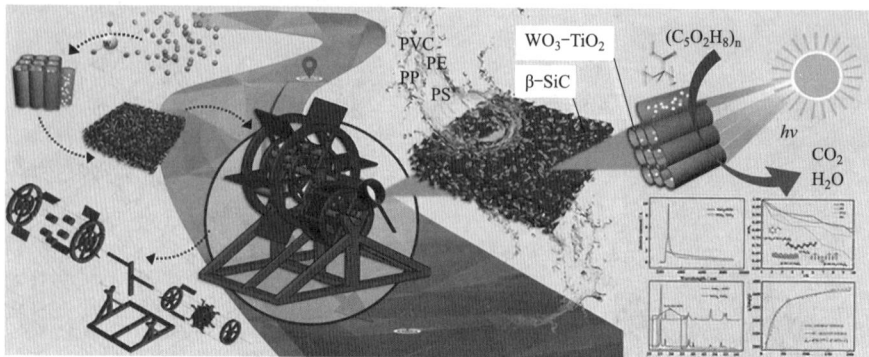

图 3.34.3 微塑料富集–光催化–降解耦合系统解构图

4. 关联项目

哈尔滨工业大学"钛钨拭河"团队于 2020 年 9 月成立。在张昊春教授的指导下，不断致力于探索光催化降解内陆水域微塑料技术的应用。截至目前，张昊春教授指导的团队已完成：

"钛钨拭河"——面向内陆水域中微塑料的 WO_3-TiO_2@β-SiC 富集–光催化–降解耦合系统，获 2021 年节能减排大赛特等奖及第四届中国可再生能源学会大学生优秀科技作品竞赛全国一等奖；

"微塑料猎手 MP-Digest"设计，获第七届黑龙江省"互联网+"大学生创新创业大赛银奖；

"Microplastics Degrader in Inland Waters"，获 2021 年国际创意顶点设计大赛铜奖。

5. 科技共同体

（1）光催化降解微塑料系统具有显著的环保效益。本项目组提出的 WO_3-TiO_2@β-SiC 光催化降解系统，通过改性 TiO_2 提高光催化效率，利用泡沫 SiC 作为载体材料，增强催化剂的机械性能和传热性能，实现了对内陆水域中微塑料的高效降解。该系统在节能减排、环保和应对气候变化方面具有重要作用，符合国家的可再生能源发展战略。

（2）复合半导体改性技术得到创新应用。通过复合 WO_3 改性纳米 TiO_2，扩展光谱响应范围，抑制光生电子–空穴复合，显著提高光催化活性。利用泡沫 SiC 的多孔结构和高热导率，实现了光催化和热催化的耦合，进一步提高了降解效率。

（3）经济与生态效益双重提升。WO_3-TiO_2@β-SiC 复合材料生产成本低、应用广泛，可大幅降低污水处理成本，提高内陆水域的水质。每立方米复合材料可处理大量污水，减少化学药剂和污泥处理费用，具有显著的经济效益和市场前景。同时，该技术减少了微塑料对水生生态系统的影响，保护了生物多样性和人类健康。

（4）广阔的未来应用前景。该光催化系统不仅适用于内陆流动水域，还可推广应用于海盐加工厂、淡水养殖场、饮用水加工厂等多个领域，对全球塑料污染问题的解决具有重要意义。

6. 后续研发方向

（1）提高小分子碳氢产率与选择性：针对微塑料在光催化过程中降解生成温室气体 CO_2 的问题，项目组继续开展了光催化 CO_2 还原实验研究，目前已经成功实现将 CO_2 转化为 CO、CH_4、C_2H_4、C_2H_6、C_3H_8 等小分子燃料，后续研究目标旨在提高小分子碳氢产率与选择性。

（2）探索微塑料的电催化降解：水体污染状况和太阳辐射量存在地域差异，当前催化剂对自然光利用效率较低，需要进行人工补光作业且纯光催化剂可能逐渐中毒失活。针对这种技术问题，后续拟探索微塑料的电催化降解，以光伏发电作为动力来源，提高能量转化效率；此外，本项目组所使用的 β-SiC 载体属于半导体，后续亦将探索其他多孔碳质载体作为电极，实现内陆水域光电同步降解微塑料。

（3）心忧天下，服务民生。环境问题始终是研发团队的核心关注点，并将矢志不移地寻求环境友好、可持续性发展的问题解决之道，惠及民生。

随着项目建设的逐步完善，团队将不仅注重技术创新，还将加强与产业链各方的合作，优化资源配置，提高项目的技术经济效益和社会效益。技术研发团队的领军人物有信心将研发项目与实际应用结合，造福社会。

3.35 "双超"磁流体发电储能装置

哈尔滨工业大学：妙用水基铁磁流体"双超"特性，构建零碳电站

1. 综述

随着国家碳达峰碳中和目标的提出，我国正面临能源转型之路。然而，新能源发电量在我国总发电量中的占比相对较少，因此需要进行更多新能源发电方式的研究。水基铁磁流体具有超顺磁特性，是一种磁性纳米颗粒分散在基流体中的纳米颗粒悬浮液，以其作为核心材料的发电技术具有高效环保的特点，引入超疏水材料可解决装置运行过程中出现的材料黏附、能量损耗等问题，提升其作为零碳发电技术的持续性与高效性。

依托全国大学生创新创业训练项目的支持，2021 年 9 月在哈尔滨工业大学成立了新型磁流体发电储能系统设计的大学生节能减排创新研发团队，基于生活实际与现状调研，发现了水基铁磁流体具备的零碳发电潜力，并总结了限制其进一步发展存在的问题，历经一年的技术攻关，最终研发了一种实用化、高效化和市场化的新型磁流体发电储能装置。

2. 可交付成果

新型磁流体发电装置结构如图 3.35.1 所示，装置主要由疏水轨道模块、机械传动模块、电磁综合模块和储能模块组成，各模块主要功能如图 3.35.2 所示。目前团队已将装置应用在共享单车、外卖头盔等与人们出行息息相关的装置上，为车灯、智能锁等装置供

电，既保证了人们出行安全，同时又实现了零碳排放，符合节能减排目标。

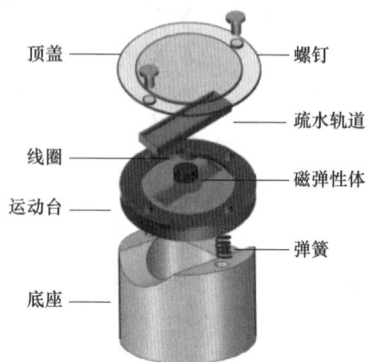

图 3.35.1　新型磁流体发电装置结构

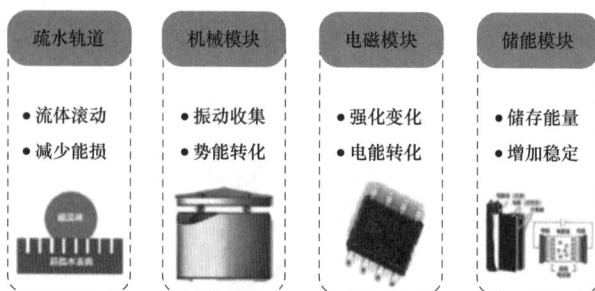

图 3.35.2　各模块主要功能

3. 技术规范

针对该装置进行设计与性能优化时，主要考虑线圈匝数、磁弹性体强度、外力反应灵敏度等装置的结构设计因素以及超疏水材料优化选择因素等方面。

（1）线圈匝数。在法拉第电磁感应定律中，线圈匝数与线圈两端感应电动势存在正相关关系。然而，在本装置中，过高的线圈匝数意味着更大的电阻及电能耗散。项目应用商业软件 Comsol 开展模拟仿真选择最优线圈匝数，模拟结果发现随着线圈匝数的增加，线圈两端的峰值电压逐渐增大且电压时均量也随之增大。模拟结果如图 3.35.3（a）和图 3.35.4 所示。因此，选择合适的线圈匝数可增大其发电效率。

（2）磁弹性体表面场强。发电机的发电效率与线圈中磁通量的变化率紧密相关，项目应用商业软件 Comsol 开展了不同磁弹性体表面场强对线圈两端电压影响的模拟仿真，模拟结果如图 3.35.3（b）和图 3.35.5 所示。

根据模拟结果发现随着磁弹性体表面场强的增加，线圈两端电压的峰值逐渐增大。因此，增大磁弹性体的强度可以有效增加装置的发电效率。然而，在后续实验过程中发现过

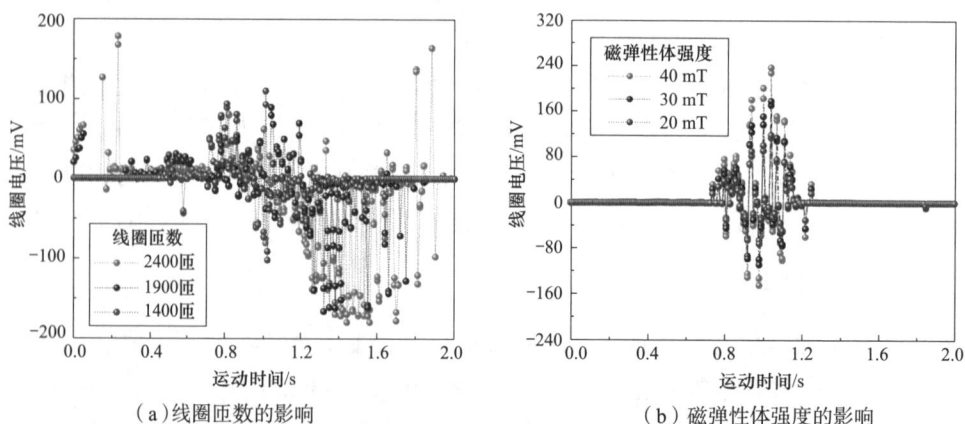

（a）线圈匝数的影响

（b）磁弹性体强度的影响

图 3.35.3　线圈两端电压随时间变化分布

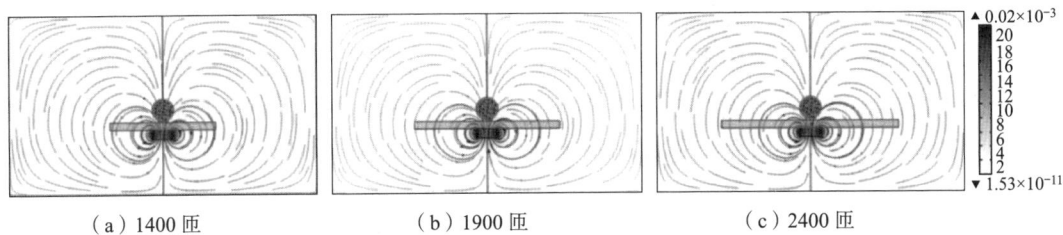

（a）1400 匝　　　　　　　（b）1900 匝　　　　　　　（c）2400 匝

图 3.35.4　不同匝数下磁场分布图（$t = 1s$）

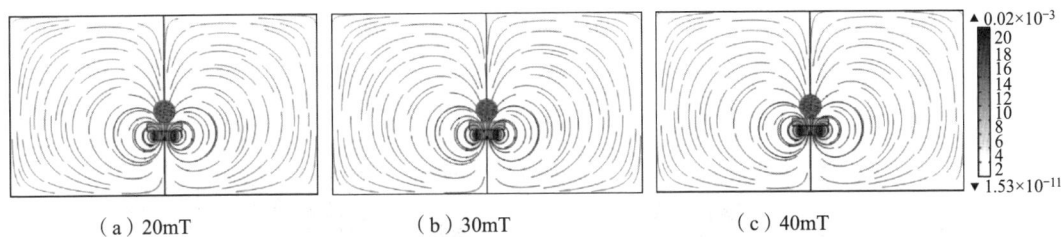

（a）20mT　　　　　　　（b）30mT　　　　　　　（c）40mT

图 3.35.5　不同磁弹性体表面强度下磁场分布图（$t=1s$）

强的磁弹性体强度，将导致磁流体被吸附于轨道上无法滚动。因此，在选择磁弹性体表面场强时不应盲目追求高表面场强。

（3）机械模块效果及发电性能。本项目计划将实验装置应用于车辆行驶中振动能、头盔振动能、雨滴势能及海浪波浪能等多环境能量的收集之中。为探究机械传动模块在不同环境下对外界振动的响应情况，项目小组设计了相关模拟实际应用场景的实验，验证了最大倾斜角与下落高度的关系以及倾斜角度与峰值电压之间的关系。实验示意及结果分别如图 3.35.6～图 3.35.8 所示。

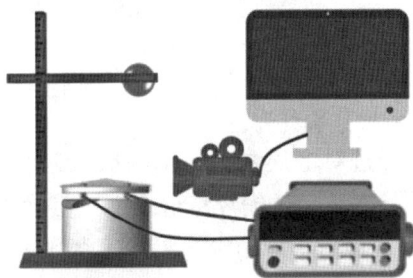

图 3.35.6　实验原理

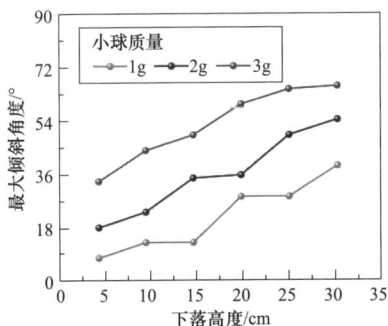

图 3.35.7　最大倾斜角−下落高度

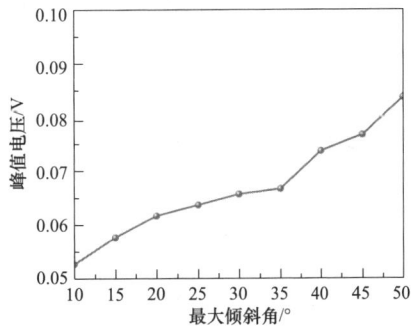

图 3.35.8　倾斜角度−峰值电压折线

相关实验结果表明，发电峰值电压与最大倾斜角度之间存在明显的正相关关系。所设计机械结构在面对外力振动输入时，能够产生较为灵敏的响应，在设计的应用场景中也能够有较为灵敏的反应，符合实际应用需求。

（4）疏水材料优化。适用本装置的疏水涂层制备方法有很多，包括将硅胶浸泡于纳米二氧化硅颗粒与丙酮混合溶液，将铜片浸泡于十三氟代正辛基硅烷等。不同的制备方法及基底选择所能起到的疏水效果不尽相同。本项目选取将硅胶浸泡于纳米二氧化硅颗粒，将铜片浸泡于十三氟代正辛基硅烷两种方法作为实验材料。

首先按照制备方法对上述基底进行相应的处理，之后放置在接触角测定仪上进行测试，使用蒸馏水作为液滴测量这些表面所呈现出的接触角度，不同润湿性测试结果如图 3.35.9 所示。

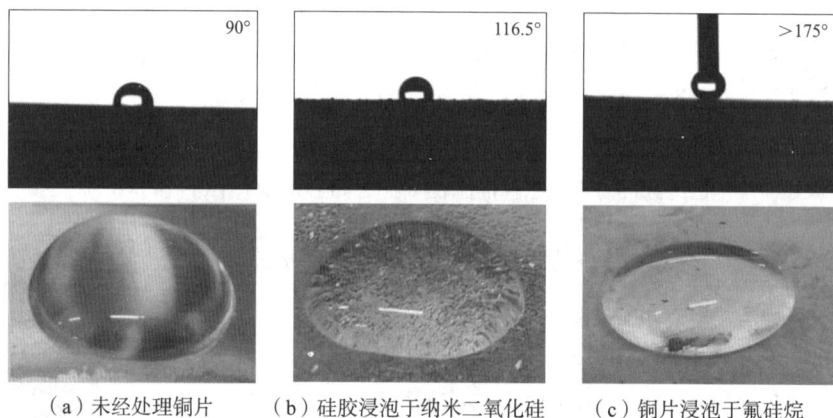

（a）未经处理铜片　　（b）硅胶浸泡于纳米二氧化硅　　（c）铜片浸泡于氟硅烷

图 3.35.9　不同表面润湿性测试

经过对上述两种疏水涂层及未经处理铜片的疏水角以及各种材料的制作成本进行比较，将清洁后的铜片浸泡于十三氟代正辛基硅烷的疏水效果最好，且制作成本最低，接触角大于 175°。实验发现磁流体在其制成的轨道上可以自由流动，因此，本装置选择将清洁之后的铜片浸泡于十三氟代正辛基硅烷的无水乙醇溶液中的方法制备疏水表面。

4. 关联项目

哈尔滨工业大学"新型磁流体发电储能系统设计"研发团队于 2021 年 9 月成立，在指导教师何玉荣教授的指导下，不断致力于新型磁流体发电技术的开发与应用。截至目前，该团队已完成：

"头盔上的零碳发电站：磁流体发电系统"设计，获第八届黑龙江省"互联网+"大学生创新创业大赛银奖。

5. 科技共同体

（1）聚焦国家"双碳"战略，创新零碳发电方式。项目设计灵感源于国家倡导"双碳"战略的大背景，从装置原理，到材料选择，再到加工工艺，全程以低碳排放乃至零碳排放为目标。装置原理克服了传统磁流体发电装置对于高温的依赖，消除了碳排放的问题；机械构件选择了具备环保性的树脂材料，既降低了成本，又顺应了节能减排的发展大势；加工工艺选择了 3D 打印技术，保证了较高的加工精度与适应需求的硬度。

（2）便捷人民日常生活，增添项目人文价值。项目团队聚焦国民经济主战场，以不断实现人民对美好生活的向往为己任。立足于共享单车夜间骑行缺乏照明存在安全隐患、智能头盔进一步发展受限于供能等现实问题，已尝试将装置应用于共享单车振动能收集、雨滴势能收集、头盔振动能收集等场景当中，竭力为人民生活提供便捷，保障人民生命财产安全，项目装置具备重要的人文价值。

（3）提升学生综合能力，培养国家亟须人才。近年来，培养的学生获得国家奖学金、校级 / 学会级优秀博士学位论文、校金牌硕士论文、全国能源动力类专业百篇优秀毕业论文（设计）等 30 余人次；连续 10 余年指导全国大学生节能减排社会实践与科技竞赛项目，指导学生参加黑龙江省"互联网 +"大学生创新创业大赛等，曾指导的一项科技创新成果已成功转让。

6. 后续研发方向

（1）专业技术方向上。项目团队将继续立足国家重大发展战略，面向国民经济主战场，助力"双碳"目标的最终实现；持续优化团队项目，对专家们提出的纳米颗粒寿命测量与提升、装置能量转化效率量化衡量等宝贵建议进行专项研究，进一步完善项目；深入日常生活与工业生产一线，进行广泛调研，进一步深挖装置潜在的应用场景，并进一步优化装置已有的应用方式，真正实现技术的落地生产，增进民生福祉。

（2）育人成才方向上。该团队将继续在何玉荣教授及唐天琪老师的指导下，注重学生的科技创新能力、学科交叉能力、团队协作精神的培养；鼓励学生勤于学、敢于想、善于做、乐于问，将日常学习的专业知识应用于解决生活、生产中发现的问题；大胆提出自己的思路与创新想法，善于通过实践论证想法的可行性，并探索恰当的途径解决实践中遇到的问题，进一步提升学生的创新能力和团队协作精神。

3.36　唤得东风遂人意

东北电力大学：提高风力机风速的可调节导流板

1. 综述

近年来，随着国家"双碳"目标的持续推进，风电作为主要清洁能源在能源结构的比重快速上涨，发展迅猛。在单机容量大型化的趋势下，如何有效提高风力机输出功率，进一步提高风电场整场发电量，助力构建新型电力系统成为行业的关注热点。

东北电力大学计算空气动力学与风能利用研究团队认为除增加风力机装机容量外，可以在现有风力发电基础上增设导流板装置提高风力机单机输出功率，以获得提升发电量的效果，同时可进一步结合大数据技术，进行风电场整场优化，建设智慧风场，历经两年努力，取得了阶段性的研究成果，可予推广。

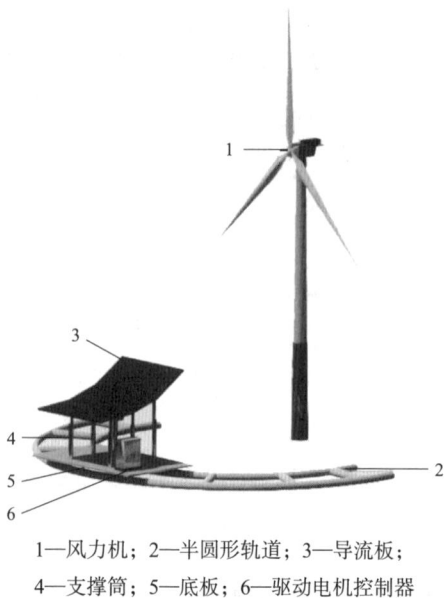

1—风力机；2—半圆形轨道；3—导流板；
4—支撑筒；5—底板；6—驱动电机控制器

图 3.36.1　导流板装置模型

2. 可交付成果

导流板装置模型如图 3.36.1 所示，该可调节导流板可提高风力机风速，目前已经可以作为现有风电场风力机技改的产业化试点运用，团队成员为其命名为"集风升电"。

3. 技术规范

随着我国风电事业的持续发展，风资源丰富地区的不断开发利用，在风力机本身条件较为完善的情况下，通过外加装置提升风力发电机组功率与优化风力机整场尾流效应对于进一步提升风电场经济效益与在役风力发电机组的二次优化尤为重要。

在实际工况下能够作用于风力机的风能资源仅为风轮叶片旋转平面内的风，而从风轮叶片旋转平面最低点到地面之间一般有 30 m 甚至更长的距离，在这一段距离上的来流风无法直接作用于风力机。

项目团队在现有风力机组中加装一种可提高风力机风速的可调节导流板，3D 仿真建模如图 3.36.2 所示，该装置由导流板、滑轨、驱动电机、丝杆及电气控制柜构成，可将风力机塔架下端来流风汇聚到叶片处，既能提高风力机的切入风速，又可以使风力机在未达到切出风速情况下获得更高风速，进而提升发电功率。驱动电机可在风力机偏航时驱动导流板随风力机偏航转动，在极端风况下及时调节支架高度以及导流板角度，降低导流效果，从而避免发生塔架倒塌、叶轮飞车等事故。该装置充分利用了风力机占地资源，大大减少了风力机组二次优化的成本，有效提高了风力机发电效率和发电量。对比传统火力发电形式，碳排放降低，为风电发展提供了一种新思路，具有极高的市场推广价值。

（1）导流板最优设计参数。为了便于缩比实验的结果计算与分析，选取 $\delta = H/26$（H 为风机轮毂高度）为独立基本变量进行处理，对导流板的自身参数和空间位置参数中的长度单位进行无量纲处理。通过分析输出功率三维响应曲面（见图 3.36.3）可知，距离无量纲参数 d/δ 在 6～7、高度无量纲参数 h/δ 在 2～4、距离及高度存在临界值，风力机功率存在极大值。结

图 3.36.2　3D 仿真建模图

合缩比实验实际情况，最终将两个参数定为 $d/\delta=4$、$h/\delta=6$。

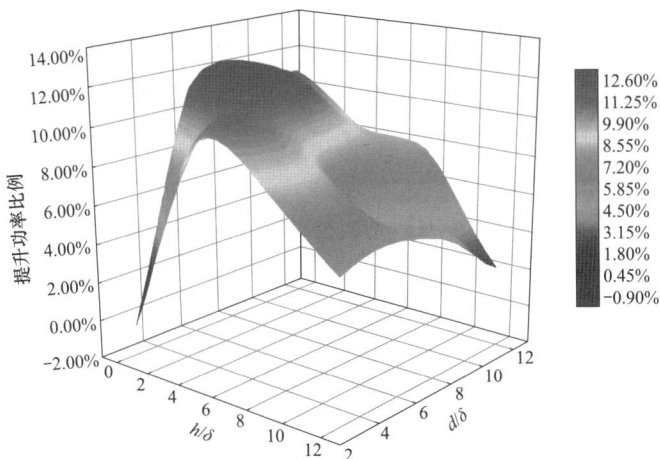

图 3.36.3 风力机功率提升与导流板距离 / 高度关系三维响应曲面

（2）风力机输出功率增益与节能减排效益。在最优参数设计情况下，导流板导流效应能够大幅提升风力机功率，提升比例可达 11.896%。对比传统能源发电，具有显著的节能减排效益。经仿真模拟计算，采用本装置，吉林省每年可减少碳排放 $1.02\times10^6\,t$、氮氧化物排放 $8.23\times10^3\,t$，对于实现能源转型、可持续发展具有重要意义。

4. 关联项目

东北电力大学计算空气动力学与风能利用团队，在张立栋教授的指导下，不断致力于探索风能高效利用。截至目前，张立栋教授指导的团队已完成：

"集风升电"：一种提高风力机风速的可调节导流板，获 2021 年第十四届全国大学生节能减排社会实践与科技竞赛一等奖；

"冰清叶洁"：风力机不停机叶片防冰剂喷涂装置，获 2022 年第十五届全国大学生节能减排社会实践与科技竞赛一等奖。

5. 科技共同体

（1）高质量风力发电，绿色发展助力"双碳"。截至目前，团队已经完成一种提高风力机风速的可调节导流板"集风升电"、风力机叶片结冰的不停机防冰剂喷涂装置"冰清叶洁"等的技术开发与样机研制，努力实现作品研究成果在行业应用中的转化，为风力发电中功率提升和高效利用注入新能量。

（2）为解决在役机组二次优化问题中提供新方案。团队完成可调节风力机导流板设计研发，不仅有效提高风力发电机组的单机发电功率，也可在有效利用土地资源、降低尾流效应、经济效益最大化情况下有效解决老旧风电机组优化改造的问题。同时，通过合理加装导流板，配合大数据调控技术，后续可在对现有机组进行更新改造，建设智慧风场等未来能源转型中挖掘风能资源利用的巨大潜力。

（3）形成"以赛促学，实践赋能"的培养模式。本着"比赛不是终点"的培养理念，实验室形成了"以赛促学，实践赋能"的模式，以门圣然、史卓群、赵禹泽同学为代表的学生团队在参赛过程中，不仅全方位提升了专业能力和科研素质，更重要的是激发出新时代能源动力学科人的一种青年担当。立足当下，展望未来，这种优秀精神将助力青年学子在更广阔的学科和行业平台中贡献青春力量。

近年来，团队为中国科学院大学、香港中文大学等多所顶尖高校和特变电工、金风科技等行业龙头企业培养了十余名优秀人才，累计获得了国家奖学金、吉林省优秀大学生、吉林市十佳大学生、东北电力大学创新一等奖等各级荣誉数十项。

6. 后续研发方向

（1）在教育理念上。该团队将继续秉承"以赛促学，实践赋能"的培养模式，不断致力于为同学创造更加全面完善的平台资源，主抓学生的前沿视野，从学科难点和行业前沿入手，以能动学科结合多学科交叉激发创新思维，引导学生从优秀作品案例中汲取经验，在亲身实验过程中全方位提高科研素质和实践能力。

（2）在专业方向上。该团队将继续以推动高质量的风能利用为目标，紧跟行业前沿和学科难点，深耕基础研究并优化团队专业结构，进一步完善研究项目和获奖作品的二次创新。同时，以国家战略为宗旨，更加侧重关注作品和研究成果转化，完善项目后续的商业模式与实际应用，尽快实现技术成果落地，推进更高质量的风能利用，为"双碳"目标贡献力量。

3.37 追逐恒星的新旅程

重庆大学：立式全反射聚光太阳能（发电）装置

1. 综述

太阳能是一种丰富的可再生清洁能源，高效利用太阳能对实现国家碳中和目标举足轻重。但现有传统分布式光伏发电装置存在占地面积大、采光效率低、依赖太阳方位等弊端，限制了太阳能发电装置的全面推广。因此，改进现有分布式太阳能发电装置，对消除弊端具有重要的现实意义。

本项目针对传统分布式光伏发电装置现存弊端，基于全反射定律和圆的渐开线性质等理论，设计制作了创新性与实用性兼备的一种基于立式全反射聚光结构的太阳能发电装置。将传统分布式光伏发电装置的二维平面式采光转换为三维空间"立式"聚光，提高光伏发电功率并节省成本投入，可作为家庭用电和城市公共照明系统等设备的分散电源，还具有一定的观赏价值。

2. 可交付成果

立式全反射聚光太阳能（发电）装置结构示意如图 3.37.1 所示，该作品是在一次偶然的交流中碰撞出的原创想法，在队员们不断探索和指导老师、评委的指导点评下，经过多次失败的理论推导并不断打磨优化，最终完成了作品的设计，团队成员为其命名为"立式全反射聚光太阳能发电装置"。

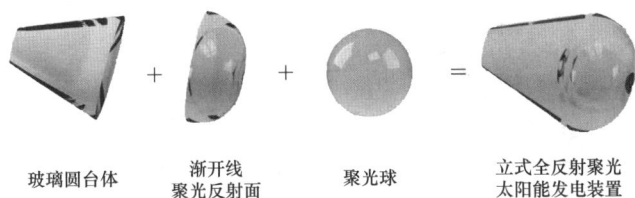

| 玻璃圆台体 | 渐开线
聚光反射面 | 聚光球 | 立式全反射聚光
太阳能发电装置 |

图 3.37.1　立式全反射聚光太阳能（发电）装置结构示意

3. 技术规范

当前分布式发电装置大多存在成本高、对太阳方位要求苛刻、采光时间较短等问题，通常只能收集白天固定方向范围的光线，故还有大量的太阳能资源被浪费。

为克服传统光伏发电装置不足，实现太阳能资源的充分利用，本团队基于全反射定律和圆的渐开线性质等理论，研究设计了一种立式全反射聚光太阳能发电装置。

（1）玻璃圆台体。全反射定律是指光从光密介质射向光疏介质，当入射角超过临界角时，折射光线会完全消失，只剩下反射光线的现象。发生全反射时，因为折射光消失，反射光强度等于入射光强度，因此不再存在折射光消耗能量，此时的反射光能量最大。本装置中的上部分核心结构为玻璃圆台体，光线进入玻璃圆台体，仅在第一次入射表面时存在折损，此时玻璃为光密介质，体壁外的空气为光疏介质，满足全反射定律的条件。圆台体光纤追踪如图 3.37.2 所示，太阳光线进入玻璃圆台体后，借助体壁实现全反射，光线逐级向下传递。

（2）圆渐开线反射面。直线在圆上进行纯滚动时，直线上一点 K 的轨迹称为该圆的渐开线。该圆则称为渐开线的基圆。将圆等分，过周长等分点作圆切线，以第 n 条切

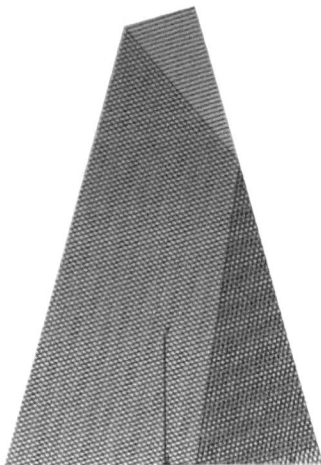

图 3.37.2　圆台体光纤追踪

线为例，自切点量取 n 份等分周长的点，光滑连接各点可得渐开线。圆渐开线光纤追踪如图 3.37.3 所示，本装置以渐开线作聚光反射面设于下部分，通过体壁逐级向下全反射传递的光线作为基圆的各条切线，根据渐开线性质可知，入射到渐开线面的光线均能反射到基圆上。

4. 后续研发方向

（1）在产品覆盖上。把握国内国际两大市场，覆盖公共基础设施建设、家庭应用、新

能源汽车供电三大领域，着力打造规模庞大、体系完善、技术先进、管理科学、视野开阔，具有强烈社会责任感的太阳能光伏发电产业。项目将以江西省吉安市永丰县天保村、河北省秦皇岛市青龙满族自治县三星口乡三道沟村、重庆市沙坪坝区虎溪街道、青海省西宁市湟中区为试点，以助力"公共基础设施建设"为起始领域，并逐渐推广。

（2）在产品优化上。进一步通过理论分析选取聚光效果更好的几何形状并将其产品化，完成革新的聚光方式。对太阳能光伏发电组件进行研究并进一步优化，通过改变硅片、硅棒的几何形状及参数以提升电池片的蓄电效率，并对高压器件、功率集成电路和抛光片等方面进行优化，提高发电性能及转化效率。通过理论计算和虚拟结合实际模拟调整装置的集合参数，包括玻璃圆台体的高度、半径等实现聚光效果的进一步优化，使其适应不同领域、不同地区、不同使用途径。

（3）在产品服务上。秉承为环保出力的宗旨，规范服务工作，满足用户需求，保证用户使用产品的满意度和信任度，提高产品的市场占有率。

（4）关注产业链需求。对项目商业模式进行下沉研究，降低新技术新工艺的应用成本，真正实现技术的落地，造福于民；同时，以国家战略需求为导向，整合集聚创新资源，提高专业质量，为实现高水平科技自立自强贡献力量。

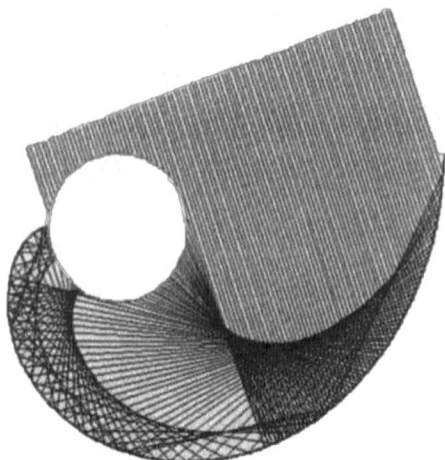

图 3.37.3　圆渐开线光纤追踪

3.38　迫在眉睫的锂电梯级利用

重庆大学：车用动力锂离子电池梯次利用产业对策研究

1. 综述

随着电动汽车行业的蓬勃发展，车用动力锂离子电池也迎来了空前的发展窗口期。然而受锂离子电池使用寿命的限制，预计未来几年内将有百万吨动力电池面临退役，动力电池的梯次利用和回收成为行业的关键问题。车用动力锂离子电池退役后，可继续梯级利用于其他领域，但必须对其进行性能测定。目前常用的测试方法效率低、成本高且对电池有损伤，难以应对动力电池的退役浪潮，所以亟待寻求一种针对电池荷电健康状态的新型快速检测方法。

在此背景下，重庆大学低品位能源利用技术及系统教育部重点实验室团队，基于超声波透射异相界面时会由于声阻抗突变导致透射波形变化的原理，创新性地提出并设计了一种针对 18650 钢壳退役动力锂离子电池梯次利用的新型快速检测方法与装置，其具有无损、检测快速、能源节约、成本低廉、可实现大规模自动化的优点，为退役动力锂离子电池回收利用体系中的检测环节提供了创新思路和有效方法。

2. 可交付成果

动力电池超声检测装置示意如图 3.38.1 所示，本作品主要包括输运部分、超声检测部分、数据处理部分和分拣部分。

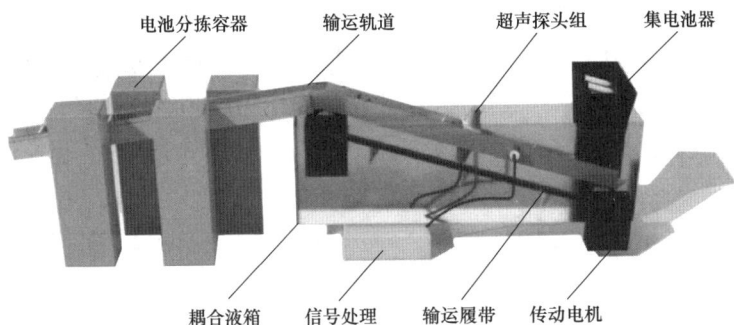

图 3.38.1　动力电池超声检测装置示意

（1）输运部分由传动电机、输运履带、输运轨道构成。传动电机为电池在运输轨道移动提供动力，输运轨道约束电池沿着预设轨迹运动。

（2）超声检测部分由超声探头组、耦合液箱、函数发生器构成。电池经集电池器和输运模块运输至耦合液箱，在完全被超声耦合剂浸润后，电池跟随传动履带向上运动，经过两对相互垂直且对中的超声探头进行电池整体超声检测。

（3）数据处理部分由示波器、信号处理电路构成。超声探头将接收的透射超声信号转换为检测电信号，经信号处理电路消除信号噪声后，通过示波器显示为无噪波形图样。分析无噪波形图样得到透射超声波振幅强度特征信息，然后送往信号处理电路的余下部分进行整流、滤波、比较。比较环节是将处理完成后的信号与已知标准信号进行比较，最终输出一系列高低电平指令信号，传递给分拣控制电路。

（4）分拣部分由分拣控制电路和分拣机构构成。分拣控制电路接收指令信号后，控制分拣机构按照设定的运动规律运动，实现对被测电池根据 SOH 范围的不同进行分拣，以便于梯级利用。

3. 技术规范

钢壳动力锂离子电池圆柱形结构使得超声波探头与壳体之间留下较大的空气间隙，而空气层和钢壳之间的界面声阻抗差异巨大，导致超声波难以穿透电池，直接在界面处被反射。超声耦合剂首先可以将探头与待测电池之间的空隙填充，避免空气层影响超声波的传递，以达到检测的目的；其次耦合剂也可减小声阻抗差，降低电池界面对超声波能量的反射造成的损失，起到一定的过渡；另外耦合剂还有润滑的作用，减小探头与待测电池之间的摩擦；硬壳电池较厚，超声波信号从发射端到接收端途中已经产生大量衰减，高频超声波传播距离受限，导致接收端接收到的信号几乎不存在；而低频探头所发射的低频超声波能够传播更远，且不至于衰减过多，故适合硬壳电池的超声波探头频率在 0.5～1 MHz。

对每一枚电池沿轴向取 3 个等距点截面进行超声检测，并以 3 个值的均值作为检测该枚电池的超声波振幅强度。作超声波振幅强度－循环次数散点图（见图 3.38.2），印证了超声波振幅强度随循环次数增加因内部结构老化副反应产气而降低的设计理论。

将容量保持率－循环次数数据与超声波振幅强度－循环次数数据联立，得到超声波振幅强度－容量保持率数据，作散点图（见图 3.38.3）及数据上界限与下界限的拟合直线：由于电池样本差异、实验误差等因素，同一容量保持率对应的超声波振幅强度是一个范围。为保证电池在梯级利用中有充裕余量，以超声振幅范围上界限值作为分级界限。以超声波振幅强度进行分级示意，分级依据及梯级利用场景如图 3.38.4 所示。

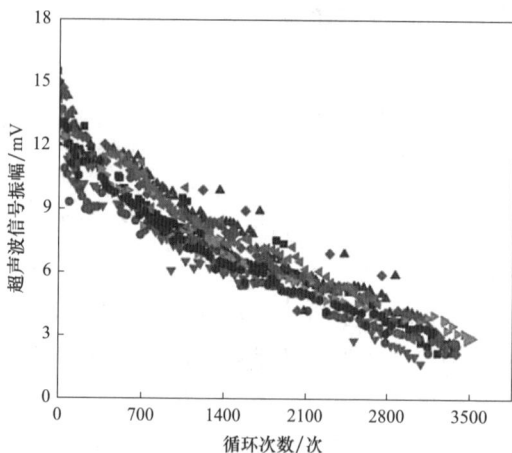

图 3.38.2　超声波信号振幅随循环次数衰减

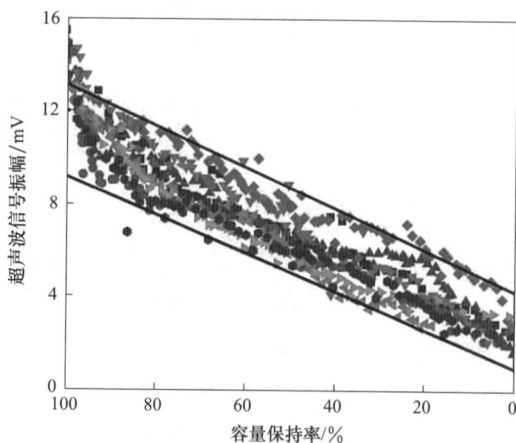

图 3.38.3　超声波信号振幅随容量保持率衰减

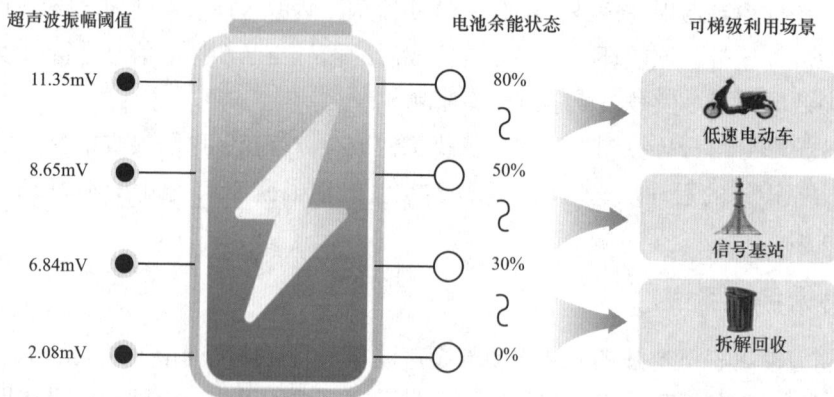

图 3.38.4　分级依据及梯级利用场景

结论：通过容量保持率－超声波振幅强度数学关系，可对不同余能状态范围的电池进行判断并对其高效准确分拣：以 U_m 表示超声波振幅强度，当 $U_m > 11.35$ mV，判断容量保持率为 100%～80%；当 8.65 mV≤U_m<11.35 mV，判断容量保持率为 80%～50%，可用于低速电动车；当 6.84 mV≤U_m<8.65 mV，判断容量保持率为 50%～30%，可用于信号基站备用电源；当 2.08 mV（噪声）≤U_m<6.84 mV，判断容量保持率为 30%～0，直接进行拆解回收。

4. 关联项目

重庆大学"万锂挑宜"团队于 2020 年 10 月成立。在李俊教授的指导下，不断致力于探索锂离子电池检测与回收应用。截至目前，李俊教授指导的团队已接力斩获以下奖项：

第十四届全国大学生节能减排社会实践与科技竞赛一等奖；

第十届"互联网+"大学生创新创业竞赛市级金奖；

第十一届"树声先锋杯"创新创业大赛校级银奖。

5. 科技共同体：锂电检测连接世界

在 5G 基站领域，根据移动、电信、联通三大运营商对 5G 的长期规划，2019 年是 5G 基站建设的起点，2019—2025 年期间，锂离子电池需求增量预计达 155.4 GWh；在低速电动车领域，2024 年锂离子电池需求预计将超过 1100 GWh。根据国际环保组织绿色和平与中华环保联合会共同公布的《为资源续航：2030 年新能源汽车电池循环经济潜力研究报告》估算，中国退役动力电池累计电量到 2025 年可达 120 GWh，可以基本满足全国 5G 通信基站的备用电源需求和低速电动车的锂离子电池需求。如何快速分拣退役锂离子动力电池成为我们急需解决的问题，本实验装置相较于目前常用的循环充放电方法而言，在精度所允许的范围内，可以大大缩减检测锂离子电池健康状况的时间，一天可多检测约 9000 颗退役 18650 锂离子电池，具有显著的经济效益。

超声检测方法与传统循环充放电检测方法对比：以单月为基准，可减少新电池生产约 25 万枚、减少原材料消耗 203 t、减少碳排放量约 36 t，可梯级利用容量增加约 3450 kWh；同时前者收益／成本为后者的 8760 倍，单位成本带来的节能减排、节省资源、经济效益显著。

6. 后续研发方向

（1）针对装置本身将进行进一步优化，提高电池检测效率和检测精确度，同时对装置进行工业设计，提高装置实用性的同时提高观赏程度、降低成本、提高效率。

（2）针对团队方面，立足团结一致，共同发展的宗旨，裁减冗员，互帮互助，管理升级，做好接力发展的充足准备。同时，团队需以国家战略需求为导向，整合集聚创新资源，提高专业质量，为实现高水平科技自立自强贡献力量。在专业技能与科研思维培养上再接再厉。

3.39 心之所向，素履以往

重庆大学：可穿戴柔性器件的新供电方案

1. 综述

节能减排对当今人类来说是一个刻不容缓的话题，化石能源日近枯竭，而人体生物能取之不竭，用之不尽，这种相悖的趋势或许内蕴了巨大的技术革新机遇。

以可穿戴性的柔性器件为例，比如医疗器材类的助听器和人工耳蜗等需要长时间工作的这类小型设备，目前市场上广泛使用的是根据塞贝克效应设计的热电发电机。这种发电机不具有柔性，不符合人体工程学和满足穿戴舒适性需求。

《全球可穿戴设备季度跟踪报告》指出：可穿戴设备仅 2020 年第一季度即出货 7260万台。占据市场主流的锂电池生产量与使用量随之骤增，但仍无法解决可穿戴设备内置电池容量小、续航能力差、需频繁更换等问题。

重庆大学敏锐地意识到可以利用人体与外界温差发电，进而解决可穿戴设备的供电问题，于 2019 年 10 月在重庆大学成立了"一触即发"大学生节能减排·绿色能源研发团队。历经多年的产、研结合，取得了可圈可点的进展，并且已有可以实现产业化的可交付成果。

2. 可交付成果

图 3.39.1 所示为一款可直接紧贴在背部的柔性发电器，利用温差发电供小功率用电设备使用。该产品的结构设计与能量流转过程如图 3.39.2 所示。

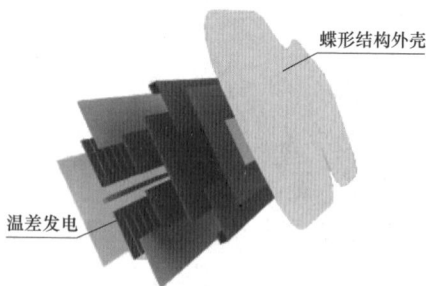

图 3.39.1 产品三维图

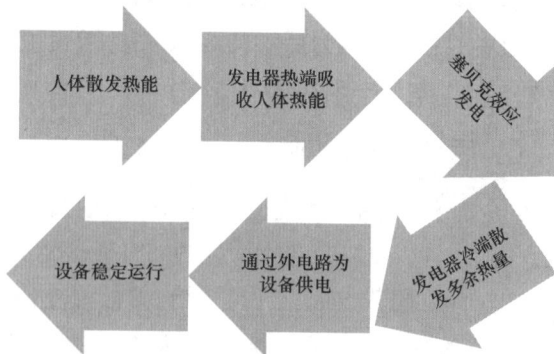

图 3.39.2 产品结构设计与能量流转过程

3. 技术规范

在目前的可穿戴设备尤其是医疗可穿戴设备领域，绝大部分采用充电式锂电池、纽扣电池等电源供电。这些电池不仅用电损耗快，在废弃后更是容易造成严重的酸碱与重金属污染。同时，使用这类电池无法准确计算更换时间，而使用医疗可穿戴设备的用户大都具有生活自理能力较差，更换时间不稳定这一特性，给患者带来极大不便，同时电池消耗也将是一笔不小的开销。

此外，现有的温差发电器（TEG）大都不具有柔性，体积庞大，主要适用于工业；而欧美国家所研发的柔性温差发电设备由于复杂的制作工艺导致成本很高，并且喷涂工艺导致的高电阻会使发电性能较弱，无法投入医疗可穿戴设备领域市场推广运用。

（1）导热发电原理。基于塞贝克效应的原理是将热能由上向下传递，透过绝缘、高热导率薄膜后，由于热层基片为绝热材料，热能只能通过热层铜片进行传导，并传递到电偶元件的一端，而该电偶元件的另一端与冷层铜片相连，冷层铜片同样通过一层高热导率的薄膜向环境外散热，即此刻电偶元件的另一端与冷端相连；进而使电偶元件的一端为热端向里，另一端为冷端向外，进而产生温差，由塞贝克效应可知，每对 n 型电偶元件和 p 型电偶元件产生载流子迁移现象，即产生电流为外电路供电。因为铜片将每对电偶元件进行串联，则可将每对 n 型电偶元件和 p 型电偶元件的效果叠加。

（2）柔性设计原理。为了使可穿戴式的柔性温差发电器具有一定舒适度和亲和性，本项目结合柔性导热材料与柔性基板设计了单电偶对排列柔性结构与对称式蝶形柔性结构；其中柔性导热材料的使用是将传统的温差发电器中坚硬的陶瓷传热材料换成柔性的薄膜传热材料，这种材料更加贴合皮肤，也更加轻薄；而柔性基板则是使用了柔性的二氧化硅气凝胶板来作为隔热材料，这种材料在保证绝缘效果的同时具有较好的柔性。

4. 关联项目

重庆大学"一触即发"团队于 2019 年 10 月成立，在冉景煜教授与卿绍伟老师的指导下，不断致力于探索温差发电技术应用。截至目前，该项目已斩获：

2020 The James Dyson Awards 中国赛区冠军及全球 Top 20；

"挑战杯"大学生创新大赛重庆赛区特等奖；

重庆市第六届"互联网 +"大学生创新创业大赛省赛金奖。

5. 科技共同体

（1）推动小功率温差发电技术发展。本项目设计的柔性可穿戴温差发电器及其组合可以利用人体与环境的温差发电从而替代各种电池的功能，结构科学合理，节能减排效果显著。这项技术不仅开拓了为医疗可穿戴设备供电的新思路，也进一步为可以由人体自身供电的全套医疗穿戴系统的出现创造了可能。此外，柔性人体发电技术作为未来人体植入芯片最有前景的供电方式，更是一把潜在的打开未来世界的钥匙。

本项目涉及的技术除了应用于人体，还可以应用到更广阔的生物能源领域，与各种生物体形成自供电设备，如生物电子感应器、野外探测器和野生生物追踪器等，或者是应用到一些非生物工程领域，因其柔性能更好地适应不同的工程结构需求，随着工艺的改进与效率的提高，足以使得温差发电这种清洁能源满足更多电能需求，取得巨大的节能减排效益。

（2）形成产、学、研一体化的独特教育模式。以刘森昊同学为代表的"一触即发"团队，将"静下来、钻进去、不怕难、渴创新"这十二个字贯穿始终，在产、学、研一体化的培养模式下，培养了创新精神，增强了创业意识，不仅让科研资源和青年的个人抱负服务于经邦济国，为民生发展提供智慧解决方案，还让拥有这种炙热情怀的青年学子走向了更广阔的教育领域，在奋斗中释放青春激情、追逐青春理想。近年来，为中国人民大学、清华大学、浙江大学、西安交通大学等多所国内外顶尖高校培养了十余名优秀人才，累计获得了国家奖学金、"唐立新奖学金""重庆市创新能力提升先进个人""重庆大学五四青年奖章"等各级荣誉百余项。学生刘森昊后续基于项目过程中的实验室研发经历，创办"深泛科技"，致力于解决传统实验室数字化与智能化问题，为科研进度增速提效，该同学还受邀参加了中央电视台《开讲啦》节目录制。

6. 后续研发方向

（1）在教育理念上。该团队将继续深入挖掘产、学、研一体化培养模式，解决"轻实践、少创新"的问题。通过此项目的开展培养大学生创新能力，积极实施以学生为主的教学模式，让学生的能力真正在实践中练出来、悟出来。

（2）在产业落地方向上。该团队始终以"科学技术最终要服务于人类"的准则为座右铭，切实做到技术创新、路线可行、产品经济。

心之所向，素履以往，科技造福的旅程没有终点。

3.40 厨余有机固废的阴燃处置

华中科技大学：高含水有机固废阴燃处置工艺及设备

1. 综述

以污泥、餐厨垃圾为代表的高含水有机固废是固废处置领域的瓶颈问题，其高含水特性往往使得传统技术能耗大、成本高、推广难。本作品旨在设计针对高含水有机固废的直接阴燃燃烧处置技术工艺，实现其低能耗、低成本处置。其创新点在于利用多孔介质材料优化系统蓄热和传质特性，实现高含水有机固废无需热干化辅助直接自维持阴燃，其氧化反应所产生的热量最大限度用于自身干化及引燃过程，从而实现系统能耗及运行成本的降低。所设计工艺系统可实现 100t/d 高含水有机固废的无害化、资源化处置，每年可节约燃煤 580 t、燃油 28000 L，减少 CO_2 排放 1674 t；系统吨投资成本 13 万元，吨处置费用 75.9元，远低于现有其他处置技术，极具市场前景。

2. 可交付成果

阴燃处置系统模型如图 3.40.1 所示，本作品基于阴燃原理中多孔介质对于高含水有机固废传热传质过程的优化，设计了一种针对高含水有机固废的直接阴燃处置工艺及系统，克服传统热干化工艺高污染、高能耗、高成本的劣势，达到无害化、减量化、资源化处置，同时也能达到节能减排的目的。

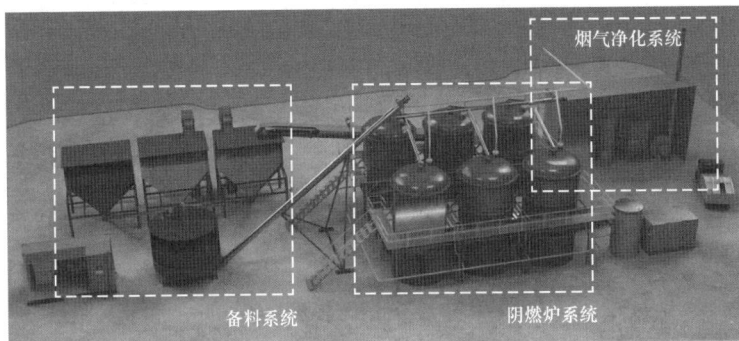

图 3.40.1　阴燃处置系统模型

现有高含水有机固废处置技术如填埋、堆肥、焚烧等仍存在较多问题：

（1）无害化及减容化不彻底，运输成本高。

（2）处理场所内恶臭气味、病原微生物、微小颗粒及寄生虫卵等随风飘移，造成环境污染且影响健康。

（3）添加剂残留造成产品有害物质超标，市场接受度低。

（4）发酵堆肥周期长、减量化不足，无害化不彻底。

（5）工艺复杂，需要添加辅料，设备多，且干化过程有自燃风险。

（6）设备复杂、成本高昂，往往结合燃煤电站或生活垃圾实现协同处置，并不适宜于中小规模的就地处置需求。

本项目作品具有能耗低、污染小、成本低、灵活性强的优势，可以为我国高含水有机固废处置能力的快速提升提供强力的创新技术支持：

（1）由于高含水有机固废中的水分会阻挡热量的传递与空气的渗透，所以利用沙子与高含水有机固废掺混形成多孔基质，从而提升蓄热能力和空气渗透能力，达到优化氧化反应过程的目的（见图 3.40.2）。

图 3.40.2　多孔混合基质优化原理示意

（2）利用正向阴燃传播原理，设置反应器，使下层物料氧化反应产生的热量向上传递，实现上层物料的干化、升温，继而阴燃燃烧，并形成自维持的连续反应机制（见图 3.40.3）。

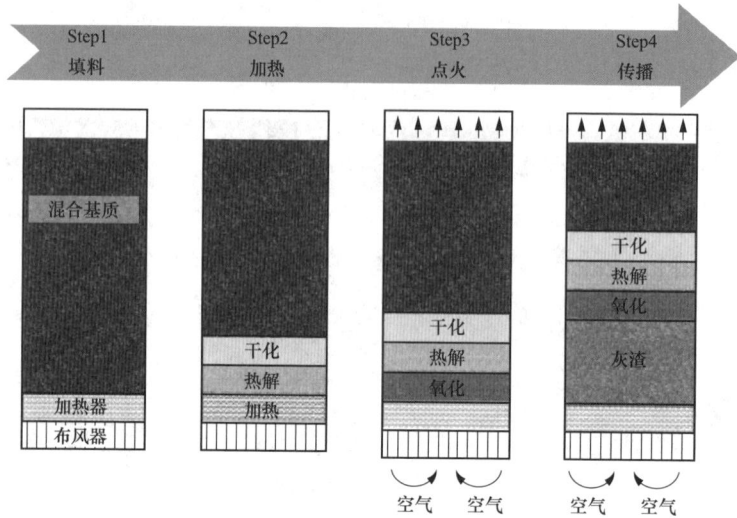

图 3.40.3　正向阴燃自维持传播原理

基于以上技术原理与实验台架验证结果，本项目进一步设计可实现高含水有机固废 100 t/d 处置规模的模块化阴燃处置系统。具体包括三个子系统：备料系统、阴燃炉系统、烟气净化系统（见图 3.40.1）。

备料系统：用于将高含水有机固废与惰性蓄热介质材料（沙子）混合形成适于发生阴燃反应的混合基质。

阴燃炉系统：用于提供适于发生可控阴燃反应过程的反应装置，通过自维持连续阴燃反应将混合物料转化成灰分以及以水蒸气为主的烟气。

烟气净化系统：根据烟气组分进行针对性净化排放处置，满足环保标准要求。

3. 技术经济分析

（1）环境效益评价。本项目技术的环境效益主要表现在三个方面：

1）对于生产生活中的各种高含水有机固体废弃物，如市政污泥、印染污泥、餐厨污泥等，均可实现减量化、无害化、资源化处置，应用范围广，节能减排效果显著。工艺过程产生的废水满足污水处理厂处置条件，烟气经过净化实现达标排放，固体产物除循环利用外，还可用于建筑材料的制备，针对印染污泥、市政污泥等含磷量较高的高含水有机固体废弃物，处理产生的固体产物还可用于无机肥的制备，实现回收利用。

2）处置过程省去脱水工艺，从而降低能耗及碳排放水平，按照 100 t/d 规模 60% 含水污泥通过燃煤脱水至 40% 计算，每天节省能耗 51600 MJ，约合 1.76 t 标准煤（合燃料费用 1232 元），减少 CO_2 排放约 4.9 t。

3）实现就地处置后，减少转场运输过程的能耗及碳排放，按照 100 t/d 规模 60% 含水污泥通过燃油车转场运输至 50 km 外的填埋场或焚烧厂，每车运送 10 t，按 0.65 元/(t·km)，每趟油耗 8.5 L，每天可节约运输费用 3250 元，节约油耗 85 L，减少 CO_2 排放约 0.2 t。

（2）经济效益评价。参照住房城乡建设部发布的《城镇污水处理厂污泥处理处置技术指南》，与传统处置工艺相比，本项目设备投资及运行成本均优于现有技术（见表 3.40.1），为目前行业最低水平。

表 3.40.1　　　　　　　　污泥阴燃处置与传统技术经济性对比

处置方式	吨投资 /（万元 /t）	运行成本 /（元 /t）
阴燃	13	75.9
稳定化后填埋	—	297.5
厌氧发酵	40～45	258.7
好氧堆肥	40～45	323.4
单独干化焚烧	40～70	310.4
电厂掺烧	40～70	252.2

如按照 250 元 /t 污泥处置收费计算，本项目 2～3 年即可收回设备投资成本；如按照 1000 元 /t 油田污泥处置收费计算，本项目年获利可达 3000 余万元，极具市场竞争优势。

4. 应用前景

（1）实现低热值高含水有机固废不经干化的低能耗处置。利用阴燃反应，点燃下层物料，随后即可充分利用物料反应所产生的热量，在不需外界热量投入的情况下完成自维持阴燃燃烧处置过程，排烟温度低（70℃左右），氧化产热得到充分利用，系统能耗有效降低。

（2）控制燃烧过程反应稳定，实现连续运行。针对罐式阴燃装置主体，在工艺上实现稳定运行控制过程，使阴燃反应维持在一个稳定的传播位置。在待处理物料输入阴燃炉的同时，阴燃产生的灰渣由排渣口排出，在保持燃烧反应面稳定的情况下，对物料输入速度和灰渣排出速度进行有效控制，实现床层和反应面高度在物料输入和灰渣排出过程达到动态平衡，继而达到稳定连续运行的目标。

（3）实现高含水有机固废的阴燃无害化资源化处置。根据阴燃技术原理设计反应装置并形成针对高含水有机固废的阴燃无害化、资源化处置工艺路线，高含水有机固废通过与石英砂为典型代表的惰性蓄热介质材料充分混合，形成基于多孔介质结构特性的混合基质，继而投入阴燃反应装置并启动阴燃反应过程；反应过程产生的水蒸气通过冷凝后回流至污水处理厂实现净化回收，产生的烟气通过净化系统处置达标后排放，产生的灰渣经筛分后实现介质材料循环利用、灰分作为无机肥原料或建材原料回收利用。

（4）应用范围、处置规模更加灵活。本项目所提出的整套处置工艺可针对不同种类的高含水有机固废，包括市政污泥、餐厨垃圾、工业污泥、禽畜粪便等；除此之外还可根据不同应用需求就地模块化组装，灵活设置现场处置规模。

5. 后续研发方向

（1）在教育理念上，团队将总结项目经验，结合学院"5211"育人计划，班级导师等培养方案，吸引并培养更多学生体验科研，参与科研。在学生本科阶段形成良好的科研意识与基础，塑造学院良好的本科科研氛围，形成良性的传承体系，促进学生提升自我，实现自我。

（2）在专业方向上，本作品符合新形势下绿色低碳环保的相关要求，实现针对高含水有机固废的低能耗、无害化、资源化处置，处置对象范围广，处置规模灵活。在当下高含水有机固废处置市场缺口巨大、政策支持的情况下，本项目提出的工艺及装置系统可以在全国范围内实现快速应用推广，极具发展潜力。

3.41 集成式耦合火花塞研制

华中科技大学：高效耦合集成式微波辅助点火原理及装置

1. 综述

本作品旨在开发一种高效耦合的集成式微波辅助点火方法和装置，利用微波辅助点火（MAI）技术实现稀薄燃烧的稳定点火，达到降低燃油消耗、碳排放和污染物排放的目的。小组自主设计集成式耦合火花塞，采用陶瓷体两用和线路调换等思路，大幅减小火花塞体积和提高微波传输效率，使之能够在实际内燃机中推广；同时提出基于当量比的微波参数优化和控制方法，根据不同行驶路况匹配对应当量比，控制微波脉冲波形和延迟时间，实现对微波辅助点火的自动调控。基于本作品技术的研发及应用，1000万辆汽车有望每年节省燃油 4.8 亿 L，降低 CO_2 排放 107 万 t。

2. 可交付成果

如图 3.41.1 所示为微波辅助点火系统装置，右侧放大图是集成式耦合火花塞示意。本作品基于微波辅助点火（MAI）技术，致力于设计一种高效耦合的集成式微波辅助点火方法和装置，并设计集成式耦合火花塞使之能够实际应用。

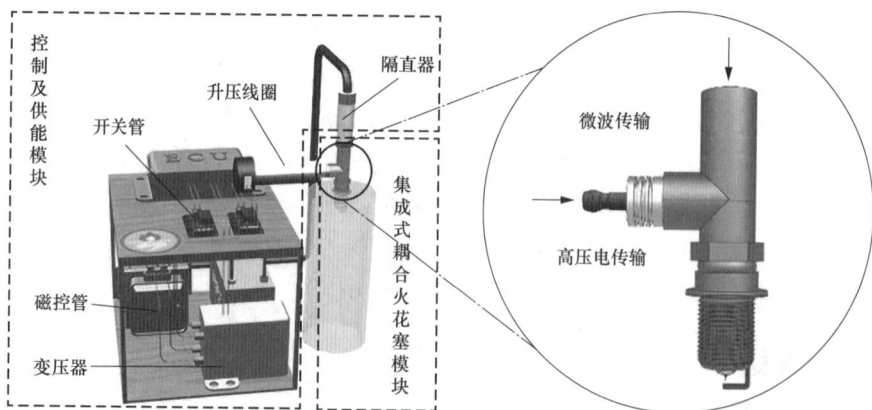

图 3.41.1 微波辅助点火系统装置

3. 技术规范

微波辅助点火系统的工作流程如图 3.41.2 所示。其中，控制及供能模块包含控制电路，实现对微波参数的控制；升压电路模块和微波模块实现能量的传输；集成式耦合火花塞模块可以直接替换传统火花塞。

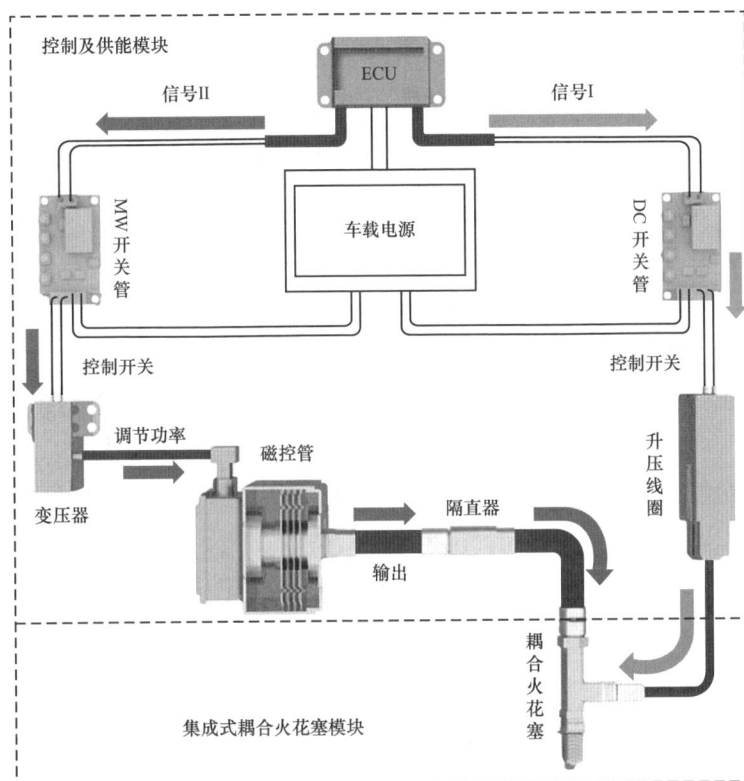

图 3.41.2　微波辅助点火系统的工作流程

本作品设计的集成式微波辅助点火系统，在传统点火系统基础上增加微波模块。在工作时，信号 I 控制 DC 开关管，高压电初步击穿混合气；延迟最优时间后，信号 II 控制 MW 开关管接通，紧接着变压器工作并调节磁控管功率，由磁控管产生不同波形的微波。随后微波经隔直器传入耦合火花塞，增强点火过程。

此外，本作品通过陶瓷体两用和线路调换提高火花塞的耦合效果和集成性。小组采用"陶瓷体两用"设计，即陶瓷体作为电绝缘体的同时，也起到传输微波的作用。该设计不仅实现微波的低损耗传输，而且缩小火花塞体积，使集成式耦合火花塞可匹配现有气缸。小组创新地采用"线路调换"，即"微波主路、高压电支路"，将微波传输线路作为主路，保证微波近似直线传输。

4. 科技共同体

本作品可实现稀薄工况下稳定点火，使燃料更充分燃烧。

经计算，使用本装置后一辆车每年节省燃油 48 L，节省油费 410 元，微波能量成本仅为 21 元，设备升级成本约 300 元，一年内即可回收成本。

以 1000 万辆车进行估算，使用 MAI 技术将使 CO 减少约 0.02%。按照"国六标准"，以燃油含硫量 8 mg/kg 计算可知：1000 万辆汽车每年将节省汽油超 4.7 亿 L，减少 CO_2 排放约 107 万 t，减少 CO 排放 68.8 t，减少 SO_2 排放 5.5 t，总减排效益达 1.08 亿元。节能减排效益估算见表 3.41.1。

表 3.41.1 　　　　　　　　　　　节能减排效益估算（1000 万辆车为例）

污染物	减排量 /t	单位环境价值/（万元 /t）	减排效益 / 万元
CO_2	107 万	0.01	10765.1
CO	68.8	0.04	2.75
SO_2	5.5	0.63	3.47
合计	—	—	10771.32

本作品具有易安装和便于推广的应用优势，耦合火花塞采用集成式设计减小体积，微波损耗小实现了高效耦合，且适配现有气缸。由于本装置基于现有点火系统设计，改动较小，仅增加微波线路，可实现稀薄燃烧稳定点火。在实际应用中，车企可根据本作品的方法和装置，对 ECU 进行编程，以满足汽车不同的动力要求等。

本作品可以在甲醇发动机、氨燃料发动机等清洁燃料的使用时大显身手，极具发展潜力和应用价值。

5. 后续研发方向

（1）在队伍迭代上，团队将总结本次难能可贵的参赛经验，于学院"5211 育人计划"、班级导师等方案中汲取养分，吸引更多的学子参与其中，培养更多的组员走进科研，培植更完善的作品参加到"节能减排·绿色能源"学校行动中去。

（2）在专业方向上，响应国家"双碳"目标的号召，探索更高效、更节能、更清洁的内燃机技术。微波辅助点火方法及装置不仅可以用于燃油，在清洁燃料的选择和使用上，为解决低碳燃料和无碳燃料点火困难、火焰传播速度慢的问题提供可靠的解决方案。

3.42 　勠力战疫者的勇敢逆行

华中科技大学：新型移动式医疗废弃物原位消毒提质设备

1. 综述

医院医疗废弃物的原有处置模式是将分散在各医疗点的废弃物集中托运到位于远离市区的指定医疗废弃物处理厂进行处理。而在 2020 年新型冠状病毒肆虐全球之时，这种模式面临着因废弃物量过大、医疗点过于分散以及长途运输产生的环境污染和二次感染等问题。如将医院科室内产生的医疗废弃物及时预处理，在源头降低感染力，将会有效遏制病毒进一步扩散。

华中科技大学能源与动力工程学院煤燃烧国家重点实验室固体废弃物能源利用化小组结合自身研究领域，基于学科建设基础平台，在 2020 年组建了"战疫先锋——医疗废弃物原位消毒提质的新型移动式设备"科研团队，设计搭建了医疗废弃物原位应急处理移动式设备，为抗击疫情贡献了自身的专业力量。

2. 可交付成果

本作品致力于对医疗废弃物进行原位应急预处理，即将具有污染性的一次性医疗废弃物进行微波加热实现快速灭菌并脱氯提质，经过处理的医疗废弃物已无害化，可与生活垃圾协同处置。作品装置和模型如图 3.42.1 所示。

(a) 实际装置　　　　　　　　　　(b) 运行模型

图 3.42.1　"战疫先锋"——医疗废弃物原位消毒提质的新型移动式设备

医疗废物原位应急处理移动式设备技术原理如图 3.42.2 所示，其主要包括微波加热模块、尾气处理模块、安全控制及预警模块三个部分。

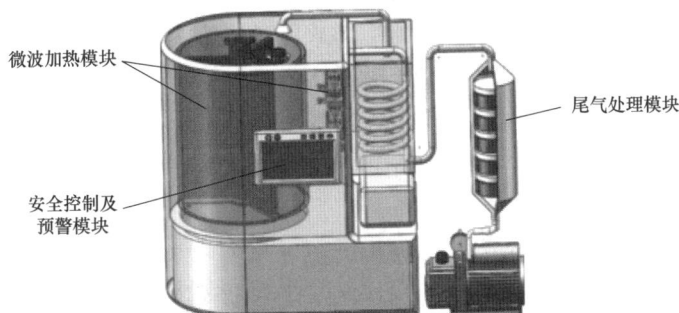

图 3.42.2　医疗废物原位应急处理移动式设备技术原理

微波加热模块：主要由微波发生装置、三腔体循环处理室、产物暂储室构成。在三腔体循环处理室的设计中，针对疫情期间医疗废弃物产量大、产量不连续的应用背景，为了进一步提高效率，节约能源，团队自主设计了一种预热－加热－冷却三腔体的可循环处理室结构。在少量模式下，仅需要单个腔体进行受热。而当废弃物产量巨大时，该结构可通过腔体的旋转实现处理循环及半连续进料，通过带孔隔板实现产物余热的有效利用，同时降低了高温产物对设备的损耗及对环境的热污染。团队通过进一步研究发现，医疗废弃物在微波处理过程中会产生腐蚀性介质腐蚀处理室腔体内壁，同时，换热面的沾污腐蚀还会加重损害程度。团队通过实验和设计，以 Ni-Cr 为材料的主成分的同时，在涂层中加入少量的 Mo 元素，发现其增强了器壁的长期抗腐蚀能力，最终采用优化的 Ni-Cr-Mo 基合金材料作为防腐涂层，对处理室及暂储箱内壁进行全覆盖喷涂，有效地防止了酸性腐蚀介质等引起的内壁腐蚀。

尾气处理模块：由尾气处理装置、冷凝水箱、废液收集单元及微型真空泵组成。

安全控制及预警模块：由漏能抑制器，尾气浓度检测仪及计算机控制系统构成。

本设备的处理流程如图 3.42.3 所示。废弃物从进料口进入，经处理后从设备下方的出料口排出，在产物接收模块暂储，过程中产生的尾气进行无害化处理，经尾气浓度检测仪检测达标后排放。

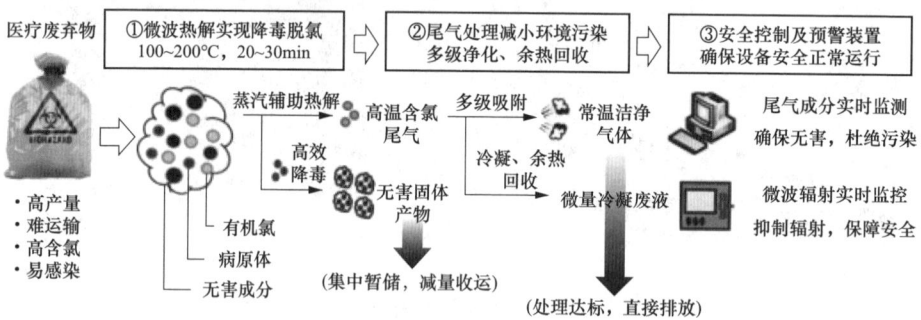

图 3.42.3 处理流程

值得强调的是，设备以高度集成化作为主要亮点，即将废弃物处理、尾气净化、存储、安全自动化控制集中于体积较小的设备中协同工作，进而实现创新性的原位处理功能。微波发生装置采用多磁控管变频技术以解决因处理室内部反射产生的驻波所引发的受热不均匀问题，并采用智能水蒸气控制系统辅助微波热解。依据《医疗废弃物管理条例》，废弃物中尖锐金属需单独放置于锐器盒，故不需考虑处理室内锐器电弧放电的危险。

3. 应用前景

医疗废弃物在运输过程中对人员及环境的污染高于一般废弃物几倍，有时甚至会达到几十倍。传统科室内部的医疗废弃物柜仅仅满足了存储需求，无法进行消毒处理。若科室配置此设备，按全年工作日 300 天计，每天工作 4 h，单个医院购置 30 台设备计算，仅一家医院年内即可就地无害化处理医疗废弃物 378 t，能有效疏解医疗废弃物处理压力，感染控制经济效益将十分可观。

此外，经过计算，设备 10 年内可节电 15768 kWh，相当于 6.3072 t 标准煤。设备节能减排效益显著，总减排效益达 1.0621 万元，具体见表 3.42.1。

表 3.42.1　　　　　　　　　　　节 能 减 排 效 益 估 算

污染物	减排量 /t	单位环境价值/（万元 /t）	减排效益 / 万元
CO_2	44.993	0.01	0.4499
NO_x	0.3900	0.63	0.2457
SO_2	0.4700	0.63	0.2961
CO	0.0580	0.04	0.0023
TSP	0.6300	0.02	0.0126
灰渣	0.6941	0.05	0.0348
合计	—	—	1.0621

2022 年，我国医疗废弃物产生量已达到 200 万 t，医疗废弃物处理市场规模达到 70 亿元，医疗废弃物处理市场潜力巨大。且经过设计优化，设备体积为 1.94 m³，完全适合在科室内部配置，团队成员还对设备成本进行分析，预计 1 年半内即可收回购买设备的成本，有效解决了当下医疗废弃物处理高成本的问题，还可为科室内创造无毒无害的绿色工作环境。若能在全国医疗机构进行推广，将具有巨大经济价值。

该设备以其体积小、成本低、原位降毒提质的显著优势，不仅在医疗废弃物处理市场蕴含巨大潜力，也具有良好的经济效益。

团队成员在设备设置的基础上构想了装置运行的模式，即先使用本设备对医疗废弃物无害化后暂储，处理物可与生活垃圾一同送往处理厂协同处置。疫情防控常态化背景下，本设备还可凭借其原位小型灵活应用于各个处理情景，例如方舱式、车载式等，并可进行全国推广，提高医疗废弃物污染源头治理，为传染物感染控制贡献力量。此外，需要强调的是，设备放置需至少具备墙隔离条件。该模式符合国家对医疗废物微波消毒处理的工程技术规范。

4. 后续研发方向

（1）在成员培养上，团队将总结参赛经验，从更多优秀案例中吸取科研灵感与成功经验，在多元化的学科中巩固自身专业基础，迸发新的创新思想，落实大赛节能减排理念，继承克服困难、勇于创新的参赛精神，指导培养更多的学生参与比赛，提升自我，实现想法。

（2）在专业方向上，该作品响应国家现阶段对医疗废弃物处理建设需求，为打造"绿色病房"、优化医护工作环境、提高经济效益提供了新技术与新方案。团队也将继续关注行业需求，深入调查、优化团队、改善设备，使得技术真正落地，为科技强国贡献力量。

3.43 应用于燃气轮机的高效燃料重整喷嘴

哈尔滨工程大学：能预先进行气化裂解的燃气喷嘴

1. 综述

目前国内面临的大气环境压力越来越大，随着排放标准的不断提高，低排放动力机械将会是解决污染问题的选择之一。燃气轮机作为一种重要的动力机械，燃烧室内气流速度大，导致燃料无法充分混合后参与燃烧，使排放气体中的污染物浓度难以进一步降低。为此，团队根据燃气轮机燃烧室的工作环境设计了高效燃料重整喷嘴。燃料在喷嘴内率先进行气化并在一定程度上裂解，缩短了燃料在燃烧室内燃烧所需要的时间，增大燃料与空气的接触面积，提高燃烧效率，降低排放。

相比于传统的燃料喷嘴，高效燃料重整喷嘴可以使用多种燃料，并且使燃料的燃烧效率提高至少15%。为了验证燃料喷嘴的性能，团队自行设计了与上述喷嘴相匹配的离心式压气机与径流式涡轮，并在微型燃气轮机试验台进行试验，推动了我国燃气轮机事业的发展，具有巨大的商业推广价值。

2. 可交付成果

图 3.43.1 所示为应用高效燃料喷嘴的微型燃气轮机，该设计打破了国外对我国军用微型燃气轮机的技术封锁，微型燃气轮机的应用可以改变目前国内以内燃机为主要动力装置的现状，打破传统动力装置方式，提高我国动力装置水平。

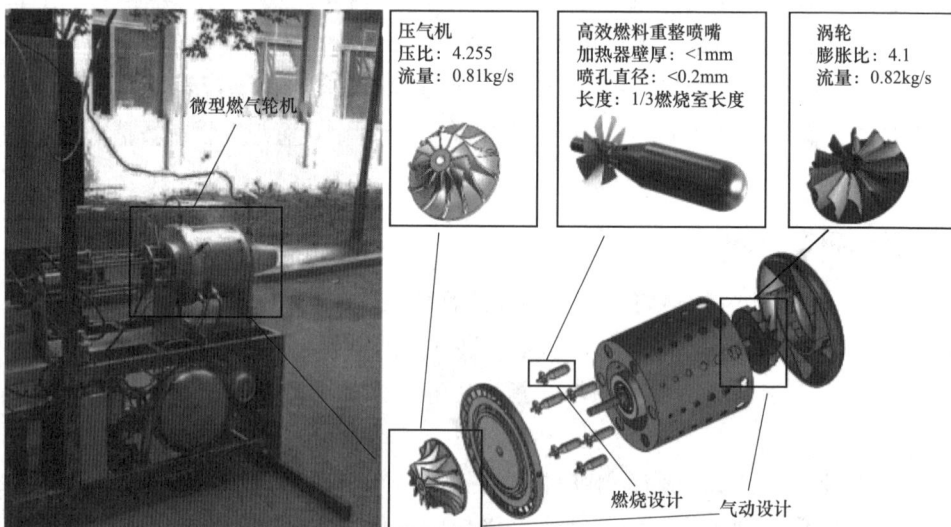

图 3.43.1 应用高效燃料喷嘴的微型燃气轮机

3. 技术规范

使用天然气等气体燃料时，气体燃料经燃料管路喷孔进入加热器进行加热并反向流动，从加热器喷孔朝旋流器方向喷出。使用柴油等液体燃料时，液体燃料经燃料管路进入喷嘴后从燃料管路喷孔喷出，高压液体燃料喷出后接触加热器高温内壁面后气化，气化后的燃料反向流动，从加热器喷孔中喷出。喷出的燃料直接与经旋流器旋流后的高压气体进行充分混合并进入燃烧室燃烧。燃料喷嘴工作示意如图 3.43.2 所示，喷嘴的速度矢量图和速度云图分别如图 3.43.3 和图 3.43.4 所示。

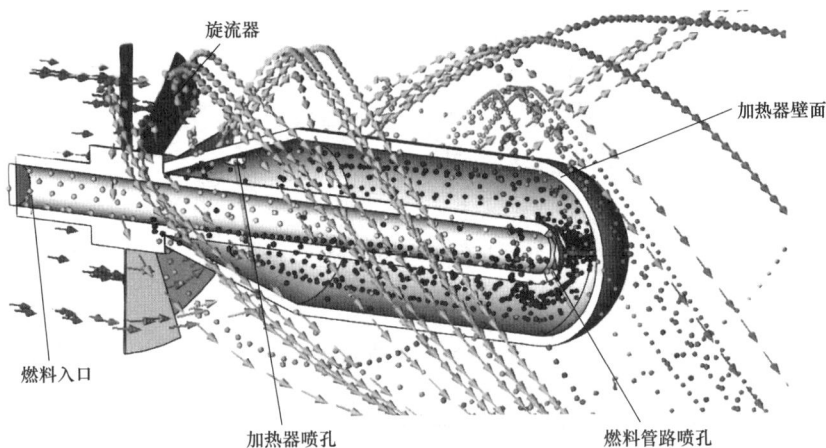

图 3.43.2　燃料喷嘴工作示意

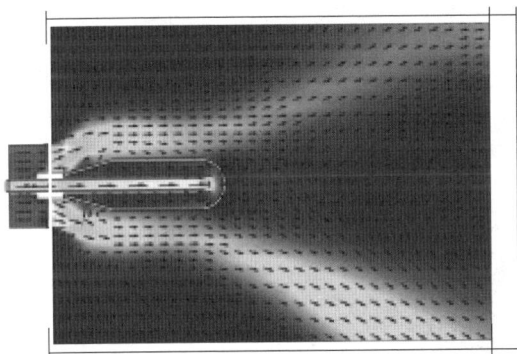

图 3.43.3　喷嘴速度矢量图

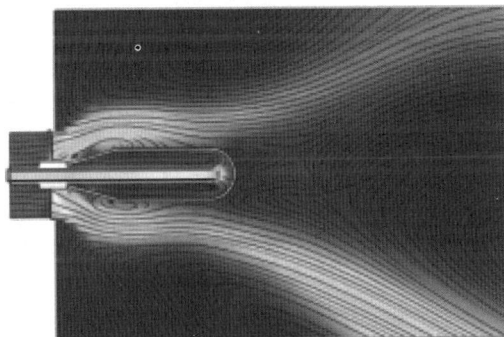

图 3.43.4　喷嘴速度云图

由于在试验过程中微型燃气轮机内部环境极为恶劣，很难得到压气机和涡轮的试验数据，所以利用 NUMECA FINE/Turbo 软件包对压气机和涡轮性能进行验算如下：

利用 NUMECA FINE/Turbo 软件包进行网格划分和流场计算，设定网格数约 100 万，生成网格后检查网格质量满足所需要求，得到设计点附近的计算结果见表 3.43.1。压气机 50% 叶高总压分布云图如图 3.43.5 所示。

在涡轮气动性能验证方面，采用的计算方法和压气机设计基本一致，涡轮计算结果见表 3.43.2，涡轮叶片叶背静压分布如图 3.43.6 所示。

表 3.43.1   压 气 机 计 算 结 果

参数	数值	参数	数值
背压	330 kPa	压比	4.255
流量	0.81 kg/s	效率	73.31%

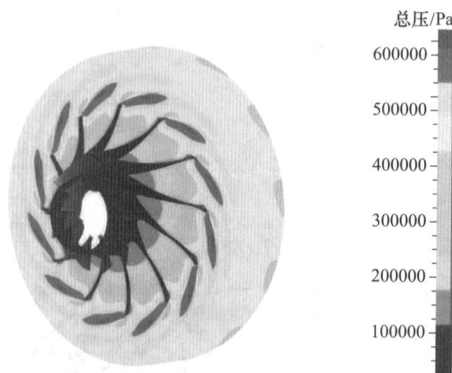

图 3.43.5 压气机 50% 叶高总压分布云图

表 3.43.2   涡 轮 计 算 结 果

参数	数值	参数	数值
流量	0.82 kg/s	效率	83%
膨胀比	4.1		

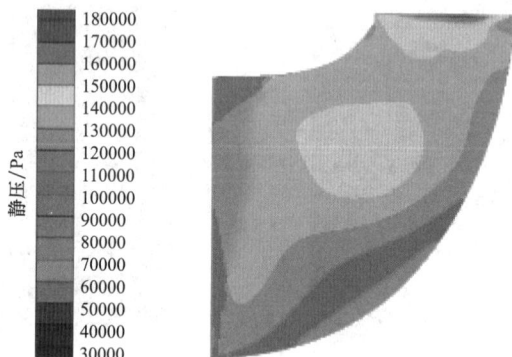

图 3.43.6 涡轮叶片叶背静压分布

4. 应用前景

应用于微型燃气轮机的高效燃料喷嘴设计主要应用于以下几个方面：

（1）无人武器（无人飞机、无人快艇）。军用方面，使微型燃气轮机能够使用多种燃料而不用更换喷嘴，提高作战单位在突发情况下的灵活性。军用无人武器最主要的要求就是机动性和对外部环境的适应性，而本作品所设计的高效燃料重整喷嘴恰好满足以上要求，可以提高武器的作战能力。

（2）为边远地区独立地供电、供暖、制冷。在民用的燃气轮机中，该燃料喷嘴中的加热器结构能够使液体燃料气化为小分子状态，当燃烧室内部达到一定温度时，可以使部分长链分子裂化为短链分子，减少积碳，提高燃料的燃烧效率。在国家电网难以覆盖的地区，可以使用以微型燃气轮机为主机的冷热电三联供系统，其综合效率可达 85%～95%，提高偏远地区的生活质量。

（3）公共场所（医院，工厂等）的应急发电装置。搭载高效燃料喷嘴的微型燃气轮机可使用多种燃料，并且启动速度快，拥有较大的单位体积功率，能够很好地适应外部环境的变化，可作为公共场所（医院、工厂等）的应急发电装置。

5. 后续研发方向

由实验数据可以得出：在相同的工况（供油量 30 kg/h，流量 0.8 kg/s）下使用普通雾化喷嘴时，微型燃气轮机的尾气温度为 82 ℃，使用高效燃料重整喷嘴时，微型燃气轮机的尾气温度为 1029 ℃。从压气机排出的压缩空气温度约为 400K。

经计算可得：使用高效燃料重整喷嘴时工质每秒吸收燃料放出的热量与涡轮做功的差值为 841.03 kJ，而使用普通雾化喷嘴时工质每秒吸收燃料放出的热量与涡轮做功的差值为 820.19 kJ。

结论：在微型燃气轮机试验台上，单位时间内高效燃料重整喷嘴能使工质多吸收约 20.84 kJ 的热量，柴油的发热量为 46.04 MJ/kg，则安装该喷嘴的微型燃气轮机每小时可以节省柴油约 1.6 L。

基于使用高效燃料重整喷嘴的节油效果，后续研发工作将着重利用回热器来提高整机效率。

3.44　被动式空气源 CO_2 气肥发生器

哈尔滨工程大学：实现负排放的 CO_2 吸附离子型聚合材料

1. 综述

设施农业是我国农业现代化的主要方向，而温室 CO_2 气肥供给系统是现代设施农业的重要组成部分。

传统的 CO_2 气肥供给技术包括液体 CO_2 法、燃料燃烧法、CO_2 颗粒气肥法以及化学反应法。这些技术均存在效率低、能耗大、成本较高、可控性差以及二次污染等问题。本作品克服上述传统工艺的缺点，独创性地提出了以空气为 CO_2 气源的气肥发生装置的科技构想。

由于空气中 CO_2 浓度低，本装置创造性地采用离子型聚合物功能化材料作为 CO_2 吸附剂。该材料可在干燥条件下吸附空气中的 CO_2，在湿润环境下释放所吸附的 CO_2。润湿后的吸附剂可利用太阳光、自然风等进行干燥"再生"，进而实现对空气中超低浓度 CO_2 的连续富集。

综上所述，本作品可充分利用自然环境条件，在不消耗外部能源的情形下，实现空气中 CO_2 的被动式富集。相比传统的 CO_2 气肥供给技术，本作品不消耗外部能源，且所有材料均可重复循环利用，有着巨大的节能减排优势；同时，本作品以空气作为 CO_2 气源，在满足作物生长的同时，还可实现 CO_2 的"负排放"。

2. 可交付成果

气肥发生器结构示意如图 3.44.1 所示。本作品提出了新颖的被动式空气 CO_2 富集方案，该方案可充分利用自然条件来实现空气 CO_2 的富集，有效节约能耗，降低排放。同时，由于采用空气作为 CO_2 气源，与植物固碳相结合，可有效实现 CO_2 "负排放"。

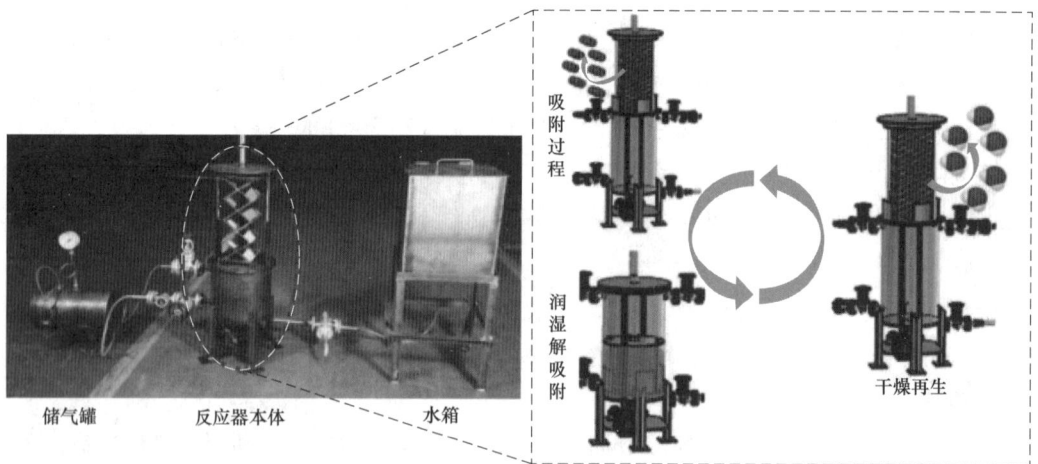

图 3.44.1 气肥发生器结构示意

3. 技术规范

本作品的核心技术是借助离子型聚合物功能化材料的变湿再生特性，充分利用自然条件，以实现被动式空气 CO_2 富集方案。为实现装置的连续运行，其富集流程可分为三个过程，其原理如图 3.44.2 所示。

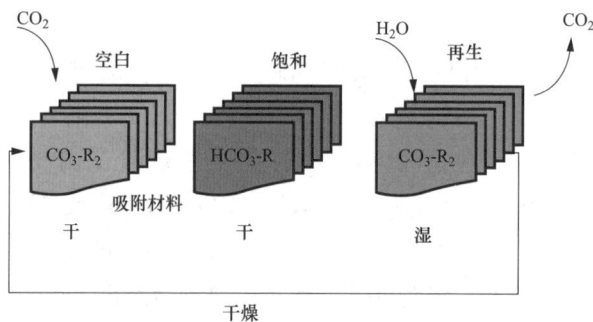

图 3.44.2 变湿再生原理

吸附过程：采用功能化的离子型聚合物作为 CO_2 吸附材料，通过对其改性处理，使该材料可在干燥环境下从空气中吸附 CO_2；

解吸附过程：吸附饱和后的材料可在润湿后自动释放高纯度的 CO_2 气体；

干燥再生过程：为了实现材料的循环利用，需要对润湿后的吸附材料进行干燥再生，为了实现节能减排，该过程可借助自然条件（如风能、太阳能）来实现。

（1）材料的合成与改性。为了实现从空气中吸附 CO_2 及变湿再生等功能，需要对购置的原始材料进行改性处理。本作品选用美国 Membranes International Inc. 生产的 AMI-7001 强碱性阴离子交换膜作为初始材料，通过水合、扩孔、功能化等步骤，得到具备丰富孔隙结构和官能团的功能化离子型聚合物材料，原始膜材料及改性材料的 SEM 图如图 3.44.3 所示。

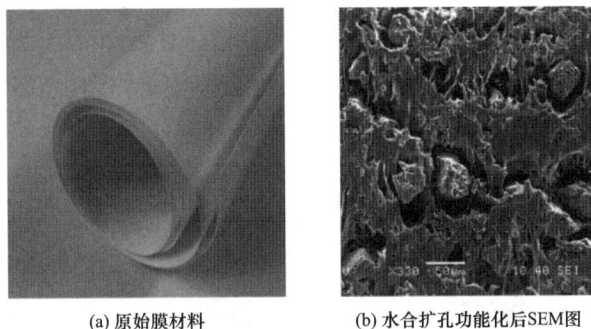

(a) 原始膜材料　　　　(b) 水合扩孔功能化后SEM图

图 3.44.3　原始膜材料及改性材料的 SEM 图

（2）反应器的设计与加工。为了充分发挥本作品所采用的离子型聚合物功能化材料的特性，需要设计并加工相应的反应器，以保证吸附过程材料与空气充分接触，解吸附过程材料的有效润湿、干燥再生过程能充分利用自然条件。

（3）被动式空气 CO_2 富集方案设计。为了保证所富集得到的 CO_2 具有相当浓度，需要保证整个反应器的密封性。整个反应器及其附属装置如图 3.44.4 所示。

整个系统由反应器、水箱、储气罐、泵、阀门、管路以及控制部件组成，从而实现对空气中 CO_2 的连续富集，并充分利用自然条件实现对其的干燥再生，实现全流程自动化的实验装置及系统。

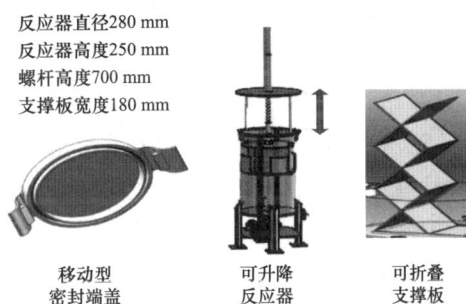

反应器直径280 mm
反应器高度250 mm
螺杆高度700 mm
支撑板宽度180 mm

移动型　　　　可升降　　　　可折叠
密封端盖　　　反应器　　　　支撑板

图 3.44.4　反应器及其附属装置

4. 关联项目

人工树：基于变湿再生的 CO_2 吸收装置，获 2018 年第十一届全国大学生节能减排社会实践与科技竞赛二等奖。

5. 科技共同体

（1）大棚种植增收。以草莓温室大棚为对象，分析采用该作品方案施用 CO_2 气肥之后产生的经济效益。研究表明，施用 CO_2 气肥后，温室大棚内草莓的产量及品质均会大幅度提升，每亩的产量提升 10% 左右，可增加产值 1.86 万元。假如所需要的气肥完全由作品装置提供，其投资成本为 1.5 万元，设备的生命周期为 10 年，由于该装置采用被动式 CO_2 富集方案，运行成本可忽略不计，则其年均成本仅为 0.15 万元。综上分析，采用本作品方案施用 CO_2 气肥之后，每亩温室草莓每年可增加净收入 1.71 万元。

（2）清洁能源高效利用。张毅知同学作为团队代表，创新性提出并与团队共同完成了以空气为 CO_2 气源，选用新材料、新装备、新工艺，实现空气 CO_2 的被动式富集，得到的 CO_2 气肥洁净、无污染，采用新颖的离子型聚合物功能化材料作为 CO_2 吸附剂，通过对其水合、扩孔、功能化处理，使其具备可从空气中吸收 CO_2 的变湿再生特性。团队设计并加工了可升降反应器及可折叠支撑板等附属设备，可在不消耗外部能源的情况下，充分利用环境条件实现对空气中 CO_2 的被动式富集。利用储气罐实现吸附－解吸附－干燥再生各过程的协同匹配，同时实现 CO_2 浓度的不断累积。符合现代设施农业的发展方向，有着巨大的市场前景和推广价值。

（3）形成"产、教、研、学"的独特教育模式。本团队践行了指导老师葛坤提出的"产、教、研、学"培养模式，不仅让科研资源倾斜向国家的产业需求，还为民生提供智慧解决方案，激励拥有这种炙热情怀的青年学子走向更广阔的教育领域。

6. 后续研发方向

（1）在教育理念上。基于对高等教育改革背景下大学生科技创新能力现状的深入分析，持续做好大学生科技创新工作的五大"功课"：把握方向性、结合时代性、尊重规律性、体现层次性、加强保障性；揭示提升大学生科技创新能力的更有效途径，继续完善大学生创新思维的培养、深化新时期高校创新教育改革、完善高校人才培养方案、以杰出人才培养为目标引领高等教育科技创新全面实施、加强对科技创新信息等平台的应用等，助力大学生科技创新。

（2）在专业方向上。设施农业技术是我国农业现代化的主要方向，对加快我国农业生产效益具有重要作用，能动类专业瞄准新能源的科技前沿势在必行。目前，能源高效利用技术是高新技术产业，也是当前国际上比较推崇的产业之一，提出二氧化碳作为新能源开发不但符合创新发展理念，且贴合节能减排需求，具有可期的应用价值和光明的研发前景。

3.45 "以创为导，以点带面"

上海电力大学：液控节电多功能饮水机

1. 综述

当"大家"的"双碳"目标落到"小家"之中，除了"随手关灯""垃圾分类""光盘行动"等日常举措，还能做些什么来实现家庭绿色节能，降低碳排放呢？上海电力大学作为能源电力特色高校，将节能减排行动深入融入"大家"和"小家"，从行业和生活角度开始助力行动。

上海电力大学聚焦节能减排，依托能源电力特色开展实践育人的创新教育模式，创建学生节能减排创新实践平台和指导基地，不断激发学生创新意识，活跃校园创新文化氛围，指导学生创新成果转化，营造了具有节能特色的校园文化新风尚。

2. 可交付成果

普通饮水机也是家用电器中消耗量较大的"吞电大户"，一台节能电冰箱每日用电一般在 0.5～0.8 kWh，而一台饮水机日用电量为 1.2～1.7 kWh，年耗电量约 550 kWh。饮水机待机一个晚上，平均空耗大约 0.4 kWh 的电能，一台常年使用的饮水机，一年累计浪费的电能可达 150 kWh 左右。据权威部门统计，2007 年，全国饮水机待机情况下耗电量高达 137 亿 kWh，按照每度电 0.6 元的价格来算，每年全国浪费在饮水机上的经济损失就高达 82.2 亿元。

传统饮水机具有如下缺点：

（1）传统饮水机采用一个开关控制烧水，需要人为控制开合，开启后一旦忘记关闭则整天都处于循环烧水状态，较大程度地浪费电能。

（2）传统饮水机热水胆容量大小无法改变，如只需饮用少量热水时，也必须按照其内胆容积大小烧水，剩余的热水残留于内胆中只能等待下次继续加热，从而造成了热水的利用率不高，浪费电能。

（3）传统饮水机内胆直接与水箱相连，接热水后冷水直接注入热水胆内，冷热水混合，热水温度直接降低，减少了热水的利用率，需再次加热才能提高温度，浪费电能。

（4）传统饮水机在加热结束后没有信号提醒饮用者可以用水，往往在反复循环烧水多次后饮用者才意识到可以喝水，从而造成电能浪费。

针对传统饮水机的以上缺点，经过开发团队反复实验测试设计了一种新型液控节电多功能饮水机。

该饮水机的工作原理如图 3.45.1 所示，采用计时器开关与普通循环烧水开关相结合的方式控制烧水，可根据实际所需选择烧水时间，防止电能浪费；利用液位传感器控制电磁阀开闭的方法调节内胆中水的不同容量，可根据实际所需选择烧水的容量，从而达到合理用水、减少烧水时间进而节约用电；在接水处设置一个总开关，控制整个系统的电源，按下接水开关时自动切断电源，有效防止冷热水的混合，提高了热水的利用率和保温效率；增设了一个水开音乐警报器，当水加热结束后，水开警报器发出提示音提示接水，防止水反复加热而浪费电能，实现节能。

开发团队从加热电路部分和水路部分分别进行创新，如图 3.45.2 所示，结构部分由计时器、电磁阀、液位传感器、接水开关、水开警报器等组成。计时器控制烧水时间，电磁阀控制进水口阀门的开闭，液位传感器控制不同的烧水容量。当热胆内水位低于所调定的水位时，电磁阀导通，进水口进水；当热胆内到达指定水位时，电磁阀关闭，进水口不再

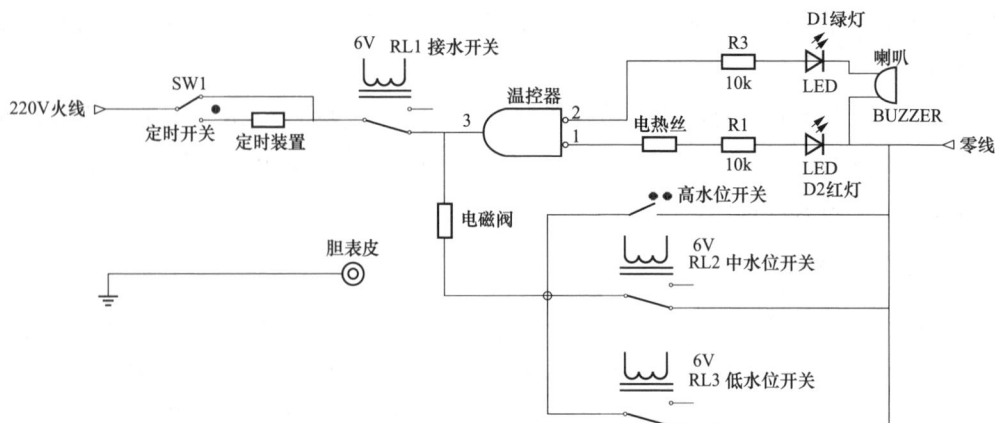

图 3.45.1　饮水机工作原理

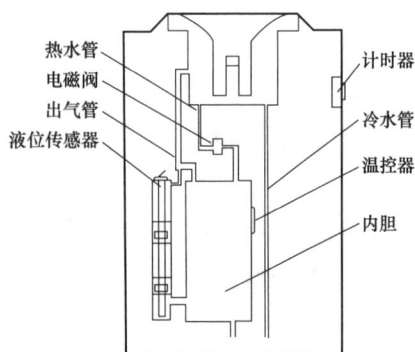

图 3.45.2　液控节电多功能饮水机
结构原理

进水。

液控节电多功能饮水机主要功能如下：

（1）增加计时器自动控制烧水时间。新型饮水机采用计时器开关和普通循环烧水开关结合的方式。可根据实际情况来调节烧水时间，当选择计时器控制烧水时间时，饮水机将会在规定时间内加热，烧水时间到点后计时器将自动关闭电源，防止电能浪费；当选择普通开关烧水时，饮水机将处于循环烧水状态。这样可有效地控制烧水时间，达到节约电能的目的。

（2）采用液位控制器控制内胆内的烧水容量。新型饮水机可根据实际所需调节内胆中水的容量，利用液位传感器控制电磁阀的开闭，从而控制内胆中水的容量，需要饮用多少水加热多少水，这样避免了残余水的反复加热问题，具有节约电能以及减少烧水时间的优点。

（3）增设总开关防止热胆内冷热水混合。新型饮水机在接水处设一总开关，接水时电磁阀处于关闭状态，冷水不注入内胆，加热丝不加热，等接完之后，开关闭合，电路导通，机器开始工作。这样可以提高热水的利用率，减少水的加热次数，达到节约电能的效果。

（4）增加水开警报器提示及时接水。新型饮水机当水加热结束后，系统发出声音提示使用者及时接水，防止水的反复加热，较大程度地减少电能的浪费。

3. 关联项目

上海电力大学"智能相伴"团队于 2007 年 10 月成立，在朱瑞老师的指导下，不断致力于智能科技创新，该模式获得第七届教育部高校校园文化建设优秀成果评选一等奖。截至目前，该团队已完成数十个作品的研究开发工作：

"智能饮水"：基于液控节电多功能饮水机装置，获 2008 年第一届全国大学生节能减

排社会实践与科技竞赛一等奖;

"智能探测":基于 3E 型烟头自动探测熄灭收集装置,获 2012 年第五届全国大学生节能减排社会实践与科技竞赛二等奖;

"智能分捡":智能自动分捡干湿垃圾的街道垃圾桶装置,获 2013 年第六届全国大学生节能减排社会实践与科技竞赛二等奖;

"智慧物联":基于智慧物联的架空电线云端预警与智能清洁系统,获 2018 年第十一届全国大学生节能减排社会实践与科技竞赛一等奖。

4. 科技共同体

(1)智慧家居将逐步惠及民生。随着智能终端设备和物联网技术快速发展普及,采用智能技术实现安全、健康、环保、舒适、便利等功能的智能家居逐步进入大众的生活和工作中,饮水机就是其中非常常见的家用电器。传统的饮水机功能很简单,就是把水烧开达到 100 ℃沸腾后可以进行冷却降温达到理想的水温,耗电量比较大,而且水是重复沸腾的。团队设计的饮水机与原饮水机相比,制造成本提高约 80 元,而调研结果显示,传统饮水机用户因待机所造成电能损失每年都达 100 元以上,团队设计的饮水机将为用户节省一笔可观的支出;该饮水机操作简单、清洁卫生、安全可靠,投入市场必将深受广大消费者的欢迎。

(2)节能减排为实现"双碳"目标助力。在科技得以迅猛发展的今天,绿色可持续发展再度成为社会热议的话题,越来越多的科研工作者和企业家积极地参与到实现"双碳"目标的队伍中来。上海电力大学以能源电力助力"双碳"和学生科创助力"双碳"为抓手,从"大家"和"小家"分别开展创新。

(3)营造具有节能特色的校园文化新风尚。更为值得一提的是,以邢敏剑同学为代表的科创团队,践行了指导教师朱瑞教授提出的"以创为导,以点带面,增强辐射,带动全校"的创新氛围营造理念,引导青年大学生融入科技创新,成为创新的前沿群体。近年来,团队为上海交通大学、同济大学等多所国内外顶尖高校培养了二十余名优秀人才,累计获得了国家奖学金、企业奖学金、上海市优秀毕业生等各级荣誉百余项。

5. 后续研发方向

(1)在教育理念上,该团队注重专业教育与现实应用的联系,进一步从工作和生活需求中深入挖掘科研灵感;巩固基础知识,依托能源电力特色,倡导节能减排,推进创新教育的活动,催生了诸多优秀的学生节能作品。

(2)在体系建设上,不断完善学校学院的科技创新体系,建立科学创新的管理制度、系统的团队建设和竞赛机制,建立科创实践培训体系,开展各种类型的科技创新活动。节能减排学生创新基地对全校学生开放,基地指导教师指导学生开展创新,研发产品,发表创新实践成果论文、申请专利等,优化知识结构,丰富社会实践,强化能力培养,提高学习、实践与创新能力,增强学生的综合能力。

3.46 储供一体化直流微网充电桩

中南大学：适用电动车的梯次动力电池耦合超级电容器

1. 综述

近年来，随着电动汽车行业的迅速发展，电动汽车充电桩供需不平衡、分布不均匀的问题日益突出。此外，偏远地区电网设施不完善，如何为该地区的电动汽车充电成为亟待解决的问题。

立足于上述电动汽车充电桩市场需求量大，国家政策扶持的行业背景以及退役动力电池处理的难题，中南大学的李嘉晔同学作为团队创始成员，从绿色供能、低耗节能、高效储能三个理念出发，基于光伏供能、分频控制和混合储能思路，设计并搭建基于梯次动力电池耦合超级电容器的储供一体化直流微网充电桩，以满足新能源汽车的充电需要。

2. 可交付成果

如图 3.46.1 所示，为采用太阳能和梯次动力电池设计的一套离网电动汽车充电系统，能够实现供能－储能－节能系统的耦合匹配与优化运行。

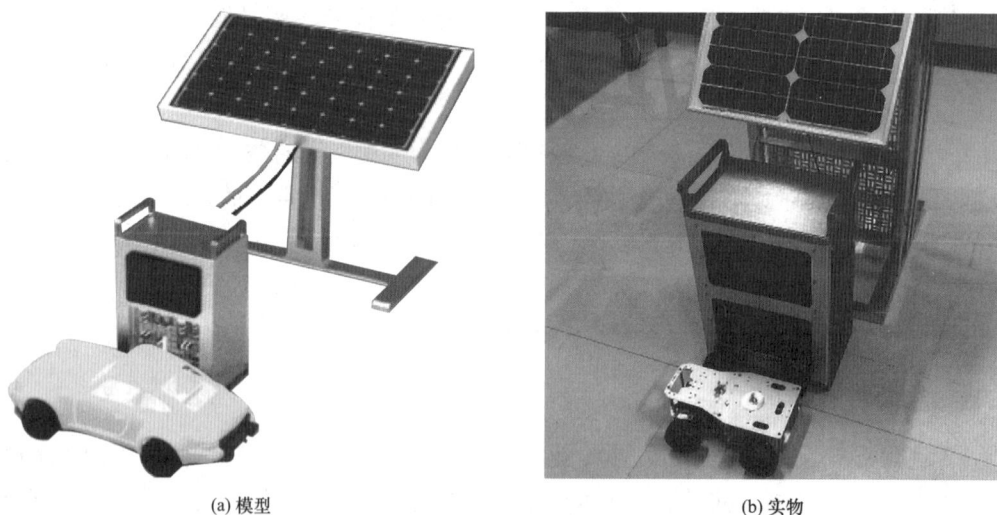

(a) 模型

(b) 实物

图 3.46.1 储供一体化节能充电桩

3. 技术规范

太阳能是清洁能源，作为给电动汽车供能的新型能源具有极大的优势。基于当前电动汽车充电桩供需不平衡、分布不均匀、供电不稳定，在偏远地区电网设施不完善，电动汽车充电难等问题，该团队利用超级电容器耦合梯次动力电池作为混合储能系统，并制成独立微电网充电桩，巧妙解决了上述问题的同时有效延长了动力电池的生命周期，为动力电池梯次利用开辟了新途径。

利用超级电容器耦合梯次动力电池作为混合储能系统制作而成的独立微电网充电桩设计原理如图 3.46.2 所示，该充电桩主要包括光伏输出模块、混合储能模块和负载充电模块，通过光伏发电（绿色供能）-梯次动力电池耦合超级电容器（高效储能）-分频控制（低耗节能），实现电动汽车的充电。

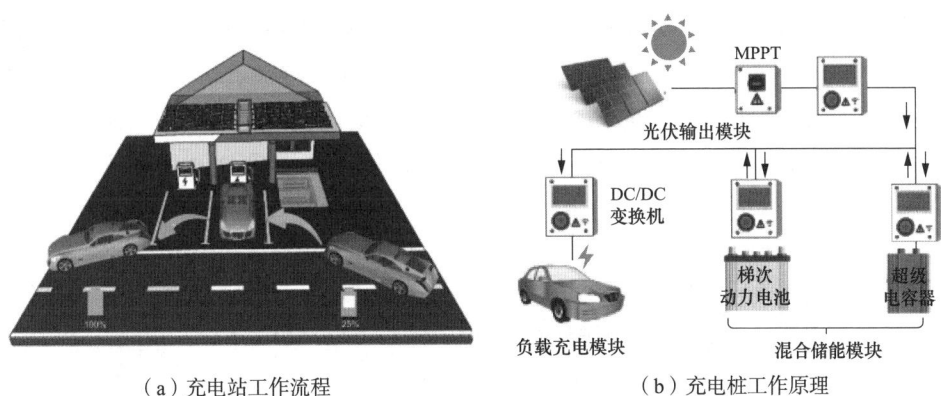

（a）充电站工作流程　　　　　　　　（b）充电桩工作原理

图 3.46.2　独立微电网充电桩设计原理

该作品具有以下使用优势：

（1）供能模块采用光伏发电，可实现偏远地区的离网供电。

（2）储能模块由梯次动力电池耦合超级电容器而成，可实现动力电池的梯次利用。

（3）基于分频控制策略，可提高梯次动力电池寿命，实现能量高效利用。

该作品具有以下技术优势：

（1）先进的储能单元结构设计。与传统的单一蓄电池储能技术相比，系统将超级电容器与梯次动力电池进行耦合，可有效平抑系统的功率冲击，延长电池寿命。充电桩采用独立微网结构，大大降低了铺设电网的成本，同时降低了电力输送过程中的能耗。

（2）先进的储能-供能调控算法。将嵌入式技术和智能算法灵活结合，在保证充电安全性的同时，合理调控能量流动，提高能源的储存效率。

（3）独特的动力电池梯次利用途径。将退役磷酸铁锂电池用于电动汽车充电站，通过优化控制算法与新型耦合方法，延长蓄电池寿命，实现梯次利用，降低污染排放。

相比于同等规模太阳能电池板的单一电池储能系统，本系统可提升电能利用率 9%。相比其他现有的光伏供能充电桩，本系统最高可提高收益 8.82 万元 / 年，即节约 69% 的电能；另外，本系统采用廉价的梯次动力电池，相比全新的磷酸铁锂动力电池，同等规模下，充电桩可节约 6.4% 的成本，考虑到控制策略优化带来的电池寿命增加，其低成本优势还将进一步扩大。

4. 关联项目

基于梯次动力电池耦合超级电容器的储供一体化节能充电桩，获 2021 年第十四届全国大学生节能减排社会实践与科技竞赛一等奖。

5. 后续研发方向

在教育理念上，中南大学秉承"梯队式建设、链条式培养、全过程跟踪、精细化管理、人性化服务"的理念，鼓励学生进入教师课题组开展科研创新训练，指导学生参加节能减排等学科竞赛，实现"以赛促教、以赛促学、以赛促创"。从设备选型，到电路设计，再到控制系统的编程，团队成员在一次次失败中摸索规律、总结经验教训、锤炼坚韧意志。"用最初的心，做永远的事"，该团队的初心是立足节能减排，做出真正能解决行业痛点的优秀创新作品，只有不断打磨细节，才能充分挖掘创新点，做出一流的作品。竞赛虽然结束，但是团队成员不断打磨作品，将优秀的创新作品用于工程实际的初心没有就此终结。

3.47 3D蒸发：另辟蹊径的仿生

中南大学：太阳能高效蒸发并脱汞纯水发生器

1. 综述

受人口增长、环境污染以及气候变化等因素的影响，全球水资源短缺压力不断增大。在发展中国家和工业化国家，水污染特别是重金属污染已经成为普遍存在的严重问题。优化水资源综合管理策略，开发高效、便捷且低成本的废水处理技术，以废水作为饮用水来源成为解决水资源危机的新途径。

传统太阳能蒸发器光损失和热损失较大，导致其蒸发效率低，而且无法有效去除水中易挥发的重金属汞。来自中南大学的李雅楠团队针对上述问题设计了一种以 $MoS_2/C@PU$ 光热材料为基础，结合3D蒸发路径和波纹板高效冷凝的太阳能高效蒸发协同脱汞纯水发生器，在高效利用太阳能的同时能深度去除水中的汞，产生符合饮用水标准的纯净水。

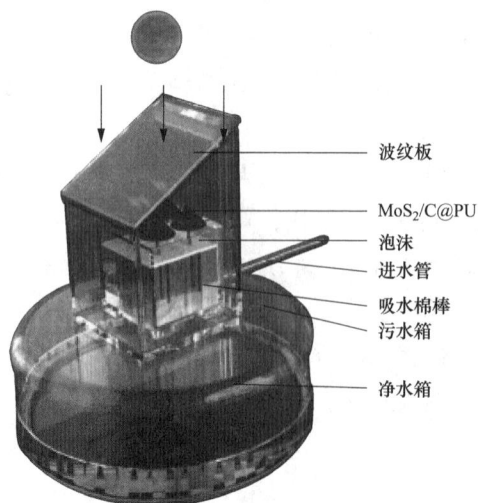
图3.47.1 蒸发装置原理

2. 可交付成果

本装置采用了 $MoS_2/C@PU$ 光热材料，通过水热法合成 MoS_2/C 微球，在高效利用太阳能的基础上，获得简单消毒和去除废水中重金属离子的功能，产生符合饮用水标准的纯净水。蒸发装置原理如图3.47.1所示。

3. 技术规范

目前常用的净水方法有化学沉降、吸附、离子交换、电化学处理和膜净化等。将太阳能蒸发与这些技术结合发展是解决能源消耗、二次污染、成本效益问题的新趋势。传统的太阳能蒸发器对太阳光的吸收能力弱，蒸发效率低，并且难以除去水中易挥发的汞化合物，实际应用有很大的局限。该团队受植物蒸腾作用的启发设计了一种具有独特 3D 蒸发路径的纯水发生器，通过减少装置的热损失实现高效蒸发；含硫材料与汞的强相互作用使其在除汞方面表现出优异的性能，MoS_2/C@PU 光热材料的独特结构可以达到提高太阳光吸收率和废水脱汞的双重目的；同时，为加快水蒸气在顶盖的凝结速率，增加纯水收集量，团队提出了波纹刻蚀的理念。蒸发装置设计思路如图 3.47.2 所示。

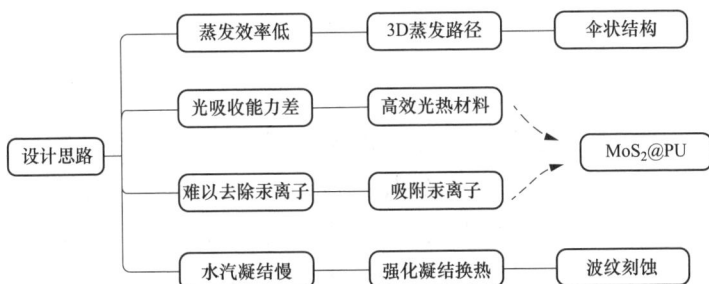

图 3.47.2　蒸发装置设计思路

（1）太阳能吸收率高。MoS_2/C 微球的负载在使聚氨酯海绵的颜色变为黑色的同时，有效接收太阳光的比表面积增大；MoS_2/C 微球优异的光学性能使海绵的平均吸光率从 47%～58% 大幅度提高到 98%，太阳能吸收率的提高为装置光热转换提供了充足的动力。

（2）水分蒸发效率高。该装置创新性使用 3D 人工转运设计，具有优良的热管理和水输送特性；与传统的太阳能蒸发器相比，通过一维水道的毛细作用为蒸发过程提供水分补充，三维蒸发路径有效减少热损失，具有更高的效率。

（3）水汽冷凝效果好。波纹板具有增强液膜内扰动、增大凝结换热系数的优点，可以增大冷凝器的总传热系数。受波纹板强化冷凝效果启示，该装置在顶部盖板刻蚀波纹，增强盖板的冷凝效果，有效加快了水汽冷凝速率，提高了装置的产水率。

（4）净水功能强。在传统太阳能蒸发器杀菌消毒、降低硬度的基础上，使用 MoS_2/C@PU 新型材料，利用 MoS_2 中硫原子对汞的高亲和力，有效吸附废水中含有的汞离子，能进一步提高水质，产生符合饮用水标准的纯水，为饮水健康保驾护航。

4. 关联项目

一种太阳能高效蒸发协同脱汞纯水发生器，获 2021 年第十四届全国大学生节能减排社会实践与科技竞赛一等奖。

5. 后续研发方向

（1）在教育理念上，该团队将面向人类社会可持续发展的能源和环保问题，落实"基础研究训练＋研究能力提升＋创新思维引导"梯度培养机制，以大学生节能减排竞赛等各类学科竞赛活动为依托，专注于学生创新创业能力的培养和科研能力的提升。

（2）在专业方向上，该团队将继续深入研究，在学习过程中充分地发挥主观能动性。科研探索绝不仅仅是纸上谈兵，实践必不可少，创造的过程也必然是艰难的。团队成员将继续加强专业知识的学习，培养创新思维，以市场导向为创新动力源，为国家"双碳"目标的实施贡献力量。

3.48 浮云鼎：太阳能无人机的"孤勇者"

西北工业大学：太阳能单涵道对转升力风扇无人机研发

1. 综述

我国民用无人机产品销售和服务总体市场规模 2020 年达到 465 亿元，2025 年将达到 750 亿元。当前民用无人机市场多采用四旋翼无人机，随着无人机市场规模的逐渐扩大，四旋翼无人机气动效率低、航时短、易坠毁所造成的损失和浪费已成为亟待考虑和解决的问题。同时四旋翼无人机螺旋桨暴露，叶片易伤人，单一叶片受损就会失控坠毁，且其气动结构并不具有最佳的气动效率，普遍航时较短，无人机的安全性及能效性亟待优化。

西北工业大学动力与能源学院通过研究航空发动机涵道结构及其对转风扇的相关结构，将多项军用技术民用化，历经三年设计出太阳能单涵道对转升力风扇无人机。该型无人机采用单涵道结构可提供更高的升力；采用全配平无旋流高效率对转风扇降低气动损失；采用仿生降噪尾缘设计减少噪声污染；采用自主研发的太阳能子系统，实现太阳能与电池的协同供能。

2. 可交付成果

太阳能单涵道对转升力风扇无人机的结构如图 3.48.1 所示，主要由设备舱、机身、对转风扇、舵面、抗畸变唇口与太阳能子系统六个主要部分组成，团队成员为其命名为"浮云鼎"。

3. 技术规范

当前我国无人机产品面临着两大问题：

第一，四旋翼无人机螺旋桨暴露，叶片容易伤人，单一叶片受损就会失控坠毁，成为四旋翼无人机的致命缺陷；

第二，四旋翼无人机升力结构并不具有最佳的气动效率，普遍航时较短。

太阳能单涵道对转升力风扇无人机一是采用涵道结构，包裹动力系统，提高其进气量，从而提供更高的升力，且涵道的唇口采用抗畸变设计，增强了其在强横风环境下的稳

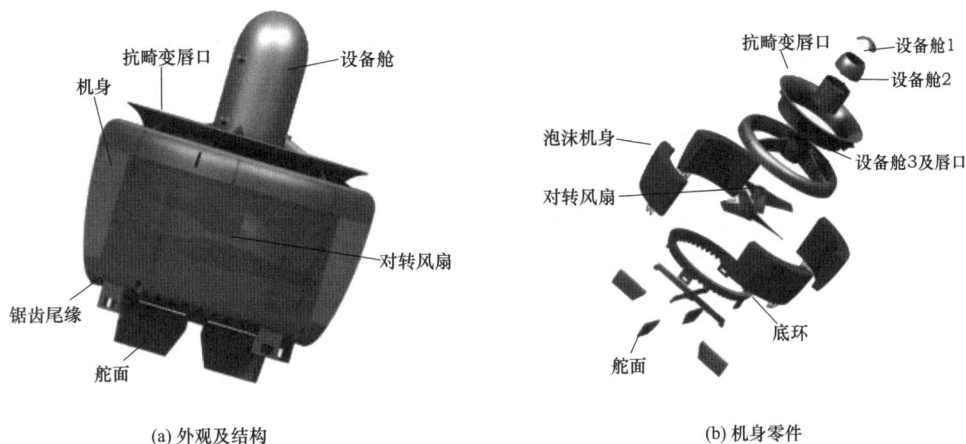

(a) 外观及结构　　　　　　　　　　(b) 机身零件

图 3.48.1　太阳能单涵道对转升力风扇无人机结构

定性；二是采用全配平无旋流高效率对转风扇，对转风扇流场无旋，降低气动损失；三是采用仿生降噪尾缘设计，减少噪声污染，降低 10～20dB；四是采用自主研发的太阳能子系统，除了实现太阳能与电池的协同供能外，还提供了额外的气动升力，进一步提升了续航时间。共轴对转风扇旋流恢复效果如图 3.48.2 所示。

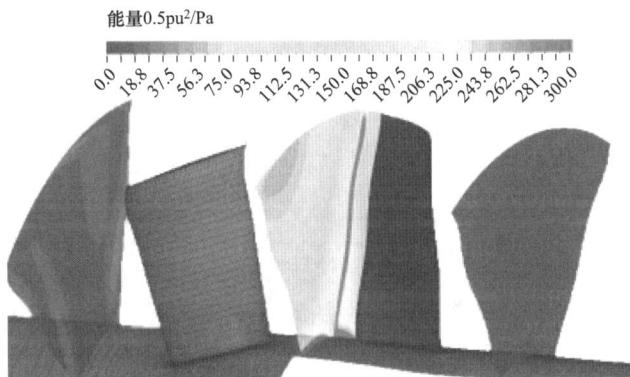

图 3.48.2　共轴对转风扇旋流恢复效果

本作品的优势体现在如下两方面：

（1）续航时间。经过理论计算及数值仿真，采用经验公式、全尺寸三维 CFD 技术和实验飞行等方法，对单涵道对转升力风扇流场及其性能进行了仿真和验证，在采用相同电池容量供电的条件下，续航时间相比于传统四旋翼无人机可提高 27%～31%。

（2）安全性。单涵道对转风扇飞行器，其与普通四旋翼飞行器最直观的不同就在于其有着四旋翼无法比拟的使用安全性，这种安全性来自于涵道飞行器独有的高度包容性的机匣，不会造成意外伤害。经过试验验证，太阳能单涵道对转升力风扇无人机在单发失效时可控平稳落地，轻微碰撞不影响飞行。

251

4. 科技共同体

西北工业大学动力与能源学院太阳能单涵道对转升力风扇无人机团队于2016年9月组建，在范伟教授和刘汉儒副教授的指导下，不断致力于探索无人机高效安全技术应用。截至目前，范伟教授和刘汉儒副教授指导的团队已接力完成无人机的总体结构设计、全配平无旋流高效率对转风扇设计、抗畸变唇口设计、降噪尾喷口设计和太阳能系统设计；已完成各部件设计及数值仿真计算，并研制出了初代和二代飞行器；现已对部分性能进行测试，达到设计要求；同时进行了质量检测，并与陕西西科天使三期商务信息咨询合伙企业达成技术合作协议。

5. 后续研发方向

该团队将继续秉持"军民融合"的指导思想，引导学生从所学的专业技术出发，思考、论证并实践将军用技术与经济社会发展相结合，真正实现国防科技回馈于民，造福于民。

团队将进一步深挖相关技术潜能，对产品的设计、工艺和成本进行进一步优化，以军民融合的国家战略为基石，提升技术水平，整合创新资源，为实现国家第一个百年奋斗目标而奋斗。

3.49　冰凝于汽，玉汝以成

兰州理工大学：液态气化冷量回收制冰新技术

1. 综述

目前，气体充装站大规模装备的通风空浴式气化器，在液态气体气化过程中因瞬间吸收大量热量，导致气化器表面大量结冰，不仅造成能量的浪费，而且降低气化效率。随着我国工业气体市场的快速扩张，液态气体气化所产生的冷量也随之增加。

兰州理工大学与成都海臣气体有限公司迅速意识到回收和充分利用液态气体气化过程中产生的冷量的重要性，于2020年12月，在兰州理工大学成立了以气化冷量回收和再利用为主题的节能减排、能量回收研发团队。该团队由十余位具有不同专业背景的学生和指导老师组成，形成了交叉学科融合的综合性团队。

通过持续的探讨和研究，将工业气体产业与工业制冰产业有机融合，利用液态气体气化产生的冷量进行工业制冰，实现能量再利用，缓解了工业制冰对大量电能的消耗，取得了不错的成果。目前，该设备已成功装备到成都海臣气体有限公司并已投入使用。在2022年夏季限电、电动制冰机产能大幅下降的背景下，气化冷量回收制冰机以低能耗的优势和广阔的市场前景脱颖而出，取得了可产业化成果样机。

2. 可交付成果

"双高"气化冷量回收制冰机结构如图 3.49.1 所示，通过回收液氧气化产生的冷量用于工业冰生产的制冰机，目前已经可以作为气体充装站等行业的产业化应用。

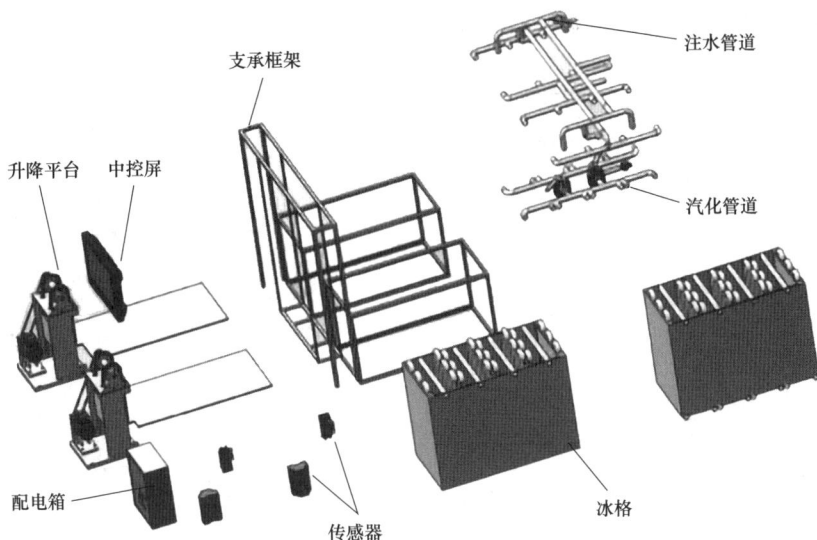

图 3.49.1　"双高"气化冷量回收制冰机结构

3. 技术规范

当前，传统的液氧气化器在工作过程中面临着重重困境。其一，气化液氧时，会大量吸收热量，导致散热叶表面结冰，造成了大量的能量浪费，进而降低了能量利用效率；其二，随着冷凝冰的堆积，气化器的效率逐渐降低，甚至需要停机除冰，更是大幅降低了气化器的性能表现。

气化冷量回收制冰机将冰格融入气化管道，善用液氧气化所产生的冷量，制冰功效突飞猛进，并有效提升了能量利用效率。

对于工业冰生产而言，市场对于冰块的温度、尺寸等指标有着苛刻的要求，常常使得电动制冰机不得不耗费大量电力用于制冷，且热量损耗极大，导致电费占据了生产成本的 80% 以上。而这款高效、节能、便捷的液氧气化制冰器，则以独具匠心的方式将冰格融入气化管道，最大限度地利用了液氧气化所产生的巨大冷能，从而提升了能量利用效率。如今，这款机器已初步实现了工作性能卓越、可靠性极高的设计要求，其市场前景广阔，不仅能为企业创造更大的价值，同时也能在节能减排领域大显身手。"双高"气化冷量回收制冰机气化能力与制冰能力的对比如图 3.49.2 所示。

（1）气化效率。液氧在气化的同时吸收热量并膨胀，是一种典型的恒容不可逆膨胀过程。以一年液氧充装量达到 2120 t 的气体充装站为例，运用热力学公式将非标准态相变转化为标准态相变进行分析，对焓变进行计算。得出若该充装站全面采用气化制冰机，气化效率将提高 103.8%，每年可生产 1.88×10^5 t 工业冰，相当于节省了 2.20×10^5 kWh 的电能。环保、高效、智能地推动气体充装工艺的发展。

（2）制冰效率。这款嵌入式液氧气化制冰机，不仅拥有气化液氧的功能，还具备出色的制冰性能。通过实验测得，其单次制冰时间仅需 2.5 h，相较于电动制冰机长达 8 h 的制冰时长，制冰效率大幅提升，高达 68.8%，这无疑实现了高效节能。制冰机的 3D 建模模型、3D 打印模型、一代样机实物如图 3.49.3 所示。

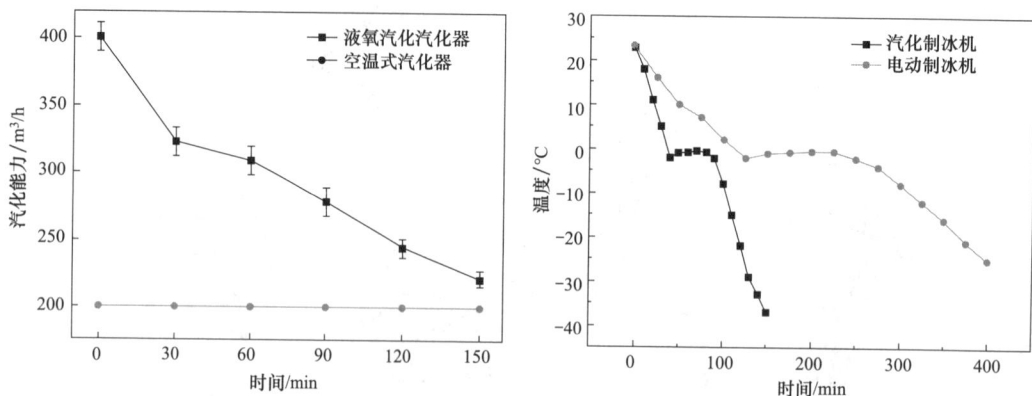

图 3.49.2 "双高"气化冷量回收制冰机气化能力与制冰能力对比

图 3.49.3 制冰机的 3D 建模模型、3D 打印模型、一代样机实物

4. 关联项目

兰州理工大学先进能源技术及高效传热调控研究团队自 2020 年开始在张东老师的指导下开展气化制冰创新创业活动，揭示了气化制冰高效传热传质理论机制，构建了适用于加气站的快速制冰装置及系统，获得了快速稳定制冰及脱模技术体系及方法，申请专利 2 项，发表论文 3 篇，创新创业竞赛获奖 5 项。

5. 科技共同体

（1）开拓无电制冰新方案。在团队成立初期，面临着如何保证制冰质量、提高制冰效率、降低能耗等技术问题。研究团队从传统的空温式气化器相关数据开始分析，深入了解工业制冰行业对工业冰的需求。在对该领域有一定了解后，着手设计三维模型，选择材料搭建第一代气化冷量回收制冰机的实物。在此过程中，团队提出了零耗电制冰的新思路，颇具开拓性和创新性。

（2）构建冷量回收体系。在张东老师的指导下，研究团队联系兰州理工大学创新创业学院和能源与动力工程学院，寻求项目资金资助，并多次召开视频会议，指导节能减排体系的构建。

目前，已经得到了学校的鼓励和支持，正在申请相关专利和立项大学生创新创业计划。

完成第一代气化冷量回收制冰机实物后，团队还及时与成都海臣气体有限公司联系，并在企业中展开测试。通过实际测试和针对性的调整，成功构建了一个高效的冷量回收体系。

（3）形成"专创融合"的教学模式。以付义涵同学为代表的"气化冷量回收制冰机"团队践行了张东老师提倡的项目引领、竞赛驱动的培养模式，打破了专业藩篱，以创新教育为主线，因材施教、个性培养，实施专业教育和创新创业教育的深度融合。每位同学都充分发挥了自己的热情和技能。该团队在各类全国高水平科创赛事中获得了国家级校级奖励若干项，授权实用新型专利、作品登记共 3 项，团队成员曾获省级"三好学生"等荣誉。

6. 后续研发方向

（1）产学研用，示范引领。作为在校本科生，团队将依托于学校的资源优势，致力于产学研用的示范引领。在进行一代样机设计时，由于缺乏实验，我们发现了诸多根本性问题。在张东老师的悉心指导下，我们对取冰流程进行了精益求精的优化改进，使冰块得以迅速脱模，进而加速生产效率，提高了单次产量，成功完成了气化冷量回收制冰机的第二代产品。这无疑彰显了通过引导学生研究实际案例、自主思考、总结创新经验的重要性。

（2）实践创新，驱动发展。在实践中发现并解决问题是一种高效的创新方法。完成一代机设计后，结合实际情况，在能源与动力工程学院的指导下，于海臣气体有限公司开展了大量的实地调研。经过不懈努力，第二代产品被迅速定型，并于当年交付海臣气体有限公司。在夏季高温限电、电动制冰机工业冰产量极低的背景下，新型气体气化冷量回收制冰机运行稳定，不依赖电能进行制冷，制得的冰块供不应求，得到了海臣气体有限公司及冰块用户的高度认可。这不仅是实践创新的成功，更是驱动发展的有力推动。

（3）宣传推广，再创辉煌。研究团队已成立科技创新公司，将专注于能源回收利用等课题的深入研究，不断完善制冰机，契合市场需求，降低生产成本，力求推广应用于更广泛的领域。通过这次科技创新的历程，团队成员深刻认识到节能减排对于当今社会科技发展的重大意义，节能减排行动应该贯穿于生产生活的每个角落。传播节能减排的理念是实现双碳目标的重要环节和手段，环保教育也是双碳计划的重要组成部分。在这个创新创业的过程中，成员通过微信公众号等平台发布最新成果，积极倡导和推广节能减排理念，利用网络进行直播，充分发挥宣传推广的作用，吸引更多人了解和参与到节能减排中来。

3.50 或将是逃逸速度的"供养者"

海南大学：椰衣生物炭基复合镍钴材料工艺及设备

1. 综述

随着石油、煤炭等化石能源不断被消耗与使用，其带来的环境污染和能源紧缺问题日益突显，大力推进能源结构转型是"双碳"目标下我国经济高质量发展的重要举措。

作为化石燃料的替代品，清洁能源的发展趋势不可逆转。因此，开发可再生资源并将其转化为能源与环保材料具有重要的现实意义。

氢能是一种来源丰富、绿色低碳、应用广泛的二次能源。化石原料制氢是目前最普遍使用的方法，但是使用煤等化石原料制氢导致的高碳排放量会对环境造成不可逆的破坏。而利用电化学方法电解水是一种绿色环保、生产灵活的制氢技术，其产品纯度高，技术相对成熟，并且可以利用光伏发电、风电等可再生能源实现氢气的大规模制备，被认为是未来氢能的主要发展路线。

电解水原理是以电能作为能量来源，在阴阳两极上生成氢气与氧气。在实际情况中，电解水析氢反应（HER）和析氧反应（OER）都需要一定的能垒，并且 OER 是缓慢复杂的四电子转移过程，严重影响电解效率，这是电解水催化领域的研究重点。

2. 技术性能

技术开发背景：

（1）贵金属电极成本高，开发贵金属电极替代材料势在必行。贵金属 Pt 或者贵金属氧化物 RuO_2、IrO_2 是常用的高效催化剂，但因其成本高昂，限制了广泛应用。因此，探索具有高性能、低成本的电解水电极材料具有重要意义。近年来，以镍钴双金属氢氧化物为代表的过渡金属氢氧化物因其储量丰富、价格相对较低等优势，被认为是贵金属电极材料潜在的替代品。然而，该类材料易团聚的特性使得催化性能不能被完全释放，限制了其进一步发展和应用。为解决该问题，研究人员尝试了大量方法。其中，利用低成本的生物炭复合催化剂的方法受到了科研人员广泛关注。由于生物炭表面拥有丰富的含氧官能团，可增强与催化剂之间的相互作用，减少过渡金属氢氧化物团聚，弥补其固有缺陷。此外，生物炭具有的高比表面积和发达的孔隙结构，可作为非贵金属氢氧化物的载体，实现高效电子传输和高负载活性组分。

（2）贵金属电极替代材料方案的设计新思路。研究发现，将镍钴双金属氢氧化物与高比表面积的椰衣炭基材料复合，为催化剂提供了更多的结合位点，可进一步提高氢能源的制备效率。

据文献调查，现今应用于电解水的生物炭材料多为花生壳、松塔等，却鲜少有考虑使用椰衣生物炭材料的先例，而海南大学所处的地域具有丰富的椰衣生物炭资源，目前的椰衣生物炭存在尚未物尽其用的问题。因此，结合地缘资源优势，一方面提高生物炭材料的利用率，另一方面为工业电解水电极的设计与制备提供新思路，推动电解水制氢技术发展，将这两方面结合有其不可估量的应用前景。

椰衣生物炭基复合材料的特点：

（1）化学改性后的椰衣生物炭比表面积大幅提高。用 H_3PO_4 化学活化改性制得的椰衣生物炭具有高比表面积（1842.47 m^2/g）、孔道丰富的物理性质，相比未改性椰衣生物炭（比表面积仅为 281.34 m^2/g）提升了近 6.5 倍。

（2）NiCo@ 椰衣生物炭基复合材料对析氧反应的电催化活性及稳定性。

如图 3.50.1（a）所示，其中 1 倍 NiCo@ 改性－椰衣炭在电流密度 10 mA/cm^2 时，就可达到 284 mV 过点位，其催化活性可以与目前商用的催化剂 IrO_2 催相媲美。由塔菲尔斜率曲线图可知，该材料具有较低的 Tafel 斜率（70 mV/dec）。在图 3.50.1（c）中，经过 500 次循环扫，前后两次的极化曲线几乎重合。且从图 3.50.1（d）可以看出，20 h 内该材料的过点位基本保持不变。以上性能说明 1 倍 NiCo@ 改性－椰衣炭具有优异的稳定性能。

（3）NiCo@ 椰衣生物炭基复合材料电化学性能好。电化学测试结果表明，在驱动电流

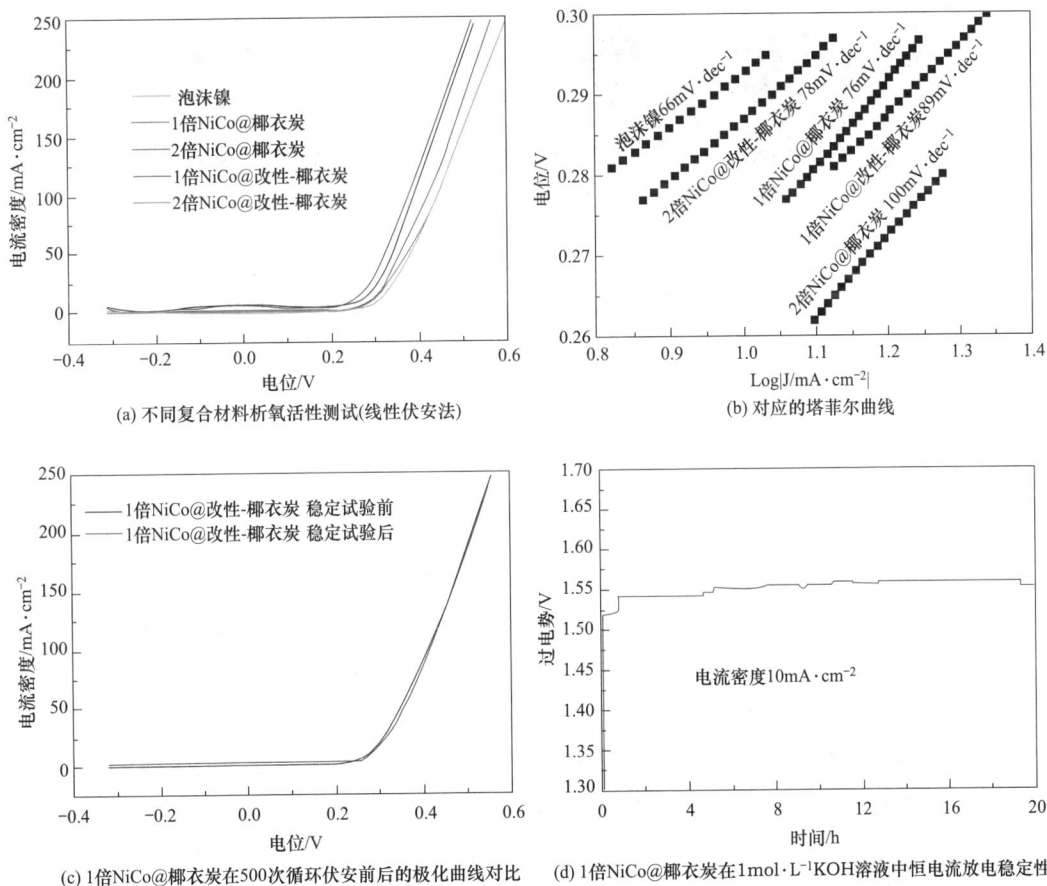

(a) 不同复合材料析氧活性测试(线性伏安法)

(b) 对应的塔菲尔曲线

(c) 1倍NiCo@椰衣炭在500次循环伏安前后的极化曲线对比

(d) 1倍NiCo@椰衣炭在1mol·L^{-1}KOH溶液中恒电流放电稳定性

图 3.50.1　NiCo@ 椰衣生物炭基复合材料对析氧反应的电催化活性及稳定性

密度为 10 mA/cm² 时，其阴阳两极所需过电势分别为 6 mV 和 284 mV，均高于商用 IrO₂ 和 Pt/C 性能。此外，在自制的电解装置中，可以实现 3.04 L/h 稳定可观的产氢速率，能耗 3.91 kWh/Nm³，比工业碱性电解水（4.5～5.5 kWh/Nm³）下降 13.11%～28.91%。装置建模图和实拍图分别如图 3.50.2 和图 3.50.3 所示。

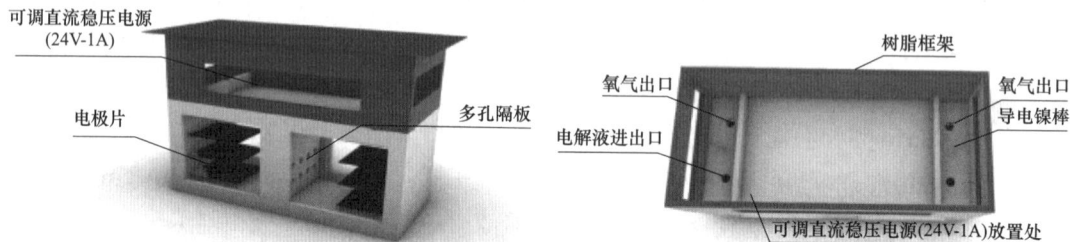

图 3.50.2　装置建模图

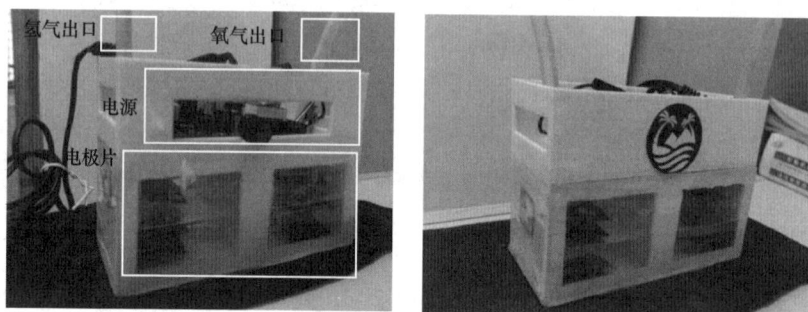

图 3.50.3　装置实拍图

3.51　内河小型船舶新型环保垃圾处理工艺及设备

武汉理工大学：适用内河小型船舶的环保垃圾处理设备

1. 综述

据统计，目前我国内河船舶约有 13 万艘，每年内河船舶产生的垃圾约 60 万 t。传统的垃圾处理方式：将垃圾在船上收集，靠岸后将垃圾集中送岸处理。这就导致垃圾在船上无法及时处理，占用船上空间，对船上的生活环境也会造成污染。而且许多港口因接收设施不足，管理监管和对相关法律法规执行力度各有差异而不能及时接收、处理船舶垃圾。某些内河船员和旅客文化素质较低，部分垃圾被船员和旅客顺手抛入内河中，严重污染水域环境。2016 年 5 月 1 日起施行的《中华人民共和国防治船舶污染内河水域环境管理规定》要求，禁止向内河水域排放船舶垃圾。而目前，内河小型船舶还未有一体化的船上垃圾处理装置。为保护内河环境，减少垃圾上岸处理费用，设计和制作内河船舶垃圾处理装置就显得十分必要。

2. 可交付成果

武汉理工大学团队针对以上背景和问题，专门为内河小型船舶设计了一种垃圾处理装置。经过处理后的垃圾，质量体积明显减小甚至完全处理干净。装置主要由粉碎机、固液分离机、油水分离器、特制焚烧炉和烟气处理装置五部分组成。内河小型船舶垃圾处理装置三维模型如图 3.51.1 所示。

针对船上不同种类的垃圾，本装置设置了两个不同的进口：生活垃圾、厨余垃圾进入全自动垃圾粉碎机中处理；塑料垃圾则经塑料专用粉碎机粉碎。考虑到生活垃圾和厨余垃圾中含有一定量的水、油污及其他液体，经全自动垃圾粉碎机粉碎后的垃圾排入固液分离机中完成挤压脱水和固液分离，得到的液体导入油水分离处理装置，将水和油分离。分离后的水在净化后符合标准的可直接排放。分离后的油和经挤压脱水后的生活厨余垃圾、粉碎后的塑料垃圾加入特制焚烧炉内焚烧处理。最后将焚烧处理后的废气通入烟气处理装置洗除废气中的二氧化硫等有害酸性气体。粉碎机结构如图 3.51.2 所示。

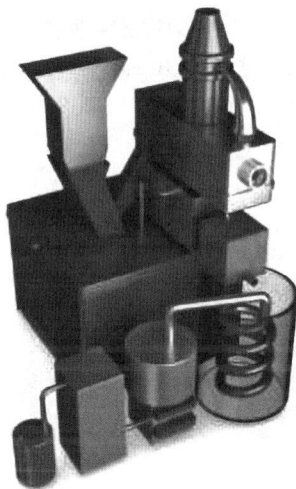

图 3.51.1　内河小型船舶垃圾处理装置三维模型

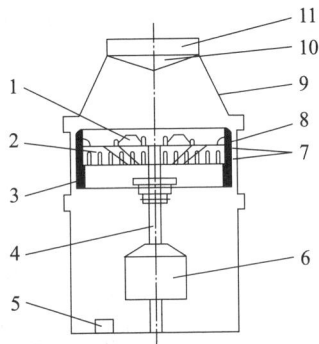

图 3.51.2　粉碎机结构

1—粉碎盘与无利刃冲击头；2—纤维切断装置；3—粉碎室；4—主轴；5—过载保护装置；6—直流电机；7—过滤网；8—不锈钢衬套；9—外壳；10—防溅罩；11—进料口

垃圾从进料口倒入粉碎室中，直流电机带动粉碎盘和无利刃冲击头工作，将垃圾粉碎。装置内部设有防溅罩，防止垃圾飞溅，保证内部零件稳定工作。粉碎完成后的垃圾通入固液分离机中进行下一步工作。

与一般的粉碎机相比，本装置采用了无刃锤片设计。在防止刮伤的同时，能快速强力捶碎垃圾。装置操作简单，能自动控制直流电机旋转。粉碎机内设减震装置，大大降低了运行时的噪声。

考虑到船舶上有相当一部分塑料垃圾，而塑料垃圾不宜与其他生活垃圾、厨余垃圾一起粉碎。在借鉴目前市面上已有的塑料粉碎机后，团队在此基础上加以改进，专门为此设计了一种塑料专用粉碎机，其结构如图 3.51.3 所示。

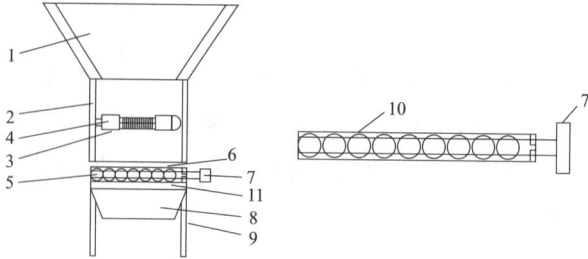

图 3.51.3　塑料专用粉碎机结构

1—入料口；2—隔音板；3—粉碎刀片；4—直流电机；5—滚轮；6—上网体；

7—把手；8—出料口；9—机架；10—轨道；11—下网体

　　本装置滤网包括上网体和下网体，可以通过滑动下网体使上网体和下网体上的滤孔发生交错，从而调节两者之间空隙的大小，进而控制粉碎后塑料垃圾的大小。

　　经粉碎后的生活垃圾、厨余垃圾从入料口进入固液分离机中。固液分离机结构如图 3.51.4 所示。下方的固定轴安装有送料螺旋，送料螺旋的大径和筛网之间留有避干涉间隙，防止旋转螺旋工作时与筛网之间接触磨损。齿轮传动机构由驱动装置驱动运行。运行过程中液体由筛网下方接液斗收集并接入油水分离器；固体垃圾则从左端卸料口挤出，排入特制焚烧炉中。

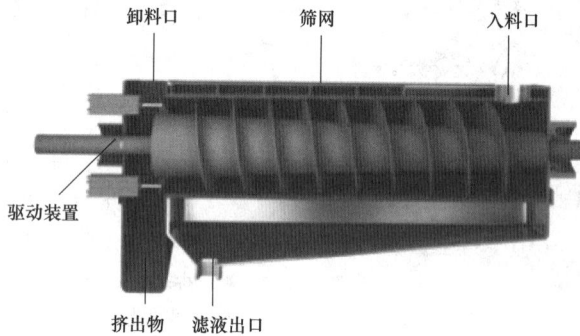

图 3.51.4　固液分离机结构

　　本装置采用变径螺旋杆轴结构，经过实验测得脱水率可达 45%，脱水效率高，保证垃圾在特制焚烧炉内能充分燃烧。油水分离器含有三层过滤网，实物和内部结构如图 3.51.5 所示。

　　经过挤压后得到的废水，从上方进入收集槽中经过 1 级过滤去除废水中的残渣。进入 2 级滤池的废水通过静置达到密度分层，在滤池中完成油水分离。分离得到的废油在储油盒中收集并通过与特制焚烧炉相连的排油口送入焚烧炉中焚烧。水再经过深层过滤清除浮游物后通过排水口导入水净化药盒。

　　向水净化药盒中加入二氧化氯消毒剂和活性炭，完成油水分离后的水在水净化药盒中进行二次净化消毒。

　　杀菌剂二氧化氯的工作原理：大量的二氧化氯聚集在细菌周围，对细胞壁具有较好的

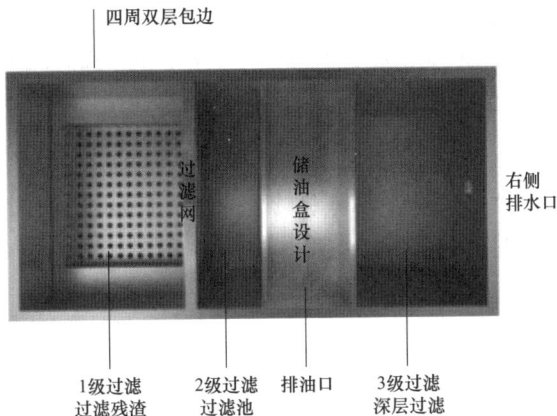

图 3.51.5　油水分离器实物和内部结构

吸附和透过性能，使细胞失去利用蛋白质的能力，破坏了蛋白质合成新细胞的过程，最终达到破坏细胞的效果。活性炭通过表面对水中杂质的吸附来达到改善水质的目的。

　　考虑到船舶的特殊性，设计了一种特制的焚烧炉，使得焚烧炉能够处理多种不同类别的垃圾，满足船舶需求。焚烧炉主要由陶瓷加热器、温度控制器等部件组成。

　　陶瓷加热器如图 3.51.6 所示，采用了高效且热分布均匀的加热器，具有耐高温（可达 1200 ℃）、防腐、传热快、绝缘性好的优点。热效率是传统电热丝的 2 倍。此外，通过连接温度控制器，对陶瓷加热器的温度实现 PD 控制，提前对加热器进行通电。维持焚烧炉内部的温度稳定，减少热能损耗。

　　尾气处理装置主要由冷却箱、风扇、过滤箱、碱洗箱等构成，其结构如图 3.51.7 所示。

图 3.51.6　陶瓷加热器

焚烧后的烟气从进气口经冷却管道进入冷却箱中冷却，环状的冷却管道延长了烟气

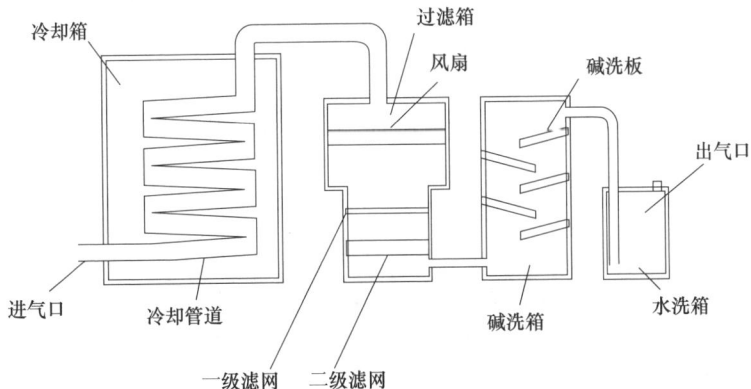

图 3.51.7　烟气处理装置结构

在冷却箱中的停留时间，增强了冷却能力。风扇将烟气抽入过滤箱中。过滤箱中设有双层滤网，对烟气中的大颗粒物进行过滤、净化。过滤后的烟气通入碱洗箱中进行脱酸处理，最后通入水洗管道水洗进一步净化烟气，净化后的烟气从出气口排出。经过实验测得处理后的尾气脱硫率高达 85%。

过滤箱双层滤网的设计，提高了烟气过滤效率。两层滤网均设计成可移动的板式，方便滤网清洗更换。碱洗板的交错排列，提高了烟气在碱洗箱中的停留时间，保证烟气碱洗充分。

尾气处理过程如下：

（1）尾气脱酸反应。脱酸反应为酸碱中和反应，由于中和反应速率常数较大，反应较迅速，因此，反应温度对于反应效果影响不大。一般来说，酸碱中和反应为放热反应，降低反应温度对于反应有利；但是温度过低，酸性气体会形成酸液，对设备、管路等造成较大的腐蚀。因此综合考虑，通常控制反应温度在 170～190 ℃。

烟气流速直接影响到烟气与脱酸剂（消石灰）的接触时间，而反应时间直接影响酸性物质的脱除效果，烟气流速越小，反应时间越长，脱酸效果越好。为保证反应充分，本装置将碱洗板交错排列，以确保足够的反应时间，使中和反应充分进行，同时将消石灰利用率达到最高。

（2）二噁英的处理。处理的垃圾中有一部分为塑料垃圾，塑料垃圾燃烧会产生二噁英，严重污染环境。对此，设计时从三个方面对装置进行优化设计，极大力度地减少二噁英的产生。

1）燃烧温度。垃圾焚烧烟气中二噁英含量的高低，很大程度上取决于对焚烧条件的控制。焚烧条件控制得当，则垃圾燃烧充分，二噁英生成量大幅降低。研究表明，在燃烧温度大于 850 ℃条件下，合理控制助燃空气的风量、温度和注入位置加强炉内湍流度，延长焚烧烟气在炉内的停留时间可有效降低炉内二噁英的产生。本装置内焚烧炉正常工作温度满足上述要求，可减少二噁英的产生。

2）添加白云石。白云石［主要成分为 $CaMg(CO_3)_2$］是一种碱性氧化物，在燃烧时加入白云石可起到固氯作用，从而减少二噁英的产生，查阅相关资料发现，每吨垃圾添加 158 kg 白云石时，炉灰中的二噁英比不加白云石减少了 94%。

3）活性炭吸附。此种二噁英控制方法是利用了多孔结构的活性炭对二噁英等平面构造的芳香族碳氢化合物的吸附性。在尾气处理中加入活性炭，也能对二噁英进行进一步处理，防止冷却后二噁英再次在烟气管道内生成。

3. 应用前景

目前只有远洋船舶配有大型的垃圾处理装置，且造价昂贵，所占空间过大，不能应用在内河小型船舶上。近年来对于内河垃圾的管理越来越严格，因此，内河小型船舶垃圾新型环保处理装置的需求量越来越大，本作品符合市场需求。

本装置一次可处理 1.3 kg 垃圾，处理时间约 20 min，工作 1h 可处理 4 kg 垃圾。完全满足处理船舶垃圾的需求。

由于内河船舶目前还未配有垃圾处理装置，船舶产生的垃圾全部需送岸处理，船舶垃圾收费标准见表 3.51.1。

表 3.51.1　　　　　　　　　　船舶垃圾收费标准

序号	船舶总吨/t	收费标准/（元/次）
1	200 以下	20
2	200～500	30
3	500～1000	50
4	1000～5000	100
5	5000 以上	150

由上表可知，一条载重量为 1000 t～5000 t 以上的船，靠岸一次需交费 100 元，假设内河船舶两天靠岸一次。根据内河船舶最低安全配员标准，载重量 1000 t 的船需配 7 人。拟定船员每人每天产生 1.2 kg 垃圾，船舶一天共产生 8.4 kg 垃圾，一航程内产生 16.8 kg 垃圾。装置仅需工作 4.2 h 即可处理完毕。装置工作时每小时耗电 14 kW，综合装置耗电以及白云石、活性炭等替换材料耗费，一航程内工作成本约为 47 元。加装此装置后船舶一航程可节省开支约 53 元。假定船舶每月航行 13 次装置每月可为船方节省 689 元垃圾处理费。

装置总成本约为 1.5 万元。加装此装置后，船方 2 年内可回收经济成本，相比于每次靠岸都要上交垃圾处理费，此装置能为船方带来更大的经济效益。

3.52　环路热管低温余热海水淡化系统

武汉大学：基于毛细力驱动的海水淡化系统

1. 综述

水资源作为一种基础性资源，是全球工农业、能源、经济增长的基石。然而，随着人类社会生活水平和经济发展的高速提升，全球正面临淡水资源与能源短缺的双重挑战。海水淡化作为一种淡水资源增量技术，已成为解决全球水资源危机的重要途径。传统的海水淡化技术主要包括两大类：膜分离法和热分离法。这两种技术初期投资大，能耗高，使得日益紧张的能源问题难以应对不断增长的淡水需求，严重阻碍了海水淡化大规模的推广应用。因此，发展低成本、低能耗、环境友好的海水淡化技术具有重要意义。

武汉大学水力机械过渡过程教育部重点实验室胡雪蛟教授团队，敏锐地意识到海水淡化技术对于解决淡水资源短缺问题的巨大潜力，于 2010 年成立海水淡化与低品位能源利用的研究团队，培育符合国家节能减排战略需求的新技术和复合型人才，实现了"教、研、产"三位一体的发展模式，取得了瞩目的成效。

2. 可交付成果

该作品基于开路的环路热管结构，提出了一种新型的毛细力驱动海水淡化系统，可以利用低品位的余热，实现非外力作用下的低温蒸发，达到使海水脱盐淡化的目的。基于环路热管的低温余热海水淡化系统如图 3.52.1 所示。

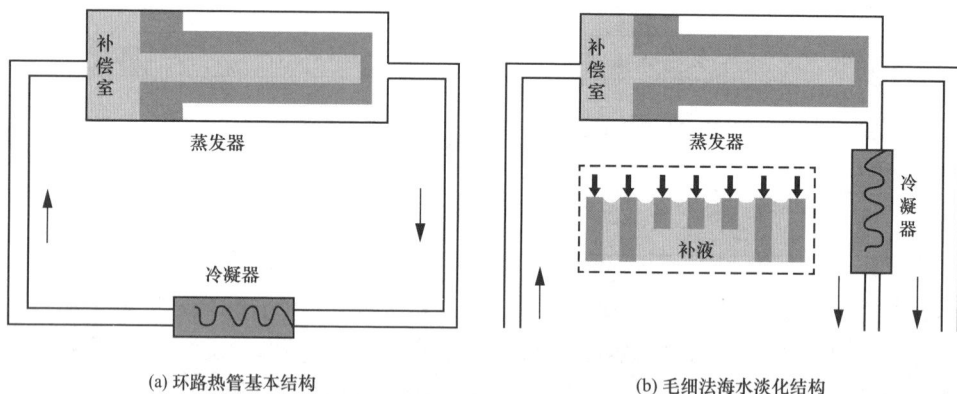

(a) 环路热管基本结构   (b) 毛细法海水淡化结构

图 3.52.1　基于环路热管的低温余热海水淡化系统

以 2010 年的节能减排大赛原理机为起点，经过团队十多年来的不断推进发展，该技术已于 2015 年在靖海电厂完成小试（见图 3.52.2），于 2022 年在阳江核电站初步实现了产业化应用（见图 3.52.3）。

图 3.52.2　2015 年靖海电厂小试

图 3.52.3　2022 年阳江核电站产业化应用

3. 技术规范

传统的海水淡化技术仍属于能源密集型产业，目前发展低成本、低能耗、环境友好型的海水淡化技术主要有两个研究重点：应用层面是如何因地制宜，电水联产；技术层面是如何高效利用清洁能源和低温热源回收淡水。

毛细驱动的海水淡化系统利用多孔介质的毛细力抽取海水，使之压力不断降低，最终在蒸发器中以较低的温度蒸发。这一过程相较于传统模式有以下优势：

（1）工作温度低。开式环路热管结构可利用的余热温度能低至 33 ℃，并且可以在一定的热源温度范围内自适应，而在此之前的热法海水淡化热源温度基本上都在 70 ℃以上，极大地提高了能源利用的经济性。

（2）耗能少。毛细力海水淡化系统主要依靠毛细力驱动运行，除不凝气的真空设备只是偶尔间歇性启动，相对常规热法，显著节约了电能。

（3）体积小。毛细力海水淡化是纯蒸汽冷凝，冷凝表面传热系数大大提高。对于相同产水量的淡化系统，毛细法的冷凝面积可以比多级闪蒸小 1~2 个数量级，且内部不需要安装捕沫装置等辅助结构，设备成本明显降低。

4. 关联项目

截至 2022 年，胡雪蛟教授团队合计获得 3 次一等奖、3 次二等奖、7 次三等奖，培养了一大批优秀的创新创业人才。部分获奖项目如下：

基于环路热管的低温余热海水淡化系统，获 2010 年第三届全国大学生节能减排社会实践与科技竞赛二等奖；

一种提高发电效率的新型核电汽轮机汽水分离器，获 2011 年第四届全国大学生节能减排社会实践与科技竞赛一等奖；

绿色植物蒸腾作用发电，获 2014 年第七届全国大学生节能减排社会实践与科技竞赛一等奖；

一种提高光伏转换效率的复合超材料薄膜，获 2017 年第十届全国大学生节能减排社会实践与科技竞赛一等奖；

基于相变蒸发的新型水电联产装置，获 2020 年第十三届全国大学生节能减排社会实践与科技竞赛二等奖。

5. 科技共同体

（1）毛细驱动海水淡化技术逐步实现产业化应用。武汉大学水力机械过渡过程教育部重点实验室胡雪蛟教授团队自成立以来，不断致力于探索低温余热海水淡化技术的应用。截至目前，已将毛细驱动海水淡化技术应用于电厂的余热利用，初步实现了水电联产的产业化应用。并且进一步将余热海水淡化技术与太阳能等清洁能源相结合，降低技术成本，真正做到惠及于民，有利于社会的可持续发展。

（2）形成"教、研、产"三位一体的教育模式。值得一提的是，胡雪蛟老师团队始终践行"教、研、产"三位一体的教育模式。不断为学生提供充足的科研资源与自由的研究环境，培养学生的科研创新思维，鼓励实验室技术的产业转换。近年来，该团队立足海水淡化及余热利用研究领域，已在《Advanced Energy Materials》《Nano Energy》《Desalination》等国内外知名期刊发表数篇高水平文章，受到国内外同行的广泛关注。同时，为清华大学、上海交通大学、浙江大学等国内顶尖高校以及知名企业培养了大量优秀人才。其中，该团队的章先涛同学是武汉大学 2008 级热能工程专业本科生，2011 年第四届全国大学生节能减排大赛二等奖的获得者。他以参加大学生节能减排竞赛为起点，在"创新、创造、创业"的道路上快速飞跃——2017 年获得湖北省大学生创业大赛一等奖、2021年获得首届全国博士后创新创业大赛铜奖、2022年获武汉经开区优秀创业人才计划（车谷英才）。在余热海水淡化领域拥有发明专利 100 余项，联合创立"润德工程""纾酷科技"

企业，获得千万级天使投资。

3.53 微型太阳能光热蒸汽利用系统

浙江大学：用于太阳能热电厂的光热蒸汽生产系统

1. 综述

2009 年哥本哈根大会召开，在国际社会节能减排的巨大推动力下，对于中国这样以燃煤为主要动力能源的国家来说，新能源的开发及行业利用必会成为一个热点课题。而太阳能作为新能源中非常活跃的一种，日益为国际重视。其中，太阳能光热发电是太阳能利用中较有发展前景的一种。

浙江大学能源工程学系团队以太阳能光热利用为基础，设计出一种小型、高效、简易、可推广的微型太阳能光热蒸汽利用系统，并通过研究对我国建立太阳能热电厂作出贡献，拓宽了太阳能在民用领域的应用范围。

2. 可交付成果

项目设计出微型太阳能光热蒸汽利用系统，由反射镜、集热器、蒸汽利用系统和系统辅助设备系统四个部分组成，实物如图 3.53.1 所示。反射镜为一聚光比为 350～450 的凹面镜；腔体形状类似于一个空心球，聚焦后的日光从下方射入腔体，加热从底部进入的水，蒸汽从顶部出来；系统辅助设备包括相关固定以及测量装置。

相比于传统的太阳能光热利用产品（如真空集热管和太阳能热水器等），该装置具有更高的聚光比，可获得更高的能流密度和热效率；可获得连续且具有一定温度的蒸汽，使得蒸汽生产不再依赖于燃煤行业，对于全社会的节能减排意义重大；同时，本产品的应用范围更广，适应性和灵活性都较强。

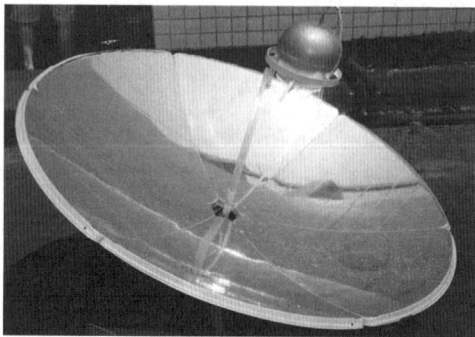

图 3.53.1 微型太阳能光热蒸汽利用系统

3. 技术规范

太阳能虽是一种高效、清洁、可再生的能源，然而由于日地距离过远及地球大气的散射作用，辐射至地表的太阳能流密度较弱。因此，要实现太阳能高效热利用，必须解决以下关键技术问题：

（1）过冷水蒸发时需吸收大量的汽化潜热，为增加吸热且减少散热，必须增大反光镜的聚光比及减小集热器的外表面积。

（2）过冷水需要从较小的表面积吸收热量变成蒸汽，就必须从沸腾换热的角度去考虑增大集热器与水的表面传热系数。

（3）为减少腔体散热及增强吸热，必须对吸热表面及周边装置进行特殊工艺处理，从而增大其对太阳辐射的吸收比并减少其长波发射。

（4）太阳辐射条件有较大波动，为使热传递均匀进行，必须精确设计集热器形状和大小。

本项目研制出的微型太阳能光热蒸汽利用系统，选择碟式镜作为系统的反光部分，聚光比高、设备体积小、成本低、易装卸、系统的独立性较强，适合单体民用或小型工业利用。

项目设计的系统主要对集热器进行设计。系统中的真空双层玻璃设计，既阻止了腔体与外界的对流换热，又最大限度地透过了太阳短波辐射并阻止了腔内对外的长波辐射，双层玻璃示意如图 3.53.2；设计吸热层为螺旋盘管式的球缺结构，只留一个玻璃片通光孔，并且将通光孔设在光斑最小处，模拟黑腔结构，最大限度地接近黑体的吸收率；在盘管外壁上涂上具有高吸收率的无光黑板漆，并作一定的表面粗糙处理，增加其对于太阳辐射的吸收率；腔体外包裹有保温材料玻璃棉毡，降低散热损失。集热器三维模型分解如图 3.53.3 所示。

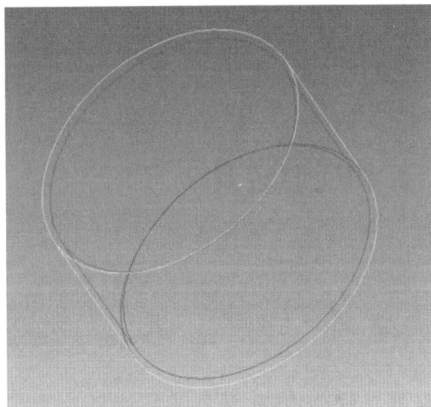

图 3.53.2　双层玻璃示意

图 3.53.3　集热器三维模型分解

主要技术参数：

1）蒸汽输出。通过理论计算，装置入口水温 20 ℃，出口蒸汽温度为 100 ℃，压力为 0.1 MPa，理论最大蒸汽流量可达 1.16 kg/h。经实验证明该装置可形成连续稳定且符合所需工况条件的蒸汽。该装置输出蒸汽可替代燃煤燃烧输出蒸汽的方式，对于全社会的节能减排意义重大。

2）聚光比及热效率。装置反射镜为一聚光比为 350～450 的凹面镜，根据实验结果，在平均蒸汽流量 8 mL/min 的情况下，系统的能量效率能达到 44.32%，是较为理想的太阳能热利用效率，相较于传统的太阳能光热利用产品性能更佳。

4．科技共同体

（1）为民用、小型工业化领域太阳能热利用作出贡献。浙江大学能源工程学系团队设计出的微型太阳能光热蒸汽利用系统，主要聚焦于民用及小型工业化的应用，提供了一种高效低成本的节能方案。经实验证明，太阳灶产蒸汽后节煤的效果十分明显，若加以推广利用将会具有极佳的节能减排效果，对民用及小型工业化领域的太阳能热利用具有极大意义。

（2）形成独特教育模式。微型太阳能光热蒸汽利用系统设计团队践行了"产、学、研、赛"的培养模式，不仅让科研资源和青年的个人抱负服务于经邦济国，为民生提供智慧解决方案，而且，让拥有这种炙热情怀的青年学子走向了广阔的社会。

5. 后续研发方向

（1）在教育理念和组织作为上，发挥浙江大学作为大学生节能减排竞赛理事长单位的岗位职责，继往开来继续带领全国能动学科为"双碳"目标鞠躬尽瘁，为人类命运共同体添砖加瓦。

（2）在专业方向上，本系统采用热点新能源太阳能为原始动力，低参数蒸汽为做功工质，做功对象可根据实际情况进行调整。特点是整套系统无污染、零排放、利用工质清洁可靠且理论相对成熟，可应用于民用及工业生产的许多方面。中国太阳能资源丰富，太阳能热发电系统具有极其光明的发展前景。该项目可进一步拓展商业化应用，真正实现技术落地，造福于民，为中国的节能减排事业贡献出一份力量。

3.54 太阳能捕集 CO_2 和逆燃装置

西安交通大学：大气式 CO_2 捕集与逆燃烧一体化装置

1. 综述

减少二氧化碳（CO_2）排放已成为世界各国应对气候变暖最重要的技术路线之一。针对现有的 CO_2 捕集和封存（carbon capture and storage，CCS）技术仅能适用于少数高浓度排放源，具有能耗高、封存可靠性差等局限性，本项目设计了一种完全基于太阳能的大气式 CO_2 捕集与逆燃烧一体化装置，包括 CO_2 捕集模块、解吸与传递模块、光催化转化模块和甲醇分离模块，并对以上各模块进行了优化。

装置利用太阳能驱动气液反应，可针对大气中低浓度 CO_2 进行捕集，实现了 CO_2 捕集量和光催化转化量的自动匹配，中间无需进行物料的浓缩或稀释等降低能效的过程，捕集完成后就地进行光催化逆燃烧反应生成甲醇从而实现碳元素的循环利用，避免了 CO_2 封存过程带来的高能耗及其他不可靠因素，并且对任何形式的排放源以及已经排放到大气中的 CO_2 进行"无差别"捕集。该方案形成了一种碳元素在大气中的新型循环利用模式，同时也是对太阳能利用方式的一种创新性扩展，节能高效，减排效果好。

2. 可交付成果

大气式 CO_2 捕集与逆燃烧一体化装置整体设计方案如图 3.54.1 所示，主要由四个部分组成：太阳能驱动的双曲线型 CO_2 捕集塔、管束式 CO_2 解吸与传递装置、CO_2 光催化转化装置以及甲醇气化渗透膜分离装置。

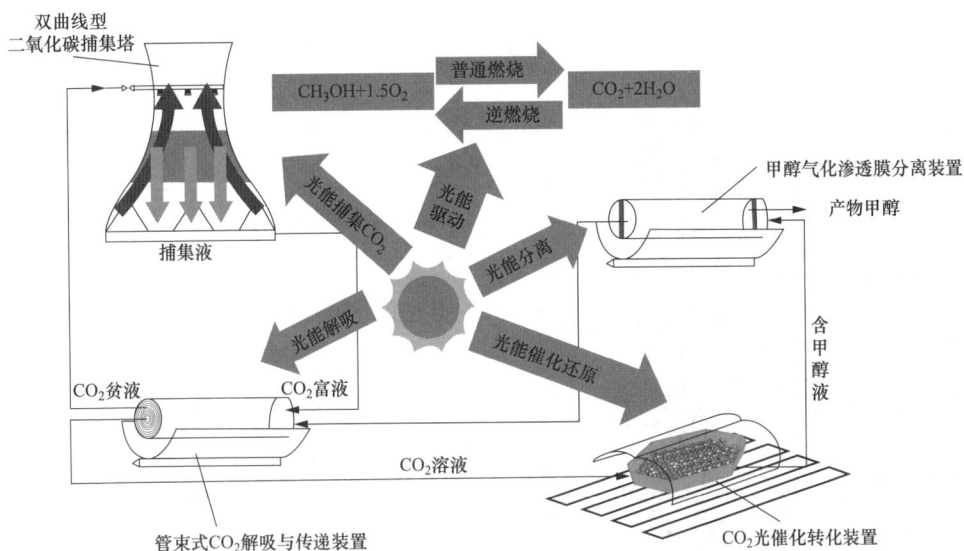

图 3.54.1　大气式 CO_2 捕集与逆燃烧一体化装置整体设计方案

3. 技术规范

CO_2 光催化转化模块是本装置的核心部分，基于改性 TiO_2 系列催化剂在可见光照射下催化还原 CO_2 生成甲醇，反应式如下：

$$CO_3^{2-}+3H_2O = CH_3OH+1.5O_2\uparrow+2OH^-$$

现有的光催化反应器在配合催化剂颗粒进行催化反应时，存在明显的缺陷，其主要问题是催化剂负载结构对光路造成阻碍，导致到达催化剂表面的光通量无法最大化。而本项目基于苔藓类植物最大化吸收光线的仿生学思路，设计了一种交错式防遮盖光催化反应器可高效利用光能，实现 CO_2 催化转化生成甲醇。反应器单元与苔藓对比如图 3.54.2 所示，光催化反应器装置示意如图 3.54.3 所示。

聚光系统由线性菲涅尔反射镜阵列和 CPC 复合抛物面聚光器组合而成，为了进一步确定聚光系统的效率，对 CPC 光子密度分布、反应器照度和光线经过

图 3.54.2　反应器单元与苔藓对比

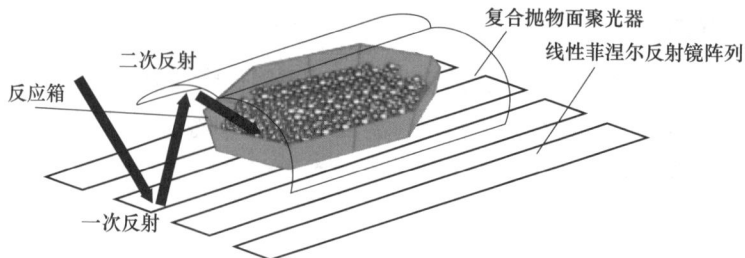

复合抛物面聚光器

线性菲涅尔反射镜阵列

二次反射

反应箱

一次反射

图 3.54.3　光催化反应器装置示意

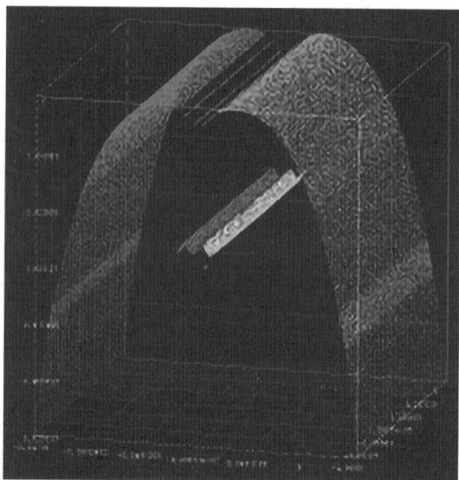

图 3.54.4　CPC 光子密度分布

CPC 反射后被光反应器的利用率随着光反应器安装高度的变化情况分别进行模拟，如图 3.54.4～图 3.54.6 所示。

（1）反应器单元的独特结构可以减少光照进入系统时的反射损失并避免遮盖，还能够有效破坏流体的边界层，并且催化剂在反应过程中不随流体流动，可增大流体与催化剂的相对速度，提高反应速率。根据计算，使用特殊设计反应单元的光催化反应器相较于传统的直接放置催化剂的光催化反应器，对于反应溶液的有效利用率可以提高 4～5 倍。

（2）菲涅尔阵列能够将光线很好地汇聚到 CPC 聚光器内部，同时 CPC 聚光器也能够将不同角度入射的光线集中汇聚到位于其焦点处的光反应器中。聚光系统的总体光能利用率为 17.71%。另外，在格点光源参数不变时，

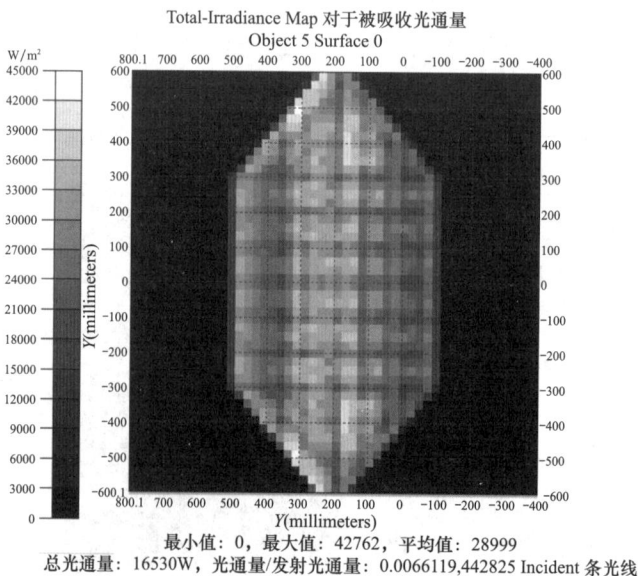

Total-Irradiance Map 对于被吸收光通量
Object 5 Surface 0

最小值：0，最大值：42762，平均值：28999
总光通量：16530W，光通量/发射光通量：0.0066119,442825 Incident 条光线

图 3.54.5　反应器的照度分析

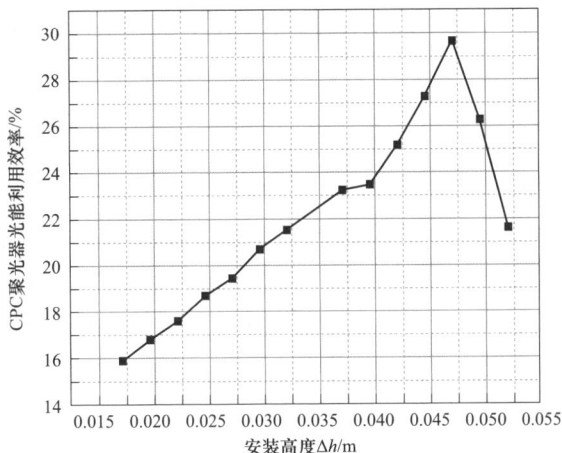

图 3.54.6　CPC 光能利用效率变化趋势

相比于让反应系统直接暴露在光照下的情况，使用聚光系统后，光催化反应器获得的光能是原来的 12.43 倍。当光催化反应器安装于距离 CPC 根部 0.0471 m 处时，光线经 CPC 反射后被光反应器的利用率最高，最大利用率为 29.69%。

4. 经济效益分析

现有的 CO_2 捕集技术大多只适用于高浓度 CO_2，且捕集反应一般不可逆、捕集液无法反复利用，导致捕集工艺的成本急剧升高。以目前工业上常用的 MEA 溶液（2- 氨基乙醇）为例，市场价格为 8500 元 /t，经核算，每吨 MEA 溶液可以捕集大约 22 t CO_2，再加上装置维护、运输成本和电能输入等费用，捕集成本约为 500 元 /t CO_2。而本装置的捕集液可以循环利用，并且捕集过程完全由太阳能驱动，因此极大地降低了上述捕集成本。

5. 科技共同体

（1）基于太阳能的大气二氧化碳捕集。本装置完全基于太阳能，利用太阳能为 CO_2 捕集和光催化转化等过程提供能量，无需消耗其他能源，清洁无污染，实现了太阳能的一种全新利用模式。另外，本装置实现了"无差别"式低浓度 CO_2 捕集，可以直接针对空气使用，使得所有排放源进入大气的 CO_2 均能得以捕集，减排效果好。本系统可以捕集低浓度的二氧化碳，即直接在大气中捕集二氧化碳，脱离了传统技术对应用地点的限制，无需安排在电厂等排放源的周边，应用范围十分广泛。

（2）探索太阳能的新型利用模式。本系统捕集得到的 CO_2 就地完成光催化转化生成甲醇，实现了捕集与转化过程的耦合，避免了 CO_2 封存带来的高能耗和不可靠性，构建了一种"无增量"式大气碳元素新型循环系统，实现了 CO_2 的资源化利用。碳元素在大气中进行闭环循环，在 CO_2 与甲醇的循环转化过程中，不断地将太阳能中蕴含的能量向各种应用终端转移。

（3）为西部地区环境治理和经济发展送去福音。本系统完全通过太阳能驱动，应用条件要求较低，可在太阳能充足、土地资源丰富的广大西部地区广泛使用，不仅可以降低当

地 CO_2 的排放量，为环境治理作出贡献，还可以出售 CO_2 转换生成的甲醇，从而带动当地经济发展。

6. 后续研发方向

（1）在提高装置工作效率方面，本团队将继续对 CO_2 捕集、解吸与传递、光催化转化和甲醇分离等四个模块进行优化和改善，增强 CO_2 吸收和甲醇生成的效率。

（2）在降低装置成本方面，本团队将对项目的商业模式进行下沉研究，扩大新型材料的使用比例，并尽量降低新技术新工艺的应用成本，真正实现技术的落地，造福社会。同时，以国家碳达峰碳中和的整体战略需求为导向，整合集聚创新资源，为实现绿色高质量的可持续发展而不断努力。

3.55 储光控温，风物宜人

西安交通大学：相变储能和辐射制冷的新型节能智慧墙体

1. 综述

"双碳"背景下，中国的建筑节能问题不容乐观。团队调查研究发现，现有建筑及文献中提出的建筑结构设计存在装置工作时段单一、辐射制冷不可控、相变墙体释放潜热快慢无法调节等问题。

基于此背景，本项目通过数值模拟和实验研究，设计了一款基于相变储能及可控天空辐射制冷的新型节能建筑外墙。针对装置工作时段单一的问题，采用将在工作时段上呈现互补特点且均为可再生能源技术的相变储能和天空辐射制冷装置结合；针对辐射制冷不可控的问题，创新性地提出辐射"热开关"概念，即在辐射材料中填充相变材料，利用相变材料固液态不同的光学特性，有效控制了天空辐射制冷的开启和关闭，实现温度可控的天空辐射制冷；针对相变墙体释放潜热快慢无法调节的问题，设计了对流"热开关"装置，即内外设四个通风口，通过风口自动控制装置，通风口可根据室外气温变化自动组合开关方式，可以有效控制进出室内的气流流向；针对相变墙体无法自动调节光吸收强度而导致夏季容易过快热饱和失去热缓冲效果的问题，利用在内墙填充的相变材料中混合受温度控制的变色粉末的方法，使得低温时可加快相变墙体对光的吸收快速升温，高温时也可增强对光的反射减缓相变墙体温度继续上升，防止了热饱和。该装置适用于新型节能建筑室内温度控制、通风系统设计与建造，有效缓解了建筑节能领域的痛点问题，推广经济价值显著，节能潜力巨大，有很好的推广应用前景。

2. 可交付成果

新型节能建筑外墙装置的爆炸图如图 3.55.1 所示。

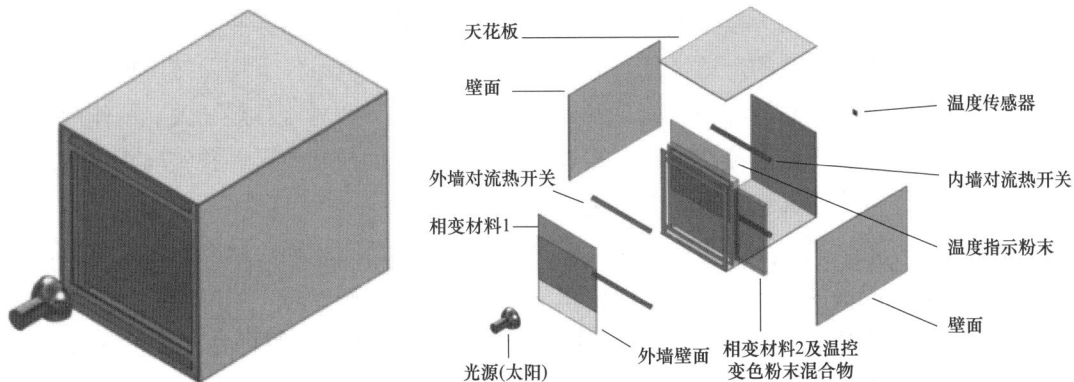

天花板
壁面
温度传感器
外墙对流热开关
内墙对流热开关
相变材料1
温度指示粉末
壁面
光源(太阳)
外墙壁面
相变材料2及温控变色粉末混合物

图 3.55.1　装置爆炸图

3. 技术规范

（1）研制背景及意义。建筑工程部门的碳排放问题目前十分严峻。据中国建筑 2020 年能耗研究报告显示：2018 年，全国建筑全过程能耗总量为 21.47 亿 tce，占全国能源消费总量比重为 46.5%；碳排放总量为 49.3 亿 t CO_2，占全国碳排放的比重为 51.3%。

据建筑工程碳排放情景分析结果显示，基准情景下，中国建筑能耗将严重制约全国碳达峰碳中和目标的实现。为使建筑节能化，在建筑领域推行绿色用能模式至关重要。然而，现有的建筑大多采用普通外墙结构，这种结构冬夏保温散热方式单一，建筑能耗巨大；现有文献中提出的辐射制冷结构也无法实现温度可控的天空辐射制冷。

具体来说，单一 PCM 墙体仅适用于高寒地区，夏季易过热失去热缓冲能力；而结合单一结构风口的 PCM 墙体使得通风装置工作模式单一，相变墙体释放潜热快慢无法调节，研制背景如图 3.55.2 所示。

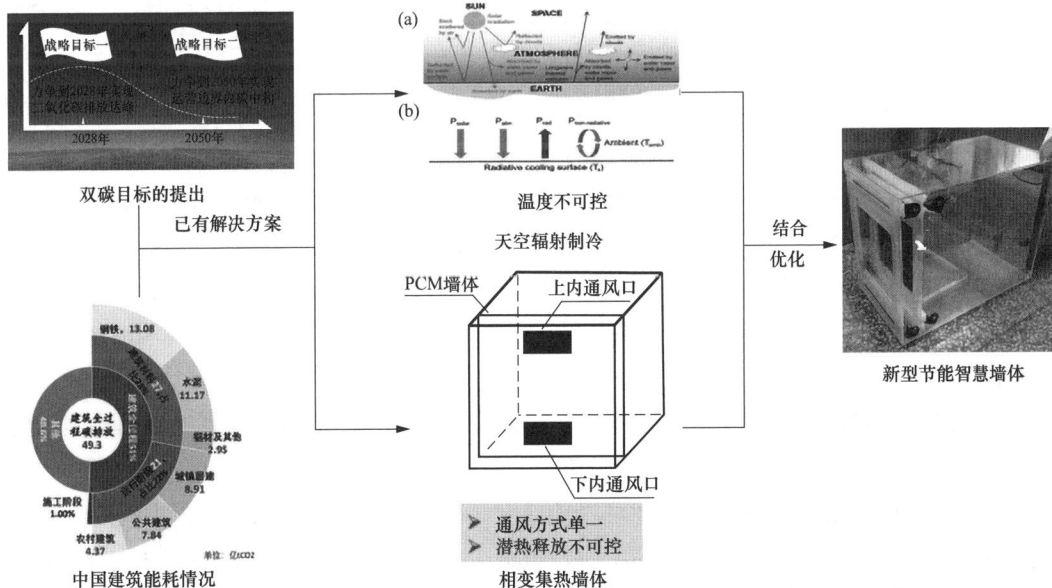

双碳目标的提出
已有解决方案
温度不可控
天空辐射制冷
结合优化
新型节能智慧墙体
PCM墙体
上内通风口
下内通风口
➤ 通风方式单一
➤ 潜热释放不可控
相变集热墙体
中国建筑能耗情况

图 3.55.2　研制背景

鉴于此，本项目采用天空辐射制冷与相变材料耦合的智能墙体，并辅助以风口控制装置，可以极大地提高建筑的舒适性及宜居性，可以在两种环境条件下均保持优异的温度控制效果及良好的室温分布均匀性，充分发挥辐射"热开关"和对流"热开关"的作用及被动式热管理的效果；理论上可在全年均实现一定程度的温度控制效果，并实现建筑节能的目标，有效地针对了建筑节能领域的关键问题。

（2）设计方案。本问题解决方案设计了一种基于相变储能和辐射制冷的新型节能智慧墙体。其主要组成部件：有机玻璃外壳、相变材料、自动控制电路、热电偶测温系统、舵机。其中，设计重点集中在三个部分：① 相变材料和辐射制冷装置耦合；② 辐射"热开关"的设计；③ 根据室外气温变化，设计对流"热开关"的组合方式以实现敏捷的控温。

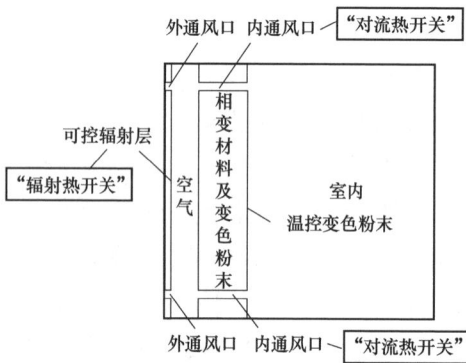

图 3.55.3 装置结构示意

图 3.55.3 所示为本方案的装置结构示意：辐射层内相变材料为"辐射热开关"，内外四个自动开合的通风口为"对流热开关"，内墙相变材料中混合有温控变色粉末。"辐射热开关"、温控变色粉末及"对流热开关"三者结合，使四季均有良好的控温效果，实现一年四季的"储光控温，风物宜人"。

1）辐射"热开关"。当辐射层（双层有机玻璃）内的相变材料（正十六烷）为液态时，其整体的红外光谱在大气窗口波段呈现低透过率，由介质中透过率与发射率之和约等于1可知，其在大气窗口范围内具有高发射率特性，天空辐射制冷正常进行，"辐射热开关"开启；当辐射层内的相变材料为固态时，其低温结晶后呈雾面效果，加强了对光的散射，阻挡向外热辐射，减少热量损失，阻碍天空辐射制冷，从而起到关闭"辐射热开关"的作用。

此外，为在夏季实现更好地降温，团队将外墙设置为对可见光呈现增反特性，即令外墙的反射率达到最大值，减少可见光透射，避免内墙升温。本装置所用外墙，可认为是多层光学薄膜结构，其反射率主要受材料的光学特性和膜层厚度的影响，由于材料的光学特性已定，故团队通过改变各层膜的厚度来调整外墙的反射率。受现实中材料尺寸的限制，团队选取整数值进行计算，经计算可得，当外层有机玻璃、内层有机玻璃及正十六烷薄膜厚度分别选为 2、3、0.49 mm 时，外墙的反射率可达最大值，此时外墙在高温时呈强化天空辐射制冷特性。

2）温控变色粉末。与内墙相变材料混合的温控变色粉末低温时呈黑色，提高相变墙体的光吸收热转化效率，使相变墙体快速升温；高温时呈白色，增强光反射、减少光吸收，阻碍热饱和现象的出现。该设计可以随温度高低改变其对光的吸收与反射强度，满足了低温时希望相变墙体快速升温，高温时希望减少光热吸收的需求，使得相变墙体更能广泛应用于昼夜温差大的场合，防止热饱和和失效问题的产生。

3）对流"热开关"。本作品设置了内外四个自动开合通风口，构成对流"热开关"装置，其可根据室外气温变化自动组合开关方式，如图 3.55.4～图 3.55.8 所示，有效控制了进出室内的气流流向，可有效调节相变墙体释放潜热的快慢，更好地进行控温。

4）风口自动控制装置。本装置中利用 stm32 与相关电子元器件，搭建了可连接互联网，集成温度检测、舵机控制于一体的控制装置，从而可在手机上进行远程监视室内温度、控制风口开关，个性化地调节当前装置的工况。此外，利用相关智能算法，可实现风口开度自动跟随温度变化，从而实现智能化地控制室内气温与空气循环流通。

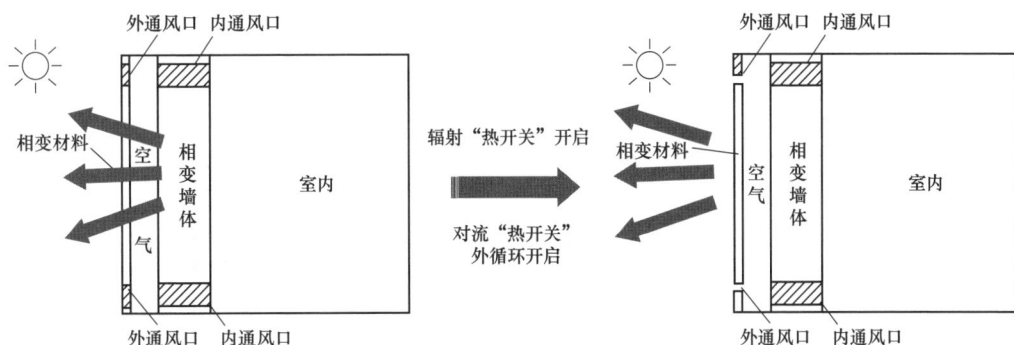

图 3.55.4　夏季清晨工作模式

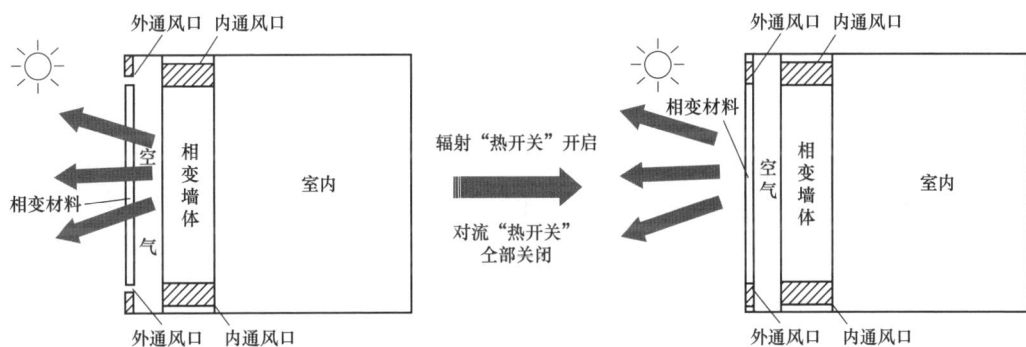

图 3.55.5　夏季中午工作模式

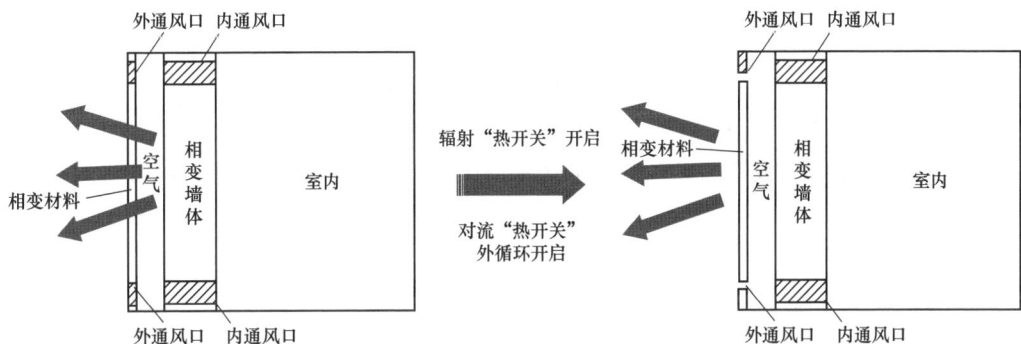

图 3.55.6　夏季夜晚工作模式

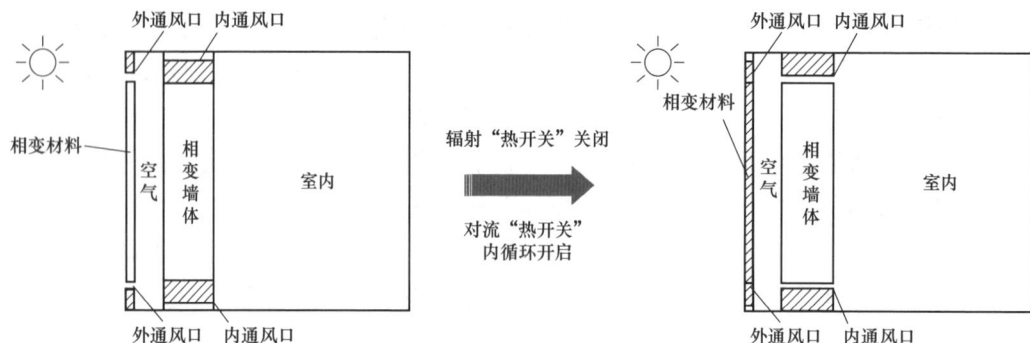

图 3.55.7　冬季白天工作模式

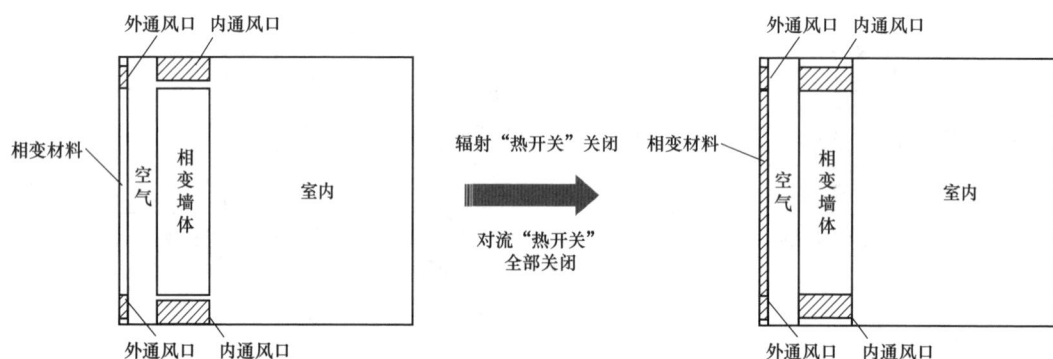

图 3.55.8　冬季夜晚工作模式

4. 应用前景

该项目的技术特点和优势如下：

（1）辐射热开关。在辐射层中加入相变材料，利用相变材料低温固态、高温液态且红外特性不同的特点，构成了"辐射热开关"装置，有效控制了天空辐射制冷的开启和关闭，从而实现可控的天空辐射制冷。

（2）温控变色粉末。将温控变色粉末混合至内墙相变材料，该变色粉末低温呈黑色，高温呈白色，实现了内墙的低温强吸收、高温强反射，避免了热饱和现象。

（3）辐射热开关、对流热开关和温控变色粉末。将这三者集成，分别通过辐射与对流散热的方式，结合各自自动控制改变的工作状态，以最佳的方式调节室内温度，实现昼夜冬夏均有良好的控温效果，储光控温，机敏相变，风物宜人。

随着节能环保要求的日渐明晰，节能建筑的设计标准也随着时代发展日益进步。该技术适用于新型节能建筑室内温度控制、通风系统设计与建造，具有可期的发展前景。

3.56 相变储能的超声波提效探索

西安交通大学：超声波强化传热的相变储能系统

1. 综述

2017 年 10 月 11 日，国家发改委发布《关于促进储能技术与产业发展的指导意见》，明确指出加快储能技术和产业发展，对于构建"清洁低碳、安全高效"的现代能源产业体系，推动我国能源行业供给侧改革，促进能源生产和利用方式变革具有重要的战略意义。

相变储能作为一种高效的能源存储和调度手段，在未来能源格局中具有巨大的研究潜力。现有的相变储能技术存在相变材料熔化速率慢、熔化不均匀等问题。超声波作为一种特殊的强化传热手段，可以加快相变材料熔化速率。前人所作研究均将超声波换能器布置于容器外表面，存在超声波传导损失大、能源利用率低等缺点。

基于此背景，西安交通大学王秋旺教授团队通过数值模拟和实验研究，设计了一种新型的超声波优化相变储能技术系统。针对传导损失大的问题，采用功率为 35 W、频率为 43 kHz 的压电陶瓷片代替大体积的超声波振子，使传热过程与超声波振动耦合；超声波发生器在腔体内与相变材料接触，相较外置超声波系统，超声波传入系统损耗降低 26%；针对换热不均的问题，设计了超声波发生器组布置方案及自动控制系统控制逻辑，储能单元内部熔化相界面均匀度显著提升。数值模拟与实验结果显示，本系统在环境温度为室温、相变材料熔点为 35 ℃条件下，相变材料熔化速率与无超声波优化对照组相比提升 50% 以上，具有绝对优势，达到了优化储能单元综合效率、储能单元内能量收放快速准确控制的目的，节能减排潜力巨大。

2. 可交付成果

本作品设计了一种新型超声波强化相变材料储能系统。如图 3.56.1 所示，其主要组成部分：有机玻璃外壳、圆形压电陶瓷片、多孔材料、PCM 相变储能材料、加热铜板、自动控制电路、热电偶测温系统。其中，项目的设计重点集中在三部分，一部分是金属泡沫铜和相变材料耦合；一部分是如何减少超声波传入过程的耗散作用，即超声波换能器的最佳空间布置（见图 3.56.2）；另一部分是不同位置超声波换能器的自动控制。实验台架如图 3.56.3 所示。

3. 技术规范

可再生能源的间歇性和波动性是制约其实现稳定供能的主要因素。相变蓄热系统利用相变材料在相变过程中吸收或释放潜热，可以将波动的低品质"废电"转化为可以入网的电能，以解决能源供需在时间、空间和强度上的不匹配问题，提高可再生能源的稳定性和

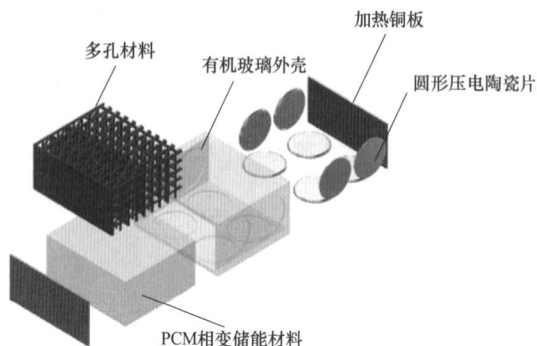

图 3.56.1　系统结构爆炸效果图　　　　图 3.56.2　电陶瓷片布置（前侧面为加热面）

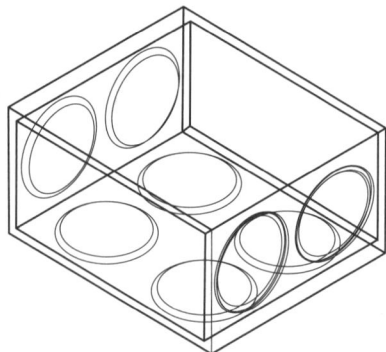

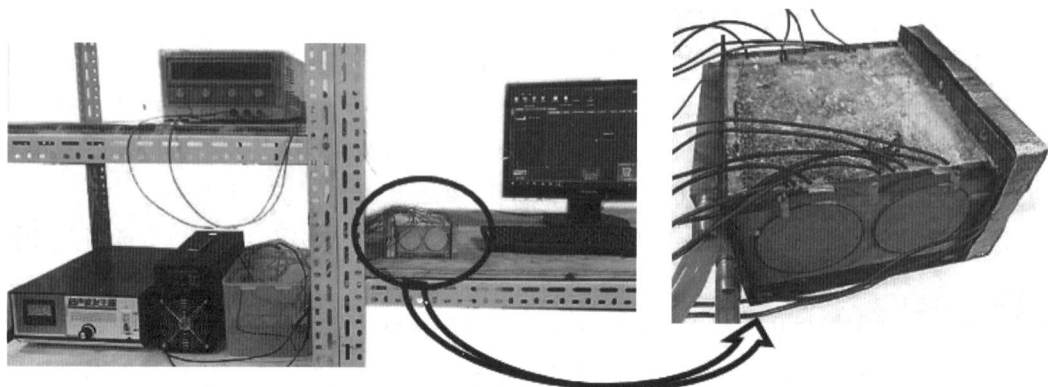

图 3.56.3　实验台架

可靠性，在被动式建筑、太阳能热利用、余热回收等领域有广泛应用。

对于相变储能系统，相变储能材料（PCM）普遍较低的热导率是制约其蓄放热效率提高的主要因素之一，因此，强化传热性能一直是相变储能领域研究的热点。

（1）当下对于相变蓄热系统普遍采用的被动强化传热方式如下：

1）提高 PCM 的导热系数。加入金属材料或碳基材料等导热增强填料以制备热导率较高的复合相变材料，可以大幅提高 PCM 与传热流体之间的传热系数。

2）优化相变器件的几何结构。通过增加翅片、封装相变材料和采用三管换热器等方式，拓展 PCM 与换热流体的传热系数以及二者之间的传热面积。

面对目前日益增长的蓄热需求，传统的被动强化方式存在昂贵的填料、增强换热难以满足大型设备使用需求的问题，翅片强化和梯级相变蓄热系统也存在温度分布不均匀、换热瓶颈等缺点。通过热、光、超声等方式对相变传热过程进行主动强化具有极高的研究价值和广阔的前景。

（2）超声波强化传热的相变储能系统相比现有相变储能技术系统，具有以下创新特色：

1）相较于超声换能器外置的布置方式，本作品将压电陶瓷片内置，消除了超声波透过容器壁面传入而产生的损耗，根据超声波衰减规律计算可得，超声波传导损耗降低 26%。

2）通过对多个压电陶瓷片合理布置，对原系统传热薄弱处针对性优化，提升了全系统效率约 28%；通过自动控制系统对压电陶瓷片开关进行自动控制，减少了不必要的能源浪费，降低系统耗电 50% 以上。

本系统成本低，耗电量低，结构简单，加工方便，实现了对相变储能技术多角度针对性优化，在电动汽车热管理、分布式能源系统、工业余热回收等领域都具有广泛的研究应用价值。系统效果如图 3.56.4 所示。

本技术方案已得到陶文铨院士、严俊杰教授等专家的肯定与推荐。

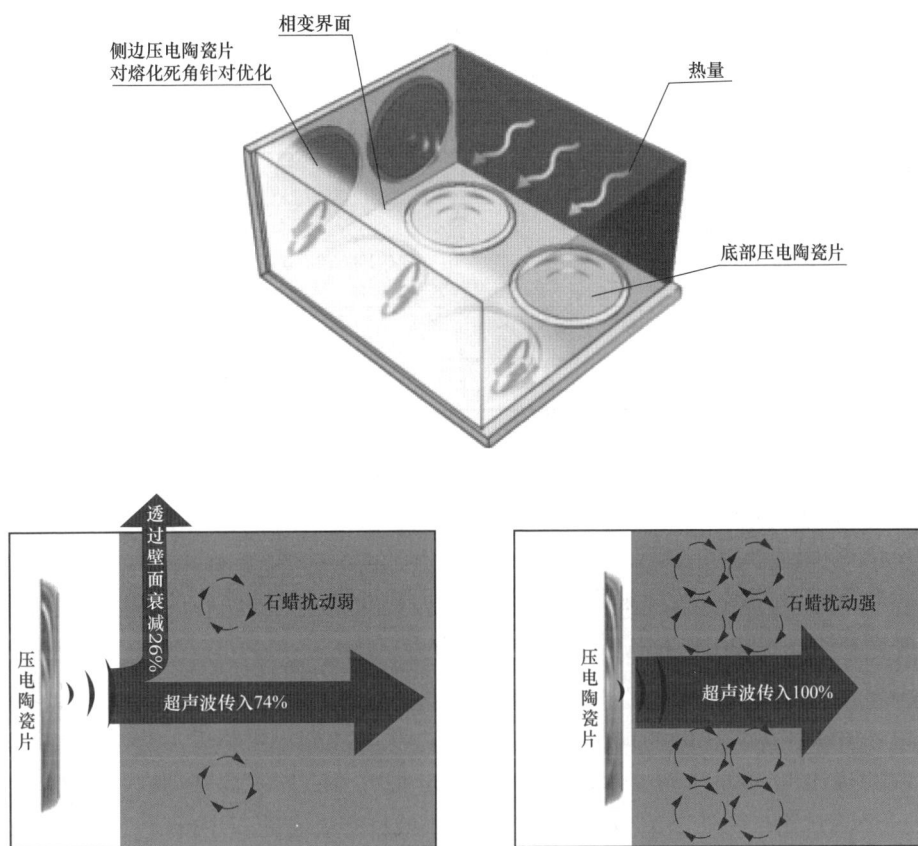

图 3.56.4　系统效果

4. 关联项目

西安交通大学能质可控传递及应用研究团队自 2019 年 1 月开始对相变蓄热问题展开研究。截至目前，已取得如下成果：

（1）构建适用于超声波振动作用下的泡沫多孔复合相变材料。

（2）获得具有一定固有频率的固体颗粒的制备技术及其均匀稳定分散的调控方法。

（3）针对储能释能相变系统，获得依靠超声波和振动颗粒互激振动的主动强化方法及其调控方法。

在此探索研究领域，本团队先后共发表学术论文 26 篇，其中国际期刊论文 18 篇（SCI 源刊），国际会议论文 4 篇，国内会议论文 3 篇，获授权美国发明专利 1 项，中国发明专利 1 项，申请中国发明专利 1 项，获得科研奖励 2 项。

5. 科技共同体

本系统所需物件名录及价格见表 3.56.1 所示。

表 3.56.1 实 验 物 品 价 格

设备	名称	用量/kg	单价/元	总价/元
普通相变储能系统	石蜡	0.8	300	1620
	有机玻璃外壳	1	50	
	多孔泡沫铜	1	900	
	水冷机	1	300	
	加热组件	1	20	
	热电偶	5	10	
超声波优化模块	压电陶瓷片	8	10	480
	超声波发生器	1	400	

长期以来，新能源发电入网问题一直是制约其进一步发展的主要因素。根据《国家电网有限公司服务新能源发展报告（2019）》，2019 年第一季度因为时空上的需求不平衡以及能量品质优劣等问题，新能源弃电总量高达 46.6 亿 kWh。本作品可以有效解决传统储能单元能量收支难以控制、传热速率慢、利用率低等问题，大幅提高水/光/风能，尤其是分布式能源系统在智能电网调控框架下的入网能力。

在国民经济主战场，即可再生能源领域，假设全国 1% 的新能源发电设备应用本作品进行装机，若本作品提出的储能单元转化效率以 70% 计算，每年可节约电量 1.3 亿 kWh，根据发改委提出的 360 g（煤）/kWh 的标准，每年可节省标准煤 46800 t，直接创造至少 6500 万的经济效益。另外，本项目在国防军事领域也有极高的应用价值，例如可用于对激光武器等脉冲热源的快速储能等。如表 3.56.1 所示，本作品实验条件下增加超声波优化模块的成本仅为 480 元，推广经济价值显著，节能潜力巨大。

6. 后续研发方向

本团队对于固-液相变储能技术的研究可对实际工程应用提供理论支持，在可再生能源利用、电子器件热管理、建筑节能、工业余热利用等领域具有广阔的应用前景。希望能将取得的成果与社会企业进行沟通交流与合作，后续根据市场具体需求，不断完善本项目成果，实现成果的转化及应用。

社 会 调 查 篇

3.57　一次促成技改项目的热平衡诊断

浙江大学：紫金港校区食堂、学生村供热现状调查及影响

1. 综述

当前国家大力倡导"节能减排"，但对集中供热系统管道损失的重视远远不够。一般认为，集中供热相比分散供热更经济、更环保；利用蒸汽供热速度快、效率高。然而，浙江大学能源工程学系团队在分析了以蒸汽为热源集中供热的浙大紫金港校区 2008 年的蒸汽运行数据后发现，其集中供热方案能量损失巨大，成本很高。

项目团队通过对浙大紫金港校区集中供热系统的管道损失进行个案解剖，对浙大紫金港校区食堂、学生村供热系统进行了调研分析，揭示了集中供热系统可能存在的问题和经济劣势。同时，提出了适合这一管道系统供热的个性化改造方案，也将对其他用热大户的集中供热系统建设提供了借鉴价值。

2. 调研成果

浙江大学紫金港校区由校外（蒙民伟楼对面）$4 \times 10t/h$ 蒸汽锅炉为学校提供蒸汽集中供热。项目研究的对象为浙江大学紫金港校区蒙民伟楼动力中心（食堂、学生村）支路、食堂分支、学生村分支管道供热系统，具体布置如图 3.57.1 和图 3.57.2 所示。

通过对蒸汽用量、用热量等计算，获得了 2008 年 1—11 月份蒙民伟楼动力中心（食堂、学生村）支路、食堂分支、学生村分支的相关损失等数据，如图 3.57.3 所示。

调研计算结果表明，蒙民伟楼动力中心（食堂、学生村支路）1～11 月份蒸汽利用率只有 46.4%，因蒸汽输送损失而造成的经济损失达 360 万元，占实际供热费用 53.5%，经济损失可谓巨大。其中，损失主要来自管道保温损失，疏水阀疏水损失、旁通阀、安全阀等泄漏损失。

3. 优化方案

通过收集蒸汽管线施工图纸、实地调查管道保温和蒸汽泄漏情况、分析处理 2008 全年蒸汽数据、实地测量管道保温、计算管损等，团队进行了综合的比较分析，找出耗能点存在于以下两个方面：

第一，使用蒸汽在具有供热速度快、换热效率高的优点的同时，存在管损过大、成本

较高等问题；

第二，集中供热在相比分散供热更环保、供热速度快的同时，由于管损、蒸汽品质等原因，具有相当的局限性。

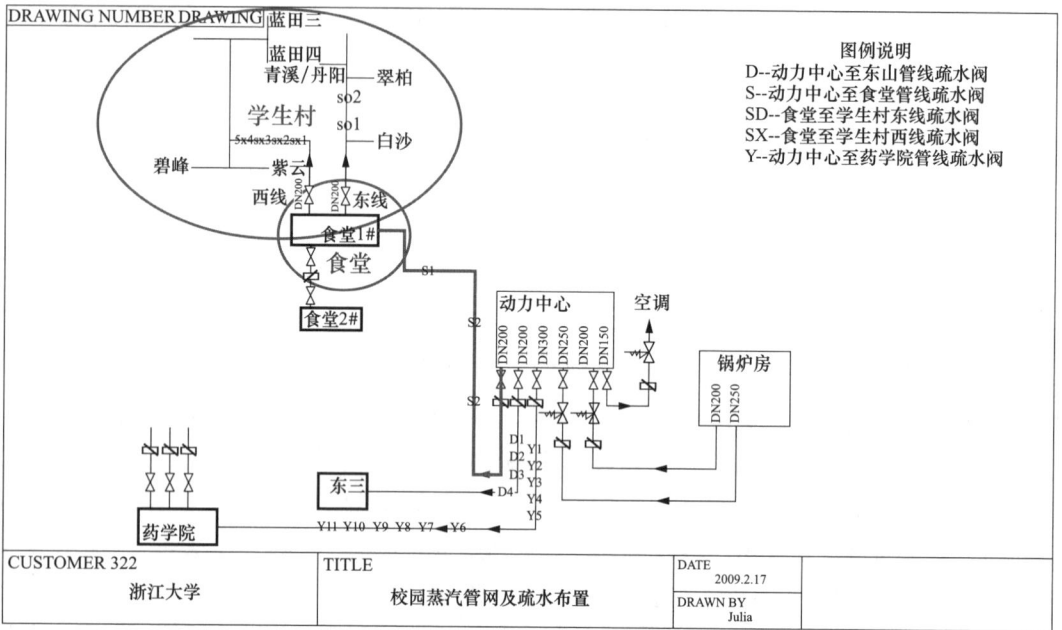

图 3.57.1　校园蒸汽管道及疏水布置

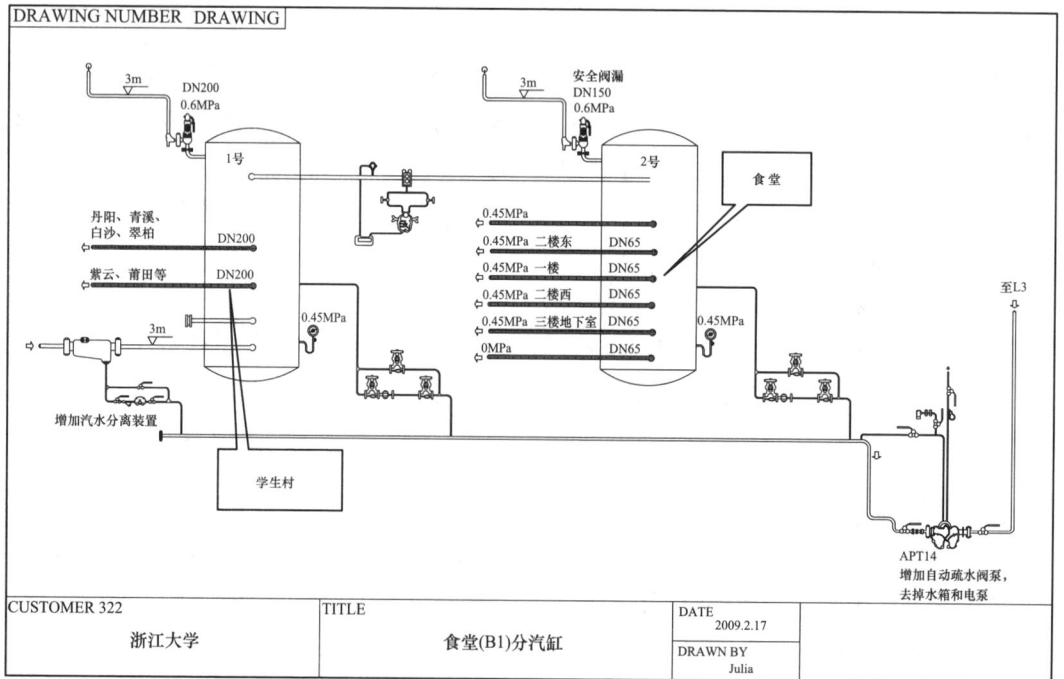

图 3.57.2　蒙民伟楼动力中心（食堂、学生村）分汽缸

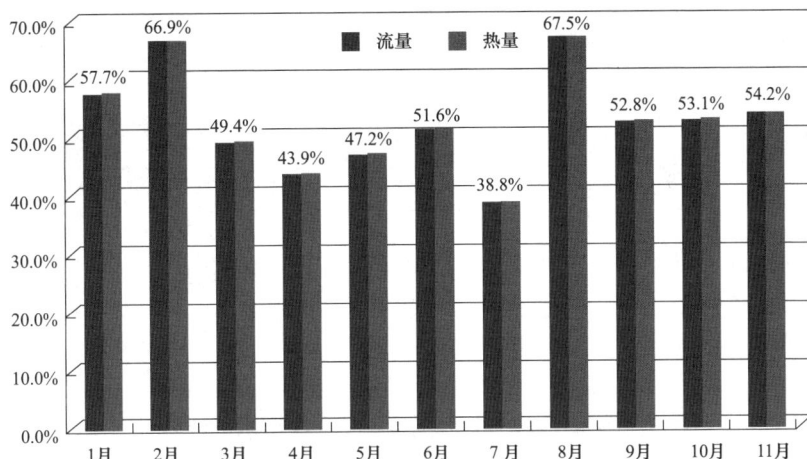

图 3.57.3　食堂、学生村各月蒸汽流量、热量损失百分比

基于以上的调研结果，通过数据、经济性分析，团队给出了改进方案：

（1）食堂优化改造。食堂各部门使用蒸汽的相关设备及使用点比较多。针对食堂，团队提出了一个改造方案：食堂蒸汽加工设备改为使用天然气热源；更换食堂餐具清洗设备（洗碗机）；热水系统改用空气源热泵供热水；三楼餐厅空调系统改造，使用空调设备。根据以上一系列的改造方案，得出改造后效果分析对比见表 3.57.1。

表 3.57.1　　　　　　　　　　　　　食堂系列改造前后情况对比表

改造项目	改造投资 / 万元	节省费用 /（万元 / 年）	使用年限 / 年	投资回收时间 / 年	备注
洗碗机	240	18.10	10	4	蒸汽费用：168.5 元 /t
热水系统	134	30.33	8	4.5	
空调系统	60	16	15	4	

可以看出，改造后每年可节省费用 64.43 万元，投资回收周期在 4.5 年以内。

（2）学生村优化改造。通过对寝室全年用热水情况及对几种供热系统经济性进行分析，见表 3.57.2。团队提出在学生村改用大型太阳能辅助热泵（SAHP）的方案。

表 3.57.2　　　　　　　　浙大紫金港校区学生村几种供热系统方案的经济性分析

指标	天然气	电加热	蒸汽	常规太阳能（电辅助）	普通热泵	太阳能热泵
给水温度 / ℃	15	15	15	15	15	15
热水温度 / ℃	65	65	65	65	65	65
全年热耗 /GJ	27232	27232	—	27232	27232	27232
热效率 /%	80	90		90	300	439
全年能耗 /GJ	34040	30258	—	30258	9077	6203

指标	天然气	电加热	蒸汽	常规太阳能 （电辅助）	普通热泵	太阳能热泵
全年用量 /t	—	—	12877.9	—	—	—
年运行费 / 万元	235.2	477.5	217	477.5	143.2	97.9

通过计算比较可以看出，使用太阳能热泵的方案热效率很高，从而大大地降低能耗，一年可以节约运行成本 119.1 万元。

3.58 以集约意识致敬地球哺育

华北电力大学：基于环境关心 NEP 量表评估的大学生环境意识提升路径研究

1. 综述

如今，全球气候变化形势依然不容乐观，环境问题深刻影响着人类社会可持续发展。观察感知，部分大学生环境关心的真实现状并不理想，存在环境知识欠缺、想到做不到、公益活动参与动机功利等发展困境。大学生群体规模大、知识水平高且发展潜力大，是环境保护公众参与的重要力量。"双碳"目标已全面开启低碳新时代。在全面加强生态文明建设、构建人类命运共同体的大背景下，大学生作为国家未来发展的中坚力量和国家重要的人才储备，能否掌握丰富的环境保护知识，是否树立了正确的生态文明观，能否形成从生态文明认识到节能减排实践的内驱力和行动力，是高校生态文明教育亟需解决的问题。如何引导大众，尤其是大学生群体，认同减碳目标、增进环境关心、提高社会参与、持续减碳行动成为重要课题，进而针对这些如何开展切实有效的生态文明教育亟待研究。具体而言，大学生的环境关心现状如何？宣传标语、公益广告等宣传渠道是否对提高大众环保意识起到有效作用？如何更好地将环境关心有效转化为环境友好行为？本研究聚焦上述问题，尝试借助问卷调查、深度访谈和 NEP 量表以有效评估大学生环境关心现状，进而提出可参考的意见和建议。

2. 调研成果

（1）调查研究概述。近年来，"双碳"目标的提出对现阶段高等教育人才培养体系建设和新时代高校生态文明教育提出了新要求。2022 年 4 月，教育部围绕"双碳"目标发布专门工作方案，明确要求高校重视大学生绿色低碳意识培养。全面评估高校大学生环境意识是改进高校生态文明教育，进而提高人才培养质量的必要之举和基础工作。

本项目立足社会学、心理学和教育学相关理论，对现阶段大学生环境关心现状及高校环保宣传教育成效进行调查评估。研究采用本土化修订的"新生态范式"NEP 量表对大学生环境关心现状进行五维度评分，并引入中国社会调查（CGSS2010）的数据进行比对，探讨分析大学生群体环境知识、意识和行为的群体特征和差异来源，总结探讨高校环境教育存在的短板，为高校生态文明教育工作提出可行性建议。

本社会调查研究项目以线上线下相结合的方式调查研究华北电力大学、清华大学、北京航空航天大学、浙江大学、西安交通大学五所高校的近两千名大学生，在问卷调查、深度访谈的基础上借助 CGSS 中国综合社会调查 11785 份大数据进行对比分析。

"环境关心"是环境社会学的重要研究内容之一，旨在研究人类"意识到并支持解决涉及生态环境的问题的程度或者为解决这类问题而做出贡献的意愿"。"环境关心"可通俗理解为人们的环境保护意识和行动意愿。"环境关心"最早由 Dunlap & Jones 提出，后提出了测量环境关心的 NEP 量表，洪大用在 2003 年中国综合社会调查中引入并进行本土化修订，现已发展为全球范围内最广泛使用的环境关心测量工具。2007 年，洪大用在 2000 年 NEP 量表的基础上进行修改，提出了 CNEP 量表作为对中国环境关心测量工具，具有良好的信度与效度。

研究根据相关经典理论将核心概念进一步细化为"认识、知识、态度、评价和行动"五个层面，并引入环境关心 NEP 量表从"人类中心主义""人类例外主义""增长极限""自然平衡""生态环境危机"五个维度对大学生环境关心现状进行测量。此外，调研补充了相关问题探究不同环境教育方式的成效及侧重点。一定程度揭示了大学生群体环境关心和环保意识的隐性差异来源，最后归纳总结了高校绿色减碳人才培养建设的八条具体意见，为高校生态文明教育提供了具有参考价值的现实依据和优化导向。其结构如图 3.58.1 所示。

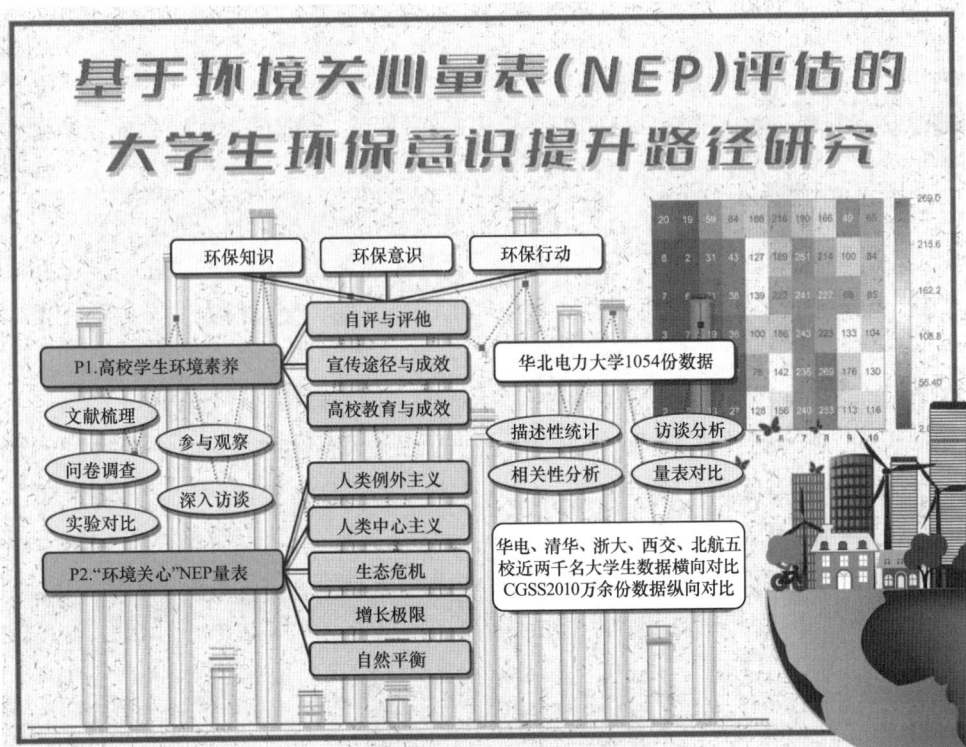

图 3.58.1　研究框架图

（2）数据分析处理。本次调查对象为华北电力大学、清华大学、西安交通大学、北京航空航天大学和浙江大学五所大学在校学生，分别获得 1120 份、214 份、219 份、220 份、207 份问卷反馈；经筛选后有效问卷份数分别为 1054 份、201 份、202 份、203 份、201 份，总计 1861 份。学生主要为能源动力类、材料、环境工程相关专业本科生、硕士研究生。经检验，调查结果中的定量数据具有较好的可信度。调查结果分析如图 3.58.2 所示。

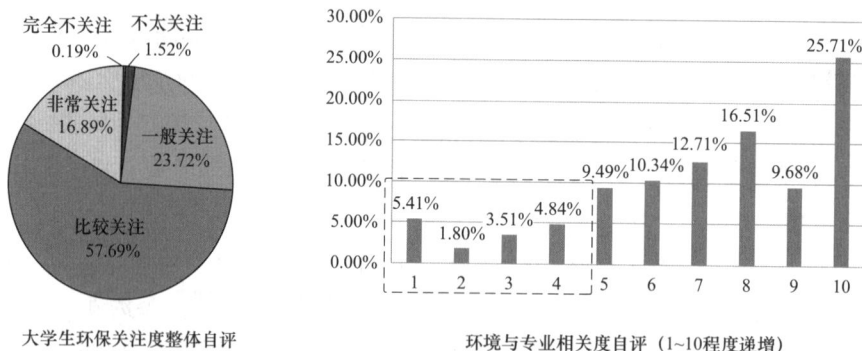

图 3.58.2　环保关注度及专业与环境相关度自评统计图

1）环境意识现状调查分析。在认知层面，初步了解高校学生环保关注度。大学生环保关注平均分为 3.99，反映出较好环保关注自我评价。然而，能源与动力工程、材料、建筑环境与能源应用工程专业背景的学生，认为所学专业与环境相关度很强的仅有 29.44%，没有明显高于整体水平。能源环境相关专业学子环保关注程度并未脱颖而出，15.56% 学生认为不太相关。这一现实问题反映出应大力加强学生对本专业与环境联系的认知，教育引导学生立足专业树立环保自觉，探索交叉研究助力环境意识提升。

调查发现，高校学生围绕环保知识、意识和行动的自我评价主观性较强，距客观情况有一定距离。在"所在专业与环保相关度自评量表"调查中，能源与动力工程、材料、建筑环境与能源应用工程专业背景的学生，认为所学专业与环境的相关度没有明显高于整体水平。能源环境相关专业立足于环保事业一线，其对环保相关内容的关注程度也并没有显示出优势。这反映出在提高学生对本专业与环境的联系性、交叉研究等方面存在很大的引导空间。

在知识、评价、行动层面，开展高校学生环境意识的自评与评他调查。结果显示，在环保知识层面，聚焦工科类专业学生，所呈现的情况与整体趋势和水平一致。环境相关专业学生的自评未明显高于整体水平。整体看来，大部分学生认为自己的环保知识相对周围人较强，具有一定的知识自信。而在环保意识层面，自评与评他水平均低于环保知识评分。作为补充，项目探究了环保知识与环保意识对环境行动的影响程度，通过相关性分析发现环保知识与环保行动的相关性指数为 0.856，环保意识与环保行动的相关性指数为 0.936。从一定程度上来讲，增强环保意识比扩充环保知识对提高行动的影响力更大。

2）基于 NEP 量表的环境关心评估。研究进一步引入 NEP 量表对被试者的环境关心进行评估，量表的五个方面围绕环境的本质性问题，客观反映被试群体的真实态度。

在"增长极限"态度的三个正向设问中，就"地球就像宇宙飞船，只有很有限的空间和资源"题设，展现出极高的赞同度，且较大程度优于 CGSS2010 提供的数据。这反映出随着社会的发展及教育的深入，公众强化了对自然资源有限性的认知。而在"只要我们知道如何开发，地球上的自然资源是很充足的"题设中，展现出了较为保守的赞同度，同样优于 CGSS2010 提供的数据。深入访谈为较为保守的赞同度提供了见解：高等教育强调了对自然资源的开发利用需持有客观态度，尽管自然资源并非用之不竭，但完全停止对自然资源的开发也是不可取的。

在"人类中心主义"态度的一项正向设问和两项反向设问中。就"人是最重要的，可以为了满足自身的需求而改变自然环境"以及"人类生来就是主人，是要统治自然界的其他部分的"题设而言，被试者得分都明显优于 CGSS2010 提供的数据。反映出对"人类中心主义"持有的强烈反对态度。在此问题的辅助验证中，"人是最重要的"的说法是引起大家不认同的关键表述，该问题修改为"人可以为了满足自身的需求而改变自然环境"后，选择的同学明显变多，由此可见，直译量表在微调描述后可能会因中文表达造成不一样的结果。

在"自然平衡"态度设置一项正向设问和两项反向设问中。首先高校学生群体和社会群体都对人类活动的破坏性和自然平衡的脆弱性持有明确的赞同态度。但是高校学生群就"自然界的平衡是很脆弱的，很容易被打乱"题设持有的赞同态度低于 CGSS2010 提供的数据。深度访谈揭示：相比于社会群体仅意识到自然平衡的脆弱性，高校学生群体对自然平衡的恢复能力持有乐观态度。

在"人类例外主义"态度的两项正向设问和一项反向设问中，就"由于人类的智慧，地球环境状况的改善是有可能的"题设，高校群体得分较 CGSS2010 中的数据明显下降，反映高校学生对于改善环境状况信心不足。

在"生态环境危机"态度的两项正向设问和一项反向设问中，无论是高校群体还是社会群体均对环境危机的认知明确。

3）教育渠道及成效分析。为明确哪些宣传教育手段是学生群体认为有效的？哪些宣传教育手段实际意义上促进了学生群体环境意识的提升？研究在此进行了两项交叉分析：①不同宣传教育渠道——学生认知层面的有效程度（主观评价）；②不同宣传教育渠道——NEP 量表总分层面的有效程度（客观评价）。图 3.58.3 所示结果显示，广泛接受的宣传教育途径，例如"公益广告""宣传标语体""纪录片及影视作品"等，对环境意识提高发挥的作用有限，而"专业报告、论文""环保实践或公益活动"等高效促进环境意识提高的宣传教育途径，普及的学生群反而较小。因此，在开展针对性宣传教育方面，大有作为空间。

在学生群体的主观认知中，宣传教育成效位居前三的为"有关环境的专业报告、论文""高等教育阶段学校教育"和"参与环保实践或公益活动"，但这三项被大学生认为最有效的宣传教育途径均不是传播最广的宣传教育途径，效果最佳的"有关环境的专业报告、论文"甚至在传播程度上排在倒数第二。表现了学生深入学习实践的期待。

"有关环境的专业报告、论文"以及"参与环保实践或公益活动"无论在学生群体的有效性主观认知中还是在对环境意识起到的客观提升作用中，都位居前列，是值得在后续宣传教育中大力提倡的教育方法。评估结果如图 3.58.4 所示。

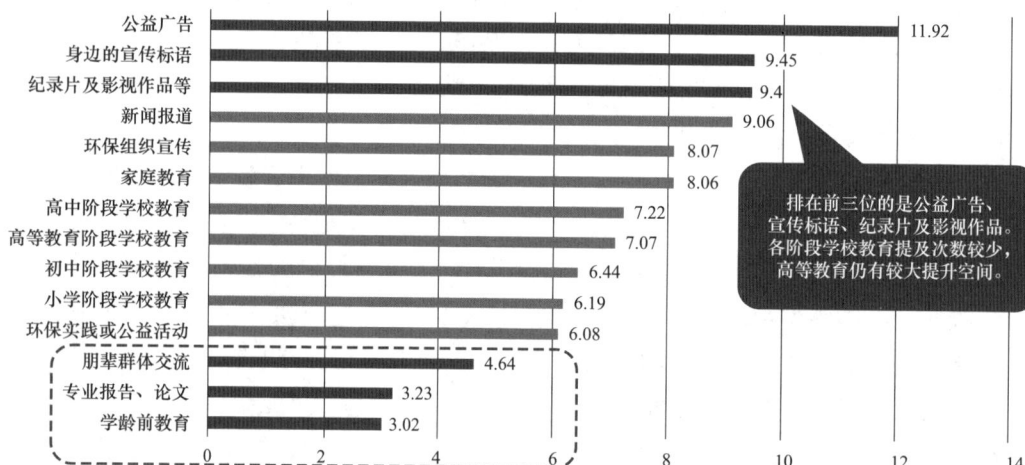

图 3.58.3　宣传教育方式认可度评价图

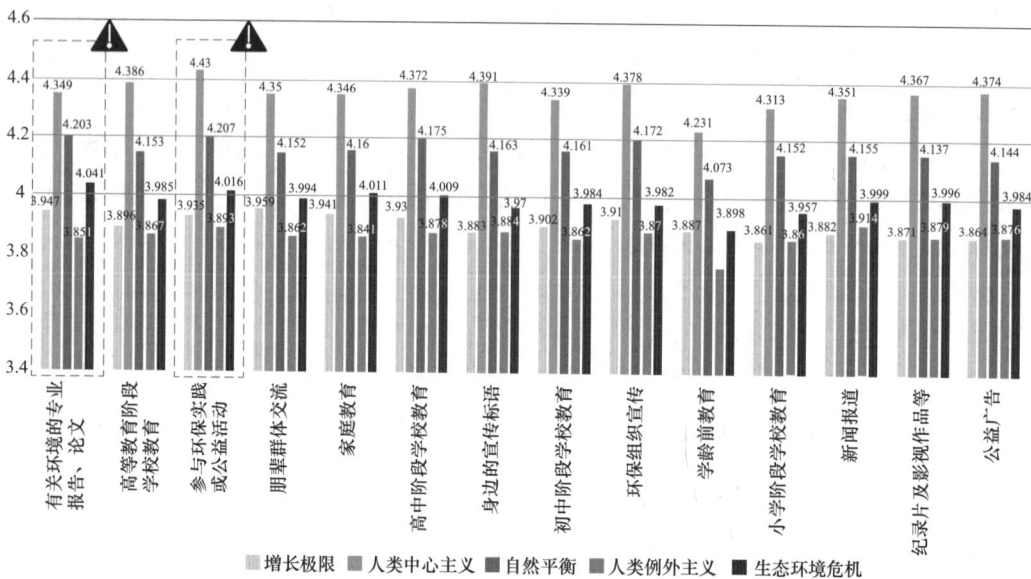

图 3.58.4　宣传教育方式作用发挥评估图

3. 对策研究

本研究借助 NEP 量表，综合对比千余份高校群体与万余份社会群体数据，系统性分析数据结果，进一步提出本调查研究活动的主要结论：

（1）大学生自评对环境的关注度较高，具有较强的环保责任感和环保意识。暂未发现不同专业学生的环境关注存在显著差异，能源环境相关专业学生未明显意识到专业与环境的紧密联系性、交叉研究的丰富可能性；且大学生环境知识结构有待于进一步完善。

（2）从大学生自评分数可见，大学生环境素养方面环保知识水平＞环保意识＞环保行动，与大众普遍认知的缺乏"知行合一"一致，表现出对知识水平、意识认知的相对自信，行动欠缺的真实反馈。

（3）与他人对比，大学生认为自身处于偏上水平；与周围大学生相比，大学生认为彼此差异不大。从调查数据可知，大学生具有较高程度的自我认同，自我认同过程对环境行为有显著影响。以此角度出发，可见大学生群体具有提高环保行动力的良好基础。

（4）通过相关性分析得出，增强环保意识比扩充环保知识对提高行动的影响力更大，高校对大学生的环保教育应聚焦环保意识、关注环保知识的教育模式。

（5）由 NEP 量表结果可以得出，"人类例外主义"内容反映出大学生对人类与自然的关系存在认知误差，高校群体与社会群体存在认知差异，扭转学生认知、积极做出改变是高校环保教育的关键环节，同时增强学生"专业改善环境"的认知自信。

（6）大学生对以"有关环境的专业报告、论文"等为代表的宣传手段认可度较高，家庭教育、朋辈教育也具有一定效果。绝大多数大学生能够认识到环境教育作用，且接受环境教育的积极性较高，环境教育课程对提高大学生的环境素养有正向作用，根据学生群体环境态度认知差异开展针对性宣传教育活动大有可为。

（7）访谈结果显示，大学生环保行动经历和志愿服务等行动能有效提高大学生环保意识水平和行动热情。

（8）大学生环保行为目前处于个体层面，集体层面的意识匮乏，缺少与社会群体的交流沟通。

基于上述问题，团队提出相应建议：即推进高校生态文明教育和环境相关课程体系建设；加强相关学科建设，助力大学生交叉学科学习研究；与时俱进加强网络阵地建设，打造精品环保网络作品；系统谋划开展学校生态文明教育及针对性主题活动；推进示范评选激励机制完善，激发学生展示创作动力；培育支持节能减排品牌竞赛志愿服务，建立实践基地；推广高校绿色建设管理典型经验，开展经验分享交流；打通学校＋家庭＋社会环境关心和环保行动支持体系等八大方面的具体建议。

2022 年 4 月，教育部印发《加强碳达峰碳中和高等教育人才培养体系建设工作方案》，明确提出增强社会公众绿色低碳意识的重点任务。大学生亟待提高节能减排、环境保护意识，为生态文明建设贡献青春力量。与此同时，面向新时代的高等教育人才培养目标，高校如何加强和改进生态文明教育理念和学生环境关心与保护思想引领和行动促进，切实提高大学生环保知识、意识和行动水平，值得我们共同关注和深入探究。

3.59　守卫华夏文明的常青藤

西安建筑科技大学：秦岭北麓山区垃圾处置调查及对策

1. 综述

秦岭山脉是我国重要的生态屏障，习近平总书记在秦岭考察期间就曾指出，保护秦岭对确保中华民族长盛不衰具有重大而深远的意义。随着美丽乡村建设与脱贫攻坚战略进一步推进，秦岭山区居民生活水平明显在不断提高，但垃圾处理模式的传统化、选址布局不合理造成的不当处置问题也日益突出。

为积极响应党中央的污染防治行动，助力实现碳达峰碳中和目标，推进秦岭山区垃圾分类处置模式优化，西安建筑科技大学"3T（trash to treasure）秦岭守护者"团队依托专业学科优势，通过本科生志愿者参与、监督的方式，对秦岭北麓山区垃圾分类处置情况进行实地走访调研，并通过模型构建，提出了适配秦岭北麓山区的源头收集－运输－处理的垃圾处理处置新模式，并为相关部门制定整治方案、推行垃圾分类优化政策提供了基础性的数据与技术支撑。

2. 调研成果

为全面了解秦岭北麓山区垃圾处理处置过程存在的问题，团队采取实地走访、会议调研、问卷调研、文献查阅等方法，对陕西省鄠邑区、长安区、周至县、蓝田县、柞水县5大区域内的73条乡镇／街道以及秦岭北麓峪口6处（抱龙峪等）及景区2处（牛背梁国家森林公园等）的山区垃圾日均产量、垃圾处理方式、农村垃圾堆放点及处理点数量与使用情况、农村垃圾构成与收运模式等开展系统调研，部分团队调研照片如图3.59.1所示。

图 3.59.1　调研活动精彩瞬间

当前秦岭北麓山区农村生活垃圾收运模式如图3.59.2所示，秦岭北麓山区生活垃圾源头、运输、处理三个关键环节分别存在以下老问题：

（1）源头。当前山区居民及游客分类意识低，无法准确高效地进行垃圾分类；且近年来随着秦岭旅游业的迅速发展导致垃圾产量剧增，老旧的山区垃圾回收装置和作业适配性

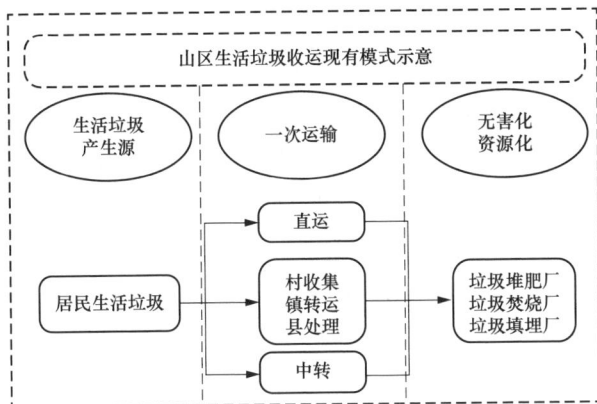

图 3.59.2　当前秦岭北麓山区农村生活垃圾收运模式

差，故导致垃圾不当处置造成环境污染。

（2）运输。当地转运站与相关收运设施未合理利用，存在部分过度使用或闲置现象，同时现有山区垃圾收运模式老旧单一，无法满足山区实际需求。

（3）处理。当前山区农村垃圾未进行合理资源化利用，处理方法过于单一，无法实现垃圾减量。

3. 对策研究

基于上述问题，团队针对性提出了集源头-运输-处理于一体的集散一体化垃圾处置全链条集成创新模式（见图 3.59.3）。

（1）源头。结合垃圾产量与构成特色，因地制宜，简化前端分类标准，大力推广"两次四分法"。

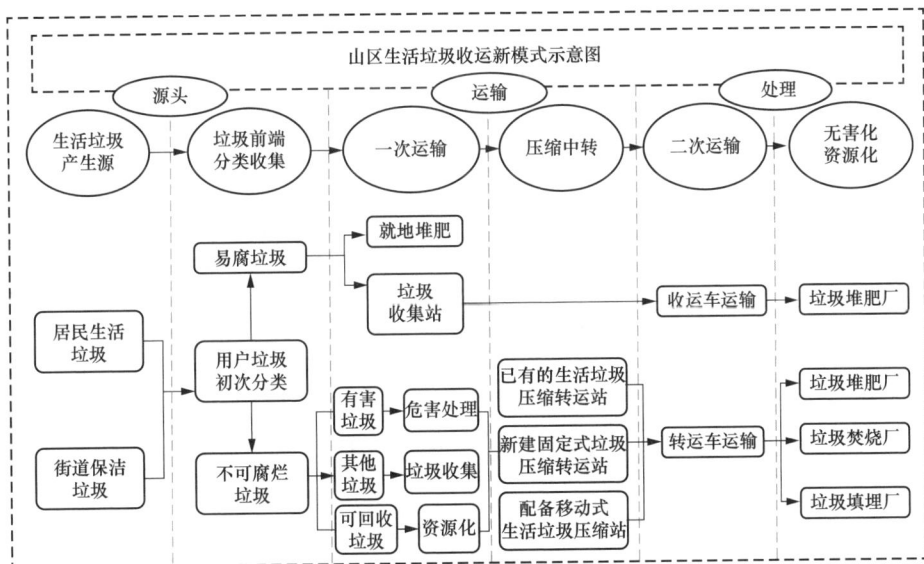

图 3.59.3　新模式示意

具体做法如下：为村民发放两个垃圾桶放置垃圾，并按易腐和不易腐烂垃圾进行分类，易腐垃圾进行堆肥；不易腐烂垃圾收集后，由保洁员进行专业分类。分类后将可回收利用的垃圾在村可回收垃圾收集处暂存，出售给物资回收部门，销售费用归保洁员所在机构所有。将混入的有毒、有害垃圾分拣投入到有毒、有害垃圾收集桶，按要求临时储存，并严格按国家有关规定运输、处置；将其他垃圾投入设置的密闭式垃圾集装箱，运输后集中处理。

（2）运输。采用 Dijkstra 算法、模拟退火算法，通过建立各村镇－垃圾转运站－填埋场的基于"最短路"的两大垃圾回收模型，综合考虑距离、对天气适应能力、安全性、交通状况等因素，实现对运输路径的最优规划，并运用大数据、云计算技术、依托物联网技术，构建秦岭北麓山区生活垃圾收运管理信息化平台（见图 3.59.4），实时收集监测各垃圾点的垃圾产量以实现对垃圾收运车的动态分配及路线规划（见图 3.59.5），实现经济效益最大化。

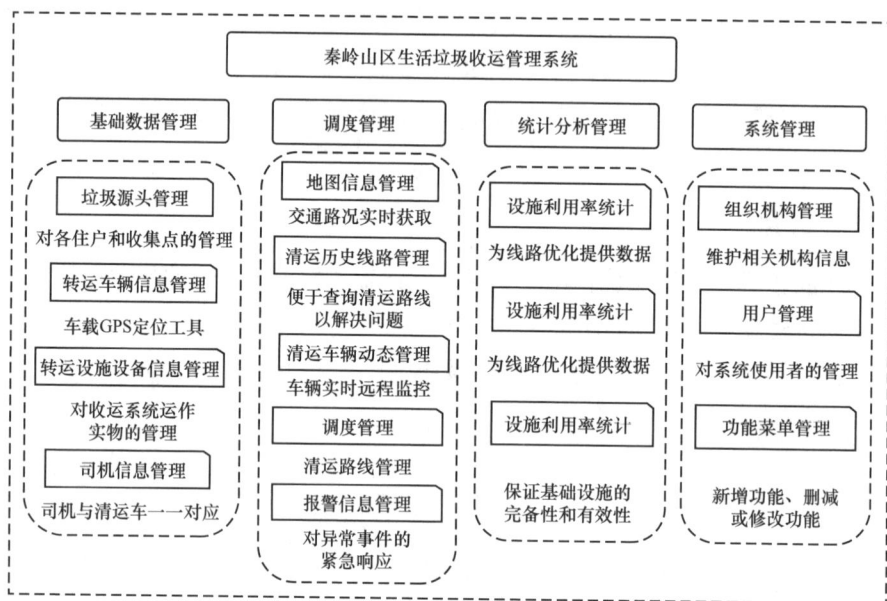

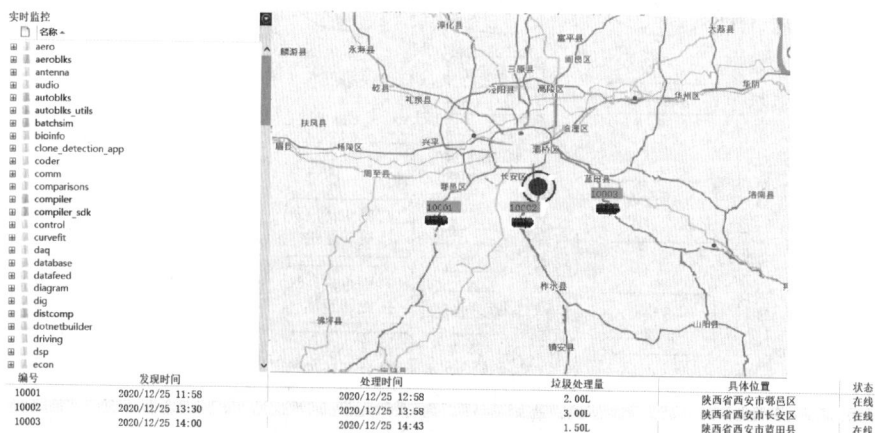

图 3.59.4　秦岭北麓山区生活垃圾收运管理信息化平台

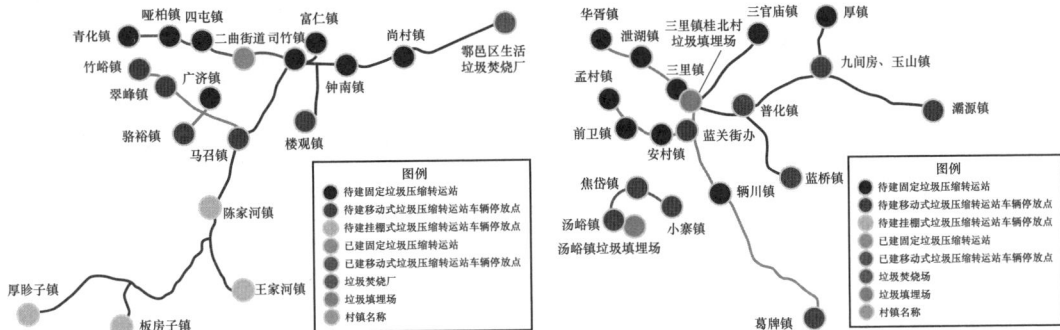

图 3.59.5　垃圾收运模型实况规划

（3）处理。团队提出了"原位分散式堆肥回用＋集中处理的多元耦合"技术模式，将易腐烂垃圾按照村民施肥需求分为两类：对有施肥需求的实行个体好氧堆肥，产生基肥，满足村民日常施肥需求；对无施肥需求的实行腐烂垃圾集中处理，厌氧发酵，产生沼气等清洁能源。同时根据需求量灵活调整堆肥方式，做到生活垃圾最大限度地回收利用，为垃圾后续处理提供了便利，缓解垃圾集中处理站的压力，最终实现垃圾的减量化、资源化和无害化。

4. 效益分析

基于 Recipe 的计算方法及 Gabi 软件对秦岭垃圾收集－运输－处理全链条进行了生命周期评价（LCA），结果表明，新模式可减少烟气 1105.35 m³，填埋气 1996.27 m³，渗滤液 6.2 万 t，减少碳排放当量 17.5035 kg（CO_2 当量），具有显著的环境、经济、社会效益。其气候影响分析和能源消耗分析如图 3.59.6 所示。

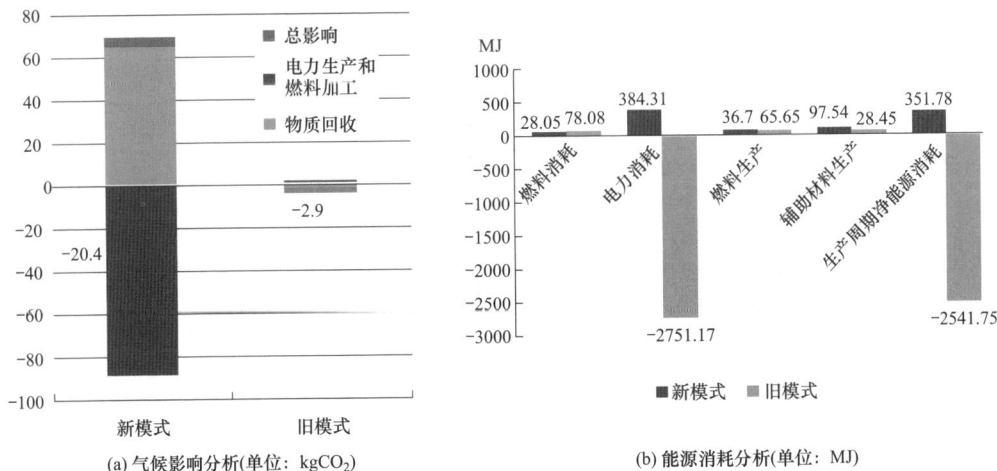

(a) 气候影响分析（单位：$kgCO_2$）　　(b) 能源消耗分析（单位：MJ）

图 3.59.6　气候影响和能源消耗分析

5. 未来展望

目前，团队在完善工艺模式的同时，希望通过与政府、高校、企业合作，进一步推广新型收运模式与秦岭北麓山区生活垃圾收运管理信息化平台，积极调动民众参与环境监督及治理，实现"共建、共治、共享"的治理新模式，以秦岭山区作为示范基地，以小治大，辐射全国，以研究并改善全国山区农村垃圾处置问题为目标而不断奋斗。

集散一体，废亦有道，金山银山，青岭长存，青年应勇担当、敢作为，全力贯彻乡村振兴与可持续发展战略，为美丽中国建设贡献智慧与力量！

6. 关联项目

截至目前，团队项目成果如下：

荣获第十四届全国大学生节能减排社会实践与科技竞赛一等奖；

荣获第二十七届"粉体杯"大学生课外学术竞赛科技作品竞赛校一等奖；

实践项目获团省委生态科学考察专项支持 3 项，成果获秦岭生态环境保护与综合执法局采纳；

实践项目在"趁年轻，走基层"全国大学生"千校千项"网络展示活动中获"基层新画卷"称号；

团队在 2020 全国大中专学生志愿暑期文化科技卫生"三下乡"社会实践活动中荣获"省级优秀团队"称号，同时团队成员贾俊杰被评为 2020 全国大学生志愿暑期文化科技卫生"三下乡"社会实践先进个人；

实践项目受到广大媒体关注，在国家级媒体（中国青年网、中央广播电台等）、省市级媒体（三秦都市报等）、地方媒体、校院级媒体共发表 63 篇报道。

3.60 在司空见惯中捕获绿色的精妙

西南交通大学：在成都二环路展开的调查和绿色对策

1. 综述

本文结合成都市二环路改造工程对附近区域在改造前后的空气质量状况和大气颗粒物水平进行了研究。研究工作包括：首先通过问卷调研了解附近居民对改造工程所带来的对环境及对生活影响的看法，再运用高斯扩散－沉积模式并结合房室模型对大气颗粒物时间和空间的变化规律进行了数值模拟，然后通过改进模糊层次分析法选出最优科学方案，为日后城市大型工程的建设提供经验借鉴，最后结合相关文献分析计算节能减排措施实际能减少大气颗粒物排放的数量。研究表明，二环路改造工程使得成都市中心城区的大气颗粒物浓度迅速增加，成为近一年来成都市空气质量较差的主要原因之一，而采取相关的节能减排措施既能在一定时间内有效地减少大气颗粒物的浓度，又能统筹协调经济建设、环境保护和社会发展三者的关系。

2. 研究思路

主要思路从"道路改造节能减排"的主题出发,着手研究道路改造中造成的大气污染,并根据计算机模拟给出节能减排的政策建议。研究技术路线方案如图 3.60.1 所示。

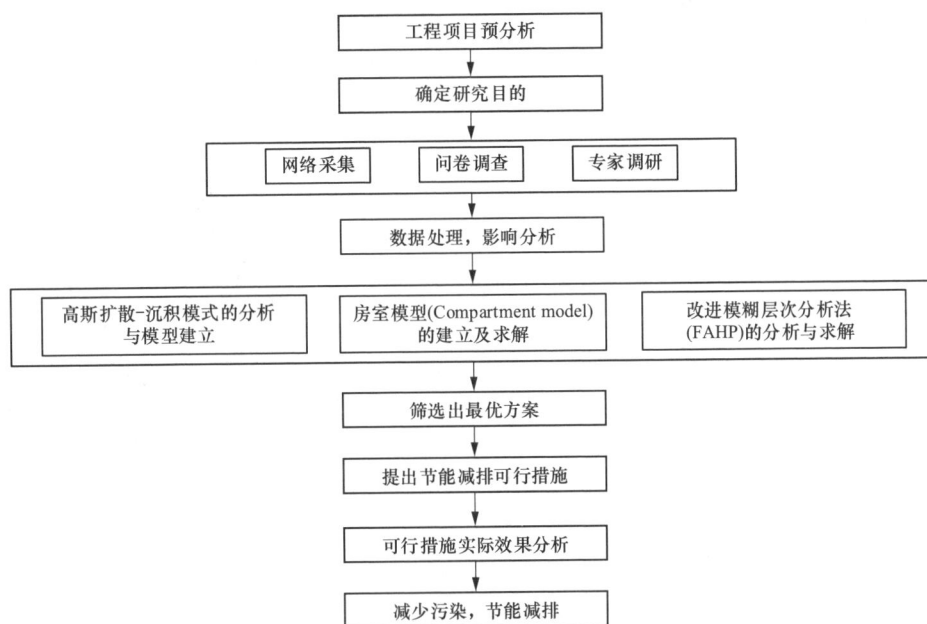

(a) 技术路线

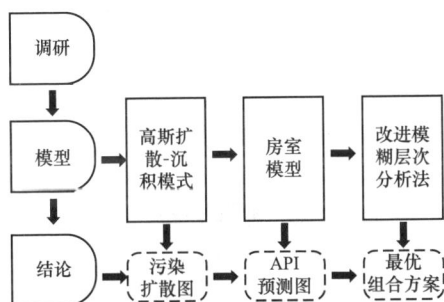

(b) 总体方案

图 3.60.1 研究技术路线方案

3. 调研成果

调研结果如图 3.60.2 所示。

(1)经过数据的对比分析和关联分析,成都市"二环改造工程"确实对环境造成了一定的影响,其中空气污染最为严重。

(2)对大气污染进行防治与处理是必要的,而最有效的方法就是在"二环改造工程"施工过程中减少大气污染。

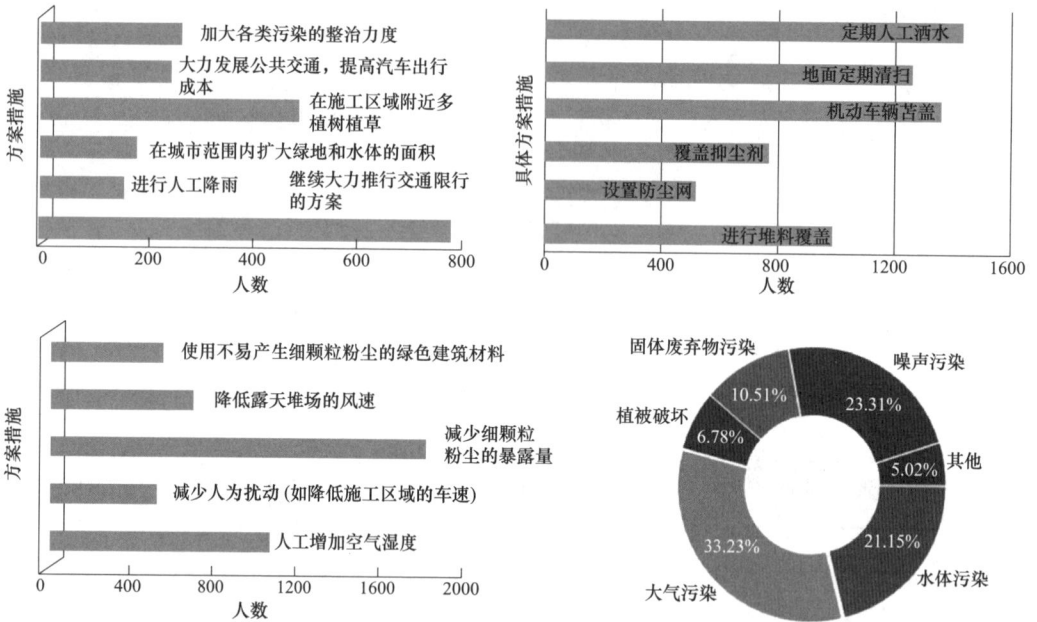

图 3.60.2　调研结果

4. 污染现状的对策研究

（1）通过对高斯扩散－沉积模式的研究发现：随着改造工程的开工，成都市大气颗粒物大幅增加，且呈逐渐增长的趋势，到 2013 年 3 月颗粒物污染指数较工程施工开始时增加了将近 1 倍。该工程施工对大气颗粒物浓度增长的贡献度明显。高斯扩散模型如图 3.60.3 所示。

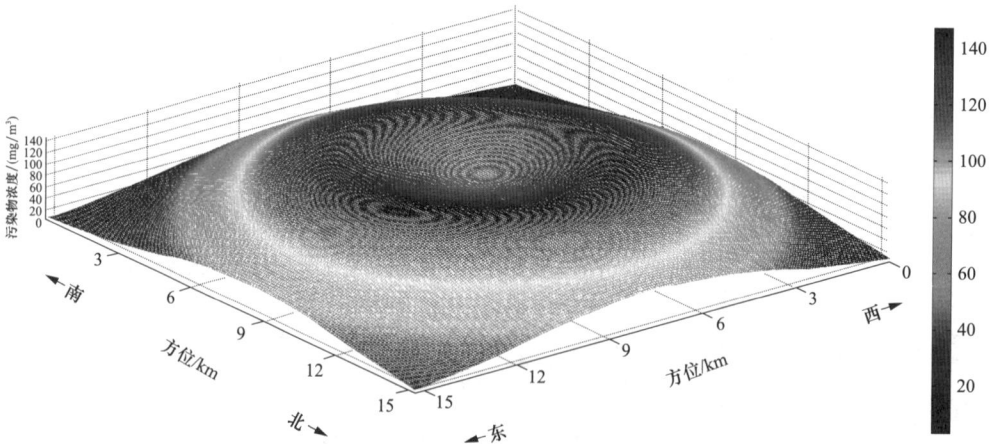

图 3.60.3　高斯扩散模型

（2）引入房室模型，对大气颗粒物的扩散做了进一步模拟，可得出：通过施工前后各项措施的调节，可使大气颗粒物水平在 5 个月内降低到之前的 25%，成都市的空气质量能达到良的标准。房室模型如图 3.60.4 所示。

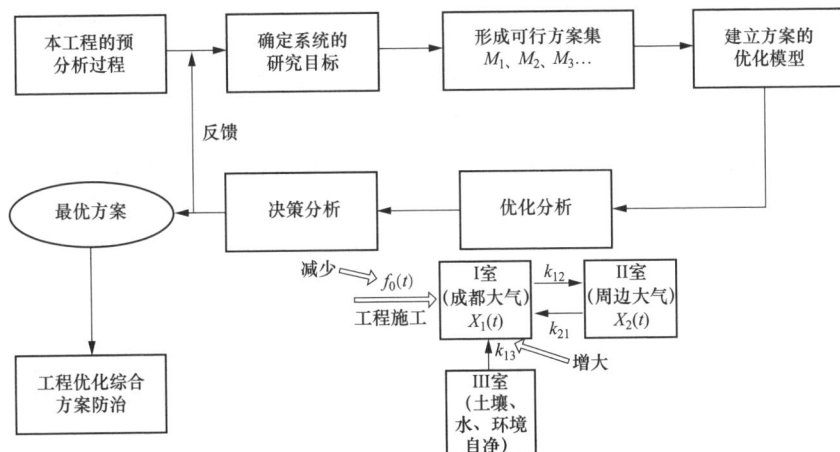

图 3.60.4　房室模型

（3）结合问卷调查的结果以及国内外研究成果，运用改进模糊层次分析法对形成的 4 种可行治理方案进行专家评估、优化分析，得到最佳组合方案：定期人工洒水＋地面定期清扫＋继续大力推行交通限行方案＋一定风速下禁止施工＋使用绿色建筑材料＋降低车速＋在施工区域附近多植树植草＋加强现场的监测监察。这样，既能有效地降低大气颗粒物浓度，又能兼顾经济效益，可为今后城市大型工程建设提供新的思路。指标影响如图 3.60.5 所示。

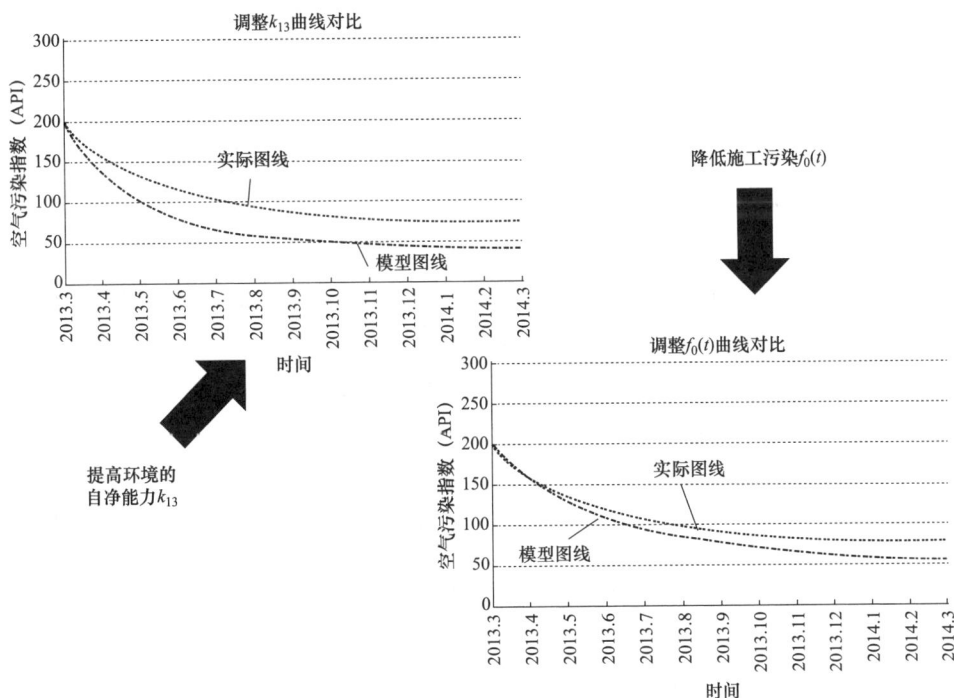

图 3.60.5　指标影响

（4）分析并计算最佳组合方案各项具体措施可实际减少大气颗粒物排放的数量，对该方案做了较全面的评价：该方案至少可使成都市二环路改造工程减少 9417.66 t 的大气颗粒物排放量，使得施工期间城市大气颗粒物水平得到大幅降低，值得在城市大型工程建设施工过程中推广和借鉴。最佳方案如图 3.60.6 所示，效果分析如图 3.60.7 所示。

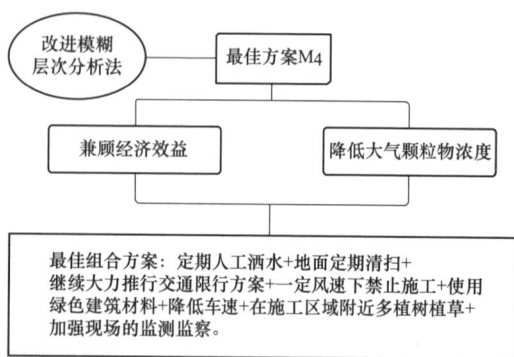

图 3.60.6　最佳方案

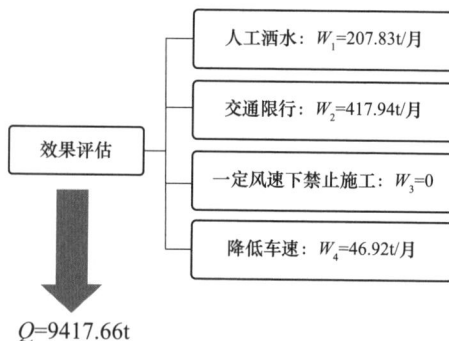

图 3.60.7　效果分析

5. 关联项目

西南交通大学"绿色减排，建设美好城市"团队于 2012 年 10 月成立。在黄涛教授等老师的指导下，不断致力于美好城市与节能减排方面的理论和实践探索。截至目前已完成：

（1）城市大型工程建设对大气颗粒物的影响及减排措施研究，获 2013 年第六届全国大学生节能减排社会实践与科技竞赛特等奖和联合国环境规划署 – 同济大学绿色未来奖。

（2）城市转型下重大民生工程对改善环境的评估及优化研究——以成都"北改"为例，获 2014 年全国大学生节能减排社会实践与科技竞赛三等奖，联合国环境规划署 – 同济大学绿苗计划奖。

（3）"世界现代田园城市"建设目标下的成都市雾霾分布影响及防控措施研究，获 2015 年全国大学生节能减排社会实践与科技竞赛二等奖。

（4）基于低影响开发理念的海绵城市潜力评估及道路设计效益研究，获 2016 年第九届全国大学生节能减排社会实践与科技竞赛一等奖。

（5）基于巴黎气候大会中国实现低碳目标下四川省碳排放控制研究，获得 2016 年第九届全国大学生节能减排社会实践与科技竞赛三等奖，第二届全国大学生能源经济学术创意大赛二等奖。

组织管理篇

3.61　涵养绿色科技文化生态

同济大学：跨学科节能减排创新创业团队培养案例

1. 综述

2018 年 10 月，为营造同济大学经济与管理学院学生创新创业的氛围，学院聚焦节能减排领域的关键科学问题，提出了组建兴趣小组的构想。不久，由学院团委委员、团委创新创业部部长辛旭（博士研究生）担任学生队长，由学院中责任心强、乐于指导学生，研究方向为循环经济、精益生产、逆向物流、闭环供应链、再生资源产业政策管理的教师担任顾问导师的"兴趣小组"宣告成立，同时号召学院范围内感兴趣的学生参与。兴趣小组充分鼓励学生聚焦经济、管理学领域中的节能减排问题并开展研究，积极孵化创新创业成果。小组成员最初由经济与管理学院的博士生、硕士生组成，随着讨论和工作的深入，逐步吸纳了机械与能源工程学院、设计创意学院的学生。

学院以"双碳"目标为契机，将兴趣小组整合为节能减排跨学科创新创业团队，同时积极开拓与外部学院的交流与合作，最终在经济与管理学院刘光富教授、王效俐教授，机械与能源工程学院李翠高级工程师、周伟国教授的悉心指导下，逐步形成了跨专业、跨学科、跨学历层次的高水平学生团队、指导教师团队和较为稳定的研究方向。

2. 研究方向

（1）绿色循环经济管理。本方向聚焦全国、地方（上海市）出台的各类循环经济政策以及再生资源产业管理政策，通过开展系统性文献查阅、资料检索、问卷分发和实地调研获取数据，综合运用各类定性、定量研究方法，对各类政策实施情况、存在问题及问题根源进行梳理与分析，并针对性提出对策建议。近年来，团队在本方向已针对上海市湿垃圾处置（2020 年）、上海城市更新中建筑垃圾资源化利用（2021 年）、上海市新能源汽车动力电池回收及资源化利用（2022 年）等多个方面开展了调研，部分研究成果发表于《解放日报》，并获得上海市政府分管领导肯定性批示。第十五届全国大学生节能减排社会实践与科技竞赛一等奖作品简介如图 3.61.1 所示。

（2）绿色流水车间调度。本方向面向工业生产领域中的流水车间调度这一经典组合优化问题，基于混合整数规划理论、鲁棒优化理论、帕累托优化理论，构建多目标数学优化模型，并针对性设计高效求解模型的启发式算法，最终求解出兼顾能源消耗和完工时间

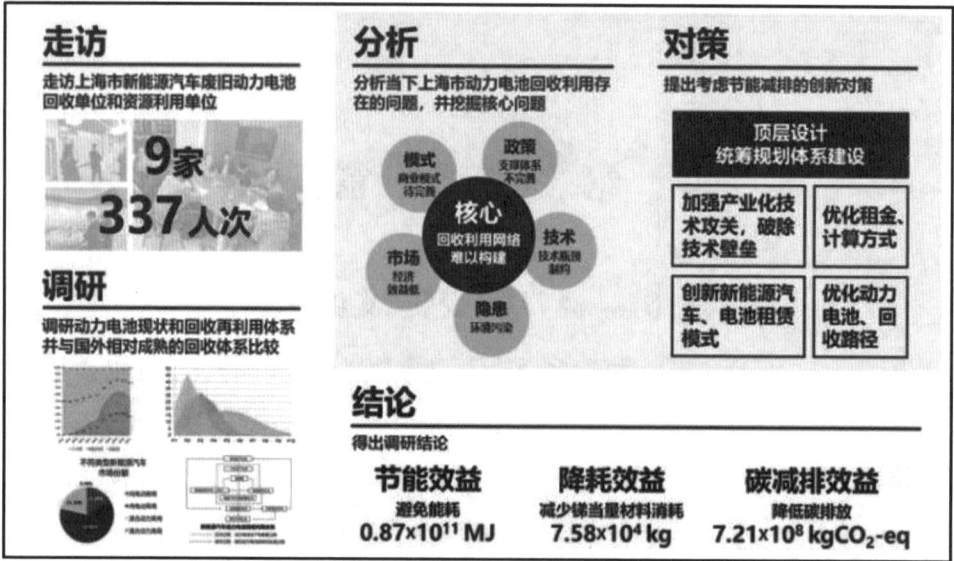

图 3.61.1 第十五届全国大学生节能减排社会实践与科技竞赛一等奖作品简介

的最优生产计划。典型流水车间系统和算法计算结果如图 3.61.2 所示。近年来，团队成员在国际运营管理权威期刊《International Journal of Production Research》《Journal of Cleaner Production》上发表多篇高质量论文。上述理论和方法可以为工业界践行"双碳"目标、实施精益管理提供必要参考。

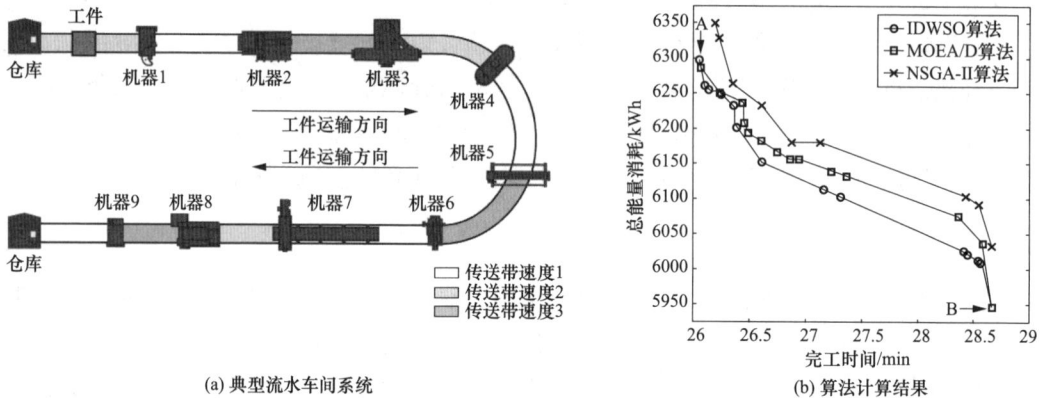

(a) 典型流水车间系统

(b) 算法计算结果

图 3.61.2 典型流水车间系统和算法计算结果

（3）绿色交通系统设计。本方向对标国家"绿色交通""低碳交通"要求，以沿海地区多式联运系统为研究对象，综合运用用户均衡货流分配理论、非线性优化理论、鲁棒优化理论、排队论，实现沿海多式联运系统网络均衡状态的数学建模。同时，基于上述模型开发各类基于既定排放目标的基础设施建设模型、收费补贴方案优化模型。团队成员基于上述理论研究，在航运管理领域权威期刊《Ocean & Coastal Management》《Maritime Policy & Management》、国际物流管理权威期刊《International Journal of Logistics: Research and Applications》上发表多篇高质量论文。上述成果可以为政府在沿海地区实施低碳交通政策提供决策支持，并为航运企业和陆路运输企业日常运营管理提供参考依据。

3. 历年工作成果

团队始终认为，提出"研究问题"比找到"研究方法"更重要。近年来，团队成员通过观察日常生活实际，以身边现实管理问题为导向、以"管理＋跨学科"优势为依托，积极吸纳不同专业背景的同学，综合运用经济学、管理学、机械设计制造、信息科学、交通工程等门类的知识开展系列调研和科研工作，研究领域涉及物流、交通、供应链、建筑、新能源等诸多方面。截至 2023 年，团队已连续 5 年参加全国大学生节能减排社会实践与科技竞赛，均取得优异成绩。

（1）绿色共享智能快递包装，2019 年获评第十二届全国大学生节能减排社会实践与科技竞赛三等奖，申请发明专利 3 项、实用新型专利 4 项，作品同时获评第五届中国国际"互联网＋"大学生创新创业大赛上海市银奖。

（2）湿垃圾处置技术路线的减排现状与创新对策——以上海市为例，2020 年获评第十三届全国大学生节能减排社会实践与科技竞赛二等奖，调研成果在《解放日报》发表，调研报告获得上海市政府分管领导批示和肯定。

（3）上海城市更新中建筑垃圾资源化利用现状与对策，2021 年获评第十四届全国大学生节能减排社会实践与科技竞赛三等奖。

（4）上海新能源汽车动力电池回收及资源化利用现状与创新对策，2022 年获评第十五届全国大学生节能减排社会实践与科技竞赛一等奖。

（5）沿海运输系统低碳政策优化模型与效果仿真平台，2023 年获评第十六届全国大学生节能减排社会实践与科技竞赛二等奖，发表高水平论文 4 篇。

4. 管理学研究范式

（1）注重中国真问题导向。团队致力于涵养"同济天下、崇尚科学、创新引领、追求卓越"的新时代同济文化，以"创新"为引领，以"中国国情"为导向，努力培养学生扎根中国大地寻找"真问题"的意识和能力。以发现身边现象、凝练科学问题为"突破口"，团队近年来先后聚焦快递包装、湿垃圾、建筑垃圾、动力电池、绿色交通等话题开展头脑风暴，提出并解决一系列科学问题，产出了一批高水平创新创业成果，真正把论文写在祖国大地上。

（2）深化高水平学科交叉。管理领域的问题"源于生活又高于生活"，往往牵涉众多学科门类。团队积极发挥管理学"跨学科、跨专业"的优势，充分吸收学校各学院学生进入团队共同合作，基于不同学科视角探索解决问题的技术路线，努力形成跨学科、系统性的问题解决方案。特别是近年来数字孪生、元宇宙、人工智能、大数据等技术方兴未艾，将管理问题与这些新兴技术结合，往往会碰撞出创新的火花，这成为目前团队工作的主要方向。截至 2022 年年底，团队成员已在交通、供应链管理、环境管理、清洁生产领域的权威期刊上发表超过 30 篇高水平论文（包含本科生发表的高水平论文 4 篇）。

（3）涵养可持续学术生态。团队形成了"以老带新、本研贯通"的工作思路，由博士、硕士研究生和本科生"结对子"推进项目进展。在共同提升学术科研和实地调研的能力的同时，实现团队工作可持续发展。截至目前，团队多名学生推荐免试攻读本校研究生，并积极带领新加入团队的本科生持续开展研究。目前，团队成员多人获得国家奖学金、同济大学"沈荣芳"奖学金、同济大学优秀博士生奖学金，累计获评上海高校学生党员标兵、同济大学追求卓越奖（同济大学学生最高荣誉）、同济大学学术先锋（第1名）、同济大学优秀共产党员、同济大学优秀学生标兵等各级各类荣誉40余项。

5. 近三年代表性成果（学生为第一作者）

（1）Permutation flow shop energy-efficient scheduling with a position-based learning effect[J]. International Journal of Production Research，2021: 1-28. (SCI, JCR Q1, IF=9.018)

（2）Coastal transportation system green policy design model based on shipping network design[J]. International Journal of Logistics Research and Applications, 2021: 1-22. (SCI, JCR Q2, IF=5.992)

（3）Container ocean shipping network design considering carbon tax and choice inertia of cargo owners[J]. Ocean & Coastal Management, 2022, 216: 105986. (SCI, JCR Q1, IF=4.295)

（4）Coastal transportation system joint taxation-subsidy emission reduction policy optimization problem[J]. Journal of Cleaner Production, 2020, 247: 119096.（SCI，中科院/JCR 1区，IF=11.072）

6. 未来工作方向

（1）团队发展方面。同济大学经济与管理学院将在学院开辟专门"智汇空间"为创新创业团队提供场地保障；推进"科学－企业－创业"三导师制，培养创新创业人才；与众多工商管理专业学生及其所在企业开展合作，设立创新基金，面向实际问题开展交叉学科研发内容。团队自身将一如既往聚焦身边现实问题，发表高水平论文和申请发明专利，丰富既有管理科学理论的同时服务于日常生产生活，并逐步激发各学院学生的创新创业热情。

（2）成果孵化方面。同济大学经济与管理学院拥有一批创新创业能力丰富、企业运营管理理论扎实的师资和广阔的校友资源（MBA、EMBA、MPA、MF专业的业界校友）。学院将评估团队产出的各项高质量成果，邀请经验丰富的导师、校友与团队学生一道，厘清成果的商业逻辑、探索可行的商业模式、对接丰富的企业资源，全面深化"政－产－学－研－用－金"融合协同，实现创新创业成果的整合和优化，促进一批成果落地生根，切实提升成果服务国家重大战略、服务区域创新发展、服务经济转型升级、服务保障民生的能力。

3.62　对大学生节能减排竞赛的"云分析"

天津大学：完备大学生节能减排竞赛机制初探

1. 综述

大学生节能减排竞赛自 2008 年创办以来已经成功举办了 16 届，赛事规模不断扩大。参赛高校数量从第 1 届的 88 所增长至第 16 届的 638 所，有效作品数也从第 1 届的 505 件增长至第 16 届的 6852 件。

竞赛中涌现了许多优秀作品和人才，例如浙江大学的"空气洗手装置"作品，荣获了节能减排竞赛特等奖，并赢得了"全球重大挑战峰会"金奖，学生团队还成立了沐羽科技公司，走上了以科技创意发祥、光大为产业的科技转化征程。

但是，也有相当多的创意归于沉寂，失去了生根发芽的机会；还有一些作品，譬如上海交通大学的"海上农田"作品，其中的部分科技创意在后续的参赛作品中以不同的生命形式闪现光华；还有一些作品，正在谋求更长远的市场合作，如山东大学的船舶余热海水淡化技术等；又比如江苏大学的适用丘陵地区的小型智慧型灌溉设备、武汉理工大学的船用垃圾处理装置，可直接投放市场……

鉴于此，有必要对全国大学生节能减排社会实践进行多维度、多视角的分析。

2. 调查研究

截至 2021 年第十四届大学生节能减排竞赛，累计共有 30 万名学生超过 50000 件作品参赛，涵盖了 771 所高校。然而，在竞赛规模不断扩大、作品数量攀升的背景下，研究大学生节能减排竞赛的现状和"节能减排·绿色能源"学校行动的新趋势，具有十分重要的意义，因此天津大学组建了由刘远超、王光亮、陈赋斌、刘睿衡、马铭璞、陈思杰、薛睿组成的学生团队，在机械工程学院李扬、赵军老师和管理学院李磊老师的指导下，进行了调研。图 3.62.1 所示为全项目的调查研究方法概览。

经过 2022 年 10 月至 2023 年 4 月的调研，调研团队发现了以下三个微观层面的趋势：

其一，超过 41% 的高校参赛成绩呈下降趋势；

其二，46% 的学生在给定主题下难以挖掘深入研究的科学问题；

其三，18% 的省、市赛特等奖作品未能参加国赛。

针对这些现象，调研团队给出了自己的分析和建议。

除此以外，调研团队还像"黄金矿工"一样，发现了一些令人欣欣鼓舞的结论。

这些意见部分性地附在后续的章节中，但更多地散佚在全书的内容中，为了避免冗赘，本案例按照极简主义的原则被浓缩，尤其是其中关乎微观管理层面的建议和对策；但不能被掩饰和精简的是下面几点，对于未来的全国大学生节能减排竞赛有着非常重要的参考作用，是关于宏观价值导向和具有战略属性的，对于推动教育改革具有建设性意义的。

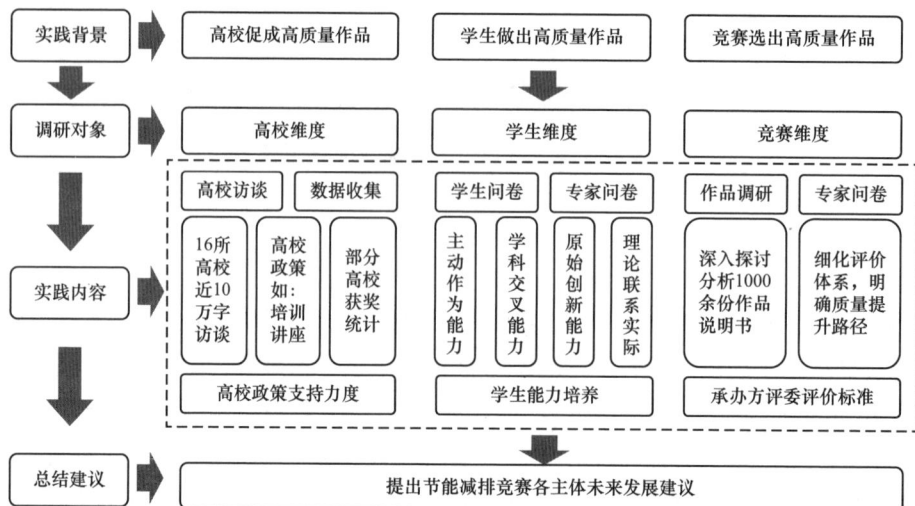

图 3.62.1　大学生节能减排竞赛"云分析"的项目规划

3. 结论

（1）坚持祖国需要即价值导向。为获取优秀作品中的选题信息，团队选取了历届二等奖及以上的作品，通过词云聚类提取储能、化工、建筑能源、智能化、废弃物及污染物、高效燃烧、高效发电、海水淡化共 8 个主题，统计结果如图 3.62.2 所示。

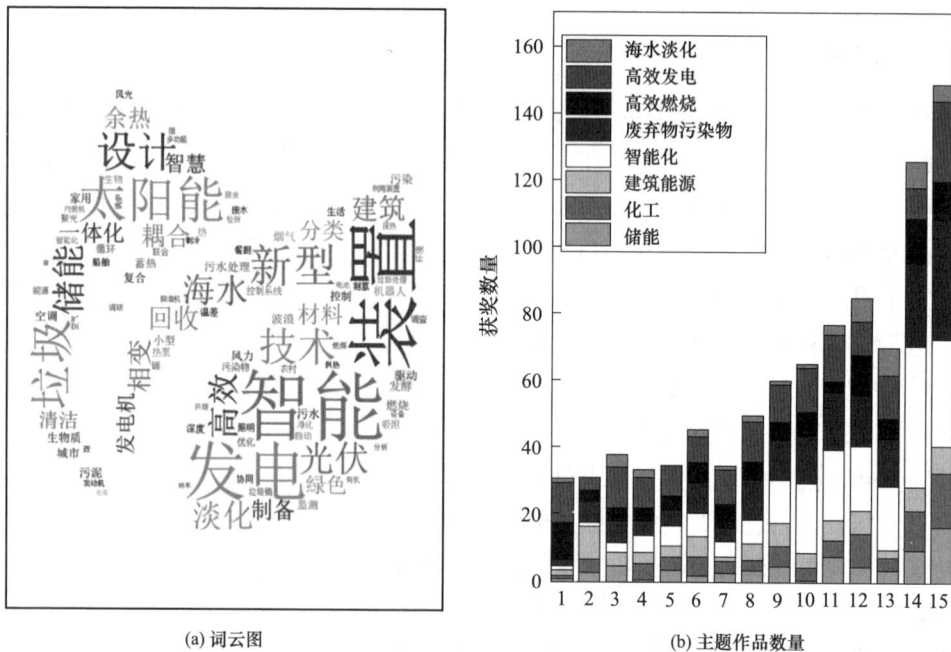

(a) 词云图

(b) 主题作品数量

图 3.62.2　统计结果

可以看出，这些主题与祖国的建设需要和"双碳"目标契合得十分紧密。从"词云图"和"主题作品"甘特图可以看出，祖国的需要即节能减排学校行动方向。但这样的统计分析也有其缺陷，就是看不出学科交融的愿景与现实的关系，还有一点就是看不出节能减排学校行动与"双碳"大局的关系。

（2）不同风格和主旨的科创竞赛相互砥砺。将十五届节能减排竞赛上会未获奖的 500余件作品与其他优秀获奖作品进行综合对比，将未获奖作品分为 6 类，决赛未获奖作品缺陷分析如图 3.62.3 所示。结果表明：

1）对于排名较前的科技作品，主要特点具有实物、实验数据丰富但是过于强调节能减排效益而忽视了经济效益，失之偏颇。

2）对于排名较后的科技作品，主要问题是仅停留在理论阶段的研究，缺少相应实验验证或者没有做成实物，并且部分作品的呈现方式完全是不知所云。

3）对于社会实践类作品，主要问题是缺少实证分析或者提供建议可行性欠缺。

这是从大学生节能减排竞赛视角审视的观点，但是倘若作品加以雕琢，或许能很好地契合其他校园竞赛的要求。这不意味着某个竞赛不能慧眼识珠，而是多元的、不同风格和主旨的科创竞赛正在交织大学生"双创"事业丰富的时代背景和需求，形成相互砥砺的系统性科创文化。

（3）节能减排学校行动正在"双碳"目标快车的前排。在调研中，很多学校将节能减排竞赛看作是基础性的、帮助大学生建立科创意识形态的沃土和门槛，这是一种良好的科创文化氛围和意识形态塑造。

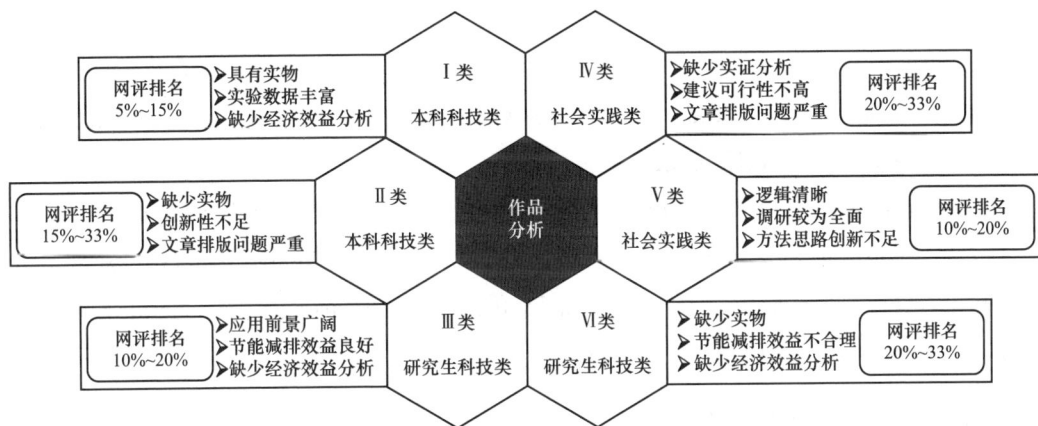

图 3.62.3　决赛未获奖作品缺陷分析

以哈尔滨工程大学为例，将"节能减排竞赛"和"轨道循迹小车"列为"入门级"的科创素养锤炼方式，辅之以"五大工程"的工程伦理教育和"学生工作室"的组织形式，节能减排学校行动已在"双碳"目标快车的前排，早已超越了最初发起者消除中国高等教育短板的愿景。

交 流 协 作 篇

3.63 Temperature difference power generation system

(Shogo Honda and Yuto Kimura \ Tohoku Gakuin University)

Abstract

We developed the power generation system using urea. The utilization of urea as both a hot and cold storage material is proposed to reduce the emission of the carbon dioxide, which has a significant impact on global war ming. Urea, commonly used as fertilizer, is industrially manufactured from carbon dioxide and ammonia as the main materials. By using urea as a thermal storage material, the fixation of carbon dioxide can be achieved. Moreover, we can facilitate the absorption of carbon dioxide by cultivating plants with urea. On the other hand, thermoelectric power generation devices produce a larger amount of electricity per unit area compared to solar cells, and the amount of power generation increases in proportion to the square of the temperature difference.

Although urea exists also in nature, it has been considered unsuitable for solar thermal energy use because it undergoes a pyrolysis at about 60 ℃ . We generate electricity by using waste heat of 60 ℃ or less and frozen snow by the thermoelectric power generation element which is generated by a difference in temperature.

1. Research background

The reduction and fixation of carbon dioxide emissions and the use of renewable energy sources are required for the global warming countermeasures. Therefore, a thermal energy storage material consisting of natural substances was developed and used to our temperature difference power generation system. We adopted urea as the thermal energy storage material. As a source of thermal energy, we can consider a waste heat of hot spring water and food factories, and solar heat and so on.

2. Design scheme

The power generation device we developed is illustrated in Figure 3.63.1. We affixed metal fins to both sides of the thermoelectric generation element to enhance heat transfer. We allow a urea-water mixture flow in the upper section, and make a low temperature substance flow in the lower section. For the low-temperature substance, we utilize naturally occurring elements such as air, ice, and snow. Using the high-concentration urea-water mixture exceeding 50 mass%, a slurry-like solid-liquid mixture containing solid-phase urea is used as a thermal storage material. As a source of thermal energy, there are waste heat of hot spring water and food factories, and solar heat and so on. When the urea-water mixture flows in the upper section, the crystallized urea gravitates towards the upper surface side of the thermoelectric power generation element. By flowing ice water using snow in the lower part, the ice moves to the lower surface side of the thermoelectric power generation element. Leveraging the temperature at which the solid phase melts, along with the latent heat of melting, we can maintain a temperature difference to the up-and-down side of the thermoelectric power generation element, enabling power generation.

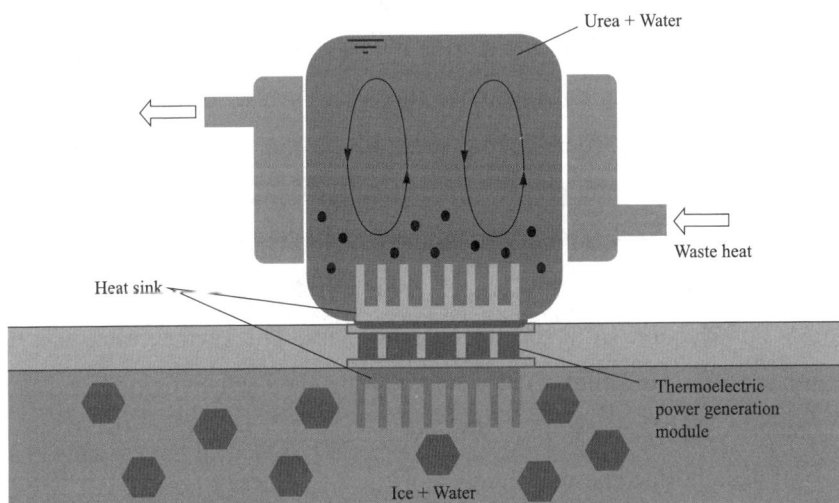

Figure 3.63.1　Developed power generation device

3. Innovation points and application value

We realized power generation using a thermoelectric power generation element which attracts attention as temperature difference power generation through the latent heat of thermal energy storage materials.

We successfully developed a liquid latent heat thermal energy storage and cold storage material.

Our proposal holds significant value as it presents a feasible urea cycle, offers reductions in carbon dioxide emissions, and facilitates the fixation of carbon dioxide.

3.64 Soot adsorbents by agricultural waste-activated carbon

(Norli Umar\Universiti Malaya)

Abstract

This study is designed to provide solutions to two main issues: firstly, how to add value to the underutilized agricultural waste, and secondly, how to combat the soot produced during combustion processes, i.e., agricultural activities, that are being released to the environment, causing degradation in air quality. Herein we propose activated carbon (AC) prepared from agricultural waste as a solution to both environmental problems. In this work, agricultural wastes such as coconut shells and palm kernel shells were used as starting materials for activated carbon preparation. Such biomass underwent carbonization in a furnace at a lower temperature, along with shorter impregnation and activation time. The activation was done by a chemical method using phosphoric acid, zinc chloride, and potassium hydroxide, followed by microwave radiation treatment to obtain the AC. The AC produced was used as soot adsorbents to reduce carbon particles being released into the atmosphere during combustion processes. Such novel application of AC from agricultural waste not only provides a solution for dealing with agricultural waste but also adds new applications of AC by implementing a waste resource development system. The percentage yield was calculated to deter mine the efficiency of AC production from the selected biomass. The surface area was determined using the Brunauer-Emmett-Teller (BET) method, and the surface acidity and basicity was deter mined using Boehm titration. Field Emission Scanning Electron Microscope (FESEM) was used to gain insight into the morphology of the AC. Energy Dispersive X-Ray analysis (EDX) was conducted to identify soot presence on the AC surface. The composition analysis reveals that despite the starting materials being from different plant species, but all shared similar chemical compositions except for ash content. The optimal carbonization temperature used for the preparation of biochar was below 650 ℃ . Each biochar or carbonized biomass was activated at a 1:1 w/w ratio of carbonized biomass and activating agent for 30 minutes at room temperature, followed by 4 minutes of microwave radiation. After the AC was exposed to soot from paddy straw burning, it showed the most visible physical adsorption and an even distribution of soot on the surface and within the pores. The AC reached its maximum capacity after 30 minutes for approximately 23g of paddy straw burning using 0.1g of the prepared AC. Economic feasibility studies have been conducted, and it has been deter mined that the laboratory scale price of AC is 4.78 USD/kg.

1. Research background

Agricultural commodities play a significant role in human daily needs, with a global output of 23.7 million tons daily, providing a critical economic source and employment creator worldwide (Ritchie and Roser, 2020; FAO, 2017). As a result, the agricultural sector has become one of the primary sources of biomass production (EC, 2015). Major crops in Malaysia include 34.56% oil palm and 6.34% coconut, with an estimated 168 million tons of biomass waste produced annually in Malaysia (Zafar, 2019). Quantitatively, only 27% of agricultural waste is reused and rendered into items such as fiberboard, while the rest is disposed of, typically by burning (Zafar, 2019).

The combustion process is necessary for some industries, especially in agriculture. According to California Air Resources Board, agriculture burning is carried out in vegetation management to remove crop residue and control pests and diseases (California Air Resources Board, n.d). However, it causes a problem from the emission of soot by various burning conducted. Burning agricultural waste is the simplest way of disposal (Gummert et al., 2020). He et al. (2019) reported that open incineration of agricultural waste led to one of the key sources of air pollution. The highest concentration of particulate matter in South and East Asia is reported from agricultural residue burning (Wei et al., 2020). It is estimated that 20 million tonnes of carbon dioxide were released due to agricultural burning during the two-month haze in 2015 (Tacconi, 2016). It has caused increased death, where an estimated excess of 6500 death reported in Malaysia during the affected time (Koplitz et al., 2016). A more recent case occurred in Alor Setar in September 2019, where paddy hay was burned for the preparation of paddy replanting. This act has raised the nearby city's air pollution index to unhealthful levels (Bernama, 2019).

To mitigate the effect of the burning process, a trapping device can be implemented to limit soot output. The trapping method can reduce the release of soot particles directly into the atmosphere. Activated carbon (AC) is a well-known adsorbent that can be used in trapping systems due to its high adsorption effectiveness.

AC production has been widely studied over the decade. However, in most of these studies, the production of AC recorded high energy consumption. For example, raw material carbonization requires a temperature of up to 1000 ℃ for 120 minutes (Huang et al., 2015).

Therefore, the present study aims to prepare AC with lower carbonization temperature, shorter impregnation, and activation time.

In addition, the present research aims to produce AC that is ideal for soot adsorption. There is a lack of study on soot adsorption as most of the research carried out on AC was targeted at aqueous adsorption, i.e., adsorption of dye, methyl blue, wastewater treatment and dye removal (Jadhav and Mohanraj, 2016; Yaacaubi and Songlin, 2019). This study presents a new viewpoint that is not commonly explored in the current application.

In general, this study is based on two issues, namely, underutilized agricultural waste and soot produced from combustion processes, i.e., agricultural activities, being released to the environment, causing a reduction of air quality. The two issues will, therefore, be dealt with in this study. The possible solution includes the study of using agricultural waste to produce AC. The AC produced will then be used as adsorbents to reduce soot particles from combustion processes. As aforementioned, the present study emphasizes the reduction of carbonization and activation temperature and duration. Novel use of AC as a soot adsorbent is also aimed. The AC is hypothesized to act as a soot adsorbent to keep soot particles from escaping into the atmosphere. The use of AC from agricultural waste not only provides a solution for dealing with agricultural waste but, at the same time, adds new applications of AC through the implementation of a waste resource development system (Figure 3.64.1).

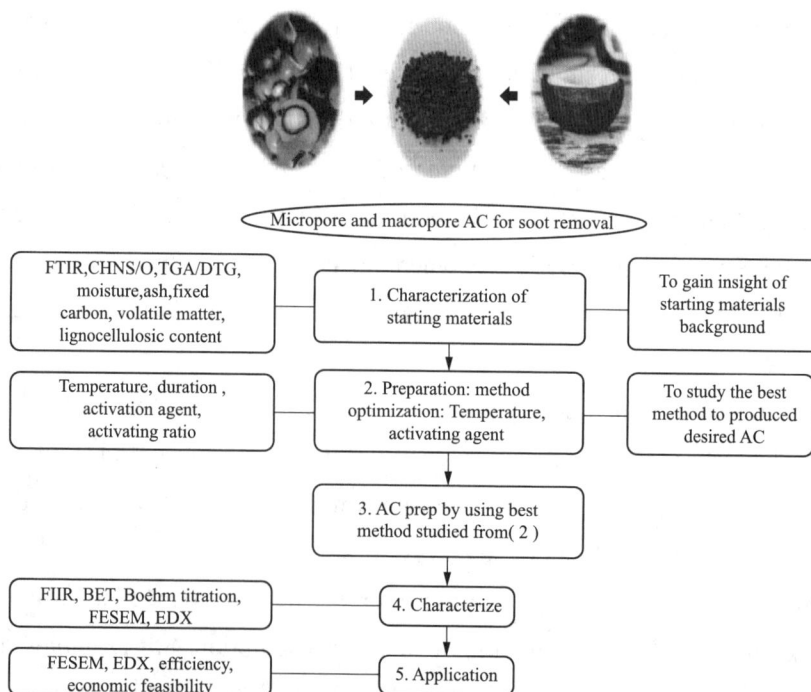

Figure 3.64.1　Process for the preparation of activated carbon from unutilized agricultural wastes

2. Innovation points and application value

The present study utilizes agricultural wastes, namely, coconut shells (CS) and palm kernel shells (PKS), to produce activated carbon (AC). In the process, mild carbonization on such biomass was achieved using an electric furnace. The activation process via chemical method had successfully produced AC capable of being used in novel applications as adsorbent for soot. In previous practice, all AC was mainly used for dye removal, but this is the first time we are showcasing the applicability of AC in removing the soot during the combustion process, which could help reduce carbon emission into the atmosphere. Such a new innovative approach shows the aspect of a circular economy where waste from agriculture can be given a simple touch-up and turned into a solution to reduce carbon emissions attributed to agricultural burning activities, which always happen in developing countries.

3.65　A tiny train powered by next-generation fuel cells

（Shi Xingyi, Liu Yun, Oladapo Christopher Esan, Zhang, Zhewei[1], Zhao Zhen[1], An Liang[1]

The Hong Kong Polytechnic University）

Abstract

Passive fuel cells, using diffusion and natural convection for fuel delivery are considered promising next-generation power sources due to their high energy density and efficiency. However, the performance of passive fuel cells, which employ typical liquid alcohol fuels, still needs to be improved, thereby significantly hampering their commercialization progress. Recently, a novel concept named the electrically rechargeable liquid fuel (e-fuel), with its rechargeability, cost-effectiveness, and superior reactivity, has attracted increasing attention. In this study, a passive fuel cell is designed and fabricated using liquid e-fuel for electricity production. The effects of various operation conditions such as the effects of e-fuel composition and sulfuric acid concentration have been firstly investigated to enable the cell with an optimized performance. It is found that the cell is capable of achieving a peak power density of 177.3 mW/cm^2, which outperforms most of the passive liquid fuel cells reported previously, demonstrating its superior performance and great potential for wide application in the future. After that, to better present the capability of this system for actual application, utilizing the best design, a passive e-fuel cell stack has been designed and fabricated. With the stack, a high peak power of 6.5 W is found to be achieved, and the cell has also been proven to be capable of powering a tiny toy train, which presents this system as a promising device feasible for future study and confirmed applications.

1. Research background

Due to the rapid climate change and imminent energy crisis, renewable energy development to replace conventional fossil fuels for power generation has become an imperative option globally in the last decades. Among the various types of power generation systems, the hydrogen-oxygen fuel cell has been widely studied due to its high energy density and efficiency. However, the lingering difficulties associated with hydrogen production, transportation and storage still hampered the widespread application of hydrogen fuel cells.

To ease the handling of fuels, as an alternative, direct liquid fuel cells, such as direct alcohol fuel cells (DAFCs), using the liquid fuels has received ever-increasing attention. However, attributed to the poor reaction kinetics of the liquid fuels, the power densities of the liquid fuel cells are still far from practical application requirements and thereby significantly restrict their wide application.

Recently, a novel concept named electrically rechargeable liquid fuel (e-fuel) has been proposed, which can be made of various electroactive species, including inorganic materials (e.g., metal ions), organic materials (e.g., Alloxazines), and suspensions of particles (e.g., polysulfide-based nanofluid). Compared to conventional liquid fuels, this e-fuel offers three major advantages: i) almost instantaneous rechargeability, ii) superior electrochemical reactivity even without any catalysts, and iii) cost-effectiveness. However, due to the need for auxiliary devices such as peristaltic pumps for fuel delivery, the system efficiency of the liquid e-fuel cell still needs to improve, making it vital to develop small, lightweight power sources with high power density and energy capacity. Consequently, passive fuel cells, using diffusion and natural convection for fuel delivery, have been regarded as promising candidates.

Herein, attracted by the superiority of this e-fuel, we have designed and fabricated a passive fuel cell using liquid e-fuels for power generation. To begin with, the effects of various operating conditions, such as the effects of e-fuel composition on cell performance, have been investigated comprehensively. Afterward, a fuel cell stack is designed and fabricated, which has been used for powering a toy train and therefore illustrates the potential of this e-fuel cell for future applications.

2. Design scheme

(1) Working principle.

This passive e-fuel cell (Figure 3.65.1) adopts the liquid e-fuels composed of V^{2+}/V^{3+} and

VO^{2+}/VO_2^+ redox couples at anode and cathode, respectively. An ion exchange membrane (IEM) is clamped by a pair of thermally-treated graphite felt to selectively allow proton conduction during cell operation.

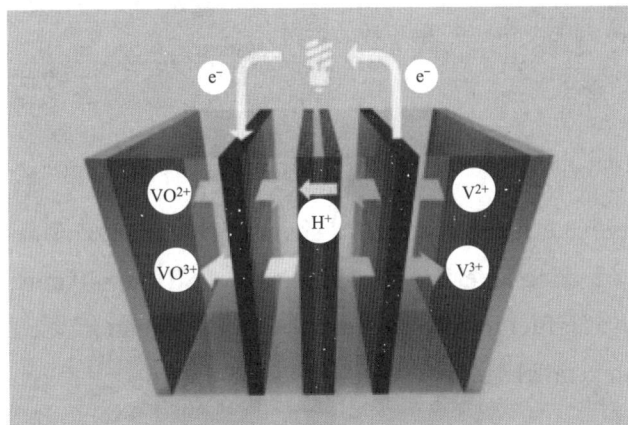

Figure 3.65.1　Working principle of a passive e-fuel cell

During the discharging process, V^{2+} ions are oxidized to V^{3+} ions at the anode, while VO_2^+ ions are reduced to VO^{2+} at the positive side, corresponding to Eq. (1) and Eq. (2) as follows:

Negative:

$$V^{2+} \longrightarrow V^{3+} + e^-, \quad E^0 = -0.25V \tag{1}$$

Positive:

$$VO_2^+ + 2H^+ + e^- \longrightarrow VO^{2+} + H_2O, \quad E^0 = +1.01V \tag{2}$$

Overall:

$$VO_2^+ + V^{2+} + 2H^+ \longrightarrow VO^{2+} + H_2O, \quad E^0 = 1.26V \tag{3}$$

Theoretically, this fuel cell using e-fuel can provide an open circuit voltage of 1.26 V, which is higher than that of the hydrogen-oxygen fuel cells and many conventional direct liquid fuel cells.

(2) Design and fabrication of the e-fuel cell.

As shown in Figure 3.65.2, the passive e-fuel cell adopts a symmetric design, which contains a membrane electrode assembly (MEA) fixed by a pair of graphite current collectors with an open ratio of 50%. In order to avoid liquid leakage, polytetrafluoroethylene (PTFE) gaskets are inserted among components. The reaction area of the cell is a 20 mm×20 mm (4 cm^2) square. A pair of acrylic e-fuel reservoirs containing 10 mL of e-fuel, is fixed at both sides of the current collectors.

(3) Design and fabrication of the e-fuel cell stack.

By adopting the design of the passive e-fuel cells, as shown above, a symmetric design

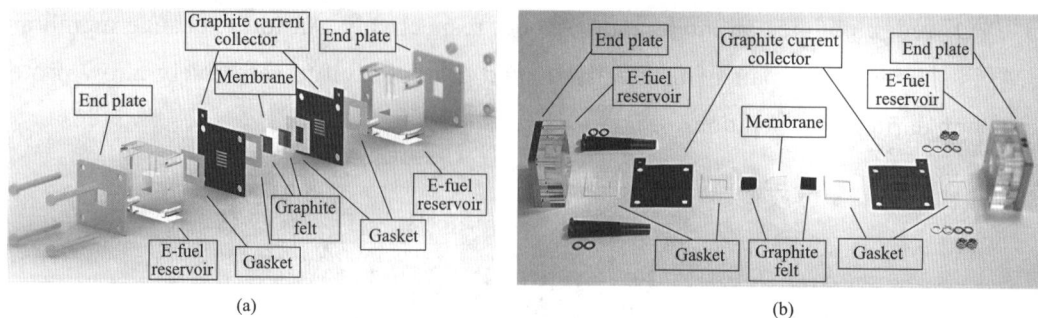

Figure 3.65.2　(a) Design and (b) fabrication of a passive e-fuel cell

is adopted for the passive e-fuel cell stack, as shown in Figure 3.65.3. It contains two single cells, with each cell adopting an electrode with a size of 80 mm×40 mm. An e-fuel reservoir contains about 10 ml of e-fuel in each single cell. During operation, the two single cells in a stack are connected in parallel via an external circuit.

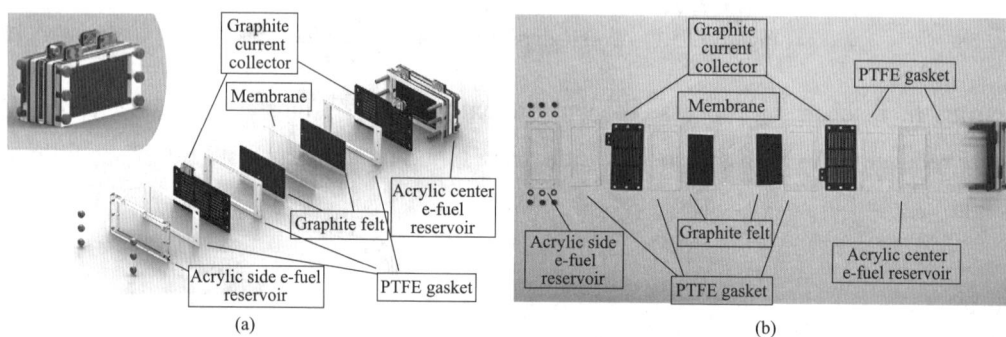

Figure 3.65.3　(a) Design and (b) fabrication of passive e-fuel cell stack

3. Results and discussion

(1) Effect of e-fuel composition.

Since this passive e-fuel cell only utilizes diffusion and natural convection for fuel delivery, the composition of e-fuels, therefore, plays a vital role in deter mining cell performance. Here, the polarization tests were carried out to exa mine the effects of e-fuel compositions on the cell performance, as shown in Figure 3.65.4.

It can be observed that, with the increment of the reactive species concentrations, the OCV, maximum current density, and peak power density of this passive e-fuel cell are found to continuously get promoted, which can be explained by the improved mass transport. As a result, the cell can maintain a high voltage under a large current density, leading to more considerable peak power densities.

Furthermore, according to the polarization curve analysis, the voltage drop observed at the low current density range mainly arises from the activation loss. Hence, compared to the

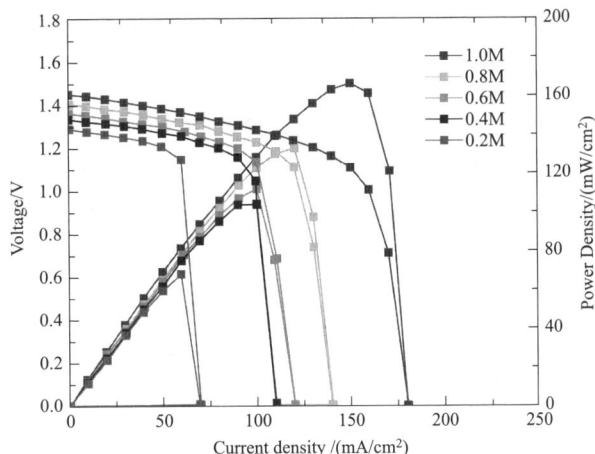

Figure 3.65.4　Comparison of polarization and power density curves
adopting different concentrations of V(II)/V(V)

passive e-fuel cell utilizing e-fuel/ambient-air , the less voltage drop observed here indicates less activation loss and consequently justifies the faster reaction kinetics of this e-fuel cell. Meanwhile, regarding the higher current density region, a sharp voltage drop to zero is due to the concentration polarization loss, which results from the exhaustion of reactants in the electrolytes at the surrounding electrodes.

(2) Effect of sulfuric acid concentration.

As shown in Figure 3.65.5 (a), the effects of sulfuric acid concentration on the performance of passive e-fuel cells have also been examined. By fixing the V(II)/V(V) ion concentration at 1.0 M, the OCV of the cell is found to be enhanced from 1.39 V to 1.49 V with the increment of sulfuric acid concentration from 2.0 M to 5.0 M. By adopting a combination of 1.0 M V(II)/V(V) ions and 5.0 M sulfuric acid, a peak power density of 177.3 mW/cm^2 is achieved.

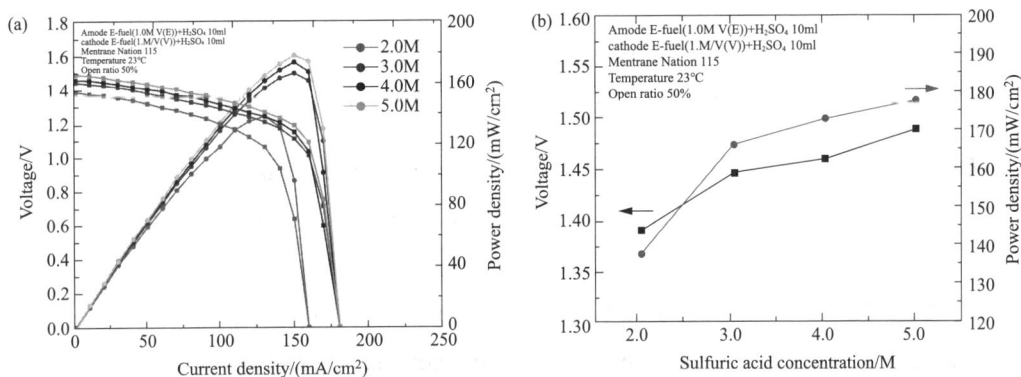

Figure 3.65.5　Effects of sulfuric acid concentration on the (a) polarization curve and (b) OCV and peak power density of the cell

It is considered that, as the sulfuric acid plays a major role in providing protons for the reactions and influencing the membrane conductivity, an increment of sulfuric acid concentration from 2.0 M to 3.0 M would obviously boost the OCV and also the maximum current density of the cell due to the reduced mass transport polarization loss and improved membrane conductivity. On the other hand, the further increment of sulfuric acid concentration from 3.0 M to 5.0 M results in a slight improvement in fuel cell performance, as summarized in Figure 3.65.5 (b).

4. Tiny train demonstration

(1) General performance of passive e-fuel cell stack.

The polarization test was first carried out to exa mine the performance of the passive e-fuel cell stack. According to Figure 3.65.6 (a), by adopting e-fuels containing 1.0 M V(II)/V(V) ions and 5.0 M sulfuric acid, the stack is found to achieve a peak power of 6.5 W along with a maximum current of 9.0 A. Despite additional loss caused by wire connection compared with a single passive e-fuel cell, this miniaturized passive e-fuel cell stack still exhibits a superior performance, which outperforms most of the passive liquid fuel cells reported previously, as shown in Figure 3.65.6 (b) , and consequently illustrates its potential for further application.

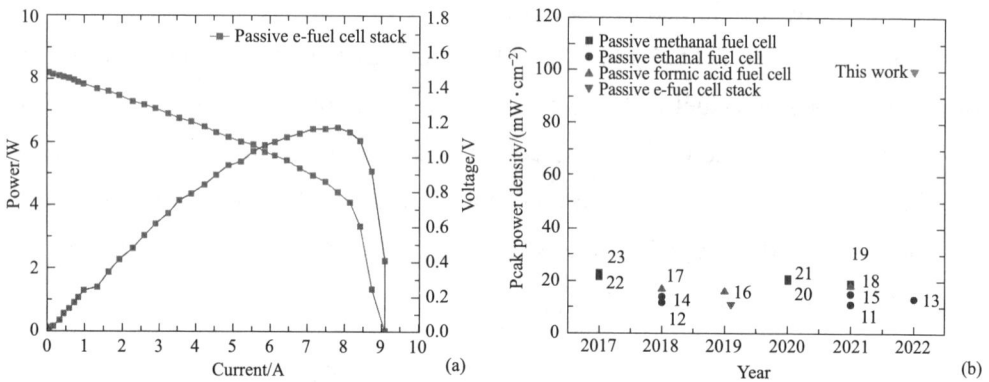

Figure 3.65.6　(a) General performance and (b) peak power density comparison of this passive fuel cell with the data available in the open literature

(2) Demonstration of the passive e-fuel cell stack to power a tiny train.

The railway layout for the tiny train approximates a rectangular, whose total length is about 2.7m.

Meanwhile, the tiny train shown in Figure 3.65.7 is powered by a passive e-fuel cell stacks connected in parallel. Integrated with passive e-fuel cell stacks, the tiny train can operate for 120 minutes at a mean speed of ～16.65 m/min.

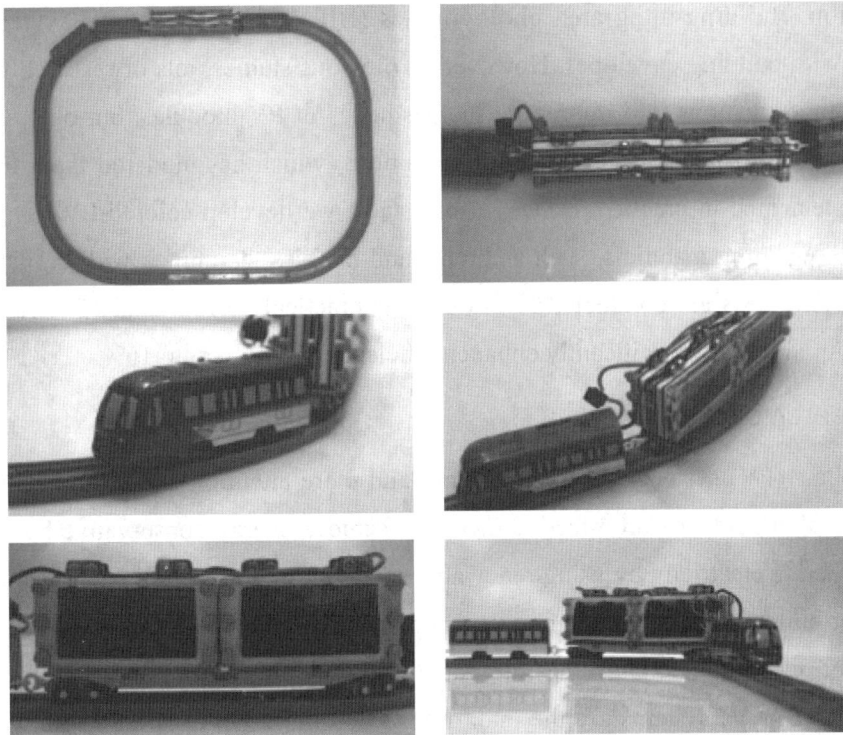

Figure 3.65.7　Photo of tiny train powered by passive e-fuel cell stacks

5. Innovation points and application value

In summary, a passive e-fuel cell fed with liquid e-fuels is designed and fabricated. The effects of the operating conditions on the cell performance are examined comprehensively. It is demonstrated that the cell is able to achieve a peak power density of 177.3 mW/cm^2. Furthermore, a passive e-fuel cell stack has been developed based on this cell and has been used for powering a tiny train, presenting this system as a promising device feasible for future study and real applications.

3.66　Photovoltaic camouflage: A balance of aesthetics and performance

(CHEN Tianyi, GU Yaonan\National University of Singapore)

Abstract

Photovoltaic (PV) systems, as increasingly popular renewable energy systems, have been applied to buildings for energy conservation and even the goal of net-zero energy consumption. Building-integrated photovoltaics (BIPV) is a type of PV system usually integrated with building envelopes. However, in previous studies, lots of research work have conducted investigations into improving the aesthetics of PV modules, but only some them study the PV performance in real outdoor conditions, which has hindered them from being widely implemented in practice. Hence, in our study, we develop colored-PV by mimicking the common building materials, such as bricks and marbles, combined with digital printing. Meantime, field tests are conducted to evaluate its practical performance. The results show that our colored-PV can significantly enhance efficiency, from 8.2% to 16%.

1. Research background

Photovoltaic (PV) systems are gaining more and more attention under the background of carbon-neutral policies. As an effective means to achieve energy-conservative buildings, PV systems generate electricity by using renewable solar energy to meet all energy consumption required for building operation and maintenance, thus achieving zero carbon and zero energy consumption in buildings. Building-integrated photovoltaic (BIPV) and building-attached photovoltaic (BAPV) systems are the main types used in buildings. BAPVs do not directly impact the structure but are added to the building. At the same time, BIPVs are PV systems that are integrated into the building envelope and form part of the building structure rather than being installed after construction. Because of these characteristics of BIPVs, they can be used as an alternative to traditional building materials. For example, BIPVs can be installed on windows, facades, and roofs and even fully integrated with buildings, and many capital markets foresee their excellent growth potential. However, BIPVs are still not widely used in the building renewable energy sector due to a lack of understanding and experience in applying them among designers and building owners.

The various barriers and potential needs to be overcome in the BIPV product market are presented and outlined in great detail, among others. According to their research, price competitiveness, product durability, product performance enhancements, and product diversity are significant requirements to enhance the BIPV market. In another market report on BIPV, designers and engineers are pointing out that they need to overcome some difficulties and obstacles and step out of their current comfort zone, for example, establishing uniform standards, building support systems for follow-up maintenance, and improving aesthetics, in order to accelerate the wide applications of BIPV.

Previous studies investigating PV system contractors suggest aesthetics is prioritized only after cost when technical and non-technical factors are considered together. In addition, architects who design buildings prefer picking the color of the panels as an important factor in integrating PV technology as a building component.

In order to improve the aesthetics of PV modules research for improving the aesthetics of PV modules has been conducted for many years. For example, studies have been conducted to add color to solar cells, cover glass, and encapsulation materials. Among the existing studies, the main methods of adding color to cover glass are (1) dot printing or sputter coating on the glass and (2) techniques to attach special filters to the outer surface of the glass. Recently researchers are increasingly interested in how to add color to cover glass, and many scholars are conducting active research on this topic.

Many existing studies have evaluated and analyzed various performance aspects of colored BIPV components for different aspects, yielding some valuable results. However, case studies in real outdoor conditions are rare, which has been hindering the effective promotion of colored BIPV applications in practice and inhibiting the confidence of potential buyers in their reliability.

For example, in most case studies, information and analysis of the transmission characteristics of colored front glass are difficult to be used to analyze the potential impact of array power generation adequately. In addition, in most cases, the generalizability of PV power generation assessment analysis is relatively poor and generally limited to a single installation condition and a specific area. Unlike BAPV, BIPV applications need to consider all aspects of the built environment, including aesthetics and optimal installation locations, to maximize efficiency and meet cooperative design. Myong and Jeon tested BIPV performance under seasonal outdoor conditions in South Korea. The distinct seasons in Korea are important for applications where BIPV can be better understood and analyzed. In the article, they presented the color design of various PV modules (e.g., amorphous silicon translucent glass-to-glass) for BIPV applications. Their study, although the latest research on colored BIPV modules in Korea, still has its limitations, such as a single measurement point, and the limitations regarding application locations (i.e., only applicable to vertical walls).

2. Design of colored PV module

The design relates to a BIPV module. Aesthetics is one of the important considerations in architecture. In order to promote the use of photovoltaics in architecture, it must be acceptable to both architects and the public. Traditional photovoltaics in black solar cells and with white backgrounds are not sufficiently attractive for architectural usage.

The design of our project allows for the creation of photovoltaic modules to mimic building materials. In this project, we have chosen concrete slabs as the object of imitation in the first demonstrated project. The PV module is not a single material, but a composite material. The diagram shows that the PV module consists of the front glass, encapsulation material, PV cell, encapsulation material, and the back glass/back sheet, shown in Figure 3.66.1.

For this project, we used laser printing technology, an advanced glass printing technology that can print any customized color and texture on the glass surface, as shown as Figure 3.66.2. The printing technology does not add much cost to the production of PV modules. However, it can meet the needs of architects and clients for aesthetics of PV, especially the design of building façade integrated with PV. Data from the laboratory show that the efficiency of PV modules with patterns ranges from about 15%~18%, depending on the color printed and the opacity of the print.

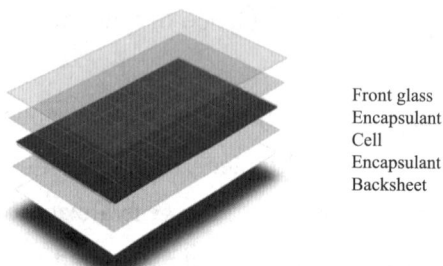

Front glass
Encapsulant
Cell
Encapsulant
Backsheet

Front glass
Encapsulant
Cell
Encapsulant
Backsheet

Figure 3.66.1　PV module layering

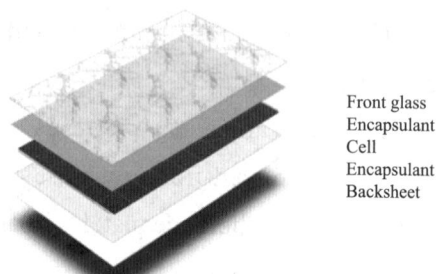

Figure 3.66.2　Digital/ceramic printing and PV module layering

Based on the fabrication of this colored PV module, we will compare the visual effects of colored PV and construction materials and discuss the impact of different PV printing transparency on the productivity of the PV module. The application of this technology will be discussed in the next section.

3. Application of colored PV module

The design is applied to the prefabricated prefinished volumetric construction (PPVC)units, parts of a condo minium building. PPVC is one of the main and most advanced prefabricated technologies promoted in Singapore, Australia, and China, as shown in Figure 3.66.3. This colorful PV integration is not only to demonstrate the aesthetics of PV but also to demonstrate construction integration. The challenge of the project was the very short time frame. The collaborators only let us use four weeks for the experiment.

The design concept incorporates the PV panels simulating the actual exterior walls of the original building skin of part of the condo minium to allow the PV system to be " invisible"

Figure 3.66.3　(Left) PPVC unit placed in Keppel FELS yard for BIPV integration. (Right) BIPV design for integration to mimic the original grey color building skin

and mingle well with the building envelope.

The project focused on testing the visibility of PV internal components, such as wires and batteries, under different opacity levels. In order to make the architects embrace the use of PV modules in building façade implementation, the PV modules designed in this project are all pure color and low profile, trying to be compatible with common building materials. The project also designed a set of modular PV modules, which can be adjusted freely in the PV direction when assembled on the façade to get a random façade with a sense of dynamics, increasing the architectural playfulness.

The design uses six 1 m² concrete boards with grey color to refer to the surface of the Tapestry apartment building, six 1 m² grey modules on the center column with different opaque glass printed on the front, plus six 1 m² grey modules with modular floral patterns added. Floristic patterns had been designed to create a visual contrast with the background. Printed glass with different opacities was introduced to study the correlation between power loss and visual appearance. We procured printed glass with different opacities and floral patterns as front glass for the homemade BIPV modules in the laboratory.

Polycrystalline solar cells with an efficiency range of 18.9%～19.1% (～4.67 W per cell) were used to fabricate the modules. There are six strings, each containing five solar cells in each module, 30 solar cells, and two bypass diodes used in each module. The electrical characteristics of the solar cells are shown in Table 3.66.1.

Table 3.66.1　　　　　**Electrical characteristics of solar cells used**

P_{mpp}/W	V_{mpp}/V	I_{mpp}/A	V_{oc}/V	I_{sc}/A	FF/%	EFF/%
4.70	0.54	8.68	0.64	9.16	80.55	19.1
4.68	0.54	8.64	0.64	9.13	80.48	19.0
4.66	0.54	8.63	0.64	9.12	80.29	18.9

When using the printed glass with the lowest opacity (50%), the solar cells underneath the glass are not visible, and only the connecting strings between the cells are observed, as shown in Figure 3.66.4 The strings are entirely hidden and become invisible for higher opaque glass modules. Figure 3.66.5 shows the electrical characteristics of the module made with glass of different front colors.

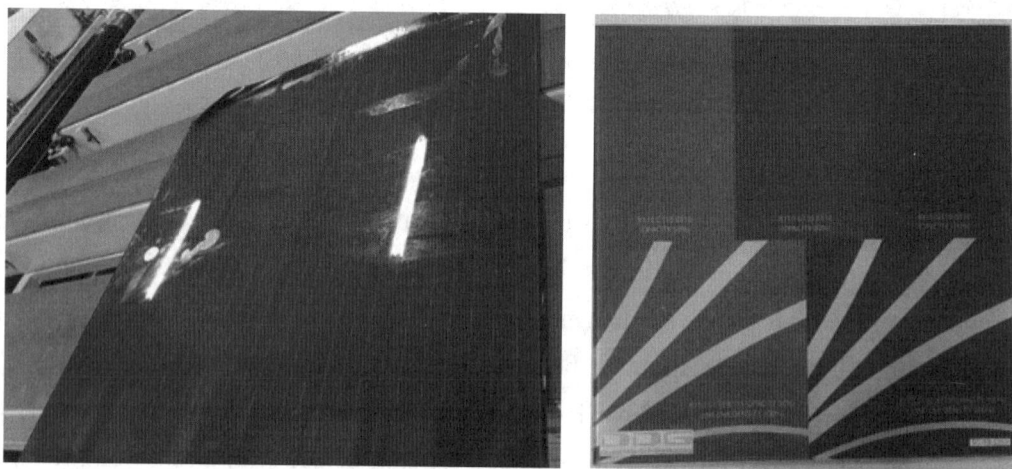

Figure 3.66.4   (Left) Sample of digital ceramic printed glass as the front glass of colorful modules for BIPV integration in the project. (Right) A module made with the lowest opacity (50%) glass

From the observation in Figure 3.66.6, we can see that the higher the opacity, the lower the PV module output. The second column shows that when the PV module is 50% print opacity, the instantaneous output is 82 W. When the print opacity rises to 80%, the instantaneous output is 59 W. When the print opacity rises to 100%, i.e., at this time, the darkest ceramic print color, the instantaneous output of the PV module drops to 46 W.

The PV module with the pattern in the third column has the same print opacity as the PV module in the second column, except for adding the curve pattern. The instantaneous output of the PV module from the third column is close to that of the second column because the pattern does not block too much of the PV area. Visually, the colored PV modules blend well with the building materials and create an interesting and dynamic architectural façade.

This study follows up with ceramic printing technology to mimic different building materials such as wood, marble, and bricks, as seen in the figure below. The PV module efficiency is also improved from 8.2% to 16% due to the patented design that combines digital printing technology with filter members underneath the front glazing panels.

Module no	Module design	I_{sc}/A	U_{oc}/V	FF/%	P_{mpp}/W	I_{mpp}/A	U_{mpp}/V
1a	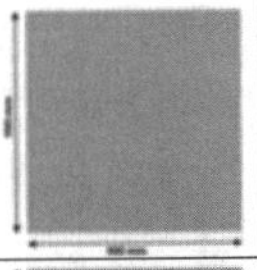	5.5844	18.6207	78.8100	81.9531	5.2688	15.5545
1b	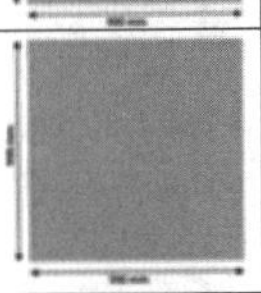	5.6155	18.6566	78.9300	82.6942	5.2963	15.6138
2a		4.0373	18.3386	79.7533	59.0471	3.8447	15.3575
2b	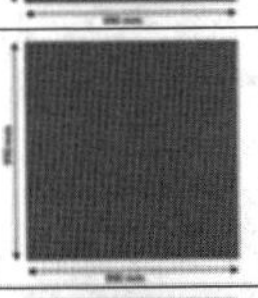	4.0510	18.2702	79.2300	58.6381	3.8237	15.3352
3a		3.1037	18.1434	80.2900	45.2119	2.9503	15.3246
3b		3.1658	18.1102	79.7533	45.7251	2.9867	15.3094
4	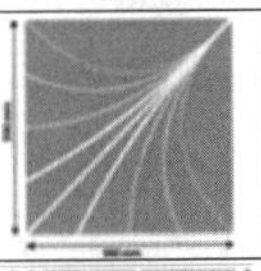	5.6282	18.6776	79.0133	83.0608	5.3297	15.5837
5	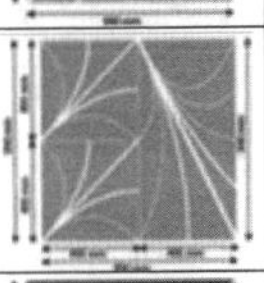	5.6054	18.6595	78.8533	82.4748	5.3043	15.5491
6	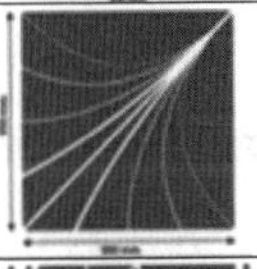	4.0831	18.4500	81.4867	61.3876	3.9293	15.6220
7	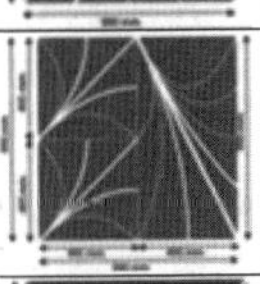	4.0609	18.3858	80.7675	60.3043	3.8768	15.5551
8	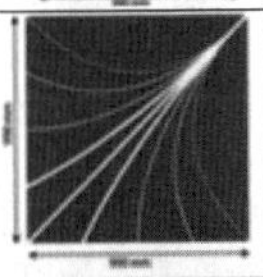	3.1474	18.2459	83.1750	47.7633	3.0613	15.6035
9	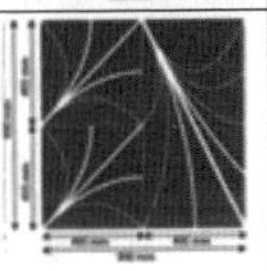	3.2689	18.2140	82.2250	48.9566	3.1538	15.5248

Figure 3.66.5　Electrical characteristics of individual colorful modules fabricated

323

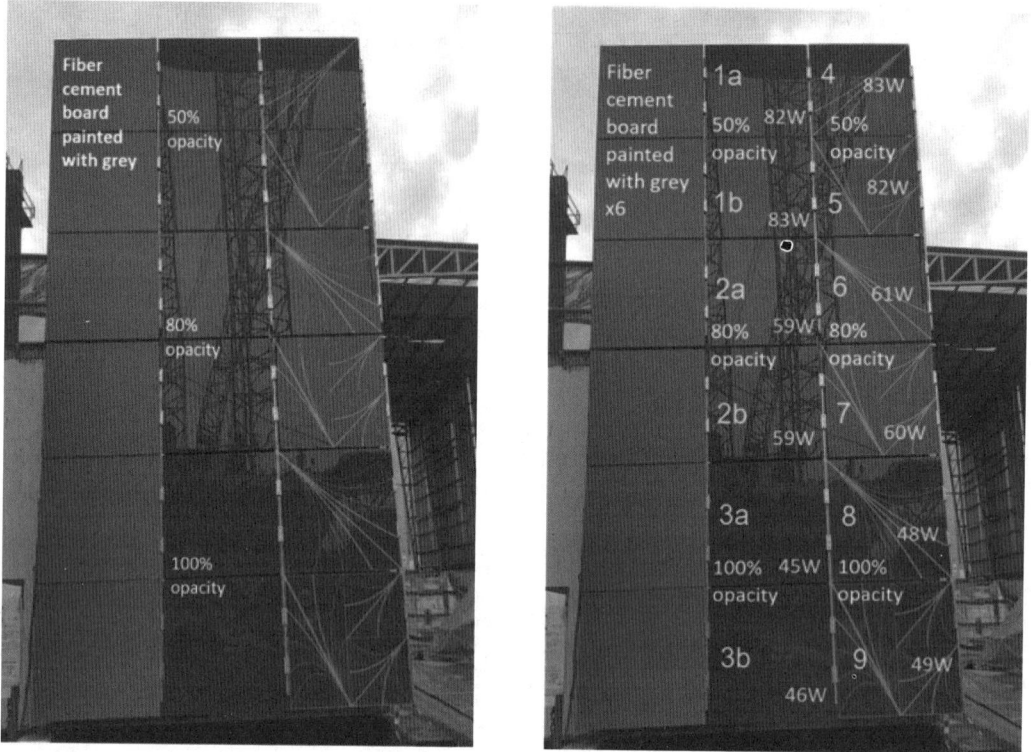

Figure 3.66.6   The actual installation in the PPVC unit. The leftmost column is a gray painted fiber concrete panel representing the actual building skin of the Tapestry Apartments. The middle column is a solid gray PV module with different opacities in the front glass, and the far-right column has a similar opacity but with additional line patterns. The total PV capacity is 757W and the PV area is approximately 12 square meters

4. Innovation points and application value

We have used innovative and advanced technologies of ceramic printing combined with PV module design (Figure 3.66.7).

PV modules' aesthetics have been improved due to their appearance mimicking normal building materials, such as concrete board, marble, brick, and tiles patterns.

Field testing has been conducted to compare visual effects under different printing opacity. The following work on colored PV modules has improved the efficiency from 8.2% to 16% by using our developed patented technologies to combine digital printing with filter members under the front glazing panel.

The application can promote BIPV application in the built environment because of the improved efficiency and aesthetics.

Figure 3.66.7　PV module mimicking tiles, marbles, concrete, bricks patterns. The efficiency can be achieved to 16% due to our patented design

3.67　An intelligent and thermally-responsive window for indoor thermal management and energy-saving in buildings

(LIU Sai, DU Yuwei, ZHU Yihao\ City University of Hong Kong)

Abstract

In this project, an intelligent and thermal-responsive window is developed as a novel solution to smartly control the solar gain in buildings and thus moderate the indoor thermal environment in response to the significant building energy loss/gain through windows. The window is transparent in cold weather, allowing solar radiation to pass through and provide warmth. However, it is opaque in hot weather, blocking the solar radiation to prevent the room from overheating. The featured innovativeness of our product is that a window can transform from a transparent state to an opaque state passively and automatically, subject to the change in ambient temperature. In this way, the indoor thermal environment can be smartly regulated, thus reducing the energy consumption of air conditioning systems in buildings. The key thermally-responsive material in the window is non-toxic, safe, and eco-friendly. Moreover, the transition temperature of the smart window between the transparent state and the opaque state can be customized in the range of 20～32 ℃, meeting the operational requirement in different climate zones. The window will serve as a smarter and greener alternative to existing windows, assisting in thermal management and energy efficiency in buildings.

1. Research background

To date, energy demand in commercial and residential buildings accounts for around 40% of the total primary energy consumption. In contrast, nearly half of the energy in buildings is consumed by heating, ventilation and air-conditioning (HVAC) systems. It should be noted that the huge energy consumption by HVAC systems is mainly caused by heat loss/gain through building envelopes, especially windows. Therefore, considerable endeavors have been devoted to developing energy-efficient glazing techniques, including various electro-, thermo-, mechano- and photo-chromic smart windows. These windows dynamically modulate light transmittance according to solar irradiation to economize building energy consumption. Among them, passive thermochromic smart windows are the most attractive because of their specific capabilities to regulate the solar radiation between transparent and opaque states in response to the dynamic ambient temperature, which does not require any energy input. The thermally-responsive material plays the critical role in triggering thermochromism, and several kinds of thermochromic materials have been successfully studied and applied in smart windows. Vanadium dioxide (VO_2), a commonly studied thermochromic material, can smartly modulate near-infrared light according to ambient temperature. However, the high transition temperature (T_c) that triggers the thermochromism of VO_2 (68 ℃) hinders its wide application. Recently, researchers found that perovskites can also exhibit thermochromism and have been developed as smart windows. Besides, ionic liquids are another thermochromic material developed as thermochromic smart windows with high ΔT_{sol} (i.e.＞20%), but the high T_c (～80 ℃) is undesirable for the application in buildings.

In recent years, thermochromic hydrogels have become a promising candidate for smart window applications. The hydrogel undergoes a reversible aggregation morphology as the temperature changes, leading to a significant contrast in optical transmittance between the cold state and hot state. The optical properties of a hydrogel thermochromic smart window, including luminous transmittance (T_{lum}) and solar modulation ability (ΔT_{sol}), can be easily tuned by changing the thickness. Another feature of hydrogel is its relatively low transition temperature (i.e. 32 ℃), being much lower than traditional thermochromic materials (e.g.

68 ℃ for VO_2). These remarkable characteristics of hydrogel have attracted researchers' attention and driven them to develop various functional hydrogel smart windows. However, the hydrogel is in a gel state or applied in an aqueous medium in which it swells to a very high degree. This results in low density of the polymer chains, causing extremely poor physical strength. Therefore, developing a solid and strong hydrogel is necessary for window applications.

2. Design scheme

The working principle, design scheme and performance analysis of this project are shown in Figure 3.67.1～Figure 3.67.3.

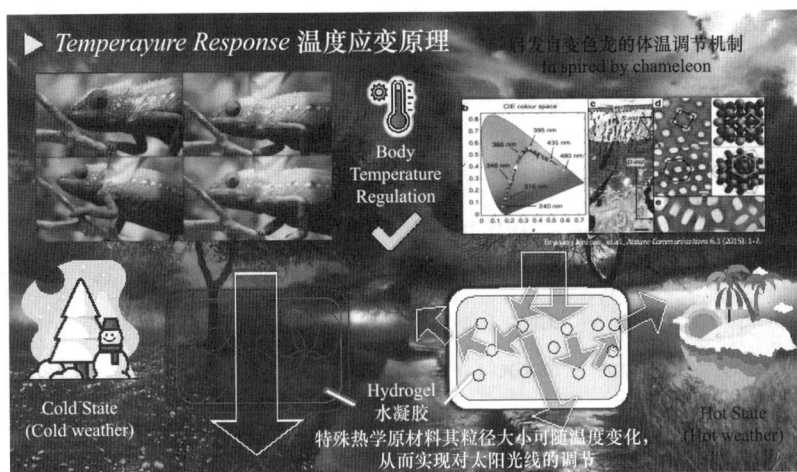

Figure 3.67.1　Temperature response principle of the device

Figure 3.67.2　The method of making thermally-responsive material

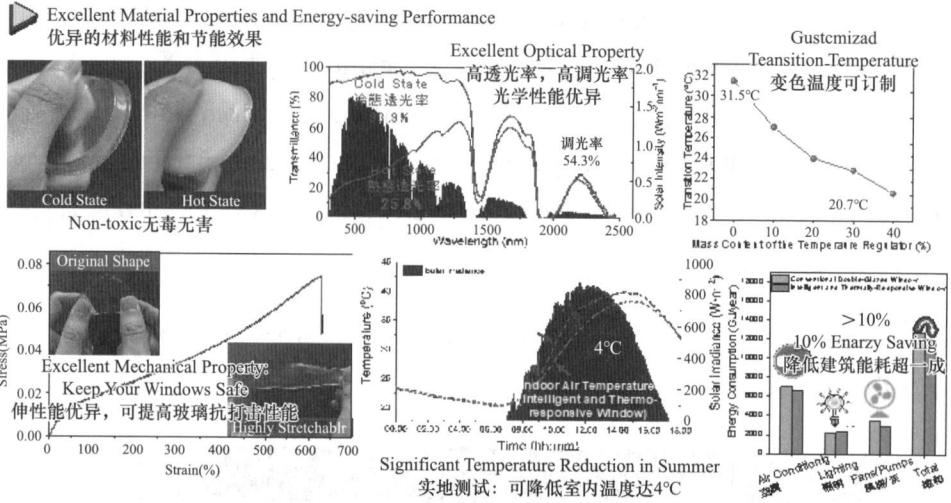

Figure 3.67.3　Material properties and energy-saving performance

3. Innovation points and application value

The featured innovativeness of our product is that the window can transform from a transparent state to an opaque state passively and automatically, subject to the change in ambient temperature. In cold weather, the window is transparent, allowing solar radiation to pass through the window and heat the indoor environment. When the ambient temperature increases, the window automatically transforms from the transparent to a white opaque state to block solar radiation. In this way, the indoor thermal environment can be smartly regulated, thus reducing the energy consumption of air conditioning systems in buildings. Most. Importantly, compared with conventional thermochromic material, the key thermochromic material of us is in the solid gel form, which can be sandwiched in a double-glazed plastic, making scaleup easy and low-cost. The key material is non-toxic, safe, and eco-friendly. Moreover, the transition temperature of our smart window between the transparent state and the opaque state can be customized in the range of 20～32 ℃, meeting the operational requirement in different climate zones.

Figure 3.67.4 Product application demonstration

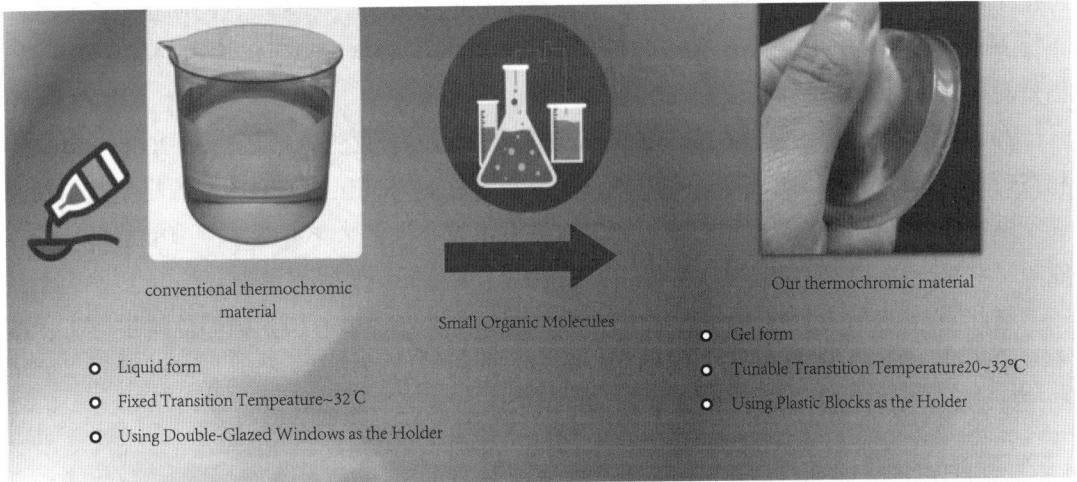

Figure 3.67.5 Comparison with conventional thermochromic materials

后 记

"节能减排·绿色能源"的嬗递

自工业革命开始以来，人类经历了全面依赖化石能源、发展绿色或可再生能源并终将不可逆转地进入未来能源的供应和消费模式，即更高阶智慧化的"智慧能源"阶段。

全国大学生节能减排社会实践与科技竞赛在这段横跨几个世纪的工业化文明史中，不过是小小的浪花一朵。上善若水，一朵浪花所承载的善意不会因为浪花的质量不能与汪洋相提并论而被忽视，相反，这朵浪花的特质反而代表了人类对于宇宙法则的敬畏和虔诚，也是对生命本身的反思和致敬方式。

2018年开始，浙江大学在中国的高等教育界首创"智慧能源创新班"，2008—2018年除在持续引领大学生节能减排竞赛的理念上矢志不移以外，还为"双碳"战略奉献了新的属于系统问题解决方案的培养方案。第二次再度出发，浙江大学升级了"节能减排·绿色能源"学校行动，从而向"智慧能源"代表的后"绿色能源"时代挺进。

与此同时，2023年11月，天津大学在无锡成功承办了第一届全国储能科学与工程博士学术论坛，对于中国能源动力类的高等教育界而言，这同样是一件具有划时代意义的事件，这两桩学校行动对于未来的节能减排全民行动必将产生深远的影响。

"绿色能源"学校行动纵览

全国大学生节能减排社会实践与科技竞赛举办十六年来，各承办单位以大学生节能减排竞赛为杠杆，显著可见地呈现了各自的信念塑造和机制改革措施及成果。更有甚者，地处祖国大西北的兰州理工大学，呈现了另一种以学校行动撬动全民行动的浩浩汤汤的景象；其规模之最，在全国高校首屈一指，除此之外，还将水泵的学科优势与大西北的泵业产业优势紧紧地联系在一起，形成了极佳的宣传和大学生"双创事业"。

到目前为止，可以说对"绿色能源"重要性、战略性的认知较之二十一世纪最初的十年，已经得到了根本性的提升。在全国范围内，已经没有学校不重视这项能源动力学科的重大年度活动。尤其是在2020年中国向全世界做出了重大的"双碳"承诺之后，能源动力学科领域更有血脉偾张的生命激情，矢志尽忠，表现出了更令人惊叹的踊跃与活力，全然没有出现节能减排竞赛发起者们担忧"缺乏可持续性"的情形，恰恰相反，有了日出东方的喷薄之势。

但是，大学生节能减排竞赛毕竟仅仅是学校行动的一部分，其意识形态的塑造功能与"双碳"战略的全民行动的需求之间仍然存在一定的差距。总体来看，尽管各校在培养机制中注重了"因材施教"（诸如细化培养目标、将激励措施制度化等）和"软硬兼施"（人文学科和科学技术并重），但是这种"学科融合"的程度尚且不足，需要进行更深层次的发掘。本书的形成，是一种很有价值的凝练和引领。该书具有超越当前高校学科融合现状的"引擎"作用，值得被参与和关注节能减排竞赛的各界人士借鉴和关注。

当前，许多学校依然将节能减排竞赛团队中的多学科组员参加看作是学科交叉的"成果"，这种认知是存在局限的。真正的学科交叉成绩不是通过组织行为表现出来的，而是通过个人人格彰显的。换句话说，学科交叉的成绩，表现在每个人都似乎是一支部队。正如当年美国海军次长知道钱学森离开美国扑向祖国怀抱之后，所表现出来的扼腕叹息一样："钱学森无论走到哪里，都抵得上五个师的兵力。"

爱因斯坦晚年的时候曾说，在二十世纪初叶的时候，极少有物理学家既是物理学家，又同时是哲学家；但是现在，物理学家多半都是哲学家……物理学家和哲学家的身份融合，也代表了一种真正意义上的学科融合，塑造知识型个人、魅力个人的教育宗旨。

西方的资本主义思想启蒙运动代表人物之一让·雅克·卢梭，用一部教育著作《爱弥儿》拉开了整个西方世界思想启蒙的大幕。这折射了另一个满是真谛的故事：教育塑造素质人格，而素质人格可以全能地解决任何现实生活中的问题。有创造素质的人格，才是高等教育应该秉承和抱持的原则与初心，不应该满足于将新科技工具视为救世灵丹，盲目跟进。

众所周知，热力学熵有多种表现形式。其中的玻尔兹曼熵，即 $S = k \cdot \ln W$，描述了热力学系统之间的"交通"问题，也就是今天所说的"信息孤岛"之间的关系测量和交互。

学科融合与学科交叉，就是为解决"信息孤岛"问题而生的。当然，这个矛盾中的"孤岛"是人格个体，不是由机械架构起来的热力学系统。这是教育，尤其是高等教育最应该关注的关键问题。

不满足于"绿色能源"学校行动成果，敏锐地捕捉时代气息，使命感对于人类的心灵来说，也许是最为恢宏的一种"强作用力"。浙江大学的能源动力学科人，正是率先感应到了这种历史发展的潮流，率先开启了"智慧能源"的教育实践。

可以断言，倡导"智慧能源"模式的科技文化生态和教育领域，学科交叉、学科融合将不再是现实的制约，而会被迎刃而解。未来的"智慧能源"教育，可以为人类命运共同体培养无数个栋梁之材。

节能减排竞赛创设的初衷，也包括扩大能源动力学科的影响力。潜移默化的是，当时的核心理念是"绿色能源"，今天的核心理念应该是，也必将是"智慧能源"。编者团队希望通过本书的传播渠道，向全中国的学术界、教育界和企业界科普"智慧能源"的理念。

"智慧能源"情怯地进入校园

2009 年，包括 IBM 专家队伍在内的国际学术界提出：互联互通的科技将改变整个人类世界的运行方式，涉及数十亿人的工作和生活。因此，学术界开始提出要"构建一个更有智慧的地球（smarter planet）"，专家们分别提出了诸如智慧机场、智慧银行、智慧铁路、智慧城市、智慧电力、智慧电网、智慧能源等理念，并提出通过普遍连接形成所谓"物联网"，通过超级计算机和云计算将"物联网"整合起来，使人类能以更加精细和动态的方式管理生产和生活，从而达到全球性的"智慧"状态，以期最终实现——互联网＋物联网＝智慧的地球。

同年，部分中国专家学者发表了"当能源充满智慧""智慧能源与人类文明的进步"等著述，引发了业界对智慧能源的关注，智慧能源（smarter energy）的概念也从此正式进入中国。2010年，中国开始了"智慧能源""智慧电力"的探索和建设。2018年，浙江大学在国内首创了"智慧能源创新班"，开始在高等教育界推进智慧能源的概念。

到底什么是智慧能源？迄今为止，中国的学术界对此见仁见智，尚未形成广受认可的一个权威定义。《智慧能源：我们这一万年》的作者刘建平等提出了以下关于"智慧能源"的核心观点：

其一，智慧能源就是充分开发人类的智力和能力，通过不断技术创新和制度变革，在能源开发利用、生产消费的全过程和各环节融汇人类独有的智慧，建立和完善符合生态文明和可持续发展要求的能源技术和能源制度体系，从而呈现出的一种全新能源形式。简而言之，智慧能源就是指拥有自组织、自检查、自平衡、自优化等人类大脑功能，满足系统、安全、清洁和经济要求的能源形式。

其二，智慧能源的载体是能源。无论是开发利用技术，还是生产消费制度，我们研究的对象与载体始终都是能源，我们不懈探索的目的也是寻觅更加安全、充足、清洁的能源，使人类生活更加幸福快乐、商品服务更加物美价廉、活动范围更加宽广深远、生态环境更加宜居美好。

其三，智慧能源的保障是制度。智慧能源将带来新的能源格局，必然要求有与之相适应的能够鼓励科技创新、优化产业组织、倡导节约能源、促进国际合作的先进制度提供保障，确保智慧能源体系的稳定运行和快速发展。

其四，智慧能源的动力是科技。蒸汽机与内燃机的科技创新是工业文明的基础，智慧能源的发展，同样需要科技来推动。核能、太阳能、风能、生物质能及泛能网等我们正在利用、起步探索或仍未发明的能源开发利用技术，必将会为智慧能源的发展提供巨大的动力。

其五，智慧能源的精髓是智慧。智慧是对事物认识、辨析、判断处理和发明创造的能力。智慧区别于智力，智力主要是指人的认识能力和实践能力所达到的水平。智慧区别于智能，智能主要指智谋与才能，偏向于具体的行为、能力和技术。智慧能源的智慧，不仅融汇于能源开发利用技术创新中，还体现在能源生产消费制度变革上。

浙江大学"智慧能源创新班"发起人俞自涛教授介绍了智慧能源在浙江大学的教育和科研实践，同时也认为这种阐述依旧侧重于工业革命时期的能源思维，并没有真正地使能源"智慧"起来，还多多少少地蜷缩在"古典"的窠臼中，没有摆脱思维定式的钳制。

真正的"智慧能源"蓝图是由热力学熵和信息熵共同创作的二次元图像，是一个有机生命体，具有与人类相似的伦理追求。所谓优秀，所谓智慧，并不以生产力的高低为标准，而是以向善的真理为罗盘。

鉴于此，浙江大学在规划"智慧能源创新班"的时候，主要在强调向"捕获"信息熵的工具学科有意趋近。基于这样的靶向和理解，浙江大学的"智慧能源创新班"也就于2018年诞生了，时逢浙江大学承办首届大学生节能减排竞赛十周年。

信息熵与热力学熵的"握手"

"智慧能源"，最初是为了解决能源系统的信息孤岛问题而提出来的。既然"智慧"，当然要具有高等级智慧生命的某些特质：诸如自组织、自检查、自平衡、自优化……正如薛定谔所说"生命有赖负熵"，故"智慧能源"也可以被等效地表述为——和高级智慧生命相似，智慧能源系统也是有赖负熵的能源供应和消费方式。

为了实现"追逐负熵"的功能要求，"智慧能源"最初是为了完成和系统实现信息孤岛的现实问题。所以，浙江大学在创设"智慧能源创新班"的时候，全真模拟社会大生产中传统产业技术改造和升级对于工程师的素质需求来设计，"欲栽大木柱长天"，培养大国长天之"大木"，"双碳"之脊梁。"智慧能源创新班"有以下特色：

其一，优秀人才选拔机制。从浙江大学每年入校的6000名新生中二次选拔300人进入到"混合班"，再从"混合班"的300人中选拔20人进入"智慧能源创新班"。

其二，建立导师库。从导师库中与学生的素质匹配导师。这种机制，使得学生的禀赋得到最好的培植和呵护，进而体现在教育成果和未来的社会服务作为上；在四年的学习历程中，跟随导师参与到项目中去，项目实战锤炼。但不以项目的可交付成果为准则，而是专注和注重于青年学生的科技创新素质养成。

其三，增设辅导老师。与指导导师来自能动学院不同，辅导老师主要来自理科、控制、计算机等专业。这种有主有辅的师资配置，便于学生养成高视角、大视野，规避以往闭门造车的教育积弊。

其四，课程重置。强化数学工具的学业教育。"智慧能源创新班"的学生需要与时俱进的"双碳"系统思维方式和职业素养，因此开设了围绕系统知识的边缘学科课程，帮助学生形成跨学科的方法论。

同济大学经济管理学院的在读博士生辛旭应天津大学赵军教授之邀，为《大学生节能减排竞赛经典案例》贡献了一个非常有特色的组织管理案例——《涵养绿色科技文化生态》——以经济管理学科的视角、方法渗透进能源动力专业领域，形成了"墙内开花墙外香"的动人场景。他提供的跨学科方法论主要如下：混合整数规划理论、鲁棒优化理论、帕累托优化理论、均衡货流分配理论、非线性优化理论等；提供的研究态度则是其对"中国真问题"的敏感度；提供的最大启示则是"对可持续性学术生态的涵养"。这种以系统观为骨骼搭建庖丁解牛式剖析社会真题方式，对于"智慧能源"的科技文化生态养成具有非常重要的参考意义。

辛旭还讲述了一个管理学方法论：敏感地聚焦生活中的场景，将问题和矛盾抽象成具体的科学问题，以系统的观念探究系统边界、要素和要素之间的联系，并进行逻辑运算，从而矫正群体的组织行为。这个关于方法论的观点表述与玻尔兹曼熵有着某种逻辑映射，对于"智慧能源"系统的建设和"智慧能源"的高等教育具有重要的参考价值。

毋庸置疑的是，"智慧能源"也将是践行"双碳"目标的必修学科，在实现"双碳"目标的路上，我们不能一直抱残守缺于旧有的问题解决之道，是时候向二十一世纪的人类命运共同体提交"智慧能源"的新"锦囊"了。

当年岑可法先生通过调查研究，发现中国大学生和西方高等教育中的差距在于"独立思考能力"和"动手能力"，可以说，经过十多年的努力，正在跨越这一关山，消弭曾经的鸿沟。

要想使能源越发地"智慧"起来，就得想法让热力学熵和信息熵"联接"起来。热力学熵仿若魔法尘，信息熵更像魔法棒，可以拾取能源系统中的魔法尘，经过预设的算法进行运算，并控制系统的"组织行为"和"职业操守"，让能源系统的输出更加符合天理人伦。可以预计，这个方向并不会在短期内得到刷新，只是在工具上更加"全息"和"仿生"。

到目前为止，尚且没有足够的成绩来评估浙江大学"智慧能源创新班"的教育模式重置和创新取得的成果，但是对于之后的教育改革深化却有着深刻的启迪：未来的教育将越来越倚重系统知识。

未来能源的持续智慧化

结合之前从粗放地依赖化石资源，到"绿色能源"方兴未艾，再到"智慧能源"的小荷才露尖尖角，解决未来能源动力的产业和教育问题，就像哲学家口中所说的"向上""向下"。

未来的能源教育呼之欲出，我们对照了一个理学院纯数学专业的课程，几乎看到了未来能源的教育范式——让热力学与纯数学产生更多的互动和联系，用更加丰富的方法论去解决未来能源问题。

可以预见，到二十一世纪中叶，节能减排概念与途径在传统的基础上会有相当显著的擢升、迭代和嬗继，从"绿色能源"到"智慧能源"的嬗递正在静水流深中不可逆转地发生，至少有如下两个趋势应该得到关注：

其一，未来的能源供应和消费系统，要从人类中心主义中蜕变，将蓝色星球视为一个有机生命系统。

"热寂理论"的破产，代表了孤立、片面、静止世界观的举步维艰。人们开始关注点、线、面等范畴的话题，但是迄今为止最好的问题解决方案依然是系统论。

从这点看来，天津大学在承办第十五届大学生节能减排竞赛时，提出了"点亮生命之光，绽放生命之魂"的"节能减排·绿色能源"主题，这是一个属于节能减排竞赛的划时代事件，也是对"智慧能源"的人文贡献，不应该浅尝辄止。令人欣慰的是，本书的诞生，就是对"点亮生命之光，绽放生命之魂"的嬗继。

其二，真正的学科融合，或许是回到思想轴心时代，现代科学提供的几乎全部是工具，而不是真理的终极状态。在思想轴心时代，所有的思想家只有流派之分，没有学科之分，这是现代文明和后现代文明的原点。

热力学与纯数学形成未来智慧型能源系统的双螺旋基因，会有更多的信息熵"过滤网"和"捕获器"。

目前，各行各业都在探索产业与人工智能的关系。应该说目前的人工智能水平还只是算法的堆砌，缺乏对生命价值的探究，而这种深邃的探究是对碳基生命140亿年历史的回溯和敬重。硅基生命在可预见的未来，无法真正意义上带来能源供应和消费上的革命性进展。

还有一点须引起高度重视：不惟能源产业，现在的诸多产业在"智慧化"的进程中，特别强调"控制"，而忽视"控制"对面的"负熵"。要知道"控制"是通过"算法+执行机构"来实现的，很容易演化为"反智慧"，使人迷失在诸如"数字工程""人工智能"等热键和时髦的辞藻形成的云辞海中，而失却了对于文明本质追崇的品格。

曾经，"麦克斯韦妖"被热力学熵的爱好者视为一个悖论性的"存在"，但是如果将"麦克斯韦妖"视为信息熵的"大师"，那么也就很容易理解"智慧能源"的生命力了，这些词素将不再是空泛的，而是具有了生命的温度。

可见，我们追逐的"智慧能源"，说到底将是一项体现人类热爱真善美美德的社会活动，绝不是世俗意义上的趋炎附势。亚里士多德说"我爱我的老师，但我更爱真理"，热爱和追求"智慧能源"的方式，也从审美开始，从美德发轫。

通常来说，人类的文明史是以生产工具的效率来划分的，比如旧石器时代、新石器时代、热兵器时代、大航海时代、蒸汽机时代、图灵计算机、量子计算机……但作为高等教育界，不应该偏执于此。在追求"智慧能源"，践行"双碳"目标的路上，不仅需要志存高远、格物致知，更需要择善如流。

节能减排的明天

2023年11月，天津大学在江苏无锡承办了第一届全国储能科学与工程博士学术论坛。这场活动虽然完全不同于大学生节能减排竞赛，但二者又密不可分，更不可偏颇与偏废。大学生节能减排是一项以本科生为主的、重视实践的社会调查与科技活动，将其和储能科学与工程博士的教育研究联系起来，则是一段相辅相成、相得益彰的佳话了。

"储能"不仅仅是科学技术，更是人文精神的淬炼。窃以为，作为中国能源动力学科人高等教育的践行者，我们不仅仅要做科学技术孔武有力的"扛鼎者"，更要做挑战蒙昧和攻克愚昧的普罗米修斯式"盗火者"。

2022年盛夏，天津大学承办了第十五届全国大学生节能减排社会实践与科技竞赛，并精心策划了"点亮生命之光，绽放生命之魂"的主题，这代表了天津大学对于未来能源思路的人文诠释和拒绝偏颇的洞见——在对科技观瞻的同时不忘对社会进行反哺、进行历史观瞻的同时擘画未来的建树——生命必然是全息的，智慧也必然是系统性的。

非常令人欣慰的是，这种理解和踔厉在第一届全国储能科学与工程博士学术论坛上得到了嬗继，对于生命的尊重，对于真理的敬重，我们正甘之若饴，且任重道远。

本次学术论坛的技术领域设置了电化学储能、燃料储能与应用、储能装备与应用、储能安全与运维、储能经济与政策和其他储能关键技术六个领域。在以王成山院士领衔的8场特邀报告里，不仅有国内外的学术前沿动态，工程实践中的真知灼见，更有来自能源达人的创新学术思想；80余位博士生的报告展示了储能领域的最新研究成果，不一而足。

这次会议上，在众多专家和博士生勃力的神采中，我们欣喜地看见了海浪之后沙滩上的贝壳，在朝阳之中闪烁着动人的光华，这是中国高等教育界能源动力学科人特殊的人文情怀，直接呼应了节能减排竞赛的精神，再一次地将"点亮生命之光，绽放生命之魂"的"节能减排·绿色能源"主题进行了升华。